LE ROMAN DE L'ÉNERGIE NATIONALE

L'APPEL AU SOLDAT

PAR

MAURICE BARRÈS

PARIS
BIBLIOTHÈQUE-CHARPENTIER
EUGÈNE FASQUELLE, ÉDITEUR
11, RUE DE GRENELLE, 11

1900

L'APPEL AU SOLDAT

EUGÈNE FASQUELLE, éditeur, 11, rue de Grenelle

ŒUVRES DE MAURICE BARRÈS

PUBLIÉES DANS LA **BIBLIOTHÈQUE-CHARPENTIER**
à 3 fr. 50 le volume.

* **Sous l'Œil des Barbares** (précédé d'un Essai sur le *Culte du Moi*). . . . . 1 vol.
** **Un Homme libre** . . . . 1 vol.
*** **Le Jardin de Bérénice**. . . . . 1 vol.
L'Ennemi des Lois. . . . . 1 vol.
Du Sang, de la Volupté et de la Mort. . . . . . 1 vol.

LE ROMAN DE L'ÉNERGIE NATIONALE.

* **Les Déracinés** . . . . 1 vol.
** **L'appel au soldat**. . . . . 1 vol.
*** **Leurs Figures** (prochainement). . . . . 1 vol.

BROCHURES

Huit jours chez M. Renan . . . . 1 fr.
Trois stations de Psychothérapie . . . . 1 fr.
Toute licence sauf contre l'Amour. . . . . 1 fr.
La Terre et les Morts, aux bureaux de la « Patrie française ».

THÉATRE

Une Journée Parlementaire, comédie de mœurs en trois actes. . . . . 2 fr.

Il a été tiré de cet ouvrage :

25 exemplaires numérotés à la presse sur papier de Hollande.
10   —   —   —   — du Japon.

Paris. — L. MARETHEUX, imprimeur, 1, rue Cassette.

LE ROMAN
DE
L'ÉNERGIE NATIONALE

L'APPEL AU SOLDAT

PAR

MAURICE BARRÈS

PARIS
BIBLIOTHÈQUE-CHARPENTIER
EUGÈNE FASQUELLE, ÉDITEUR
11, RUE DE GRENELLE, 11
—
1900
Tous droits réservés.

DÉDICACE

A JULES LEMAITRE

Voilà plus de dix ans, mon cher ami, que je vous dois une réponse. Le 9 octobre 1889, vous m'avez écrit un « billet du matin ».

A Maurice Barrès, député boulangiste.

MONSIEUR,

Je ne pense pas que les sept mille citoyens qui vous ont donné leurs suffrages aient lu vos livres. Mais sans doute ceux qui, d'aventure, en ont entendu parler ont cru, sur la foi du titre, que *Sous l'œil des barbares* était un opuscule patriotique, et *Un homme libre* une brochure éminemment républicaine.

Pour moi, bien que j'aie toujours été aussi antiboulangiste que possible, pour des raisons très simples qui me paraissent très fortes et qui n'ont rien de littéraire, je prends aisément mon parti de votre succès, par amitié pour vous et principalement par curiosité ; et je sens que je vous suivrai, dans votre nouvelle carrière, avec le plus vif intérêt.

J'ai bien été un peu surpris, tout d'abord, de votre sympathie pour un homme de qui devaient vous détourner, semble-t-il, votre grande distinction morale et votre extrême raffinement intellectuel. Je ne croyais pas non plus, quand j'ai lu vos premiers écrits, que la politique pût jamais tenter un artiste aussi délicat et aussi dédaigneux que vous. Mais, en y réfléchissant, je vois que vous êtes parfaitement logique. Vous rêviez, dans votre *Homme libre*, la vie d'action, qui vous permettrait de faire sur les autres et sur vous un plus grand nombre d'expériences et, par là, de multiplier vos plaisirs. Vous avez pris, pour y arriver, la voie la plus rapide. Peut-être, d'ailleurs, éprouviez-vous déjà ce « besoin de déconsidération » que vous louez si fort dans votre méditation ignatienne sur Benjamin Constant.

Votre aventure n'est point commune. Je ne prétends pas qu'il n'y ait jamais eu que des illettrés dans les Chambres françaises. Mais ce sera assurément la première fois qu'on verra entrer au Parlement, et dans un âge aussi tendre, un député d'une littérature si spéciale et si ésotérique.

Et j'en suis bien aise, car il vous arrivera infailliblement de deux chose l'une :

Ou bien vous resterez ce que vous êtes : un humoriste quelquefois exquis. Après l'ironie écrite, vous pratiquerez l'ironie en action. Cela ne m'inquiète pas, car je suis sûr que vous saurez vous arrêter où il faut dans votre manie d'expériences, et que ce seront vos collègues, jamais votre pays, qui en feront les frais. J'en ai pour garant, dans *Un homme libre*, cette étude fine et secrètement attendrie sur la Lorraine, que M. Ernest Lavisse considère comme un excellent morceau de psychologie historique. Votre esprit s'enrichira d'observations dont votre talent profitera : et, si vous transportez à la tribune votre style et vos idées d'ultra-renaniste et de néo-dilettante, on ne s'ennuiera pas tous les jours aux Folies-Bourbon.

Ou bien... ou bien vous valez moins que je n'avais cru, et alors vous finirez par être comme les autres. Insensiblement la politique agira sur vous. Vous prendrez goût aux petites intrigues de couloir. Vous deviendrez brouillon, vaniteux et cupide. Votre esprit, loin de s'élargir par des expériences nouvelles, ira se rétrécissant. Votre ironie supérieure se tournera en blague chétive ; ou peut-être, au contraire, deviendrez-vous emphatique et solennel. Bref, vous vous abêtirez peu à peu. Vous n'aurez plus de style, et vous en viendrez à employer couramment, dans vos discours, le mot « agissement », cauchemar de Bergerat.

Et ce sera encore plus drôle.

Mais, dans l'un et l'autre cas, je suis certain que vous m'amuserez et, à cause de cela, je vous envoie tous mes compliments.

Les événements, mon cher ami, qui sont parfois cette ironie en action dont vous parlez, viennent d'amener un troisième cas que votre ironie écrite ne prévoyait pas. Dès 1889, j'ambitionnais mieux que de vous amuser; mon plus haut désir a été dépassé puisque, après dix ans, nous voici des collaborateurs.

Pour les nationalistes vaincus en 1889, il s'agissait de durer jusqu'à ce que la France produisît d'abondance les sentiments qu'ils avaient semés, sans doute avant l'heure. Aujourd'hui ma réponse vous sera mieux intelligible qu'elle n'eût été dans l'état d'esprit que témoigne votre billet. Votre amitié pour un jeune homme se mêlait fortement de défiance. Oserai-je dire que vous me méconnaissiez? Et pourtant vous mettiez le doigt sur mon vrai ressort : mon amour et mon étude de la Lorraine.

Depuis, nous nous sommes mutuellement

reconnus. Au cours d'une campagne récente, nous nous vîmes responsables l'un de l'autre. Vos succès nous fortifiaient comme nos échecs vous auraient affaibli. Ne fûmes-nous pas deux ou trois fois unis par des éclairs de fraternité? Notre sang plutôt que notre littérature établissait cette sympathie, car nous la ressentions dans le même moment pour les moins intellectuels de nos compatriotes.

Votre curiosité dont vous me parliez en 1889, doublée aujourd'hui d'une telle solidarité, vous disposera à entendre ce que je dis du Général Boulanger ou plus exactement d'une fièvre française.

Le boulangisme, c'est une construction spontanée que la malveillance d'un parti a jetée bas, tandis que les échafaudages empêchaient encore de saisir l'idée d'ensemble. S'il faut aimer les personnages de cette convulsion nationale, c'est une question secondaire et même ce n'est pas du tout la question. On doit voir le boulangisme comme une étape dans la série des efforts qu'une nation, dénaturée par les intrigues de l'étranger, tente pour retrouver sa véritable direction.

Saint-Phlin et Sturel s'accordent à le définir

ainsi dans leur voyage le long de la Moselle. Et, si je me plaçai à leur point de vue dès 1888, j'y étais amené héréditairement par les pays qui le leur offrirent.

Il est possible que cette qualité lorraine m'oblige à concevoir des vérités qui ne sont pas, dans le même moment, vraies pour toute la France. On n'a pas été boulangiste à Tavers, à Beaugency, dans votre beau pays de vignerons heureux, qu'aucun danger évident ne pressait. Nos sentiments s'accordèrent du jour que le péril national vous apparut.

L'intelligence, quelle très petite chose à la surface de nous-mêmes ! Profondément nous sommes des êtres affectifs, et je désespérerais de dissiper jamais notre malentendu de 1889, si le soin du salut public ne venait d'éveiller chez tous les cœurs autochthones des aspirations — endémiques dans une province mille fois bouleversée.

Quand ces appels de la France Éternelle vous seraient demeurés incompréhensibles, une forte raison cependant me déterminerait à vous inscrire sur cette première page. Il convient pour l'expression totale de ma pensée qu'un livre, tout plein de la nationalité lorraine, se pare de votre nom, parce qu'il évoque entre tous cette sorte de goût français et de génie critique que les siècles de Paris ont raffiné et qui, distribué aux provinces, resserre l'unité du pays.

Ainsi je vous offre, mon cher ami, ce tome deuxième du « *Roman de l'Énergie nationale* » pour éclairer avec vous les titres du mouvement que nous servons, et pour reconnaître les phrases d'une beauté inoubliable, qu'au fond de Port-Royal-des-Champs, en avril 1899, vous avez déroulées à la gloire de Racine. Gloire odorante, fleur que seule la tradition française peut soutenir, et qui ne sera plus respirée, si nous laissons des étrangers substituer leurs vérités propres à nos sentiments naturels, car une civilisation, c'est un rapport des qualités et des défauts, et l'on risque de ruiner plus de choses qu'on n'aurait voulu, en contredisant, fût-ce avec la meilleure apparence de raison, cet instinct national auquel se soumet votre ami dévoué et votre admirateur

MAURICE BARRÈS.

LE ROMAN
DE
L'ÉNERGIE NATIONALE

L'APPEL AU SOLDAT

Une femme était tombée en léthargie, et son fils appela des médecins.

L'un des médecins dit : Je la traiterai selon la méthode de Brown. Mais les autres répondirent : C'est une mauvaise méthode ; qu'elle reste plutôt en léthargie et meure que d'être traitée selon Brown.

Alors le fils de la femme dit : Traitez-la de façon ou d'autre, pourvu que vous la guérissiez. Mais les médecins ne voulaient point s'accorder : ils ne voulaient se rien céder l'un à l'autre.

Le fils, alors, de douleur et de désespoir, s'écria : O ma mère ! Et la mère, à la voix de son fils, se réveilla et fut guérie. On chassa les médecins.

Mickiewicz.

... On a beau dire que les accidents se perdent dans l'ensemble, que l'intelligence de deux ou trois hommes, l'énergie de deux ou trois villes sont des quantités négligeables, il faut reconnaître que dans les mouvements humains il y a place pour l'imprévu, heureusement aussi pour la libre volonté de l'homme. Comme la France de 1793, la Grèce des guerres médiques avait un pied dans la mort. Mais jamais la théorie des lois nécessaires n'a reçu un plus éclatant démenti : la force morale a triomphé de la fatalité des choses. Pour changer la destinée du monde, il a suffi du génie politique d'un homme et du courage d'un peuple de héros.

Louis Ménard.

CHAPITRE PREMIER

LA FIÈVRE

EST EN FRANCE ET DANS CHAQUE FRANÇAIS

En octobre 1885, François Sturel apprit le mariage de Mlle Thérèse Alison avec le baron de Nelles, élu député sur la liste conservatrice de la Haute-Marne. Il s'attrista. Il en vint même à souffrir, car dans cette petite ville de Neufchâteau (Vosges), où tout est mort à la nuit tombante, rien ne pouvait distraire ses sentiments, et cet isolement du soir exagère en les concentrant la mélancolie amoureuse et l'impatience d'activité chez un jeune homme de vingt-quatre ans.

Sa mère, inquiète de le voir malheureux, l'engageait à voyager. Il partit pour l'Italie.

Il avait à se plaindre d'une femme, aussi éprouva-t-il la beauté des objets et de la nature avec plus de sensibilité.

Dans son premier enthousiasme, il se traitait de barbare et croyait jusqu'alors n'avoir pas vécu. Du moins en usant sa première fougue à des aventures parisiennes s'était-il mis en meilleur état pour interprêter ces grands lieux communs de l'Italie septentrionale. La plupart des jeunes gens sont d'abord des chiens fous qui bondissent, caressent, aboient, sans ressentir rien que le plaisir de se dépenser. Il faut élaguer en soi, bien de la broussaille, pour que notre bel arbre propre puisse étendre ses racines, se nourrir de toute notre vie et couvrir de ses branches dans l'univers la plus grande surface.

Sturel parcourut durant les hivers de 85-86 et de 86-87, la Lombardie, la Toscane, la Vénétie, que l'homme du Nord ne devrait jamais visiter que vêtu d'un cilice, car s'il néglige de contrarier leurs délices par quelque souffrance volontaire, comment plus tard s'accommodera-t-il de son aigre patrie? Il ne voyageait pas pour goûter du vin et des filles. Sous un ciel si puissant, des paysages qui font contraste lui dirent chacun leur mot. Parmi ces climats physiques et moraux qui le saisissaient, ce touriste solitaire évolua. La nature, l'art et l'histoire lui violentèrent l'âme.

C'est dans l'histoire que peuvent s'aguerrir des êtres trop susceptibles pour se mêler d'abord aux spectacles de la vie. Celle-ci, en devenant la mort, leur semble s'épurer; du moins, elle se dépouille : simplifiée et fixée, elle fait un plus facile objet d'études. La branche qui pourrit dans une tourbière laisse après des siècles l'empreinte délicate et nette de toutes ses nervures entre deux feuilles de schiste. Plus immédiatement que Paris, Pise et l'intacte Sienne nous rendent nationalistes. Il semblait à Sturel qu'il eût été vivifié d'une forte et utile activité dans l'étroit horizon d'une ville autonome, en combattant pour le bien-être et avec l'admiration de ses concitoyens. L'ardeur d'un jeune homme supplée au manque d'érudition. Etayé par Sismondi et Burckhardt, celui-ci éleva son intelligence à la hauteur de ces dramatiques souvenirs, et aucun divertissement n'eût à l'égal de l'histoire ravi et rempli son âme, s'il avait été en possession des principes nécessaires pour la comprendre abondamment.

Guidé par un grand esprit, il eût aussi dès ce moment entendu l'architecture, où l'on saisit le mieux que l'art même est un produit social. Dans l'édifice, l'individuel ne peut pas durer comme tel et ne vaut que s'il s'harmonise à un ensemble d'efforts dont la totalité seule réalise l'idée architecturale. — Mais peut-être convient-il que chacun passe par les lentes étapes de la culture. Dans son premier contact avec ces grands pays italiens qui nous offrent à chaque voyage des aspects nouveaux, ce jeune homme, faute d'éducation spéciale, jugeait seulement avec des sensations. Il apportait une âme d'un tel style qu'il sentit surtout les peintres pathétiques, ceux-là qu'aimaient Byron, Stendhal, et que notre époque dédaigne, en attendant qu'un nouveau flot les remette à la mode. Il se détourna des pauvres artistes, en réalité bons pour les archéologues, qui expriment gauchement leurs âmes très humbles, et sur lesquels des délicats, suivis par des niais, se penchent avec une complaisance analogue à celle de Marie-Antoinette trayant les vaches et paissant les moutons.

Un Sturel, jeune, âpre et avide, prouve sa sincérité quand il sacrifie jusqu'à l'injustice l'honnête labeur des Giotto à l'élévation et à la puissance du Dominiquin, à la vigueur et à la grâce tendre du Guerchin, dans leurs chefs-d'œuvre. La mode ne veut plus distinguer chez ces illustres méconnus que de la rhétorique et, dans une coloration brunissante, des gestes emphatiques. C'est qu'aux sentiments qu'ils expriment peu d'âmes aujourd'hui font écho. Dans la gent moutonnière des amateurs, l'un possède l'âme bêlante d'une petite femme qui croit que l'art, ce sont des chapeaux bien choisis, et l'autre, de goût anglais, flamand ou florentin, ne s'élève pas jusqu'à comprendre que, pour des natures sensibles à l'héroïsme, l'artificiel n'est point à la Sixtine, mais chez les magots et chez les suaves. Honneur aux peintres qui peignirent l'action de l'énergie et de l'enthousiasme ! Ils ne craignirent point de manquer à la nature, ni de paraître savants, ni de nous attaquer par des émotions fortes ; ils cherchaient à nous donner le poids des grandes âmes.

A Bologne, Sturel rêva de cette académie que fondèrent les Carrache, où l'on analysait les caractères individuels des génies du passé pour s'efforcer ensuite de les retrouver et de les accorder. Cette école d'analyse et de volonté s'appela d'abord les *desiderosi*, « ceux qui regrettent la perfection des anciens », puis les *incamminati*, « ceux qui s'acheminent vers cette perfection ». Peut-être le jeune voyageur versait-il dans ces mots, *desiderosi*, *incamminati*, ses propres pensées ; incapable d'apprécier la valeur technique des morceaux, il reconnaissait chez les Bolonais l'expression picturale de ses désirs violents qu'exagérait encore l'Italie.

Qu'il s'occupait peu de suivre le déroulement des arts et des civilisations italiennes, à la manière du naturaliste qui parcourt dans une série le développement et la transformation des formes et des organes! Le plus subjectif des hommes, il ne se désintéressait de soi-même qu'en faveur de rares personnages avec qui il se croyait d'obscurs rapports. Ses préférences allaient à ceux qui, par une maîtrise magnétique, deviennent un point de ralliement et font produire le maximum à leurs compagnons. Dans ce qui subsiste de la sombre Pinéta de Ravenne, il évoqua le masque accentué de Dante, qui s'y promena fréquemment de 1316 à 1321, tandis qu'ayant dépassé la cinquantaine il ramassait dans sa *Comédie*, avec une incomparable puissance plastique, ses haines, ses espérances et sa doctrine. Il y sentit mieux encore les souvenirs de Garibaldi : au début de septembre 1849, ce grand condottiere et patriote, traqué par une flottille autrichienne, dut se jeter, avec les cinq barques qui portaient sa femme, ses enfants et ses meilleurs fidèles, sur la plage de Masola ; les fugitifs, sous les pins de Ravenne, subirent une telle misère qu'au troisième jour sa jeune femme, enceinte, Anita, la Brésilienne, mourut sur ce sol infesté de vipères. — Voici bien une nature pour Sturel ! de grandes ombres flottent dans l'air, le vent soulève de la poussière tragique.

Dans certaines îles sans annales, où les foyers préhistoriques demeurent encore à fleur de terre, l'eau, le lait, les œufs, tout est cru, sans saveur. Sur ce sol trop neuf, que n'ont point fait des cadavres, l'homme ne peut rien trouver que d'insipide. Il faut le goût de la cendre dans la coupe du plaisir. Pour s'arrêter au plus beau paysage, Sturel y veut des tombes parlantes.

Il lit à Turin la vie d'Alfieri, la *Chartreuse* à Parme, Byron à Gênes, d'où ce glorieux énergumène vogua vers la Grèce ; et loin de faire des objections à ces grandes pensées qui ne dorment jamais, il les adopte, encore qu'il ne trouve point un objet réel à leur proposer. Ce jeune homme excitable ne peut entendre sans s'émouvoir à son tour ce que dit Alfieri : que souvent, à la lecture d'un beau trait, il se levait tout hors de soi et des pleurs de rage et de douleur dans les yeux, à la seule idée qu'il était né « dans un temps et sous un gouvernement où rien de grand ne pouvait se faire ou se dire, où l'on pouvait tout au plus sentir et penser stérilement de grandes choses ».

En Italie, pour un jeune homme isolé et romantique, c'est Venise qui chante le grand air. A demi dressée hors de l'eau, la Sirène attire la double cohorte de ceux qu'a touchés la maladie du siècle : les déprimés et les malades par excès de volonté. Byron, Mickiewicz, Chateaubriand, Sand, Musset ajoutent à ses pierres magiques de supérieures beautés imaginaires. Par une nuit sans lune, Sturel gagna son hôtel sur le Grand-Canal, et, dès l'aube, pour contempler la ville, il écartait les rideaux de sa fenêtre avec autant d'énervement qu'il en avait jamais eu à dénouer les vêtements d'Astiné Aravian.

Un jour de l'hiver 87, comme il parcourait la triste plage du Lido, il arrêta son regard intérieur sur les personnages fameux qui promenèrent ici leur répugnance pour les existences normales. Quand nous trouvons un lieu tel que les grands hommes le connurent et que nous pouvons nous représenter les conditions de leur séjour, ces réalités, qui pour un instant nous sont communes avec eux, nous forment une pente pour gagner leurs sommets ; notre âme, sans se guinder, approche de hauts modèles qu'elle croyait inaccessibles, et, par un contact familier de quelques heures, en tire un durable profit.

C'est ici qu'en 1790 Gœthe ramassa un crâne de mouton et entrevit pour la première fois que toutes les différences de structure entre les espèces animales peuvent être ramenées à un seul type anatomique, que des causes variées modifient. Mais Sturel, aux lieux mêmes où Gœthe apprit d'un mouton les procédés de la nature, ne sait pas écouter ce génie qui le soumettrait aux lois naturelles. Il s'enivre, au contraire, de Byron qui, sur ce sable, passa d'innombrables heures à faire galoper ses chevaux. Byron s'était volontairement arraché à sa sphère pour courir vers un avenir, vers un univers meilleurs ; il ne put trouver où se fixer, moralement ni physiquement. Dans ses frénésies vénitiennes, il cherchait à fatiguer son âme. Quelle grandeur morale ! pense le naïf Sturel ; il se détruisait, plutôt que d'abaisser, en acceptant les réalités, l'impossible idéal qu'il entrevoyait. A la façon des grands artistes auxquels on dénonce des parties répréhensibles de leurs œuvres, Byron, interrogé sur cet emploi de son existence, pourrait répondre : « J'ai agi de cette manière à mon grand regret et contre ma haute conception de moi-même ; cependant je m'y suis résolu, parce que, dans les circonstances données, c'était encore ainsi que je m'en rapprochais le plus. »

Sturel trouve au Lido d'illustres prédécesseurs qui

justifient sa complaisance. « J'errais où tant de fois avait erré lord Byron, écrit Chateaubriand. Quels étaient ses chants, ses abattements et ses espérances? » Sur le monticule le plus élevé de ce sable, en octobre 1829, par un soir de lune sans brise, tandis que la mer grondait doucement, Mickiewicz, appuyé contre un arbre, eut une belle vision mystique. Il arrivait de Weimar ; l'atmosphère sereine de Gœthe l'avait pénétré et le détournait des chemins rudes où l'engageait le sentiment de ses devoirs propres et de sa destinée. L'âme de Byron lui apparut; elle le soutint contre cette tentation bien connue de tous les héros. Ce fut sa transfiguration. Il se détermina irrévocablement à conformer sa vie extérieure à sa vie intérieure, son action à sa parole, et, laissant là toute humaine habileté, à se régler non point sur des calculs personnels, mais, comme il disait, sur la volonté divine.

Les ombres qui flottent sur les couchants de l'Adriatique, au bruit des angélus de Venise, tendent à commander des actes aux âmes qui les interrogent. Mais Sturel, bien capable, avec son érudition de poète, d'évoquer la troupe des immortels qui mirent leur empreinte sur ces nobles solitudes, saisissait mal leur principe d'activité. Il les sortait du temps et de l'espace et leur prenait seulement ce qui pouvait favoriser son exaltation. Le long de l'histoire il s'attachait aux héros sans distinguer les circonstances qui les firent tels. Et dans son existence au jour le jour, guidé par cette sorte d'appétence morale qui incite les âmes, comme vers des greniers, vers les spectacles et vers les êtres où elles trouveront leur nourriture propre, il s'orientait toujours vers ceux qui ont le sens le plus intense de la vie et qui l'exaspèrent à la sonnerie des cloches pour les morts.

Dans la société la plus grossière, sa sensibilité trouvait à s'ébranler. Au croiser d'un enterrement, sur le Grand-Canal, son gondolier l'émeut, qui pose sa rame et dit : « C'est un pauvre qu'on enterre ; s'il était riche, cela coûterait au moins trois cents francs : il ne dépensera que quinze francs. Il a de la musique, pourtant, et ses amis avec des chandelles, car il était très connu. Arrêtons-nous un peu, parce que, moi, j'aime entendre la musique. Les voilà qui partent par un petit canal. Adieu ! Il a fini avec les sottes gens !... A droite, vous avez le palais de la reine de Chypre, qui appartient maintenant au Mont-de-Piété... Ici le palais du comte de Chambord, racheté par le baron Franchetti, dont la femme est Rothschild. »

Cette façon ardente et poétique de sentir la vie, comme elle fait la supériorité de quelques rares esprits, saurait aussi entraîner leur ruine. Un des plus redoutables événements dans une embarcation, c'est qu'un chargement mal assujetti rompe ses chaînes d'amarrage. Des marchandises jusqu'alors précieuses, brutalement balancées de droite et de gauche, deviennent un implacable ennemi intérieur : elles rompent l'équilibre et brisent les cloisons. Son âme lourde de richesses, si elle vagabonde, pourrait chavirer Sturel.

Après Venise, les heures de sécheresse, bien connues des voyageurs, se multiplièrent pour ce jeune homme : devant des œuvres riches de matière, habiles d'exécution et qui révèlent des efforts sans bassesse, il se surprenait à bâiller. Alors, naturellement doué pour l'analyse, il pensait : « Pourquoi moi, qui suis impartial et même bienveillant pour cet artiste que je viens étudier de si loin, ne puis-je le trouver beau et parfait? Parce qu'il ne satisfait aucun des besoins que j'éprouvais avant de le connaître, et il ne sait pas m'en créer qu'il contente. Mais moi-même, à quelle nécessité est-ce que je réponds? Et que servira-t-il de me sculpter beau et parfait, si dans l'Univers rien ni personne ne m'attendent pour que je me prouve comme tel! » Arrivé à ce point, il se serait mis volontiers à parcourir les terres et les mers pour rencontrer l'occasion qui fait les héros. Le monde moderne, que ne sillonnent plus les Chevaliers errants, connaît « celui qui veut agir ». Avec toute la noblesse qu'on voudra, Sturel se créait un état d'âme d'aventurier.

Il alla dans la Haute-Italie et dans la région des Lacs mettre en ordre ses sensations. Les prairies lombardes, sillonnées de canaux, fertiles en arbres frissonnants, nous présentent ces paysages que les maîtres peignirent dans leurs fonds de tableaux où l'amateur mal renseigné les prendrait pour une échappée sur le rêve. Mais les agitations de Sturel, qui au Lido n'avait pas entendu Gœthe, l'empêchèrent encore de comprendre cette féconde leçon de réalisme : il méconnut que tout être vivant naît d'une race, d'un sol, d'une atmosphère, et que le génie ne se manifeste tel qu'autant qu'il se relie étroitement à sa terre et à ses morts.

Dès avril, la lumière, les fleurs, le bruissement des barques sur l'eau miroitante, tous ces espaces qui nous serrent le cœur, tous ces silences qui crient d'amour, composent, sur ces vallées de Côme, un orchestre magnifique par ses moyens d'expression, un tourbillon délicieux d'harmonie, un pur lyrisme qui magnifie nos bonheurs, nos malheurs, chacun de nos sentiments précis, et qui les élève, comme une créature à qui les dieux tendent les bras, hors du temps et de l'espace. Par un temps favorable et au début d'un séjour, chaque minute y prend un caractère d'immortalité. Le printemps à Côme, à Cadenabbia, à Bellagio, sur le vieux port de Pallanza, Belgirate, à Lugano, c'est de la pure lumière vibrante c'est le chant qu'entendit le rossignol de Tennyson : « La chanson qui chante ce que sera le monde quand les années seront finies. »

Au coucher du soleil, un jour, dans le chemin romanesque qui de la Ville Serbelloni fait balcon sur le lac, François Sturel rencontra Mme de Nelles, qu'il salua et qui ne l'arrêta pas. Elle prétexta un malaise pour demeurer seule ces temps-là. Elle ne trouvait pas auprès de M. de Nelles son rêve, c'est-à-dire le sentiment le plus passionné joint à la plus grande pureté morale. Dans ce beau pays, cette petite fille eût voulu être heureuse par l'amour. M. de Nelles, d'âme plus que médiocre et qui continuellement calculait et supputait, ne faisait pas un but convenable aux élans de ce cœur surexcité. Un amant idéal, que l'amante le définisse ou non, c'est un jeune héros, joyeux et grave, fort et optimiste, animé d'un enthousiasme désintéressé pour un objet d'ordre général, pour la patrie, pour l'art.

Plus que dans les villes, où les plaisirs grossiers de son âge pouvaient le distraire de sa vraie nature, Sturel, sur ces rives harmonieuses, bientôt exaspéra ses nerfs. Son cœur, mal à l'aise parce qu'il manquait d'occasion de se contracter, se hâta de souffrir à la rencontre de Mme de Nelles. Elle passa, cette femme de vingt-deux ans, avec la marche souple et puissante d'un animal. « Comme le mariage l'a transformée! » pensait douloureusement Sturel. Il se représentait M. de Nelles heureux, comblé par la vie, mêlé aux affaires publiques, en position de jouer un rôle, autorisé à vivre enfin ! Il ne le jalousait pas, mais il souffrait d'une noble envie à errer inactif, inconnu, parmi les choses du passé.

Mme de Nelles et François Sturel voyaient autour d'eux le même vide : celui-ci, pour n'avoir point trouvé d'autre emploi à son énergie que sa conservation personnelle ; celle-là, pour n'être invitée qu'à la conservation de l'espèce.

Le soir de cette rencontre, Sturel sentit avec force la privation d'entretiens sympathiques. De sa chambre, dont la fenêtre ouverte laissait entrer le doux clapotis des vagues, il écrivit à son ami Rœmerspacher une longue lettre où il racontait son voyage.

En 1880, sept années avant ces événements, Rœmerspacher, sortant du lycée de Nancy, se croyait des dispositions pour les recherches scientifiques, et il pensa les satisfaire à la Faculté de médecine. Il y trouva d'excellents maîtres et une série d'examens gradués de façon à offrir aux malades des garanties, mais non pas, à proprement parler, le goût ni l'esprit de la science. Il souffrait confusément de ce manque. Il fit un grand pas, un jour que par hasard, dans l'été de 1885, il pénétra à l'École des Hautes-Études. Dans ces petites salles de la vieille Sorbonne, il entendit des maîtres, les Jules Soury, les Thévenin, soumis à l'idée de développement dans la nature et dans l'histoire, qu'une conversation avec M. Taine lui avait permis d'entrevoir. Sous leur influence, il désira couper sa médecine par un séjour en Allemagne. Mais son grand-père, le chef de la famille, un patriote et surtout un Lorrain réaliste, n'admettait pas qu'un Français pût profiter chez l'ennemi. Et puis pourquoi interrompre des études en faveur de travaux sans objet déterminé ? « Quand on monte dans une barque, disait-il toujours, il faut savoir où se trouve le poisson. » Sur les entrefaites, ce témoin de la vieille France, honoré dans tout le canton de Nomeny (Meurthe-et-Moselle), mourut ; il laissait à son petit-fils une rente de trois mille francs. — Que dans leur vie intérieure Rœmerspacher et Sturel élèvent parfois une action de grâces vers la suite des ancêtres laborieux qui leur constituèrent cette petite aisance indispensable pour la grande culture !

C'est en Allemagne que Rœmerspacher reçut la lettre de Sturel, et il lui répondit :

« Mon cher ami,

« J'ai lu avec un grand intérêt les sentiments qu'éveillent en toi ces pays que tu parcours. De nous deux le plus artiste, le plus impressionnable, tu enregistres ce qui m'échapperait. Quand même je visiterais l'Italie, sur certains points j'en aurais une impression moins exacte qu'à te lire ; et, par exemple, il faut que je te voie admirer Garibaldi, pour comprendre comment tout ce peuple, et l'aristocratie anglaise, et certains républicains français, ont pu s'enthousiasmer pour un homme que j'appellerais un fantoche. De même, quand tu admires le Dominiquin, le Guerchin, j'apprends une fois de plus qu'il n'y a pas d'absolu, que cela même qui nous parait le plus certain est relatif. On peut donc se plaire devant les Bolonais ! Et comme je te connais, je vois à peu près les conditions intellectuelles d'un tel goût, allons, laisse-moi dire d'une telle aberration.

« A mon tour, je voudrais t'exposer avec précision ce que je ressens. Tu connais ma manière, je suis systématique, je demeure dans mon sillon, mais il me semble que je puis creuser profondément et longtemps. Depuis dix-huit mois, j'ai travaillé « comme un bœuf », ainsi que disent les étudiants allemands. Je sens mes épaules s'élargir, mes reins se fortifier, et ce m'est une joie prodigieuse de pouvoir me tenir longtemps en arrêt sur le même objet, sans le perdre du regard, de façon à inspecter le plus grand nombre possible des plans dont la série indéfinie le traverse. Mon labeur est favorisé par la vie que j'ai cru devoir me faire. Les jeunes Allemands que je coudoie sont fort courtois, mais, comme Français, j'ai voulu vivre en « sauvage » ; c'est le nom de ceux qui n'appartiennent à aucune association, et, appliqué à mon cas, ce terme doit recevoir sa pleine signification. Enfin, tu me comprendras si je t'exprime que je suis dans une période héroïque.

« Tu sais que je lisais l'allemand comme le français. D'abord, à Heidelberg, j'ai suivi les sermons, les théâtres, tout ce qui pouvait faire mon oreille habile. Les cours s'ouvrirent ; je leur demandais de m'introduire aux études historiques ; ils furent pour moi exactement ce qu'est l'ouverture dans un opéra de Wagner : l'auditeur y entend, exprimés par des thèmes musicaux sommaires, tous les motifs essentiels de l'action qui va se dérouler. J'ai trouvé dans cette université l'atmosphère générale que j'avais pressentie et j'ai passé en revue superficiellement tout ce que je me propose d'acquérir. J'entendais fermenter les idées. J'étais venu pour apprendre à bien voir les phénomènes sociaux, pour embrasser la complexité de leurs données et pour suivre leurs tranformations. Tous ces professeurs ont un esprit commun ; ici, on respire l'évolution. Je ne puis pas t'expliquer combien ce mot et son cortège d'idées remuent tout mon esprit. A qui dois-je cette sensibilité ? Dans cette atmosphère de vague qu'avaient alors nos pensées et qu'a gardée pour moi la classe de Nancy, revois-tu certain jour où Bouteiller nous disait, avec une gravité d'accent presque douloureuse, la modification incessante des choses qui passent comme les flots, et commentait la parole d'Héraclite : « On ne saurait descendre deux fois « dans le même fleuve. » Cette poésie s'est attachée aux racines de mon être, et la moindre excitation suffit à faire réapparaître sa puissance. Quand, au square des Invalides, M. Taine me montra son arbre et que je conçus ce sage lui-même comme un animal périssable, j'eus des larmes dans les yeux.

« Les Allemands disent que les Français sont des hommes qui n'envisagent les choses que d'un seul aspect. Si ce sont nos vieilles habitudes, je suis bien capable d'en sortir. C'est peut-être que je n'ai pas beaucoup de goût littéraire et que trop de clarté me répugne, mais je trouve mon bien-être, et une volupté, dans l'effort de tenir à la fois sous ma pensée une quantité de plus en plus considérable de faits.

« Je ferais mauvaise figure chez nous à un examen universitaire ; ma mémoire n'est guère chargée, je ne sais pas grand'chose ; mais eux, les professeurs de l'Université qui me feraient quinaud, savent-ils rattacher une question à une autre et « conditionner » les phénomènes ? C'est à quoi je me dresse ici.

« Après mes six mois d'initiation générale, j'ai suivi, à Berlin, d'où je t'écris, les cours durant une année, : non pas pour emmagasiner de l'histoire, du droit, de l'économie politique, mais pour me former à la pratique de la méthode d'investigation en histoire. C'est très hygiénique. J'apprends par quelle discipline on découvre, on purifie, on met en œuvre les documents. Ce sont des études patientes, dures et fortes. Elles me dégoûtent des ornements littéraires, des affirmations oratoires et de tous ces matériaux qui pourriront. Je suis amoureux de la sécheresse. Entends-moi bien, Sturel, ce que j'apprécie, ce n'est pas le résidu de vérité qui nous reste dans la main au terme de nos minutieuses opérations de critique, c'est la méthode elle-même, car elle me donne l'habitude d'éliminer de mes jugements mille éléments puérils d'erreur.

« Nous avons à la Sorbonne des gens d'un talent énorme qui composent une leçon comme pas un maître ne ferait à Berlin. Rien de plus éloigné de la manière scientifique allemande que cette façon autoritaire et éloquente de présenter des notions. Les maîtres ici travaillent devant nous, ils attaquent directement les sources, ils nous mènent sur le tas, à pied d'œuvre, et si telle question dans son état actuel demeure en suspens, ils marquent le point d'interrogation. Quand ils ont délimité une lacune et bien fait voir l'ignorance où l'on est, ils pensent n'avoir jamais mieux prouvé leur vraie qualité de savants.

« Le pédantisme germanique, très visible dans certaines formes, n'atteint pas le fond. Notre professeur, deux fois par semaine, nous reçoit chez lui. On cause sans cliquetis de mots. « Voilà, nous « dit-il, jusqu'où l'on a mené telle question. Elle « est abandonnée depuis tant d'années, parce que « sur tel point on perdait pied. Voyez si dans l'état « de la science on pourrait avancer d'un pas. Exa- « minez si de nouveaux documents ont été mis à « jour, si le sens et la crédibilité des anciens peuvent « être fixés avec plus de certitude. Travaillez, et « dans trois semaines, vous m'en parlerez. » Au jour dit, l'élève énonce ses résultats, sur le ton libre de la conversation. Le professeur, qui a rassemblé ses notes, réplique : « Ceci est très bien, mais vous « ne tenez pas compte de cette objection, vous « n'avez pas consulté ce récent catalogue. » De telles séances, où tout est familier, sont magnifiques de liberté et de méthode. C'est le fin du fin de la science. On arrive aux points extrêmes, à l'instant où la respiration s'arrête. Nous faisons là de la grande psychologie. Voir un homme absolument désintéressé qui ramasse tous les documents, contrôle leur authenticité, pèse leur poids moral et, de tâtonnement en tâtonnement, circonscrit toujours son enquête jusqu'à toucher enfin, par la plus délicate approximation, le point névralgique! Ah! tu ne sais pas ce que j'y gagne de solidité, d'intelligence impersonnelle. C'est le plaisir de sortir de soi. Je sens mon visage perdre toute jeunesse, gagner de la gravité, comme si je savais commander à des hommes.

« Au sortir d'Italie, tu déclarerais immondes les brasseries où ces étudiants se plaisent et dans lesquelles le propriétaire maintient volontairement la saleté pour que les consommateurs se sentent bien à leur aise. C'est entendu : à l'exception de quelques têtes qui font sommet, cette masse allemande n'a pas l'imagination délicate ni le goût noble. D'autre part, tu serais tenté de me dire avec les écrivains français que l'âge d'or allemand se termina en 1847 et qu'on descendit rapidement en plein âge de fer, pour atteindre en 1870 le bas de la pente. Pour moi qui débarque de France dans une Université, l'Allemagne intellectuelle, c'est le bloc de ses poètes, philosophes, historiens et hommes d'État depuis un siècle. Ce serait puéril d'admettre que le fil de son développement cassa vers 1870. Par des effets d'un ordre différent, elle manifeste la même tradition. L'admirable branchage philosophique, historique, juridique issu du tronc hégélien est encore plein de sève.

« Te représentes-tu ces jeunes gens, au milieu de qui je vis ? Agés de vingt-quatre à vingt-huit ans, déjà des travailleurs éprouvés, avec de la droiture et du sérieux dans l'effort, ils semblent des internes en histoire. Les mieux doués eux-mêmes ne se préoccupent pas, comme ce serait chez nous, d'inventer chacun leur système ; on ne les a pas dressés à soutenir indéfiniment, avec la logique la plus irréprochable, les choses les plus absurdes ; ils cherchent partout, sous les mots et sous les opinions, le terrain solide des faits. Quoique je borne ici ma curiosité aux matières de l'enseignement, je suis bien amené à voir qu'en dehors même de leurs études ils portent ce besoin, cette habitude de se tenir en contact avec la réalité. C'est une disposition héréditaire qui a créé leur méthode de travail, mais cette méthode ajoute à ce réalisme inné.

« Je me figure que, dans ce milieu allemand, on aurait pu tirer parti de Racadot et de Mouchefrin ; on n'aurait pas mis dans leurs têtes qu'ils devaient se mépriser s'ils n'étaient pas les rois de Paris. Ici, on trouve constamment ce qu'on ne voit pas chez les Parisiens et, en conséquence, de moins en moins chez les Français : l'alliance étroite de la discipline et de l'indépendance chez un même être. Dans l'ordre de la spéculation, ce sont des esprits aussi libres que possible ; dans l'ordre des choses pratiques, ils sont caporalisés. Ils marchent dans le rang, chaque fois que ce n'est pas l'objet actuel de leurs études de rechercher s'il faut obliquer à droite ou à gauche.

« Pour ces Allemands disciplinés et indépendants, extrêmement audacieux d'idées et attachés à la réalité, tout ce qui existe est vrai, tout est bien à sa place. Leur intelligence et leur goût obstiné des faits leur en donnent le respect. C'est bon aux Français dans leurs fièvres, avec leur excitabilité, d'invoquer ce qui doit être. Un Allemand pense au contraire qu'il faut se laisser modifier et façonner par ce qui est. A notre idée bien française, que la volonté libre est l'essence de l'homme, que par ses décrets elle peut refaire la société, l'Allemagne oppose la loi de continuité et le déterminisme universel.

« C'est très important, ces théories philosophiques et historiques du droit, parce que chacun, gouvernement ou individu, y trouve un mobile ou sa justification.

« Pour toi, mon cher Sturel, ce que je dis du génie allemand demeurera une chose verbale, une notion. Moi, c'est ma vie intérieure, toute ma tranquillité, que je joue ici. Je reconnais la puissance, la sincérité des âmes allemandes ; elles m'engagent dans une grande voie qui me sort de l'artificiel, me conforme à la nature. Et puis voilà que je les entends, au nom de principes que j'allais adopter, conclure avec logique à des arrêts qui m'épouvantent. J'ai rencontré ici le platane de M. Taine à des milliers d'exemplaires. Au lieu de l'arbre joyeux qui m'engageait à aimer la vie, c'est une sombre forêt où d'affreux abattements succèdent à d'inoubliables ivresses. Les grands chênes de Germanie me disent : « Nous sommes le résultat d'un triage de la
« nature ; le droit de vivre, nous l'avons conquis et
« nous le conquérons chaque jour par les lois bru-
« tales et fatales de la force. Tous les problèmes de
« justice sont réduits à un problème de mécanique :
« la société est un système de forces où le vaincu au
« demeurant a toujours tort. Le fait accompli cons-
« titue le droit. »

« Je ne puis nier ces vues morales et sociales où mènent des méthodes auxquelles j'adhère passionnément, mais quoi ! faut-il y trouver la condamnation de notre pays ? Conception du droit et de l'histoire, théorie de l'État, tout ce que l'on enseigne autour de moi à l'Université de Berlin tend à réclamer pour l'Allemagne la suprématie universelle. Mais alors si de telles doctrines doivent me contraindre à de tels aveux, mon pauvre grand-père avait une juste prescience de refuser que je vinsse en Allemagne!

« J'ai beaucoup souffert, mon cher Sturel, jusqu'au jour mémorable dont je veux te raconter la crise.

« La veille du 1er mai 86, avec une bande d'étudiants, je suis allé dans le Hartz pour lire *Faust* sur le Brocken durant la nuit de Walpurgis. Ai-je eu raison de me laisser tenter par le haut caractère de cette excursion classique et de quitter ma solitude? Tu m'approuveras au détail de cette scène où, sur les hauteurs, j'ai fait reconnaître à nos adversaires la légitimité d'une image que naïvement ils niaient.

« Le 30 avril après-midi, nous montâmes en file la montagne ensorcelée et nous récitions les vers de *Faust* : « Que sert-il d'abréger le chemin?... Se couler
« dans le labyrinthe des vallées, puis gravir les
« rochers d'où la source éternelle jaillit et se préci-
« pite, c'est le plaisir qui assaisonne une pareille
« promenade. Déjà le printemps se réveille dans les
« bouleaux et déjà même les pins le ressentent:
« n'agirait-il pas aussi sur nos membres? »

« Quand nous sortîmes des bois sur la bruyère dénudée, nous disions : « Nous sommes entrés
« dans la sphère des songes et des enchantements. »
Et en atteignant l'hôtel du sommet, chacun, par-dessus son épaule, répétait à son camarade : « Tiens-
« toi ferme au pan de mon manteau... Voici dans le
« centre une hauteur, d'où l'on voit avec étonnement
« Mammon resplendir dans la montagne ». Il y avait en vérité de magnifiques oies qui resplendissaient devant nos yeux et nos narines de marcheurs affamés.

« Notre dîner se prolongea indéfiniment, car il ne fallait pas songer, dans la tempête qui sévissait dehors, à surprendre les sorciers réunis sur la bruyère où ils traînent les possédés. Le seigneur Uriel, la sorcière, le bouc, la vieille Baulo sur sa truie, Lilith et les autres, n'auraient pas manqué de nous précipiter dans les profondes vallées que surplombe le Brocken. Nous nous attachions à la table pour nous conformer aux conseils de Méphistophélès : « Accroche-toi aux aspérités de la roche,
« sinon l'orage te renversera dans le fond de ces
« abîmes. Un brouillard obscurcit la nuit. Entends
« ces craquements dans les bois ! Les hiboux s'en-
« volent épouvantés. Entends éclater les colonnes
« des palais toujours verts, et les gémissements, le
« fracas des rameaux, le puissant murmure des tiges,
« les cris et les plaintes des racines ! Dans leur chute
« effroyable, confuse, les arbres se brisent les uns
« sur les autres, et à travers les gouffres jonchés de
« débris sifflent et mugissent les airs. Entends-tu ces
« voix sur la hauteur, au loin et dans le voisinage ?
« Oui, tout le long de la montagne, un chant
« magique roule avec fureur. »

« Excuse ces citations. Puisque je veux t'expliquer à quelles forces de la pensée allemande j'ai réussi à m'arracher, c'est bien le moins que je ne dissimule pas ses beautés dont je suis tout plein. Le *Faust* de Gœthe est vraiment une conception solide, enracinée dans la réalité, libre jusqu'à l'audace, disciplinée jusqu'au traditionalisme, et qui restera dans la construction humaine comme un témoin de la conscience allemande. Tout cet acte fameux de Walpurgis, où Gœthe a utilisé les vieilles traditions de la sorcellerie du seizième siècle, nous le récitâmes à haute voix. Nous jouions au naturel la scène de « la Taverne d'Auerbach, à Leipzig », quand de joyeux étudiants philosophent et chantent, le verre en main. Mes compagnons affirmèrent que l'Allemagne représente l'Esprit universel, l'Idée absolue et la Puissance absolue, et revenant à plusieurs reprises sur des détails de leur pensée, ils s'exprimèrent de façon à me bien convaincre de leur opinion sur la France. Ils tiennent notre décadence pour un fait, car l'instinct d'expansion et la force d'absorption allemands se sont montrés supérieurs en 1870. Convaincus qu'un homme formé aux méthodes scientifiques ne peut pas s'offenser d'une constatation et qu'en m'indignant je serais aussi fol qu'un vieillard qui veut nier son âge, ils célébraient le Pangermanisme.

« Il ne m'appartenait pas d'interrompre dans un lieu classique de la pensée allemande leur délire patriotique, mais je dus les quitter. Les turbulents convives dont parle Méphistophélès n'étaient pas sur la bruyère, mais autour de la table. Je remontai dans ma chambre. Elle était froide, en dépit du feu que j'allumai. Aigri par les discussions, offensé par l'éclat de leur force et de leur jeunesse, je me sentais seul avec la France. Je pensais à tous nos camarades, à Bouteiller, à toi, mon cher Sturel, et je cherchais à raffermir ma confiance ébranlée par la sincérité de l'orgueil germanique. Les vents de la nuit ne cessèrent pas de tournoyer sur l'hôtel, d'où leur répondaient les refrains et les « hoch! hoch! » des étudiants. Ne pouvant pas dormir dans cette double tempête, je surveillais à travers les vitres la naissance du soleil.

« Il apparut sans splendeur dans un ciel à bandes sombres. Aussitôt mes compagnons, en me plaisantant sur mon sommeil, vinrent frapper à ma porte pour que nous assistions à la déroute des sorciers. Dans un jour encore incertain, parmi les blocs de granit qui parsèment ce sommet, nous nous orientâmes à la recherche du « spectre du Brocken ». Le guide nous cria de lever les yeux. Une figure immense apparaissait dans les nuages. Les Allemands poussèrent de longs cris en débouchant les bouteilles qu'un paysan portait à notre suite.

« Certes, chacun savait bien qu'il voyait, par un jeu naturel d'optique, le reflet agrandi d'une personne placée au point voulu. Mais il leur plaisait de se prêter à la légende. Ils burent au génie du Hartz, à la grande Allemagne, à la race allemande maîtresse du monde.

« Leurs clameurs semblèrent fendre les nuages, qui s'ouvrirent comme un rideau. Soudain nous dominions de cinq cents mètres le plateau et en général tous les sommets. Nous vîmes l'armée des arbres s'élever de la plaine pour couvrir de ses masses sombres et égales les puissants vallons, les longues courbes des montagnes. Ce qu'il y avait de plus beau, c'étaient les masses immenses d'air, les espaces atmosphériques que la tempête remuait autour de notre Brocken. Les nuages circulaient rapidement à notre hauteur, pareils à une flotte que depuis un promontoire nous aurions vu défiler. Par brefs intervalles apparaissait la plaine, avec ses verts et ses jaunes variés, ses rares bouquets d'arbres, ses petits villages tassés, et le guide se désespérait que le temps ne permît pas de distinguer Magdebourg, Leipzig,

Erfurt, Gotha, Cassel, Gœttingue, Hanovre, Brunswick et Stendhal. A chaque instant des voiles venaient s'interposer. Nous assistions aux échanges de la terre et du ciel, quand les vapeurs montent et descendent. Ces grands mouvements révèlent le sublime. Un tel spectacle et leurs « hoch ! » incessants en l'honneur de leur patrie me firent sortir de mon calme habituel. Je m'écriai : « Voilà votre domaine, mais ail-
« leurs est le domaine de la France. Je bois à la
« France ! C'est aussi une puissance du monde ! »

« L'un d'eux approuvé par tous répondit : « Nous
« ne sommes pas des querelleurs. Paris est une
« belle ville ; nous voulons boire à Paris ! »

« Par là j'ai vu qu'ils ignoraient la vraie France, le fait historique et la réalité pleine de ressource qu'est notre patrie, où Paris ne représente qu'un précieux joyau. Pourtant, afin de reconnaître leur courtoisie, je levai mon verre au génie de Gœthe, « qui
« comprit la France et que la France comprend ».

« On crut voir que le vent redoublait dans cette minute pour emporter au loin nos paroles et les libations qu'à la mode antique nous fîmes. Toute sa violence ne pouvait rien sur nos consciences, d'où sortaient directement les paroles peut-être un peu jeunes, mais nécessaires, que nous prononcions.

« Avant de partir, chacun de nous, à tour de rôle, se plaça dans l'endroit qu'avait marqué le guide, et successivement nous vîmes notre reflet informe et démesuré s'étendre dans les cieux. Ceci, je l'avoue, est tout à fait frivole : je prolongeai plus que de raison le plaisir d'imposer des traits français au spectre du Brocken.

« Nous descendîmes. A trente mètres au-dessous

du sommet, on retrouve les arbres. Le vent, brisé sur eux, ne se faisait plus connaître que par son gémissement. Avec légèreté, je courais le long des petits sentiers où les aiguilles de sapins accumulées font un feutrage aux dures racines des arbres cramponnés sur le roc. La hautaine confiance de ces Allemands dans leur supériorité m'avait attristé d'abord, mais je me disais maintenant : Prends une connaissance riche et forte de ton pays ; tu es conditionné de naissance pour la posséder, comme eux pour abriter une image hors pair de l'Allemagne. Aux nuages du Brocken on peut imposer des reflets, mais qui pourrait dénaturer la conscience ? Elle projette nécessairement ces idées que les pères lèguent aux fils avec leur structure profonde.

« Mon cher Sturel, je ne trahirai pas l'honnête homme de la Seille dont je porte le nom, ni la longue suite des humbles qui vivent en moi ; je ne renierai pas mon caractère lorrain ni l'idéal français qui proteste avec tout mon sang. Ma manière de sentir et de penser est légitime et vraie, selon la science comme selon mon grand-père, puisqu'elle est selon mon organisme, et j'ai pour devoir de persévérer dans l'être, c'est-à-dire en tant que Français.

« Je suis content de m'être plongé dans la pensée allemande. Parfois sa vague faillit m'entraîner, parfois aussi je perdais la respiration, mais j'ai touché son sable de fond. — Le Corps universitaire en Allemagne est tout acquis à la politique bismarckienne et aux vues impériales; des professeurs éminents n'ont pas de peine à remplir ces étudiants naïfs et robustes d'une foi vive dans la supériorité absolue des races allemandes sur les races latines. — Pour moi, j'ai pris avec plus de sérieux la juste défiance que les mêmes maîtres nous donnent de l'absolu. Chaque nation exhale un idéal particulier, non point un *credo* positif, mais un vaste sentiment qui se modifie avec elle et qui demeure, autant qu'elle subsiste, sa vérité.

« Au contact de cette grande Allemagne, j'ai senti ma propre patrie et entrevu notre vérité. Ses universités m'ont appris à ne pas me satisfaire d'une notion verbale, à ne pas dire « France ! Oh ! France ! », mais à voir sous ce mot une réalité, une série de faits historiques, des ressources accumulées et une direction imposée à nos mouvements en vue de certaines actions favorables à la vie des individus et à la survie de la collectivité. C'est peu de dire : « J'aime la France »; après dix-huit mois, j'ai expérimenté que les qualités et les défauts français font l'atmosphère nécessaire à ma vie. J'ai le mal du pays. C'est dans le rang de mes compatriotes que je vivrai mes jours avec le plus d'agrément, comme c'est dans leur histoire et dans leur littérature, à condition qu'on ne les laisse pas se perdre dans les sables, que joue le mieux mon intelligence.

« Nous sommes amoindris. Mais il n'y a pas à calculer les énergies de la France comme celles des autres pays. La grossière confiance de nos adversaires raille notre fièvre, notre excitabilité : elles sont le moyen des choses sublimes dans notre nation. Ces puissances méconnues ne prendront-elles pas bientôt leur revanche ?

« Ton ami,

« ROEMERSPACHER. »

Notre pensée nationale s'élève et s'abaisse par ondes comme la mer. Elle est, en 1887, à son plus haut niveau chez tous les Français. Sturel au Lido, Rœmerspacher sur le Brocken, tendent à étouffer l'anarchie mentale, dite humanisme, que mit en eux l'Université : ils filtrent l'amas encombrant déposé dans leurs âmes ; ils s'épurent pour retrouver la discipline de leur race et se ranger à la suite de leurs pères. On croit expliquer quelque chose en disant que, chez deux jeunes gens placés dans des milieux italiens et allemands, la nationalité devait particulièrement réagir ; mais à cette date c'est toute la France, dans toutes ses cellules, qui désire repousser des éléments venus de ses dehors.

Une parole extraordinaire venait de retentir par tout le pays. Sur ce territoire habité par des fonctionnaires qui pensent à leur carrière, par des administrés qui rêvent les bains de mer l'été, le baccalauréat pour le fils, la dot pour la fille, et par des comités politiques qui, à défaut d'un principe d'unité nationale, proposent des formules de faction, un mot tomba de la tribune parlementaire et l'on vit se tourner vers le Palais-Bourbon des milliers de visages. C'est ainsi qu'une pharmacie paisible, où l'on vient d'amener un blessé de la rue parisienne, a soudain contre ses vitres une foule de faces qui s'écrasent. Cette déclaration ne fit point un petit rond dans un des innombrables groupes d'intérêts épars sur le territoire. On ne vit pas les polytechniciens s'émouvoir, ou les universitaires, ou les chambres de commerce, ou les agriculteurs, ou les faubourgs ouvriers. Ce fut un frisson sur toute la patrie et dans ce fond moral, vraiment notre substance française, qui nous rend si excitables, si oratoires, si généreux, si sensibles à l'honneur, qui nécessite tous les caractères de notre civilisation et dont pourtant nul étranger ne peut sentir la réalité.

Le 4 février 1886, à la tribune, sur l'envoi des troupes à Decazeville, où les mineurs étaient en grève, le ministre de la Guerre a déclaré : « Les soldats partageront leur pain avec les ouvriers grévistes. »

La Chambre, dans ce premier moment, marqua, dit l'*Officiel*, des « mouvements divers ». Le député Bouteiller leva sa face pâle des paperasses qu'il annotait...

Cet ancien professeur du lycée de Nancy, qui jadis aurait dû élever les petits provinciaux à la conscience française et, en même temps, les considérer comme des faits lorrains et tenir compte de leurs particularités, le voilà député de Nancy. Le voilà une voix de la France et de la Lorraine dans une assemblée qui devrait être la conscience nationale agissante et parlante. Au Palais-Bourbon, demeurera-t-il, comme dans sa chaire pédagogique, le délégué d'un parti?

Il regarde en plissant le front ce ministre insolite, qui avec sa moustache blonde, sa gentillesse, son air quelconque d'officier de quarante ans, vient de « phraser » pour les patriotes, pour la populace, et qui montre des dispositions peu républicaines à la popularité.

« Les soldats partageront leur pain avec les grévistes! » Aux destinées prodigieuses de ce mot sur tous les chemins de la France, il apparut que ce jour-là le général Boulanger avait parlé en français. Non seulement il s'exprimait avec la générosité, la netteté, la cordialité du Français, mais il employait à la tribune du Palais-Bourbon des expressions vraiment françaises, en place de ce jargon vague, que chacun écoute, recueille avec admiration peut-être, sans que personne touche une réalité. Il ne déclara pas : « Dans une démocratie, tous les éléments sont coordonnés et solidaires », ou bien encore : « L'armée saura s'inspirer des grands principes qui sont communs à toute la nation. » Il dit que la gamelle — humble nourriture, la vie du soldat, l'instant de son repos et le signe de sa fraternité — nos troupiers la partageraient avec les ouvriers au lieu de les fusiller. Et cela composait une image profondément humaine, un peu sentimentale, morale, juste et dont tout le pays fut ému parce que son imagination la recomposait très fortement et très clairement. Dans ce mot-là, les principes d'humanité, de fraternité, si flottants et tout abstraits à l'ordinaire, simples morceaux de bravoure, pénétraient la vie réelle. Ce n'était point une expression de tribune, qui meurt dans le *Journal Officiel* après avoir éveillé des « Très bien ! très bien ! » sur les bancs de la Chambre, chez des êtres artificiels, chez des députés. Tous les Français la recueillirent, les ouvriers, les paysans dont le fils est à la caserne, et les bonnes femmes, et les petits vicaires, et les cabarets où l'on discute indéfiniment à la manière gauloise, et tous dirent : « Voilà qui est bien. »

Quand on sut l'effet produit en province, les gens réfléchis des couloirs commencèrent d'observer ce ministre d'un mois qui jusqu'alors n'était que le protégé de M. Clemenceau. Sa physionomie montrait quelque chose de très impérieux et à côté quelque

chose de très bon. Dualité qui se retrouvait dans sa
conduite : il prenait des décisions audacieuses, il
exigeait de ses subordonnés une soumission absolue
et en même temps il se montrait bienveillant et vite
affectueux. Tout ce qu'on lui demandait, il l'accordait, et à des hommes de tous les partis. Députés et
journalistes sortaient de son cabinet avec de l'amitié
pour ce charmant soldat français. Personne n'ignorait ses titres de service. Sous-lieutenant au 1er tirail-
leurs indigènes, le 3 juin 1859, il tombait frappé
d'une balle en pleine poitrine au combat de Turbigo,
en abordant le premier les Autrichiens ; lieutenant
au même corps, le 18 février 1862, en attaquant le
village annamite de Troï-Ca, il recevait un coup de
lance dans le flanc ; lieutenant-colonel du 114e de
marche, le 30 novembre 1870, à la bataille de Champigny, bien que blessé à l'épaule, il se faisait soutenir par ses sapeurs pendant qu'il entraînait ses
soldats à l'attaque des hauteurs de Villiers. Enfin au
Parlement, dans les bureaux et dans l'armée, il était
en train de conquérir l'estime des gens compétents.

Le général Tramond et le colonel Lebel venaient
d'inventer le petit fusil nommé fusil « Lebel » ou
plus exactement « fusil modèle 1886 », alors le plus
beau de l'Europe. Ils appartenaient à l'infanterie ;
l'arme savante, l'artillerie, leur fit une opposition où
se rangea le comité technique. Boulanger décida de
passer outre. Il entreprit de faire voter les dépenses
et pour le fusil Lebel et pour la mélinite de Turpin.
Il invita la Commission du budget à l'accompagner.
On prit le train secrètement et on descendit à Anizy-
Pinon, sur la ligne de Soissons à Laon. Dans un
cabaret, un déjeuner était préparé, que présidèrent

Rouvier et le Général. On se rendit en voiture d'artillerie au fort de la Malmaison. Vingt obus à la mélinite l'avaient détruit. Les députés suivirent sur place l'histoire de chaque projectile. Ils constatèrent l'effet foudroyant. Ensuite, le colonel Lebel tira avec son fusil appuyé sur un chevalet. On avait disposé l'un derrière l'autre deux troncs d'arbre, de quarante centimètres d'épaisseur chacun ; après trois manque à toucher, la balle les traversa et, en outre, une cuirasse. La Commission, édifiée et flattée, vota trente millions. En 87, Boulanger obtint deux cents millions sans qu'un mot fût dit en séance. Il avait su prendre et imposer une résolution. Son entente de la mise en scène avait servi le pays.

Formé dans un milieu où l'éducation professionnelle vaut tout, Boulanger avait le respect des compétences techniques. Il les recherchait dans chaque ordre où il devait s'intéresser. Aussi dénué de connaissances que de passions en politique, il devait apprécier M. Naquet, qui est bien l'intelligence politique la plus érudite et, par abus du sens critique, la plus caméléonesque. Il déjeunait fréquemment avec ce fameux radical, le « père du divorce », qui, porté à philosopher, lui expliquait les vices du régime parlementaire et que les coups d'État valent par la vertu qui est en eux : « On peut en faire pour le compte de la démocratie. Certains prétendent que le Dix-Huit brumaire fut un coup d'État contre les idées révolutionnaires. D'après M. Aulard, c'est une erreur. Bonaparte essaya par un coup de force de remonter le courant qui entraînait la France à la réaction et qui bientôt après l'entraîna lui-même. Son opération fut en deux temps : il faut louer le premier ». —

M. Clemenceau, qui assiste parfois à ces déjeuners, ne se prononce pas. Les hommes de droite coquettent autour du Général.

Cependant avec le général Saussier, avec le duc d'Aumale, Boulanger ouvre des crises qui pourraient tout casser à droite, à gauche, et même le précipiter. Mais tel est son bonheur que le pire sert à maintenir l'opinion éveillée.

L'indulgence pour ce bel officier, dont les actes et les paroles ont naturellement quelque chose d'affiché, est faite des raisons les plus diverses. Rœmerspacher et Sturel les trouvent dans les lettres de leurs amis : l'avocat Suret-Lefort attend de cette popularité le développement du parti radical ; le journaliste Renaudin est flatté par l'accueil qu'il reçoit du ministre et par le succès des articles qu'il lui consacre ; Henri Gallant de Saint-Phlin, qui vit dans sa propriété de la Meuse, écrit : « Nos paysans, depuis Gambetta jusqu'à Boulanger, n'avaient pas connu un nom de ministre ».

Mais enfin, jusqu'alors, ce sont des individus épars qui le regardent avec leurs âmes individuelles. Une grande circonstance créa la socialisation des âmes.

Le 21 avril 1887, on apprit que, dans un guet-apens, M. Schnæbelé, commissaire spécial à la gare française de Pagny, venait d'être arrêté, très probablement sur notre territoire. Un frisson traversa le pays. Les allures de la chancellerie allemande permettaient de croire à la volonté d'humilier la France. Depuis 1871, notre pays n'avait point connu pareille crise. Chaque Lorrain prit son parti du sacrifice nécessaire ; il y eut chez tous l'élan, presque les saintes fureurs de la *Marseillaise* de Rude. Dans les petites villes, on vit les ennemis traverser la rue, marcher l'un à l'autre et, supprimant le « monsieur », parler avec gravité de l'intérêt national supérieur à toutes les querelles. Les enfants, la jeunesse, les mères, les vieillards, savaient la nouvelle, admettaient la solution. Dans les villages on annonça que des affiches proclamant la guerre se posaient sur les murs de Nancy. Mille vœux se levèrent pour les hussards de Pont-à-Mousson, qu'en deux heures, de Metz, les Prussiens peuvent enlever. Les populations attendaient, appuyées sur les barrières de bois dans les gares. Les délégués de la campagne sillonnaient les routes, marchant aux nouvelles vers les chefs-lieux de canton et interrogeant les patriotes. Toutes les phrases se terminaient par un geste plus fier de la tête relevée : « A la grâce de Dieu, s'il le faut! » Et déjà l'on se sentait des frères d'armes prêts à partager pour le même amour, dans les mêmes hasards, les mêmes périls.

Les hommes valides commandèrent en hâte des souliers de marche, amples et solides. Les commerçants engagés dans de mauvaises affaires respiraient plus largement. La race mal vue des tapageurs devenait noble ; on admirait leur joie aventureuse. Des cris sinistres de mort mettaient une immense poésie, au soir tombant, sur les petites villes, et déchiraient le cœur des femmes, qui se juraient pourtant d'être dignes des héros.

Avertis par leurs familles, Sturel et Rœmerspacher accoururent d'Allemagne et d'Italie. Ces deux jeunes gens, qui d'habitude ne fréquentaient pas leurs concitoyens, se rendirent le soir de leur arrivée au principal café de Nomeny et de Neufchâteau. Ils y portèrent, ils y puisèrent, au milieu des incompétences, des vantardises et des minutieux soucis d'équipement, des sentiments d'abnégation, de confiance patriotique et de discipline.

Dans cette attente de quinze jours, un sentiment commun se substitua aux soucis particuliers ; un état parut, qu'on peut appeler « l'âme nationale ». Elle se tournait vers la frontière, elle attendait un geste de Paris. Qu'ils s'effacent, les comités, les députés, les chefs de groupe ! A l'ordinaire, on les applaudit, parce qu'en l'absence d'un grand intérêt qui fasse centre ils donnent des formes à l'énergie dispersée du pays, et parce qu'ils savent des mots irritants pour humilier les adversaires politiques. Mais aujourd'hui, le seul adversaire, c'est l'étranger ; le seul gouvernement, c'est le chef de l'armée, celui que les villes, les villages, les casernes, les ateliers et, sur le passage des voitures, les bergers isolés dans les champs acclament aux cris de : « Vive Boulanger ! »

La France sent où se trouvent l'énergie et l'optimisme nécessaire ; elle n'attend rien de l'Élysée. Quelque temps avant l'affaire Schnæbelé, les Allemands ayant massé des troupes nombreuses en Alsace-Lorraine sous prétexte d'essayer un nouveau fusil, Boulanger, au Conseil des ministres, proposa de réunir autant d'hommes sur notre frontière. Grévy s'y opposa, disant que c'était la guerre certaine. « Écoutez, dit Boulanger, si nous mobilisons en partant de l'état de paix, quand eux mobilisent du pied de guerre, ils pénétreront au centre du pays avant que nous soyons prêts... J'aime mieux la guerre, avec une chance de vaincre, que l'incertitude d'une paix telle que, si leur bon plaisir la rompt, nous serons sûrement écrasés. » — « Eh bien ! quoi ! dit Grévy, quand même vous livreriez une bataille sur la Marne au lieu de la livrer sur la Saar... Vous savez bien qu'il s'agit seulement de sauver l'honneur. Vous dites : En mobilisant, j'ai une chance sur deux de gagner la bataille. Moi, je vous réponds que nous n'avons pas une chance d'être vainqueurs, et dès lors, je préfère nous ménager l'hypothèse où il y a une chance que nous gardions la paix. »

Boulanger fut digne de ses responsabilités. En civil, avec ses officiers d'ordonnance, il quitta Paris de nuit, traversa Bar-le-Duc, Nancy, Épinal. Derrière son passage merveilleusement secret, tandis que des baraquements s'élevaient en hâte, que des quais étaient construits et les troupes doublées, la figure des chefs militaires, magnifique de confiance, confirmait l'enthousiasme des foules. Partout on commentait avec orgueil la première phrase de la *Nouvelle Instruction pour le combat* : « Seule l'offensive permet d'obtenir des résultats décisifs. »

Au sortir de cet état de tension, la France, qui venait de guetter l'Allemagne et son propre pouls, demeura fière d'avoir gardé son calme, d'avoir paru raisonnable et brave à l'Europe. Elle avait vu son chef crâne, actif et confiant. Il fournissait à de puissantes et très simples associations d'idées. Elle avait rêvé Metz et Strasbourg repris sous la conduite du général Boulanger ; du moins elle eut Bismarck reculant. Des images d'un tel relief ne s'effaceront plus. Il devint « le général Revanche ». Illusion d'une amoureuse, elle lui aurait dit volontiers : « Quand on a

passé de tels instants ensemble, on ne se quitte
plus. »

Il faut toujours une traduction plastique aux sentiments des Français, qui ne peuvent rien éprouver sans l'incarner dans un homme. M. Thiers, dans sa dernière période, on se l'est représenté assis, avec de grosses lunettes, tandis que la Chambre debout acclame le « Libérateur du territoire » ! Et cela touche ceux qui s'intéressent aux opérations du budget. — Gambetta, ou le « Rempart de la République », on l'a vu, le bras toujours tendu, s'écriant : « Se soumettre ou se démettre ! » et cette bonne insolence enthousiasme les comités. — Mais un général, c'est encore plus significatif de force qu'un orateur, car il peut empoigner les bavards. Et celui-ci, Paris l'a suivi, acclamé, chanté, qui marchait à quinze pas en avant de toute l'armée. Comme il était jeune, et brave, et cher à cet immense public ! Sa revue du 14 juillet, reproduite par les dessinateurs, commentée par les journaux et les cafés-concerts, c'est l'attitude où il se fixe dans les imaginations. En lui, pour la première fois, le peuple contemple l'armée moderne, pénétrée par l'esprit de toutes les classes, où les militaires non professionnels, réservistes, territoriaux, tiennent une si large place. Ce Boulanger, qui a tendu la gamelle aux grévistes, qui a voulu rapprocher le troupier des chefs, qui a « relevé le pompon » et devant qui l'Allemagne recule, la France le conçoit comme le soldat au service de la République et peut-être l'accepte protecteur de la République. En face du terne Élysée, habité par un vieux légiste incapable d'un mouvement venu du cœur qui seul toucherait les masses, le jeune ministre de la Guerre, chevauchant sur son cheval noir, dispose d'un éclat qui parle toujours à une nation guerrière ; en outre, son autorité constitutionnelle, par tel grand mot, par tel acte qui va jusqu'à l'âme, il saurait bien la multiplier : il convoquerait nos réserves d'énergie.

D'un tel élan, après une victoire, fût sorti un César. En mai 87, le geste de la nation, ardemment tournée vers son Général, demeure demi-ébauché comme la conscience nationale de Rœmerspacher, comme l'héroïsme de Sturel, comme le réquisitoire de Bouteiller.

CHAPITRE II

LES ÉLÉMENTS QUI FERMENTAIENT
AUTOUR DE LA GARE DE LYON

Après l'affaire Schnæbelé, Rœmerspacher et Sturel, qui ne retournaient pas à l'étranger, désirèrent se revoir. Ils n'eurent pas l'idée de se donner rendez-vous à Nancy, à Neufchâteau ou à Nomeny. Paris était le lieu où ils trouvaient des souvenirs et des conditions agréables de vie : leur vrai chez soi. A la fin de mai, ils descendirent au Quartier latin. De très petites choses, qu'ils avaient faites machinalement pendant des années, leur devenaient par cela seul agréables. Et quand, au café Voltaire, le vieux garçon qui leur avait versé leur premier café, en 1882, à vingt et un ans, à l'âge où ils débarquaient de province, les reconnut, ils eurent une manière d'émotion.

Physiquement et d'esprit, Sturel n'avait guère changé, toujours droit, mince, avec de beaux yeux et des traits accentués. Rœmerspacher ne gardait aucun air d'alolescence ; un peu lourd de corps, avec une figure d'une magnifique humanité, quoique la mâchoire fût développée, il était vraiment un homme et semblait avoir perdu toute possibilité de dire des bêtises et de parler par entraînement. Ce qu'il exprimait avait un sens précis et toujours conforme à l'ensemble de ses opinions. Sans intention de professer et seulement pour se donner une discipline dans son travail, il allait préparer son agrégation d'histoire. Sturel pensait à se faire inscrire a barreau, et en même temps il marquait son dégoût pour le métier d'avocat.

— Dame! — répondait Rœmerspacher aux « à quoi bon » de son ami — on peut soutenir que la vie n'a pas de sens, mais c'est une vérité stérile. Je ne partage pas l'admiration que notre Saint-Phlin, dans ses lettres, me marque pour Le Play; mais je sais une bonne anecdote. En novembre 1879, Le Play faillit mourir, et, parlant des impressions qu'il avait ressenties, il déclara : « Du coup d'œil suprême, je n'ai point vu le néant de la vie humaine; loin de là, j'en ai constaté l'importance. » L'importance de la vie vue du bord de la fosse! Cette façon de sentir ne comporte pas les expressions lyriques et désespérées qui donnent aux vues pessimistes une toute-puissante valeur poétique, mais, à l'usage, elle est bien plus féconde...

Il s'interrompit pour dire en souriant :
— Tu me trouves bourgeois?
— Mais non! puisque, moi, j'aime Boulanger comme un stimulant!

Les deux jeunes gens, dans cette minute, furent contents l'un de l'autre. Ils retrouvaient ce dont ils étaient privés depuis l'été de 1885 : un vocabulaire commun, et, mieux que cela, une manière analogue d'associer les idées, ce qui permet dans la conversation de sauter trois ou quatre idées intermédiaires. Avec les étrangers les plus intelligents on n'a jamais ce plaisir-là.

— Boulanger, — disait Rœmerspacher, tout plein de sa notion allemande du devenir, — je vois très bien ce que c'est. L'homme de qui la foule française s'est éprise à toutes les époques est fait sur un certain type théâtral, odéonesque : François Ier, Henri IV, La Fayette, tels qu'ils se montrent en public, et, tout au bas, le petit marquis, le maréchal des logis et le commis voyageur. Le héros ingénieux plutôt que la brute, mais avec une légère vulgarité, car nous ne sommes pas un peuple poète, voilà celui qui prévaut dans les salons et les grands cercles, dans les cabarets d'ouvriers ou sur un marché de paysans. L'opinion héréditaire que la France a d'elle-même, le schéma qu'elle trace de son histoire, c'est que l'Europe la craint, ou plus exactement l'admire et l'aime. Et, chez ce peuple de glorieux, il y a un désintéressement tel que nous permettons de nous opprimer à qui nous donne de la gloire. Enfin, dans l'esprit de notre nation, un certain nombre de principes tendent à épuiser leurs conséquences, et, d'abord, le sentiment de l'égalité. Au total, il faut comprendre Boulanger dans l'imagination populaire comme optimiste et vulgaire; comme un soldat brave et galant, qui nous rend du prestige à l'étranger, un général Revanche ; et, en même temps, comme un serviteur des ambitions et des jalousies démocratiques. Ces personnages que, de temps à autre, au cours de l'histoire, le milieu met en valeur, ne sont qu'un instant du devenir de la nation luttant contre tous les obstacles, pour mieux réaliser son type.

— Je voudrais bien le connaître, disait Sturel.

— Renaudin t'en fournira des anecdotes. Moi, je te donne le fil, et si tu le tiens solidement, tu comprendras Boulanger mieux que s'il s'expliquait lui-même. Ce qui caractérise et actionne les héros populaires, c'est, bien plus que leur volonté propre, l'image que se fait d'eux le peuple.

Rœmerspacher avait raison. Les traits naturels de Boulanger ne comptaient plus ; par la force du désir des masses, il venait de subir une transformation. Aussi, en dépit de sa gentillesse personnelle, mécontentait-il ses inventeurs, les chefs radicaux, par l'image, hors cadre et supérieure au radicalisme, que se composait de lui le public. Il ne pouvait plus disposer pour aucune formule exclusive de la confiance générale qu'il inspirait, et bien qu'il ne proposât expressément rien qui prêtât à la critique, tous les politiques comprenaient que son emploi était de reconstituer l'unité de sentiment.

L'unité de sentiment, en France, c'est un danger pour l'Allemagne ; c'est aussi la négation du parlementarisme. Ces deux puissances, en joignant tous leurs moyens, amalgamèrent la majorité plus que bizarre, suspecte, qui le 17 mai jeta par terre le cabinet Goblet pour atteindre le général populaire; les Clemenceau, Maret, Pelletan, Barodet, votèrent, contre leur parti, avec les Ferry, Raynal, Spuller, Méline, que l'on rencontrait dans l'opposition pour la première fois depuis dix-sept ans.

Le formidable mouvement qui secoue alors la nation, ses attroupements, sa rumeur, prouvent qu'elle s'accorde toujours avec son favori. Mais quelle mission lui confie-t-elle?

Voici trois semaines d'un brillant extraordinaire. C'est l'apogée de cette jeune gloire, encore intacte à peu près de politique. De l'Hôtel du Louvre, qu'épient toutes les mouches de l'Élysée inquiet, chaque matin il monte à cheval, traverse les Champs-Élysées vers l'Étoile.

Déjà chevauche à son côté son énigmatique ami, ce comte Dillon, lourd, le regard voilé, à qui l'on attribue une immense fortune. Avenue du Bois, des officiers, à chaque pas, le rejoignent. Et, au retour, jusqu'à l'Étoile, derrière son cheval noir, galopent deux cents uniformes. Parmi eux, dit-on, des hommes de main, énergiques, d'exécution rapide. L'Élysée, qu'épouvante cette force de popularité, se réjouit de cet éclat : Grévy, le vieux légiste, avec ses grisâtres amis, exploite tous ces chatoiements de pronunciamiento sous le jeune soleil de mai. Galliffet le voyant passer allée des Acacias, s'exclame : « Comment ne l'exécrerais-je pas? Il est ce que j'aurais voulu être. »

A la grande surprise des simples, Rouvier parvient à former un ministère sans Boulanger, et, pour tout dire, contre Boulanger. Que le Général sorte donc de cette atmosphère et fasse ses adieux à Paris. Que ces trois semaines, où il vit les parlementaires, sourds à l'acclamation de la rue, négocier, marchander et le vendre, n'influent pas fâcheusement sur son âme de soldat. Pour que son caractère demeure intact, que ne peut-il s'en aller, au Tonkin, par exemple, où il acquerrait des mérites nouveaux? Enfin Rouvier lui assigne le commandement du 13e corps à Clermont, et, d'après les journaux, il prendra le train de nuit, le 8 juillet.

Ce jour-là, par grand hasard, Sturel et Rœmerspacher doivent dîner avec leurs anciens camarades, le journaliste Renaudin et l'avocat Suret-Lefort, qui depuis l'exécution de Racadot et la disparition de Mouchefrin, font, avec Saint-Phlin, toute la survie du petit groupe issu de la classe de Bouteiller. Ils ont mis peu de hâte à reprendre des conversations dont ils craignent de n'avoir plus le fil. Un voyage de Saint-Phlin à Paris les a décidés.

Les deux jeunes gens, traversant vers sept heures du soir la place du Carrousel, entendirent une rumeur immense : rue de Rivoli, des milliers de personnes arrêtaient aux cris de : « Vive Boulanger! » un omnibus; le conducteur et les voyageurs, debout, leur faisaient écho. Cohue vaste et joyeuse qui attendait devant l'Hôtel du Louvre le départ du Général pour la gare de Lyon. Sturel et Rœmerspacher voyaient pour la première fois une de ces manifestations alors si fréquentes; l'âme des foules immédiatement les posséda. Du Café de la Régence, où ils avaient rendez-vous à sept heures moins le quart, ils se réjouissaient parce que, de minute en minute, le flot des commis se hâtait après leur journée vers l'hôtel du Général. De loin, ils aperçurent Gallant de Saint-Phlin, qui avait un peu grossi. Il paraissait insensible à cette animation des rues, mais il boutonnait ses gants et regardait sa montre avec inquiétude, car c'était déjà sept heures moins dix. Il s'excusa sur ce retard. Quand il sut la cause de ce tumulte populaire, lui non plus ne put penser à rien d'autre. A sept heures, Suret-Lefort arriva, que, dans le premier moment, Saint-Phlin ne savait plus tutoyer. Mais le jeune avocat, dans sa redingote serrée, avec sa jolie taille, sa voix élégante, fut aussi courtois et s'exprima mieux que son compatriote, qu'il complimenta sur sa propriété et sur les sympathies dont l'entourait le pays de Varennes. Il s'exerçait continuellement à soigner ses attitudes et à dissimuler ses préoccupations; dans cette minute il pensait : si Boulanger rentre au Ministère, le parti radical prendra une immense importance et je serai député.

— Eh bien ! criait Renaudin à ses amis par-dessus la tête des consommateurs, qu'il bousculait pour arriver, vous la voyez, notre petite manifestation... Papa Grévy comprendra que les Parisiens tiennent à leur Boulange !

Des groupes considérables ne cessaient de traverser la place vers l'Hôtel du Louvre. Il y avait là, en très grand nombre, le petit télégraphiste bleu qui méprise la dépêche au fond de sa sacoche, avec son frère, le petit mitron blanc, qui méprise le vol-au-vent, là-haut, sur sa tête.

— Sans reproche, continuait Renaudin, faut-il que vous soyez provinciaux de choisir un jour où la vraie fête sera gare de Lyon !... Je vous ai traités en vieux amis, je vous préfère au Général. Est-il encore à son hôtel ? En vingt minutes nous pouvons être fixés. Le train de Clermont part à huit heures sept. Si, à huit heures moins le quart, sa voiture n'a pas défilé, nous n'aurons qu'à dîner.

Renaudin parlait haut. On l'écoutait. Le garçon, debout, ses bouteilles d'apéritif entre les doigts, se déclara ligueur, ami de Paul Déroulède :

— Je suis pour le Général Boulanger et je ne crains pas de le dire. Ce sont les Allemands qui veulent le faire partir de Paris ; eh bien ! il ne partira pas, c'est moi qui vous en donne ma parole. Aujourd'hui, rapport à mon service, je ne vais pas à la gare de Lyon. Mais dimanche, à la revue, personne ne m'empêchera de crier : « A bas Ferron-la-Honte ! »

— Très bien, — dit Renaudin, et il se présenta :
— Renaudin... du *XIXe Siècle*... Ami personnel et défenseur du Général Boulanger.

— Ah ! vous êtes M. Renaudin, Alfred Renaudin, celui qui...

Ils se serrèrent la main, et le brave garçon la tendit aussi à Sturel. Saint-Phlin lui glissa cent sous de pourboire. Plusieurs consommateurs se mêlèrent à la conversation : tous soutenaient le Général. Suret-Lefort, debout sur le trottoir, fit un petit discours très sec et très optimiste :

— Le cabinet imposé par l'Allemagne ne peut pas durer contre l'opinion publique. S'il tombe, c'est le Général Boulanger, nécessaire à la sécurité nationale, qui revient au pouvoir.

Une vingtaine de personnes les suivirent. L'important Renaudin exprima son ennui de ne pas voir de police :

— J'aime les manifestations où les flics assurent l'ordre et barrent les passages. Je les flétris dans mon compte rendu, mais, sans eux, à quoi bon un coupe-file ?

Exactement à sept heures et demie, un immense cri de : « Vive Boulanger ! » féroce, violent, retentit, tandis que toutes les mains agitaient des chapeaux.

La voiture du Général sortait de l'Hôtel du Louvre ; elle traversa difficilement le trottoir, et avant qu'elle eût pris son tournant dans la rue, un essaim formidable l'arrêta, cramponné au cheval, aux roues. Dix mille personnes entonnèrent le chant fameux :

> Il reviendra quand le tambour battra ;
> Quand l'étranger m'naç'ra notre frontière,
> Il sera là et chacun le suivra ;
> Pour cortège il aura la Franc'entière !

On entraîne les chevaux à supporter le bruit du canon. Il faut un dressage pour que les hommes ne s'excitent pas trop au bruit des acclamations. Le froid Suret-Lefort en tête, Renaudin, Sturel, Saint-Phlin et Rœmerspacher lui-même foncèrent sur cette foule vers la voiture. Maintenant, on criait : « Partira pas ! Partira pas ! » Une vitre de la voiture s'abaissa. « Le voilà ! Le voilà ! Il est en civil, avec le général Yung », disait Renaudin à Sturel, qui distingua un monsieur blond riant et se penchant pour saluer. Ce fut une vision d'une seconde. Ils devinèrent qu'il parlait, mais ils ne le voyaient plus. Chacun retenait son haleine, et l'on affirma qu'il demandait le passage. La foule s'y fût opposée, mais, plus disciplinés, les hommes du premier rang, des ligueurs, disait-on, firent d'eux-mêmes un couloir vociférant où la voiture se précipita, suivie de trois fiacres pleins d'officiers et d'amis. Comme une débâcle, tout les poursuivit, entraînant les cinq jeunes gens.

— A la gare de Lyon ! dix francs ! — cria Sturel à un cocher.

— Vous nous retrouverez si vous voulez chez

Lucas : je vais y dîner avec Saint-Phlin, dit Rœmerspacher.

Sturel, Renaudin, Suret-Lefort, debout, font une conversation fraternelle et cahotée avec leur cocher, qui, dans son enthousiasme boulangiste, abrutit de coups son cheval. Les cris continus qu'ils traversent les excitent à ne pas se laisser distancer par le coupé dont le dos miroite à vingt pas devant eux, comme un gibier précieux qu'ils chassent. Sturel voudrait revoir la figure du Général et, le plus près possible, l'acclamer. C'est aussi le désir du cocher et de ce long peuple au galop. Ils ont suivi la rue de Rivoli et la rue Saint-Denis. A l'avenue Victoria, les premières centaines de coureurs, essoufflés, s'essaiment. D'autres enthousiastes surgissent de toutes parts. Les quais de l'Hôtel-de-Ville et des Célestins, les boulevards Morland et Diderot, grouillent de gestes, retentissent d'acclamations sans une note hostile. Les quatre voitures, comme un train soulève et entraîne des menus objets dans un courant d'air, détachent de ces berges humaines tous les impulsifs qui, par leurs frénétiques efforts de jarret, de poitrine et de larynx, dont ils suent, ajoutent encore à la fièvre générale qui les propulse. Deux cents mètres avant la gare, il fallut aller au pas. La volonté de cette manifestation se dégagea : le peuple s'opposait au départ. On commença de dételer ses chevaux. De leur voiture immobilisée, les jeunes gens, découverts, la bouche pleine de cris, suivaient tous ces mouvements, quand soudain, loin derrière eux, ils virent une violente poussée les gagner, les dépasser et prolonger ses remous jusqu'au coupé de Boulanger. En même temps, de tels cris éclataient qu'ils crurent à une charge de police. Une bande d'hommes, à coups de pied, à coups de poing, se frayaient un passage et criaient : « Partira pas... A l'Élysée... A bas Grévy ! »

— Des agents provocateurs! dit Renaudin à Sturel, qui les allait admirer.

Un petit homme les guidait, vêtu d'un chapeau déformé et d'habits bourgeois, ignoble de misère. Tous trois reconnurent Mouchefrin, le complice de l'assassin Racadot. Protégé par ses poings fermés et ses bras en bouclier, il marchait à grands pas autant que le permettait cette muraille humaine que fendaient ses brutaux compagnons. Ses joues étaient creuses, tout son visage affreusement vieilli, sa bouche grande ouverte.

Suret-Lefort le toucha de sa canne à l'épaule, tandis que Sturel se détournait avec horreur. Mouchefrin se hissa sur le marchepied.

— Combien vous paie-t-on pour faire ce jeu-là ? — lui dirent en même temps Renaudin et Suret-Lefort.

— Qu'est-ce que cela vous fait ? — répondit-il en termes plus vifs, auxquels il joignit une interjection ordurière.

Il jura de nouveau, lança une salive dans le dos d'un enthousiaste, et se tapant sur la cuisse pour attester sa sincérité (avec une plus haute idée de soi-même, il aurait mis sa main sur son sein gauche) :

— Si Boulange avait du cœur, on balayerait l'papa Grévy.

Il sentait le vin. Il retomba dans la foule et se remit à crier en s'éloignant. Ses gens, incessamment accrus, bousculaient tout. Déjà ils ouvraient les portières du coupé. Des agents s'élancèrent, délivrèrent le Général, et soutinrent, à dix, sa marche vers la gare... Il y a toujours plaisir à surprendre les divers services de la police qui se contrecarrent.

C'est une impression extraordinaire de voir dans une trompe humaine un homme emporté. En chapeau rond, en pardessus, si simple, et le centre d'un tel ouragan! La vague immense, l'animal puissant qu'est cette foule se jette avec son frêle héros, de droite et de gauche, par formidables ondulations qui trahissent des poussées de désirs et de craintes, ses défaillances et ses reprises. C'est de la bataille contre un ennemi invisible et indéterminé. Des sentiments obscurs, hérités des ancêtres, des mots que ces combattants ne sauraient définir, mais par où ils se reconnaissent frères, ont créé ce délire, et, comme ils font l'enthousiasme, ils décideraient aussi la haine. Ces mêmes forces du subconscient national qui, sur les pentes de la gare de Lyon, étreignent d'amour un Boulanger, sur le pont de la Concorde s'efforcèrent de noyer M. Jules Ferry. Que des malins ne viennent pas nous parler de camelots à cent sous! Le beau spectacle! Que ce soit un homme âgé, réfléchi, avec des fonctions qui pour l'ordinaire intimident : un général! — et que soudain il soit, comme une paille, soulevé par la brutale familiarité de l'émeute, et qu'elle le prenne au milieu de soi, pour le toucher et le protéger, pour le garder de l'exil : c'est l'image d'une gloire grossière, le pavois d'un chef primitif. Un tel désordre a quelque chose d'animal et de profondément mélancolique, comme des excès mêlés d'impuissance.

Quand Sturel, de sa voiture, eut vu Boulanger et cette belle cohue s'engouffrer dans la gare, il chercha vainement Renaudin et Suret-Lefort. Où s'étaient-ils évaporés? Il resta quelques instants à jouir de l'émotion que lui commandaient ces torrents humains. Bientôt il en eut des images assez fortes pour susciter toutes les forces de son tempérament. Ébloui qu'un homme eût déchaîné une telle unanimité, le naïf se convainquit de la toute-puissance de cette popularité, et, pour partager ses effusions plutôt que leur dîner, il se fit conduire au restaurant de ses amis. Dans cette minute, il abhorrait la notion du « gentleman » qui croit à des distances de classe. Il était enchanté de la haute idée que son cocher se faisait du Général et que cet homme lui exprimait en termes grossiers pour Jules Ferry. Depuis deux années de voyage et de province, il avait peu vu de Français du peuple. S'il n'avait craint Rœmerspacher, qui malheureusement avait du sens commun, et Saint-Phlin, qui à certains jours était capable de se froisser, Sturel aurait retenu ce citoyen à dîner. Quel contentement de retrouver à Paris les plus humbles de ses compatriotes animés de ce goût pour les héros qu'il avait promené en Italie! Il pensait : « Je voudrais me dévouer au Général et l'aider, lui et ses nobles lieutenants. »

Tout cela, c'est d'un enthousiaste qui a trois mille francs de rente. Mais, avec les sentiments mêlés d'un chien qui court à son maître, d'un vieux soldat quand le drapeau chancelle et d'un pauvre qui voit une pièce d'or, à l'instant où le Général apparut hors de sa voiture et, soutenu par des agents, commença de marcher, Renaudin s'était élancé.

Si maigre, famélique, ardent, brutal, et ne s'arrêtant jamais pour pousser des « Vive Boulanger! » il fut de la première vague, qui se heurta contre les portes de la gare, rapidement refermées sur le précieux voyageur. Sous le choc, elles ne servirent qu'à marquer un temps : une seconde poussée les brisa et la nappe humaine, en deux secondes, s'épandit sur les vastes quais intérieurs.

Boulanger, essoufflé, mais qui, dans cet abri, commençait de reconnaître les cinquante radicaux venus pour le mettre en wagon, parut alors, plutôt qu'un triomphateur, un gibier que rejoint la meute. Ignorant les détours de la gare et l'emplacement du train de Clermont, il resta un instant à tournoyer sur lui-même. A chaque seconde, des centaines d'enthousiastes étaient projetés avec force des étroits boyaux où ils se déchiraient en passant, et, comme un étang rompu, le boulevard se vidait dans la gare de Lyon. Les voyageurs, les brouettes de bagages, les trains en partance, tout, comme de bas récifs quand monte la marée, fut enveloppé, recouvert. Les employés de la gare le guidaient en courant sur la voie, entre les trains. La foule le dépiste ; elle le poursuit, le devance, le cerne. Tous chemins barrés, il se réfugie au hasard dans un compartiment de troisième classe, dont le jeune député Georges Laguerre s'épuise à maintenir des deux mains la portière, jusqu'à ce que des agents le viennent suppléer en chassant du marchepied les trop zélés partisans. Alors la foule, son siège installé, entonne : *Il reviendra quand le tambour battra...* puis : *C'est Boulange ! Boulange ! Boulange ! C'est Boulanger qu'il nous faut...* et souvent elle s'interrompt pour jurer à grands cris qu' « il ne partira pas ! »

Chaque fois qu'un Andrieux, un Déroulède, en se

nommant, a pu forcer ce blocus et se glisse par la portière qu'on entr'ouvre, la masse, aveuglément, s'écrase, pour saisir l'objet de son amour, le rapporter dans Paris. « Le voilà, le grand ami du peuple, et il détruira les ennemis du peuple! » L'imagination populaire simplifie les conditions du monde réel; elle suppose que, pour faire son bonheur, il suffit d'un homme de bonne volonté. « Ne sommes-nous pas le nombre? Affirmons par la violence et la multiplicité de nos acclamations qu'en lui seul est notre confiance! » Formidable sérénade d'une foule, à la fenêtre d'un wagon, pour un général dont elle aime si fort le caractère français qu'elle le voudrait Espagnol...

Mais quel est celui-là, très grand, décoré, qui se penche par la portière? Les ligueurs épars l'acclament, le nomment à leurs voisins un peu défiants, qui disent : — Ce grand-là, que veut-il? — C'est Paul Déroulède, son meilleur ami! — Silence! plus haut! — Il annonce qu'au nom de la Ligue il a remis au Général deux grandes médailles ayant à la face l'une le portrait de Chanzy, l'autre le portrait de Gambetta. — Gambetta! Chanzy! ses modèles! — Bravo! Vive Boulanger!

Dans cette crise d'idéalisme, Renaudin s'est glissé jusqu'au wagon et demande à Laguerre la consigne :

— L'Élysée ou Clermont?

— Le Général partira.

Sur l'autre marchepied, un employé supérieur de la gare :

— Mon Général, si vous voulez sortir dans la cour, je puis faire un chemin.

Il s'irrite :

— Je veux partir, coûte que coûte.

Quelle chaleur sous cette halle où le jour baisse ! Sur les marchepieds, sur les toits des wagons, et puis là-bas, bien loin, la foule, heureuse, s'occupe à chanter la *Marseillaise*, et dans la pause qui suit « arrose nos sillons ! » on entend régulièrement le cri aigu de Mouchefrin : « A l'Élysée ! » N'osant plus tenter de saisir son prisonnier, elle lui jette ses chants, ses cris, ses gestes violents, elle se jette elle-même vers lui et ne sait par quelle invention prouver l'intensité de son amour. — A la manière de cet humble, mentionné par les hagiographes, qui chaque matin faisait une culbute en l'honneur de la Vierge Marie, un gymnaste, éperdu d'enthousiasme, se hisse par-dessus les têtes le long d'une ferme de fer et, devant la portière du Général, exécute de brillants rétablissements.

Neuf heures ! Depuis une heure le train devrait être parti. La gare pleine de nuit maintenant retentit du long sifflet des convois en souffrance. De main en main, une bouteille de bière et des verres s'en vont vers le Général, qui a demandé à boire. Puis on se bat pour obtenir ces objets consacrés. Un employé a pu s'approcher :

— Mon Général, si vous tenez absolument à partir, il n'y a qu'un moyen : consentez-vous à monter sur une locomotive ?

Du compartiment, quelqu'un se penche :

— Le Général étouffe ; il demande qu'on le laisse descendre et faire quelques pas.

L'intimité est grande entre le héros et sa foule. Tous crient : « A Paris ! » se découvrent, voudraient, à la fois, s'effacer et l'approcher. L'immense tourbillon ! Un cri s'éleva qu'il était par terre. L'anonyme qui venait de tomber bénéficia de cette épouvante. Cette folie, cependant, avec des zigzags brutaux, arrivait à la hauteur d'une locomotive qui siffla et s'enveloppa de fumée. Dans ce nuage, le Général, avec l'aide des employés, soudain se dégage et monte auprès du mécanicien. Les quelques centaines de fanatiques qui le serrent assez pour voir, se jettent devant la machine comme aux naseaux d'un cheval. Quelques-uns se couchent sur les rails, mais le monstre les épouvante de sa vapeur précipitée, de ses sifflets et de sa masse qui déjà s'ébranle. Dix mille personnes qui n'ont pas compris la manœuvre reprennent en chœur : « Vive Boulanger ! » Il s'évade de leurs compromettantes amours. Les plus énergiques des idéalistes et des habiles qui composent cette foule ne luttent plus que pour s'accrocher à ce grandiose remorqueur. Leur grappe aventureuse couvre les étroites plates-formes, les marchepieds, tous les espaces ; la lumière du gros fanal de front est demi-voilée par le corps de l'aide de camp Driant, qui l'étreint, et qui, dans cette position à faire frémir, se laisse emporter pour ne pas quitter son chef.

C'était neuf heures quarante. A dix heures, le formidable essaim boulangiste qui est venu si étrangement s'abattre en pleine gare de Lyon, privé de ses frelons, consent enfin à se disperser. Blanquistes, ligueurs, simples curieux vont raconter à Paris combien ils étaient enthousiastes, et par leurs récits ils multiplieront encore les enthousiastes.

Deux heures auparavant, tandis que Renaudin se jetait dans le sillage de Boulanger et que Sturel distrait caressait ses chimères, Suret-Lefort avait rejoint dans la foule, sur le bord du trottoir, le grave et blême député Bouteiller, leur ancien maître, pour qui il avait fait la campagne électorale de 1885 à Nancy.

Chacun voit ce que lui commande sa passion. Ce qui frappait le parlementaire dans cette prodigieuse soirée, c'était le grand nombre des très jeunes gens. Et, avec le mépris de l'universitaire pour le traîneur de sabre, il se disait : « Quand depuis sa vingtième année on commande à des hommes, qu'on a eu le privilège de s'entourer d'esclaves plus disciplinés que ceux d'un souverain oriental, qu'on s'est avancé à cheval au milieu des tambours et des trompettes, suivi d'un troupeau de piétons mécanisés, c'est dégoûtant de se prêter au délire d'une telle racaille. » Cette pensée donnait à la physionomie de Bouteiller une expression hautaine et méprisante bien faite pour écarter. Mais Suret-Lefort, avec une complaisance courtisane du ton et de l'attitude :

— Que dites-vous de cette journée, mon cher maître ?

— Est-ce la manifestation d'un républicain ?

Le ton élevé de Bouteiller dans un tel milieu contraria le jeune diplomate. Il proposa de regagner les quartiers du centre.

— Je veux attendre la fin de cette plaisanterie. J'ai entendu crier : « A l'Élysée! » Je voudrais savoir si c'est le mot d'ordre de la bande.

Suret-Lefort obtint qu'ils prissent place à la terrasse d'un café, et, n'étant pas épié, il entra avec plus de liberté dans les idées de Bouteiller :

— Pourtant, objectait-il, la popularité de Boulanger est immense chez les petits bourgeois, et les ouvriers. A l'Hôtel du Louvre, sur le parcours et ici, j'ai vu, au bas mot, cent mille manifestants.

Des hourrahs venaient de la gare. Des hommes du peuple passaient et chantaient : « Vive notre brave Boulanger! » L'unanimité des sentiments et le manque de police gardaient à ce tumulte la douceur d'une fête patriotique sans ivrognes.

Bouteiller haussait les épaules :

— Quelle comédie! S'il avait mis à éviter ce piteux scandale le cinquième des efforts que, depuis huit jours, il dépense à l'organiser, croyez qu'il aurait pris fort tranquillement son train. A l'Hôtel du Louvre et ici, vous avez vu les mêmes marmitons : des figurants qui passent et repassent pour faire nombre.

— Sa voiture allait trop vite pour que des piétons pussent suivre.

Alors Bouteiller, d'un ton de juge d'instruction :

— Dans quelles dispositions êtes-vous donc, que vous comptez, sans en excepter un, tous les amis de M. Boulanger? Je comprends qu'une presse surchauffée par des moyens inavouables puisse troubler des hommes incapables de démêler le principe de cet agitateur et le principe des républicains. Mais je vous tiens pour un esprit politique. Méfiez-vous d'une popularité qui n'est qu'une aventure. Ceux qui placeraient en lui leur confiance ne contrediraient pas seulement la vérité républicaine, ils s'exposeraient à de cruels mécomptes. Je l'ai vu de près, ce Boulanger : il n'a pas d'étoffe... Si j'étais son ami, je lui conseillerais de se calmer. Qu'il parade sur son beau cheval noir! mais le pauvre homme ne soupçonne pas ce que c'est de gouverner.

— Tout ce que vous me faites connaître, répondit Suret-Lefort, a pour moi beaucoup d'importance. Je crois bien distinguer que la popularité inexplicable de Boulanger peut faire un danger pour la République : aussi, je vous l'avoue, je ne sais pas blâmer ceux qui veulent le maintenir dans le lit républicain. C'est sans doute à ce sentiment de nous ménager une force qu'obéit M. Clemenceau en venant à la gare de Lyon.

— Il n'est pas venu.

— Je vous demande pardon, il doit être sur le quai. Une personne bien renseignée m'a affirmé qu'il viendrait.

— Il n'est pas venu! répéta l'autoritaire Bouteiller. Clemenceau possède assez la tradition républicaine pour comprendre que le personnage qui se prête à ces manifestations est gâté : il faut sacrifier le membre qui pourrirait tout.

Le jeune radical, désorienté d'apprendre l'abstention de l'homme fort, déclara :

— Ne croyez pas que je sois disposé à aller contre le sentiment des chefs du parti. Ce me sera toujours une grande joie de combattre à vos côtés... Je dois vous dire que mes amis de la Meuse ont, à plusieurs reprises, entrevu de m'envoyer à la Chambre.

— Eh bien, c'est une idée à suivre. Il faut les voir, plaider pour eux à l'occasion.

— Ah! si Paris m'appuyait. Vous savez que le préfet peut beaucoup.

— Prévoyez-vous une vacance?

— Parmi les élus en possession, il y a des nullités

que l'on pourrait décider à s'effacer. Leur mort me reporterait bien loin. Ne croyez-vous pas que cette effervescence autour de Boulanger dénonce le désir d'une régénération du monde parlementaire? Dans la Meuse on est fatigué de certaines figures sans signification ni valeur.

La voix de Suret-Lefort, pressante, coupée, nerveuse, voulait obtenir un engagement, et, à mesure qu'il tardait, s'irritait de l'avoir demandé.

Bouteiller, silencieux, tournait lentement dans ses doigts, son verre de bière intact. Qu'ils étaient l'un et l'autre peu à leur place dans ce café de faubourg! L'universitaire gambettiste comprenait le fonds de Suret-Lefort, mais le vocabulaire et les attitudes changent avec les générations, et il était profondément choqué que son interlocuteur cachât si peu ses préoccupations égoïstes et, par exemple, ne parlât pas de dévouement à la chose publique.

Le genre d'élévation qu'il avait dans le caractère, ou plutôt dans la manière, lui fit alors commettre une faute. S'il ne pouvait pas donner de satisfaction immédiate ni même de promesse, il aurait dû, avec un tel jeune homme réaliste, s'en expliquer sincèrement. En lui disant : « Les députés auxquels vous voulez vous substituer sont mes amis politiques ; je me déshonorerais sans profit à les desservir, mais je vais vous signaler à l'Intérieur et vous chercher un siège ; venez me dire vos espérances », il l'aurait conquis. Suret-Lefort, en effet, avait encore des parties candides, au point qu'il désirait sincèrement l'amitié d'un homme à succès, c'est-à-dire un patron qui lui fût dévoué. Mais Bouteiller, pour avoir fait le pion pendant dix ans, se refusait à descendre des intérêts généraux aux vues particulières; même au café, il aimait que les mots s'accordassent avec la religion kantienne; enfin, il entendait faire le maître et non le confident.

A ce moment où Boulanger s'éloignait vers Clermont, ils virent sur leur trottoir la foule refluer en chantant vers Paris. L'effet était saisissant : là-bas, le tapage, les élans qui manifestent l'inconscient d'un peuple ; ici, les chuchotements de deux hommes, les plus volontaires, qui essayent vainement de masquer leurs pensées.

— Monsieur Suret-Lefort, — dit Bouteiller en se levant, et la main sur l'épaule du jeune homme, — vous avez l'avenir devant vous, un beau talent, de légitimes ambitions, ne gâtez pas tout cela; agissez toujours de telle manière que vos amis puissent vous garder leurs sympathies.

Furieux d'avoir pris un ton de franchise dont il avait la honte et nul bénéfice, l'avocat sut dissimuler sous un sourire que ses vingt-quatre ans faisaient encore assez gentil, mais il rougit des tempes. Les deux fourbes se serrèrent la main, après avoir échangé deux regards loyaux, l'un d'encouragement amical, l'autre de déférence dévouée. Quand ils se furent séparés, le dépit restitua à Suret-Lefort un élan de sincère jeunesse : il manifesta d'une façon désintéressée. Il cria dans la nuit, avec les autres : « Vive Boulanger! » Son mécontentement fortifia l'enthousiasme général.

Au travers de cette foule amusée d'avoir manifesté et qui s'écoulait, naïvement fière de sa force factice, Bouteiller s'éloigna à pied.

De taille moyenne, les épaules larges sur la poitrine un peu rentrée, les mains nues, le masque pâle et les yeux assez beaux par leur gravité, il se détachait certainement comme un individu dans ce flot d'êtres amorphes, mais peut-être prenait-il de ce contraste une conscience un peu inhumaine : plus que son port de tête et que sa démarche, sa manière de porter son regard tout droit devant lui sans jamais le distraire sur les passants qu'il frôlait, sur les voitures, sur les maisons, sur tout le mouvement parisien, marquait une pensée dure, esclave de sa logique intérieure et qui ne s'embarrasse pas à remettre en question les vérités qu'elle a décrétées.

Il y a dans Bouteiller de l'aristocrate, en ce qu'il s'attribue le devoir de protéger cette foule contre elle-même, et cette aristocratie se trahit, non point par l'impertinence d'un jeune homme fat de sa personne, mais par l'impériosité d'un jeune contre-maître qui vient de surveiller le travail d'un atelier et s'isole des préoccupations de son personnel.

Il jouit de voir nettement l'impuissance de cette foule et de ce roi des halles. « Ah ! que ces bons braillards se fatiguent et que ce pauvre soudard se paye de leurs acclamations ! Chez les uns et chez l'autre, c'est enfantillage de grands naïfs qui manquent encore d'éducation. » Mais bien vite il se reproche ces généralités et craint de tomber dans la rêverie. Alors, pour se ressaisir, après ce divertissement, ce grand travailleur s'impose de fixer son attention sur un point particulier. Et il se met à examiner mentalement la situation parlementaire de la Compagnie de Panama.

Entré à la Chambre grâce au concours de cette

célèbre société du canal interocéanique, le député de Nancy en prenait fort à cœur les intérêts. Or, ce même jour, 8 juillet, où le général Boulanger s'embarque pour Clermont, M. Ferdinand de Lesseps demande à la réunion de ses actionnaires l'autorisation d'émettre un septième emprunt. — Son génie de convaincre persuadera cet état-major; il trouvera 200 millions nouveaux (obligations rapportant 30 francs, offertes à 440, remboursables à 1,000) dans ce public de qui il a déjà obtenu 884,522,591 fr.; mais ce qui préoccupe Bouteiller dans cette minute et depuis deux ans, c'est que toutes ces victoires partielles du Grand Français demeureront vaines sans une conquête décisive de l'argent, que seule peut permettre une émission de valeurs à lots. Pour cette forme d'emprunt, il faut une loi. Comment la faire voter? Voilà sur quoi, tout en marchant, il médite.

Son affaire, ce n'est point le problème technique de l'ingénieur, ni même, à proprement dire, le problème financier : il a assumé de résoudre les difficultés parlementaires.

On doit marquer fortement, sous peine de ne rien comprendre à la psychologie d'un Bouteiller, qu'à cette époque, pour son développement intérieur, il a besoin des Lesseps. Ce philosophe surnourri de livres, lassé de la timidité de son monde universitaire, avait exactement ce qu'il faut d'avidité et de naïveté intellectuelles pour se gorger des projets positifs qui flottaient dans le monde de ceux qui s'intitulaient eux-mêmes les « Lessepsistes ». Que le salon du baron de Reinach rassemble les hommes principaux du parti républicain; que le vieux M. de Lesseps soit merveilleusement courtois et habile, son fils Charles l'esprit le plus clair et le plus net, tous leurs collaborateurs de beaux types d'audace optimiste et de force laborieuse, ce n'est pas ce qui détermine les sympathies de Bouteiller. Par des raisons secrètes à lui-même, mais plus puissantes que des besoins d'argent ou des calculs politiques, il s'oriente sur ces milieux financiers ou industriels comme sur les points où, à cette date, son intelligence et, mieux encore, sa sensibilité trouveront leur nourriture.

Dès son entrée à la Chambre, dans ces conversations professionnelles au cours desquelles des politiques tout neufs citent les plus beaux discours selon leur goût, critiquent un point de l'histoire parlementaire, touchent au fin du fin, à l'aigu du métier, Bouteiller souvent revenait sur une même idée : « Vous avez tort, messieurs, de ne pas voir une conséquence des modifications générales! Le temps n'est plus où un homme public pouvait être un lettré, un juriste : il faut qu'il soit pénétré de l'esprit commercial, industriel, financier. Séparer de la politique les grandes affaires, c'est méconnaître les nouvelles conditions de la vie. »

Dans cette période où il ne comptait encore que des succès et quand tout conspirait pour lui donner confiance dans les longues et pleines carrières de la vie, ces motifs de métaphysique politique et les nécessités de son alimentation intellectuelle suffisaient par leur accord à le déterminer. Il préférait à son immense acquis livresque les connaissances spéciales qu'il se procurait, par un travail autrement pénible, en dépouillant des rapports et des statistiques, et dans la fréquentation des chefs de service ; il voyait bien que dans un pays où, d'une part, tout le monde rêve d'être fonctionnaire, où, d'autre part, l'argent se substitue aux disciplines morales pour devenir le régulateur des mœurs, de grands entrepreneurs qui peuvent donner des places de quatre mille francs au prolétariat des bacheliers et d'immenses bénéfices aux banquiers et à la presse, offrent un point d'appui au gouvernement. Aussi le même attrait qu'il avait éprouvé pour Gambetta dominateur des foules, à l'orient de sa vie publique, il l'éprouvait, aujourd'hui qu'il étudiait les budgets, pour le Grand Français qui commandait à l'argent et savait par sa force de persuasion obtenir des sommes comparables à un budget d'État.

Ses convictions ainsi établies sur des motifs généraux se doublaient de son intérêt. Pour qu'il les servît et pour lui rendre service, les Lesseps avaient organisé à Bouteiller un journal. Le jeune député estimait en théorie qu'un politique s'affaiblit en écrivant, parce qu'il se trouve entraîné à prendre sur trop de points des positions trop nettes. Mais, si modestes que fussent ses habitudes, il ne se suffisait pas, avec 9,000 francs d'indemnité législative. Un élu, en effet, demeure encore un candidat, et s'il avait supprimé, contre le gré de ses amis électoraux, le *Patriote mussipontain*, organe républicain de Pont-à-Mousson et de la Seille, il n'avait pu leur refuser de s'intéresser pour de petites sommes dans ces deux grandes feuilles républicaines du département : les réunions d'actionnaires fournissent l'occasion de rencontrer l'élite agissante du parti. En octobre 1886, après une année de députation, il avait des dettes. Des traductions de philosophes anglais et allemands, qu'il revisait et signait, lui rapportaient à peine six cents francs l'une, bien qu'il fît prendre une partie de l'édition par le ministère de l'Instruction publique. Homme d'État peut-être, il n'était pas écrivain, et, bien loin de rechercher les députés, tout directeur de journal pour les imprimer leur demande une subvention. Comme ils devaient faire pour le *Télégraphe* de Freycinet, pour le *Soir* de Burdeau, pour la *République Française* (en 1887), et pour le *Var Républicain* de Jules Roche, les administrateurs de Panama reconstituèrent la *Vraie République*, qui créa douze mille francs d'appointements et une situation de « directeur politique » à Bouteiller.

Peu lus du grand public, ses articles fournissaient des thèmes à la propagande dans la presse et près des banquiers. Dès la fin de 85, pour obtenir l'autorisation d'émettre des valeurs à lots, il avait conseillé de vastes pétitionnements d'actionnaires, qu'il appuierait à la tribune. Il voyait juste, mais peut-être avec une naïveté de débutant : la Compagnie, en même temps qu'elle organisa cette manifestation spontanée, consentit à Cornélius Herz un forfait de dix millions pour travailler les pouvoirs publics. Est-ce à l'action de cet agent ou bien à l'influence de douze mille signatures qu'il faut attribuer la décision ministérielle du 24 décembre 1885 envoyant un ingénieur de l'État dans l'isthme ? Bouteiller haussa les épaules ! Quel piteux système d'ajourner les responsabilités ! Le gouvernement peut refuser de s'immiscer dans une affaire privée qu'il ne connaît pas, mais, s'il repousse l'emprunt à lots, après le rapport secret de son inspecteur, il déclarera ne pas croire au succès du Panama ; et par l'impossibilité même de porter ce coup à l'épargne française, il s'accule à accorder plus tard ce qu'il refuse d'abord.

Dégoûté de cette indécision, Bouteiller avait aidé à la chute du cabinet Brisson, et vu avec plaisir, le 6 janvier 1886, un ministère Freycinet, où M. Baïhaut obtenait le portefeuille des Travaux publics. Cependant la commission parlementaire, ayant examiné les pétitions des actionnaires, approuvait un rapport de M. Louis Richard, député de la Drôme,— rédigé en sous-main par M. Marius Fontanes, secrétaire général de la Compagnie de Panama, — mais elle lui interdisait de le déposer sur le bureau de la Chambre jusqu'à plus ample information. Ce retard contraria vivement les administrateurs, qui n'avaient plus d'argent. Ils créèrent 362.613 obligations de 500 francs 4 p. 100, émises à 333 francs et dont ils attendaient environ 120 millions. Ils n'osèrent pas tenter une souscription publique et mirent ces titres en vente à la Bourse et aux guichets des établissements de crédit. Ils n'en placèrent que pour 19 millions : de plus en plus se vérifiait que seule une émission à lots attirerait les souscripteurs.

— Êtes-vous en mesure de compter sur la commission ? leur dit Bouteiller. — Nous avons fait le nécessaire. — Et Richard ? — C'est un homme à nous. — Eh bien ! qu'il passe outre !

Ainsi fut fait. Le 17 janvier 1886, le ministre Baïhaut apporta à la Chambre un projet tendant à autoriser l'émission de valeurs à lots et signé de MM. Sarrien, ministre de l'Intérieur et Sadi Carnot, ministre des Finances. Une commission parlementaire entendit les ministres, — MM. de Freycinet et Baïhaut, ardemment favorables ; MM. Sarrien et Carnot, se dérobant, — puis MM. Rousseau et Jacquet, les ingénieurs de l'État, délégués à l'isthme, et les représentants de la Compagnie. Elle demanda aux administrateurs leurs livres. Pouvaient-ils les communiquer ? Dans cet instant, sur 660 millions encaissés, 640 étaient mangés ! M. Ferdinand de Lesseps prétendit qu'on voulait l'ajourner et qu'il refusait l'ajournement.

Sur cet échec, Bouteiller dans la *Vraie République*, fit une magnifique campagne, antiparlementaire en somme, car il condamnait l'attitude inerte de la Chambre et lui prédisait le mécontentement du pays. « Que le Grand Français laisse pérorer à son aise cette Commission parlementaire ! Qu'il marche de l'avant ! Sa résolution hardie interloquera ses adversaires, qui étaient prêts à le combattre dans les couloirs de la Chambre, non devant le tribunal de l'opinion publique ! » C'étaient des vantardises effrontées. On encaissa 78.750.000 francs en appelant le dernier quart sur les actions. Le 3 août 1886, en émettant à 450 francs des actions 6 p. 100 remboursables à 1.000 francs, on obtint, au lieu de 225 millions qu'on espérait, 200 millions (qui coûtèrent 11 ou 12 millions de frais). C'était le cinquième emprunt : il montait à 884 millions les sommes déjà extraites de l'épargne par M. de Lesseps. On affirmait au public que 400 millions suffiraient, mais il fallait encore plus d'un milliard. — Et voilà pourquoi, à l'instant même où Bouteiller revenant de la gare de Lyon s'absorbe dans les nombreuses pensées que ces difficultés lui suggèrent, M. de Lesseps tente d'arracher à ses actionnaires l'autorisation d'émettre un sixième emprunt.

Cette difficile situation n'ébranle pas Bouteiller. Ni ingénieur ni géographe, cet universitaire ne se charge pas de décider s'il est possible d'établir une route maritime entre le Pacifique et l'Atlantique : il sait qu'un congrès de savants compétents s'est prononcé pour l'affirmative. Il n'est point au col de la Culebra pour constater la difficulté de creuser une tranchée de 70 kilomètres de longueur, avec 22 mètres de largeur dans le fond et 40 mètres à la surface, dans des terres argileuses qui glissent et d'où se lèvent des fièvres mortelles : il sait que les plus puissants entrepreneurs ont accepté cette tâche, et qu'après une période d'écoles (de 1881 à 1884), on est arrivé à acclimater des travailleurs et à créer un outillage. Enfin il n'est pas un homme de Bourse, initié aux intrigues de la Banque ; il ignore par quelles manœuvres les Lesseps parviennent jusqu'aux souscripteurs, quelles exigences montrent les établissements de crédit et le troupeau des maîtres-chanteurs : c'est l'affaire des administrateurs de se soumettre aux conditions, aux méthodes et aux moyens de tout appel à l'argent. Les sympathies qui entourent le baron de Reinach confirment Bouteiller dans son idée, préconçue par gambettisme, que ce personnage est un excellent instrument, et, si le jeune député de Nancy a parfois lieu de soupçonner des gaspillages ou des intrigues fâcheuses, il n'a pas les livres de la Compagnie à sa disposition pour vérifier ses soupçons. Enfin il connaît l'historique de Suez. A chaque fois qu'un incident se produit qui l'inquiète, il l'annule dans son

imagination parce qu'il trouve des faits identiques
de résistance et d'hostilité dont Lesseps eut à triompher pour réunir la mer Rouge à la Méditerranée. On
a dit et imprimé chaque semaine, de 1854 à 1869,
que Suez était « la plus grande escroquerie du
siècle ». Toutes ces vétilles disparaîtront devant la
grandeur du résultat. A un fait d'une telle importance, supérieur aux milliers d'incidents obscurs qui
l'accompagnent nécessairement, il est heureux de
collaborer. Et puisqu'il n'est ni géographe, ni ingénieur, ni financier, mais homme politique, son rôle
est de servir l'œuvre lessepsiste dans le gouvernement. Qu'on achète Richard, que Baïhaut touche
375.000 francs, que le *Temps*, par une publication
fragmentée du rapport, serve un complot de spécu-
lateurs, qu'importe! Dans ses campagnes électorales, Bouteiller a dû tolérer ou ignorer certaines
basses besognes utiles à sa cause, de même il ignore,
ou plutôt, d'après certains sourires, il tolère que l'on
fasse au-dessous de lui le « nécessaire » pour ce
grand effort de civilisation où la République aug-
mentera son influence.

En arrivant dans son bureau de la *Vraie République*, il apprit que l'assemblée des actionnaires
venait de donner par acclamation plein pouvoir à
M. de Lesseps pour émettre un sixième emprunt,
et c'est avec sincérité que, dans un éloquent article,
il reprit, une fois de plus, ce soir-là, son éternel
thème : « Les plus violents adversaires de Panama
ne disent plus que l'œuvre est impossible ; au
contraire, ils en parlent, presque à leur insu,
comme d'un travail dont le succès est dès à présent
certain ; ils contestent les dates d'ouverture du canal,

ils discutent sur le coût de l'affaire et vont jusqu'à l'évaluer à deux milliards. Si pessimiste que soit ce chiffre de deux milliards, regardons-le en face, et posons-nous cette simple question : S'il était sûr, d'une part, que le Canal coûtera deux milliards, et, d'autre part, que ces deux milliards rapporteront 6 p. 100 au début, faudrait-il encore le traiter de mauvaise affaire? Si même le produit devait rester, pour les premières années, de 4 p. 100, serait-il sage et honnête d'en détourner l'épargne? »

Ce chiffre de deux milliards le ramène à son problème propre : le public ne consentira de tels sacrifices que sur l'appât d'une loterie. Ce gouvernement de lâches s'entêtera-t-il à en refuser l'autorisation?

Cet homme de trente-six ans, heureux jusqu'alors, sourit avec mépris à l'idée qu'il échouerait sur un terrain de sa compétence, tel que le Palais-Bourbon. Et seul dans son cabinet, en attendant que le ministère de l'Intérieur lui communique des nouvelles sur le voyage de Boulanger, il relit, pour en faire un pointage minutieux, la liste des députés... Puis, assuré qu'on peut créer une majorité à la Compagnie, il se prête, pour se délasser, aux grandes idées que lui ont communiquées les Reinach, les Fontanes, les Lesseps : les *Lessepsistes*.

Elles le passionnent et le font poète. Il voit le moyen de s'assurer le concours permanent du public, des banquiers, de la presse, en France et dans le monde entier, en leur promettant, avec l'achèvement et l'exploitation de Suez et de Panama, tout un plan immense d'affaires... On pourrait choisir par région un certain nombre de projets honnêtes, bien faits pour passionner; par exemple, le projet Hersent

pour l'amélioration de la Basse-Seine, le port de Bordeaux, les travaux de Boulogne, le tunnel de la Manche, l'irrigation dans la vallée du Rhône. M. de Lesseps en prendra le patronage moral, et présidera des manifestations publiques, des conférences, des réceptions. Aux gens d'affaires et aux journalistes, on doit faire entrevoir, au delà du Panama, « la mer intérieure », « le canal de Malacca », dont, sans rien engager, on peut amorcer tout de suite les études. Chacune de ces œuvres, soutenue par une propagande indépendante de Suez et de Panama, s'adressera à son public propre et le tiendra attaché au succès général des Lessepsistes... Les provinces, les grandes villes intéressées et puis les comptoirs d'argent et la presse deviendront pour nous des appuis formidables et sûrs. Nous leur dirons : « Ferdinand de Lesseps et ceux qui lui obéissent se considèrent comme tenus de servir le pays, en prêtant leur concours, moral ou effectif, à l'exécution de grandes œuvres hors de France et en France, pour l'enrichissement et le prestige de la patrie, mais c'est à la condition que la Banque et la Presse demeurent fidèles aux travaux et aux vues du Grand Français. »
— Ainsi nous détiendrons une force considérable et, par celle-ci, le gouvernement.

Ce vaste plan grisait Bouteiller. Il s'enivrait de ces moyens secrets comme Boulanger, à ce même moment, de sa popularité. Il s'admirait en parvenu. Quand le secrétaire de la rédaction lui annonça, d'après les agences, que le Général continuait sa route sans accident, son orgueil battit son plein, parce qu'il se comparait :

— Cette culotte de peau, se disait-il, cet homme

que nous vêtons en rouge, pour l'utiliser dans un certain service, pauvre cervelle qui ne comprend ni les conditions ni les limites de sa force ! C'est nous qui commandons que les trompettes jouent et que les tambours battent, quand il passe, général, devant le front des troupes ! C'est nous qui avons élaboré et popularisé les idées républicaines dont il essaie de s'assurer le bénéfice ! Comment pourrait-il retourner contre nous ces forces qu'il ne comprend même pas ? Que voit-il, par exemple, dans cette Exposition de 1889 qui contribuera à refondre la nation, qui déplacera le plus humble paysan, lui donnera le dégoût de son trou natal, attirera l'univers à Paris et nous enrichira de quelques étrangers des plus éveillés ? J'ai la philosophie de la France Nouvelle ; je tiens, en outre, ma combinaison pour élever le niveau matériel, c'est-à-dire moral, de ce peuple qui, sauf quelques inadaptés, met dans nos méthodes politiques toute sa confiance.

Et repensant à la gare de Lyon :

— C'est une crise d'atavisme ! — conclut-il, tout en bâillant à large bouche devant ses rédacteurs qu'il traitait comme des animaux machines.

Cependant, à Charenton, la locomotive qui emportait le Général avait stoppé, pour qu'on se reconnût et que, les habits déchirés, le visage et le linge noirs, les mains brûlées, l'officier d'ordonnance, lieutenant Driant, abandonnât sa dangereuse place d'éperon au fanal de front. Autour de Boulanger, sur la plateforme du mécanicien et du chauffeur, se serraient le député Laguerre, Francis Chevassu et un secrétaire du député Michelin ; le tender portait une trentaine de personnes parmi lesquelles Renaudin. A Villeneuve-Saint-Georges, on s'arrêta. Boulanger se lava chez le chef de gare. Son train le rejoignit, amenant encore des amis. Il évita de se prononcer sur ces adieux populaires :

— Ouf, il faisait chaud ! — répétait-il avec bonne humeur.

Renaudin, impassible comme un aide-de-camp au milieu des boulets, demandait des ordres. Il lui commanda de relever le nom des employés qui l'avaient entouré :

— Je veux leur envoyer un souvenir.

Il serra toutes les mains, invita ceux qu'il connaissait à venir le voir à Clermont. Quand il monta dans son compartiment rempli de fleurs, la gare et tout le train criaient : « Vive Boulanger ! »

Seul maintenant, tandis que le mécanicien s'efforce de vitesse pour regagner le temps perdu, il se repose de cette tempête populaire... Oui, vraiment, il a eu chaud... Mais il n'a pas cédé, il est parti, faisant son devoir de soldat... Tout de même gentils, ces innombrables braves gens, avec leurs visages tendus qui le suppliaient de rester. Et il sourit au souvenir de cet étrange patriote qui faisait de la voltige en son honneur.

Le voici tout de son long couché sur la banquette. La lumière qui tombe du plafond éclaire fortement les deux caractères de sa physionomie : au-dessus de l'arcade sourcilière il a un renflement, une touche vigoureuse qui marque la volonté, et le bas de la figure révèle infiniment de bonté.

Il aime à plaire aux foules. Il a toujours joui, quand on battait aux champs et qu'on lui présentait

8.

le drapeau. Les témoignages tumultueux et spontanés de cette soirée ont rajeuni en lui les facultés d'émotion... Ses adversaires, les Rouvier, les Ferron, peuvent prendre le dessus pour un moment, ils ne savent pas parler à la nation. Qu'elle soit appelée à choisir, c'est le vaincu du jour que son immense majorité leur préférera. Pendant qu'ils nouent des intrigues et dressent des embûches, et quand la politique c'est leur métier, il a trouvé le cœur du pays. Il se complaît à deviner la fureur de ces hommes indignes.

Il le sait, sa popularité n'irrite pas seulement ses adversaires, mais certains amis. Sur le quai, tout à l'heure, il n'a vu que des radicaux de second rang. Les chefs se sont abstenus. Il se rappelle certains détails de la veille, au dîner chez Laguerre : les fenêtres ouvertes, on entendait le chuchottement de la foule amassée dans la rue ; un orgue de barbarie se mit à moudre « En revenant de la revue... » ; quel mouvement d'irritation passa sur les figures de Clemenceau et de Pelletan !...

Des défections possibles, des traquenards certains font bouillir le sang d'un soldat. Ce général qui prêcha toujours l'offensive comme la vraie tactique française, brûle de se jeter à l'assaut ; il mènera une rude lutte depuis Clermont-Ferrand.

Quelle lutte ? — contre les opportunistes pour rentrer au ministère de la Guerre.

Il a des vues professionnelles très précises et qui tendent toutes à la préparation de la Revanche : et puis, convaincu de la valeur décisive de l'élément moral dans une armée, il pense avoir beaucoup agi en rassurant les Français sur eux-mêmes et sur leur chef ; mais, très pratique et peu préparé aux spéculations de légiste, il ne porte pas son esprit sur le vice de la Constitution. A cette date, il n'a aucune vue sur la forme du gouvernement. Sans doute, il trouve détestable que le ministre de la Guerre, chef d'un service non politique où la continuité de direction est nécessaire, suive le sort du cabinet, au hasard d'un vote qui ne le vise pas, mais, en somme, il a pu faire du bien avec le système parlementaire, et il s'en accommodera fort loyalement encore, quand il aura brisé l'intrigue de M. Ferry, qui, partisan de l'entente avec l'Allemagne, le sacrifie à Bismarck.

Optimisme incomparable, et sur toutes choses ! Cet heureux militaire partage l'état d'esprit des lecteurs de l'*Intransigeant* qui croient avoir beaucoup avancé les affaires de leur favori en l'acclamant frénétiquement, quand ses ennemis lui reprochent le crime de popularité. Les foules ne trouvent rien d'extraordinaire à l'idée qu'il va saisir le pouvoir, reprendre Metz et Strasbourg, faire le bonheur des petites gens et donner la gloire à la France. Elles suivent avec attention la marche des affaires publiques dans les journaux pour y découvrir des indices favorables à leurs espérances. Elles supposent les conditions du monde réel tout autres qu'elles ne sont ; elles se figurent que, sans argent, sans intrigue, par son noble mérite tout pur, leur grand ami peut revenir de Clermont, confondre ses adversaires et saisir le pouvoir. D'ailleurs, elles ne lui passeraient pas les moyens d'une telle entreprise ; elles veulent qu'il triomphe légalement. Et lui aussi, et, dans ce wagon, il pense, avec une sorte de fatuité inquiétante, qu'il maîtrisera aisément les politiciens, grâce à l'amitié des braves gens dont il emporte l'acclamation dans ses oreilles.

Il ne manque pourtant pas d'une honnête habileté dans le privé : il a dû mettre en valeur ses réels mérites pour arriver général le plus jeune de l'armée ; il a su plaire à Rochefort, se ménager une feuille de grande action, la *Lanterne*, trouver quelque argent. Mais quel défaut de science politique ! Il n'a certainement pas examiné l'histoire de la troisième République ; il ignore combien sa popularité arrive à point, au moment où se perd la doctrine gambettiste, quand tous les partis parlementaires, à droite, au centre, à gauche, sont privés d'âme et que, la période de lutte contre les systèmes monarchiques étant close, la République a besoin de montrer enfin une autorité de gouvernement. Pourvu qu'il n'aille pas se placer, comme font trop souvent les natures fières, sur le terrain où le veulent attirer ses adversaires ! Que son ambition patiente, et elle accomplira de grandes choses morales. Bonaparte, suspect au Directoire, partit pour l'Egypte.

Les cahots du train lui font perdre le fil de ses idées, et maintenant, avec tous les désirs d'un sous-lieutenant, il pense à Mme de Bonnemains, auprès de qui, depuis sept mois, il trouve ce que le mariage et les aventures lui avaient laissé inconnu.

Quoi ! le triomphateur de la gare de Lyon, se distraire si vite de pensées qui occupent la France et dont il fait le centre ! — Acceptons-le avec ses défauts à la française, et même félicitons-nous qu'il dispose de cette femme. A défaut d'un commandement lointain, qu'il s'absente dans le plaisir ! Qu'elle lui soit un bon divertissement, car de lui-même il pourrait tout gâter, et seule vaut, pour nécessiter son retour, la fièvre française, dont il est une sécrétion.

CHAPITRE III

OU LES PRINCIPAUX THÈMES BOULANGISTES APPARAISSENT

Le mécontentement de Suret-Lefort, la complaisance de Rœmerspacher et de Saint-Phlin, l'enthousiasme de Sturel, la servilité fiévreuse de Renaudin, et puis surtout ce mépris de Bouteiller pour Boulanger et ce ressentiment de Boulanger contre les Bouteillers, présagent le boulangisme. Mais quoi que valent ces signes pour le psychologue, il n'y a pas là de faits positifs que puisse relever le politique. Que Jules Ferry appelle le commandant du 13ᵉ corps « un Saint-Arnaud de café-concert », ou Clemenceau « un général à qui la popularité est venue trop vite », c'est, en réalité, un soldat qui, avec plus ou moins de dépit intérieur, se range au poste assigné par le gouvernement. Et, si de nombreux Français animés de sentiments patriotiques le voudraient voir à la tête de l'armée, combien sont-ils qui, dans leurs rêves, le chargent de modifier le régime politique?

A Clermont, après juillet 1887, il tient simplement le personnage d'un ancien ministre de la Guerre, toujours à la disposition du parti radical et que l'opinion, travaillée par la presse populaire, continue à réclamer. A cette date, le général Boulanger n'est pas boulangiste.

Il avait le goût des agents. Très honnête et habitué aux relations hiérarchiques, il aurait pu mal apprécier un Renaudin. Mais, dans ce garçon très allant, il croyait reconnaître un de ces lascars qu'il avait commandés en Afrique et de qui les défauts deviennent des vertus à la guerre. Fréquemment le reporter prenait le train du matin pour arriver à Clermont à cinq heures et demie du soir. La voiture à deux chevaux du Général le conduisait à l'hôtel du commandement, un des plus tristes de France. Vingt minutes, il attendait dans un salon avec les officiers d'ordonnance. Il les connaissait tous, depuis le ministère. Avec un fond de pensées bien différent, eux et lui se sentaient des jeunes gens dévoués au même homme, et puis ce journaliste, ce représentant d'une vie libre, un peu bohème, qu'ils n'estimaient guère, distrayait leur imagination d'exilés. Le Général descendait, en veston, la main tendue, très simple, avec sa belle allure d'homme sûr de sa destinée et avec cette expression à la fois puissante et douce qui donnait tant de charme à sa physionomie. On passait à la salle à manger. Boulanger échauffait immédiatement la conversation et les sympathies en rappelant de sa voix vibrante et gaie les meilleurs « Rochefort » de la semaine, les bons arguments de la *Lanterne*. Content de se sentir à l'aise, animé par cette cordiale familiarité que créait partout le Général sans cesser d'être le chef, Renaudin rapportait les derniers mots des couloirs, les tripotages attribués à Rouvier.

— Cette canaille !

Interrompait Boulanger, qui avait de la netteté dans les épithètes et qui ne pardonnait pas au président du Conseil d'avoir, seul au Parlement, accepté de former un ministère contre lui. Avec une logique simpliste, sans raffiner sa philosophie de l'histoire, il flétrissait « la politique d'aplatissement devant l'Allemagne », qui, disait-il, avait exigé son exclusion des affaires. Enfin il s'enfermait avec Renaudin dans son cabinet où l'on voyait le portrait de Bismarck et le drapeau offert par les Dames de Metz. Ses yeux bleus se fixaient d'une façon plus intense sur le jeune homme, comme pour apprécier sa sincérité, tandis qu'il l'interrogeait sur leurs amis de Paris. En plusieurs fois, pour l'indemniser de ces voyages, des courses qu'il lui demandait, et des brochures de propagande, qui, en réalité, rapportaient de l'argent, il lui donna un millier de francs.

Sa politique consistait à maintenir une telle fermentation qu'on fût obligé de le rappeler. Il ne prétendait pas être un chef de parti; il cherchait à occuper l'opinion. Il recevait ses plans et ses moyens de chaque journée et de chaque conseiller. Très optimiste, mal à l'aise pour se renseigner parce qu'il employait des éléments opposés ou jaloux, il laissait à ses agents la plus grande initiative. Un Renaudin ne se demande jamais : « Quel type de régime est-ce que je tends à produire? » Il s'agite. Parfois, conduit par le besoin de faire un article à tapage, le journaliste se lança dans des attaques ou des indiscrétions qui irritèrent le Général.

Ces subalternes, impuissants pour les grands services, peuvent créer des situations inattendues et engager ce qu'on réservait. Par là, ils sont extrêmement dangereux. — Certains Renaudins du gouvernement, en cherchant Boulanger, allaient déchaîner une suite de désastres sur leurs pères nourriciers.

En septembre 87, le honteux Mouchefrin apprit à la préfecture de police, où il entretenait des familiarités, que le sous-chef de la Sûreté, M. Goron, avait levé une bande de peau sur le célèbre assassin et amoureux Pranzini, pour la faire tanner et monter en porte-cartes. Il échangea contre cent sous ce renseignement avec Renaudin qui, dans le *XIX° Siècle*, protesta au nom de l'humanité outragée. Le pittoresque de cette fantaisie occupa l'opinion. Goron sentit venir sa disgrâce; il s'agita, il s'orienta, il vit Mouchefrin et Renaudin : c'était trop tard pour plaider les circonstances atténuantes; il fallait étouffer le scandale sous un pire. Parmi les dénonciations que chaque courrier verse à la Préfecture, le policier distingua une dame Limousin qui espionnait pour l'Allemagne et tripotait avec des généraux français. Mouchefrin et Renaudin se présentèrent chez cette femme comme deux négociants en soieries disposés à quelque sacrifice d'argent pour une décoration. La naïve gredine les aboucha avec le général Caffarel, sous-chef d'état-major au ministère de la Guerre. Renaudin publia au *XIX° Siècle* son plus bel article : « Un général qui vend du ruban. » Tandis qu'on arrêtait Caffarel, le public oublia le porte-cartes en peau d'assassin.

Les journalistes officieux ne manquèrent pas de relever que cet officier supérieur avait été introduit au Ministère par le Général Boulanger. De Clermont, celui-ci s'insurgea, convaincu que cette affaire ne tendait qu'à le compromettre, et Renaudin, prompt à la riposte, révéla que chez la Limousin la police avait trouvé les lettres de Wilson.

Ce même jour, à la Chambre, le reporter vit le gendre de Grévy, raide, avec sa barbe en broussaille et sa figure sombre, marquée par la fatalité, traverser la salle des Pas-Perdus, au milieu d'une hostilité évidente. Un député républicain le félicita sur son article, en traitant Wilson de mauvais camarade :

— J'avais trouvé un gros entrepreneur prêt à mettre des fonds dans mon journal électoral : il désirait la croix. J'en parlai à Wilson qui m'a de grandes obligations. Il nous fit déjeuner chez Grévy. Huit jours plus tard, mon entrepreneur portait sa subvention à la *Petite France* de Wilson ! Voilà l'homme !

Un informateur parlementaire, bien connu comme la créature de plusieurs ministrables, l'appela « mon cher confrère » et lui dit :

— Vous voyez toujours Boulanger ? Prévenez-le d'éviter les bêtises. On travaille pour lui. Des gens le débarrasseront de l'Elysée.

Déjà allumé par ces encouragements, Renaudin entendit ce même soir, au *XIXᵉ Siècle*, le patron Portalis commander des notes, une enquête, des articles contre Wilson. Il espéra tout. Il voyait les parlementaires intriguer et la rue s'agiter ; il dit de Boulanger que « c'était couru ». Il promena dans les brasseries l'allégresse d'un soldat pillard qui entend crier « ville prise ». Au sortir d'une réunion où s'était scellée l'alliance « des patriotes et des révolutionnaires » contre Jules Ferry, il se recommandait à Déroulède :

— Promettez-moi de rappeler au Général que je

ne lui demande qu'une chose : la direction du *Journal Officiel*.

Un détail pourtant fut suspect : il fit passer en « dernière heure » au journal une accusation dont la fausseté, démontrée jusqu'à l'évidence, le lendemain, amena un revirement en faveur de Wilson. Avait-il touché la forte somme pour créer ce bon terrain à l'accusé ?

Grévy et son gendre s'entêtaient à méconnaître la gravité d'un cas où ils ne distinguaient pas les éléments d'une culpabilité pénale. Et puis ils n'admettaient pas que le président du Conseil, M. Rouvier, fût en mesure de les abandonner.

Le vieux beau-père, devant la nation, faisait figure d'un honorable bourgeois. La simplicité de ses mœurs prêtait à la caricature, mais non à l'odieux. Peut-être même plaisait-elle à la partie la plus saine de la France démocratique. Grâce à ce scepticisme qu'impose un demi-siècle de procédure dans les coulisses de la Justice et de l'Histoire, il était arrivé à un mépris vraiment républicain des vanités d'apparat. En outre, l'un des plus vieux renards du Palais, merveilleusement prudent et délié, c'était le meilleur conseil du parlementarisme. Notaires, avoués, légistes, reconnaissez en Maître Grévy toutes vos vertus et votre déformation professionnelles ! Les survivants des anciennes Assemblées, parfois, à l'heure du toast officiel, dans les banquets, échangent un sourire, se communiquent à l'oreille quelque souvenir égayant, mais ils sont rares, assagis par l'âge, nullement intéressés à parler, et la jeune presse, le jeune barreau, le jeune Parlement ne distinguent rien qu'un vieux bonhomme un peu grigou, affaissé vers ses carpes et ses petits-enfants.

Wilson, dans cette campagne, ne veut voir qu'un épisode de la lutte du petit commerce contre les grands magasins. Il connaît ces champions de l'honnêteté publique et il ignore la nation. De là, sa tranquillité dédaigneuse. C'est à la fois un exotique et un maniaque. Cet ancien viveur apporte à tripoter la sombre fièvre du joueur qui sort de son cercle pour courir au claque-dent coudoyer des goujats et risquer son argent, son honneur. C'est moins amour du gain que passion des affaires. Il faut comprendre que certains déployent dans l'intrigue financière l'esthétique de l'art pour l'art : il y a des joueurs forcenés dépourvus de cupidité. D'ailleurs, ses jeux de Bourse, ses ventes d'influence, tout cet interlope le ruinaient.

Le carnaval des généraux, des députés, des entremetteuses, des magistrats, des policiers, des légionnaires faisait un tel tapage que toute la France se mit debout. La Chambre épouvantée autorisa d'ensemble, moins une voix, des poursuites contre Wilson. Trop tard ! Le sentiment public exige maintenant la disparition de Grévy. « Ah ! quel malheur d'avoir un gendre ! » hurlent jour et nuit les camelots. Le vieux Président, comme un Scapin, fait voler les lettres compromettantes et rosser les accusateurs. Paris vient chanter autour de son palais : « Tu nous a fichus dans l'pétrin ! » Dans les couloirs de la Chambre, Bouteiller plaide qu'on ne doit pas sacrifier le Président aux criailleries de la rue. Ce n'est pas sentimentalité en faveur de Grévy : vieux républicain, pourtant, à qui l'on doit des ménagements ; il tait même son goût pour l'intelligence financière de Wilson : ce qu'il blâme vivement, c'est qu'on prétende éliminer des hommes d'État en suite d'un déballage public et sur l'invite de l'opinion indisciplinée. Ces sommations de la morale populaire sont la négation du parlementarisme et, proprement, le gouvernement direct. Faisant allusion à la vogue de Boulanger, il ajoute :

— Je crois que la vertu est, au même degré et pour les mêmes raisons que le patriotisme, un élément dangereux à exciter dans les masses.

Rouvier, qui l'avait approuvé, commence, vers le 18 novembre, à hausser les épaules :

— Qu'est-ce que ces systèmes de conduite *a priori*? Les moyens valent selon l'occasion et nous devons accepter tout événement pour en tirer ce qui peut nous servir.

Il n'aurait pas combiné la chute de Grévy, parce que c'était un peu compliqué et gros de risques ; il y vit ses avantages, quand elle fut possible.

Pour atteindre le président de la République, la Chambre, le 19 novembre, renverse le ministère. Magnifiques intrigues de sérail ! Bouteiller lui-même, si averti des traditions du lieu, n'arrive point dans sa recherche des causes à voir plus outre que des haines particulières. Le fin du fin lui échappe. Il a connu pourtant l'hostilité entre l'Élysée et le Palais-Bourbon de Gambetta : elle n'était pas purement politique ; de part et d'autre, on avait ses hommes d'affaires. Les amis posthumes de Gambetta saisissent aujourd'hui l'occasion de détruire en Wilson un adversaire des « conventions » imposées par MM. Raynal, Baïhaut et Rouvier. On dit deux mots à Bouteiller dans l'entourage du baron de Reinach. Il sentit le mors, eût voulu se cabrer, mais il réfléchit, et la *Vraie République* exigea, elle aussi, la démission de Grévy. L'ancien professeur se consolait avec les nécessités de la politique et en songeant que de très grands hommes d'État ont dû publiquement justifier des mesures qu'en leur secret ils déploraient.

Acculé, le vieux Président se résigne, discute, diffère et jamais ne décampe. Pour lui succéder, on désigne M. Jules Ferry, odieux aux radicaux et aux conservateurs, et c'est de leur aversion que Grévy attend un prolongement de bail. Les opportunistes le vouent à la mort en déclinant ses offres de portefeuille ; il ne renonce point à débaucher quelques ministres. Un de ses agents, M. Granet, bat le pavé pour trouver « un homme considérable jouissant d'une grande autorité. »

Comme aux jours de l'incident Schnaebelé, le pays s'agite. Énergie inférieure, parce qu'elle ne comporte pas l'acceptation d'un sacrifice, mais tout de même vertueuse, parce qu'elle eût mené le peuple de Paris à envahir l'Élysée et le Palais-Bourbon, et c'est vraiment un mérite civique d'assurer les services de voirie en balayant ces détritus. Le général Boulanger retrouve ses grands amis de la Chambre qui l'avaient un peu oublié. Ils estiment qu'on pourrait injecter sa jeune popularité au vieillard que la place de la Concorde, les Champs-Élysées, grouillants de peuple et de bandes organisées, huent depuis huit jours, sans s'interrompre, sinon pour chanter : *Il reviendra quand le tambour battra*. Prié de donner une satisfaction immédiate à la population parisienne par le rappel du Général aux affaires, le Président réplique avec dédain :

— Le général Boulanger n'est pas un parlementaire.

— L'heure n'est pas aux parlementaires, répond Déroulède.

M. Grévy, après un silence :

— Je vous comprends, monsieur ; vous ne voulez pas me servir, vous voulez vous servir de moi.

— Voyez la situation : on vous donne vos huit jours ; nous vous apportons quinze jours.

Grévy sursaute, mais sent d'autant mieux le lacet des parlementaires à son cou.

— Soit, dit-il, j'accepte.

C'était le 29 novembre ; Clemenceau, Rochefort, Eugène Mayer (de la *Lanterne*), Laisant, Déroulède, qui, dans la nuit précédente, du 28 au 29, avaient tenu un conciliabule chez Laguerre, s'y retrouvèrent au soir. Après un dîner animé, dans une interminable fumerie, au milieu des tasses de thé, des verres de liqueur et de bière, ils cherchèrent à constituer ce ministère antiferryste qui repêcherait M. Grévy. Les difficultés étaient grandes, et M. Clemenceau, si bien fait pour n'en pas tenir compte et pour marcher quand même, les commentait avec un pessimisme qui consternait le jeune Laguerre, avide d'audaces.

Tous ces conspirateurs s'accordent pour qu'on aide M. Grévy à conserver la Présidence en lui procurant un ministère. Mais ce ministère dissoudra-t-il les Chambres ? ou bien se bornera-t-il à les proroger pendant un mois ? Dans l'un et l'autre cas, subsiste cet obstacle qu'on n'a pas de budget et que le Parlement refusera des douzièmes provisoires. D'ailleurs que donneront des élections ? et, si l'on se borne à proroger la Chambre, dans quels sentiments reviendra-t-elle ?

On montre à l'Élysée le cabinet où Louis-Napoléon, dans la nuit du 1ᵉʳ au 2 décembre 1851, arrêta les dernières dispositions de son acte anti-parlementaire. Si le boulangisme, qui n'est pas né en novembre 87, réussit par la suite, c'est dans le cabinet de Georges Laguerre, rue Saint-Honoré, en face du perron de Saint-Roch où Bonaparte mitrailla les sections, et non loin de la maison de Robespierre, qu'on pourra commémorer les premiers consentements intérieurs de Boulanger à un appel au soldat. Il vit, au cours de ce long débat nocturne, l'immoralité de ces parlementaires qui, en facilitant à Grévy le moyen constitutionnel de se maintenir, l'auraient sauvé contre le vœu du pays. Il démêla dans leur intrigue l'obliquité et la faiblesse des moyens. Renversé dans un fauteuil, un peu à l'écart du cercle principal, il affectait un air ennuyé et lassé. L'aigu Clemenceau semble avoir entrevu ce qui se passait dans l'esprit de cet auditeur muet ; il se pencha vers un voisin :

— Et dire qu'un général français entend tout cela !

Oui, Boulanger entendait que le parlementarisme est un poison du cerveau comme l'alcoolisme, le saturnisme, la syphilis, et que, dans les verbalismes et la vacuité de ce régime, tout Français s'intoxique.

A mesure que le débat se prolongeait, la situation apparaissait inextricable et telle qu'on n'en pouvait sortir que par un coup de force. Clemenceau le marqua avec cette brutalité directe qui fait à la tribune la puissance de ses interventions quand il débute par son éternel : « Il est temps de parler net. »

— Je vous comprends, dit-il, vous voulez boucler le vieux.

On lui fit des raisonnements :

— Il y a des heures où la violence est légitime contre l'ambition néfaste d'un homme, d'une assemblée, et pour la sécurité nationale.

Mais il pensait au lendemain.

— Je vois bien Augereau, dit-il en se levant.

Et sa manière d'enfoncer ses mains dans ses poches, son silence gouailleur signifiaient : « Après ce Fructidor, quel Directoire proposez-vous, et quelle tâche, et quel appui pour la remplir ? »

Boulanger ne releva pas cet « Augereau », cette pointe de son ancien camarade. Mais quelqu'un demanda :

— La garnison de Paris, que ferait-elle, si elle avait à maintenir l'ordre ?

Alors on l'entendit qui, du fond de son fauteuil, là derrière, disait :

— On n'a pas besoin de commander l'armée, on la consigne.

Clemenceau se retourna vivement.

L'indécision durait, faite d'impuissance et de méfiance. Clemenceau continua d'approuver qu'on prêtât un ministère à Grévy avec Boulanger à la Guerre, mais il refusa de le constituer. Un silence glacial accueillit ce dernier mot qui ruinait la conspiration.

Dès cette époque, Clemenceau était un cerveau perverti et fatigué. Par la suite et sous le fouet, il put fournir à plusieurs reprises quelques mètres d'une excellente allure, mais, dans ces préliminaires du boulangisme, il ne trouva pas l'énergie de prendre le pouvoir avec Boulanger. Du pouvoir, désormais il avait peur; il ne souhaitait que la présidence de la Chambre. Et puis l'orgueilleux, jaloux de son ancien camarade de collège, n'acceptait pas d'être au ministère le protégé de cette grande popularité.

A cet instant, on appela dehors le Général.

M. Le Hérissé, député radical de Rennes, l'attendait sur le palier et lui dit à l'oreille que M. de Martimprey le priait d'entendre une communication importante. Ils descendirent. A la porte, Renaudin veillait dans une voiture.

— A-t-on décidé quelque chose là-haut? dit-il en se précipitant.

Le Général répondit :

— Ils ne savent même pas ce qu'ils veulent; il n'y a plus qu'à dormir.

Le reporter, jaloux de Le Hérissé, les suivit jusqu'à la rue de Monceau. Il attendit quelque temps aux abords de la maison où ils entrèrent, puis, craignant d'être surpris et d'encourir la colère du Général, il alla dans un restaurant de nuit consulter un livre d'adresses. Il pressentit que le Général était chez M. de Martimprey. Il se tut et n'en aima que mieux un chef qui s'engageait à fond.

M. de Martimprey, ancien officier breveté d'artillerie, avait servi sous Boulanger. Il lui exposa qu'afin d'empêcher l'élection de Jules Ferry, la droite voterait au Congrès pour le candidat quel qu'il fût qui s'engagerait à rappeler au pouvoir le ministre cher à tous les patriotes. Le silence, l'acquiescement peut-être du Général émurent ce tentateur. Il sortit d'une chambre voisine M. de Mackau, qui tenait à la main des pleins pouvoirs du comte de Paris et qui parla de la gloire enviable de Monck. Le Général, redevenu ministre, rendrait la parole au pays, en lui recommandant la monarchie? Après une restauration titres, honneurs, il posséderait tout avec le commandement suprême de l'armée. C'était voir les choses de loin. Le Général s'en tenait à l'immédiat : écarter Ferry de l'Élysée et rentrer à la Guerre. Il promit de négocier avec les candidats à la Présidence, Freycinet, Floquet, Brisson et de faire connaître celui qui devait recueillir les suffrages de la Droite.

En voiture, il dit à Le Hérissé : « Tout plutôt que Ferry et la guerre civile! » Et, rentré chez La guerre, il reprit le vocabulaire des radicaux.

On avait fait chercher M. Louis Andrieux, l'ancien préfet de police. A quatre heures du matin, il accepte ce que refusait Clemenceau : de recruter à Grévy un cabinet antiferryste. Mais il jugeait impolitique d'engager avec le Parlement un combat à outrance ; il excluait de sa combinaison le Général, il prétendait le dédommager avec le commandement de Paris.

Voilà donc une chose acquise : le général Boulanger n'est plus un homme avec qui le Parlement puisse négocier. Et lui-même, au cours de cette nuit, il se place délibérément hors la loi parlementaire. Se concerter à la fois avec des Mackau et des Clemenmenceau, c'est tout naturel à un Français, mais criminel à un homme de parti.

A six heures du matin, ce mercredi 30 novembre, les députés Laguerre et Granet exposèrent leur insuccès à M. Grévy, qui répondit avec dignité augurer fort mal de la République.

Dans la rue, la révolution grondait et jetait des ordures si fortes aux fenêtres qu'enfin le 1er décembre, le Président pour tout de bon démissionna. Le jour qu'ils déménagèrent, Mme Wilson se cramponnait à la rampe en criant : « Sauvez l'honneur de mes enfants. » On a satisfait les désirs extrêmes de cette dame en érigeant un Grévy de marbre à Mont-sous-Vaudrey.

Le congrès parlementaire réuni le 3 décembre à Versailles obéit à sa loi organique de l'élimination des valeurs. On vit M. de Freycinet, à la porte de l'hôtel des Réservoirs, mendier vainement des voix. M. Clemenceau, avec ses fortes qualités d'insolence et de décision, lui fit défection, parce que Ferry gagnait du terrain, et il recommanda M. Sadi Carnot par cette phrase fameuse : « Choississons Carnot comme le plus bête. » On épargna à la France ce raccourci de psychologie. Elle apprécia dans Carnot, sur la foi d'une anecdote où il aurait repoussé une exigence de Wilson, le cocher qui rapporte le porte-monnaie.

Des malins étaient parvenus à réduire en intrigue de vaudeville un événement avec lequel on pouvait faire de la bonne tragédie nationale. Ce n'avait été qu'une partie d'escarpolette, une balançoire où Ferry montait, quand Grévy descendait ; et, par une farce fréquente dans les vaudevilles, Carnot, comme un troisième larron, était intervenu, tandis que s'allongeait le nez caricatural de M. Ferry.

Dans les combinaisons ministérielles qui suivirent, on ne parla du Général que pour s'accorder à n'en pas vouloir. Les opportunistes demeuraient ses ennemis personnels, et le plus ministrable des radicaux, M. Goblet, avec des affirmations de haute estime, lui déclara que, dans l'état des choses, il ne se chargerait pas de le rappeler aux affaires. Ses amis du Parlement eux-mêmes le jugeaient fini. Les circonstances qui pouvaient le servir avaient passé. — Suret-Lefort se rapprocha de Bouteiller et il ricanait en parlant du « pauvre Boulanger ».

A la fin de 1887, l'ancien ministre de la Guerre regagne son commandement de Clermont, averti jusqu'à la nausée sur ces hommes. Dans l'armée, les camaraderies trompent peu ; ce jeune général cordial, après deux années, n'accepte pas encore trahison, reniements, mensonges comme de la politique normale. Au sentiment des injures, il joint une juste appréciation de ce parlementarisme où l'on distribue les places sans tenir compte du talent, où l'on pousse aux événements sans souci de l'avenir, sacrifiant toujours le bien public à des intérêts privés. Maintenant, elle vit avec une domination singulière dans son esprit, la phrase que répétait Naquet aux déjeuners chez Durand ; « Un régime où tout est instable, où nul n'est sûr du lendemain. » En somme, la phase parlementaire, très courte chez Boulanger, lui aura été une espèce de maladie bienfaisante d'où il sort plus national. Ce fut par une nécessité de situation qu'il se prêta quelques jours à un parti. Il dut au radicalisme le moyen d'être populaire. Maintenant, par les circonstances qui le séparent de M. Clemenceau, par la marche naturelle de sa pensée, par horreur du verbalisme et des mensonges du Palais-Bourbon, il s'épure et rejette le joug de ces coteries qui n'ont rien fait pour relever la France.

Délibérément il s'occupe de rassembler toutes les bonnes volontés ; il les mobilise sur des points séparés, en ne les occupant que d'elles-mêmes et sans les renseigner sur le plan d'ensemble qu'à leur insu elles vont servir. Ce sont autant de *compartiments* politiques où il entre de la même manière qu'un sage dans les idées des personnages divers qu'il veut déterminer.

Vers Noël, il vit une seconde fois les royalistes Mackau et Martimprey. Le 1er janvier 1888, il osa passer la frontière et surprendre à Prangins l'héritier de César, le prince Napoléon. Le 8 février, rentrant de Paris à Clermont, il fut accompagné jusqu'à mi-chemin par un de ces anonymes qui surgissaient de sa popularité pour lui parler de son étoile et de la France. Cet apôtre, pendant deux heures de nuit, lui répéta d'éloquentes généralités que deux mois plus tôt, en novembre, il lui avait déjà portées à l'Hôtel du Louvre ; il ajouta :

— Ces idées et votre rôle, mon Général, par un grand coup vous les pouvez rendre sensibles à toute la nation. Sept députés sont à élire, le 26 février, par la Marne, la Haute-Marne, la Loire, le Maine-et-Loire, les Hautes-Alpes, la Côte-d'Or et le Loiret. Qu'on y distribue des bulletins à votre nom! Voilà une riposte à ceux qui déclarent chaque jour votre popularité finie! Nous ne voulons pas faire un député, — d'ailleurs vous êtes inéligible, — mais organiser sur votre nom, et en dehors de tous les partis, la concentration nationale. Nous inviterons les électeurs à voter pour vous au premier tour, en leur laissant toute liberté pour le second tour. Manœuvre très habile : pour se ménager vos partisans, tout candidat s'abstiendra de vous combattre.

Celui qui parle ainsi, c'est Georges Thiébaud, qui par cette conversation sort de l'obscurité pour entrer dans l'histoire politique de ce temps. Le Général alla tout droit à l'idée essentielle de cette opération; c'était de prouver qu'il occupait la pensée de la France. Il résuma leur entente dans ces mots :

— L'essentiel n'est pas d'être élu, mais d'avoir des voix partout.

Georges Thiébaud, avec une voix chaude, parle cette langue peu souple, mais saisissante et d'un fort relief qu'on devrait appeler le style consulaire. Il a un front volontaire, le don des formules, une rare puissance de persuasion. Avec le goût et la capacité d'imposer sa discipline, peut-être ne saurait-il se soumettre à aucune. Cet homme, au teint brouillé, à l'énergique profil de partisan, est d'une humeur qui le voue à s'isoler et à se distinguer. Dans ce premier instant, nous n'avons qu'à admirer cette constante solitude de son ambition. Sûr de paraître une recrue précieuse aux partis existants, il est noble d'idéalisme quand il se refuse à l'enrégimentement opportuniste ou orléaniste, en un mot, parlementaire. Dès 1883, il a proposé au parti bonapartiste la suppression de l'hérédité pour ne garder que l'élection par le peuple. Qu'il doit être heureux, dans ce wagon où il trouve l'homme qu'on peut mettre sur le pavois !

Leur entretien nocturne continuait. Le général Boulanger dit :

— Combien faudra-t-il par département?

Voici donc qu'elle apparaît, la *question d'argent*, si grave, si dominante bientôt. En février 1888, on fit les choses d'une merveilleuse économie. Le Général fournit dix mille francs, Thiébaud quatre mille. Une fois l'affaire commencée et les idées échauffées, le Général trouva six mille francs, et plus tard quatre à cinq mille pour un reliquat. Ce qui met les sept départements au scrutin de liste, soit un million d'électeurs, à vingt-cinq mille francs.

Le Général eut 64.000 voix, mais les parlementaires tenaient leur délit. Seize jours plus tard, le 14 mars 1888, ils le relevaient de son commandement et le plaçaient en non-activité par retrait d'emploi.

A cet instant, d'un vague état de conscience nationale, naît une politique. Une fièvre profonde, endémique, dans notre race, s'est enrichie rapidement sous nos yeux de caractères circonstanciels. Voici le boulangisme complet. « *A bas les voleurs!* » — *la politique de compartiments,* — *le besoin d'argent,* — *le steeple chase électoral* — les quatre thèmes qui viennent d'apparaître dans cette ouverture du drame demeureront ses quatre motifs principaux, où l'on pourrait déjà découvrir ses raisons de mort.

CHAPITRE IV

STUREL CHEZ LE SYNDIC DES MÉCONTENTS

> « Rassurez les Français, fortifiez les
> Bavarois, intimidez les Saxons, flattez
> les Hollandais, donnez de l'encens aux
> Danois, jouez-vous des Hanovriens, et
> foutez-vous des Autrichiens. »
> (Frédéric le Grand à son ministre d'État.)

Prévenu par dépêche de sa mise en disponibilité, qui, le 15 mars, dans le *Journal officiel*, étonna même les politiques, le Général débarquait à Paris, dès le 16, pour organiser son parti, et immédiatement, à cinq heures du matin, il trouvait chez Laguerre MM. Rochefort, Laisant, Le Hérissé, Laur, auxquels s'allaient joindre, dans la journée, MM. Borie, Brugelles, Chevillon, Susini, Duguyot, Déroulède, Lalou, Eugène Mayer, Michelin, Vergoin, — dans la semaine, MM. Vacher et Laporte, — et un mois plus tard, MM. Naquet et Saint-Martin.

Plusieurs de ces noms évoquaient dans l'imagination publique des sentiments peu propres à l'union de tous les Français. Bien armés contre les adversaires du Général, un Rochefort, un Laisant, un

Laguerre, un Naquet devaient aussi écarter certaines sympathies. Un individu, quelle que soit son énergie propre, appartient à son temps (et le verbe « appartenir » ne doit pas être pris au figuré) ; il est encadré par ses contemporains, soumis aux conditions générales de la société où il se développe. Les collaborateurs que pouvait choisir Boulanger n'avaient pas attendu pour recevoir une âme la chaude flamme qui soulevait le ballon boulangiste. Les Naquet entraînèrent le héros national, le pur que le peuple appelait, dans une politique réaliste où il était tout à fait impropre.

A cet anneau lumineux et très déterminé que lui constituait son comité, n'aurait-il pas dû préférer un halo de sympathie, des régions flottantes où il eût cultivé certaines bonnes volontés timides qui se retirèrent quand il voulut les éclairer fortement et que, transportant dans son action publique la discipline militaire, il exigea qu'on fût tout à lui ? Fidèle à son tempérament, il ramassait toutes ses forces pour prendre l'offensive, monter à l'assaut.

Le 25 mars, sans s'être présenté, il obtient dans l'Aisne 45.000 suffrages, contre 17.000 au républicain Doumer et 25.000 au réactionnaire Jacquemard, et dans les Bouches-du-Rhône 12,083 voix. Dès lors, qu'il soit en disponibilité, cela ne suffit plus aux parlementaires qui réclament sa mise à la retraite.

Le surlendemain soir, Suret-Lefort, Sturel, Rœmerspacher et Saint-Phlin commentaient ces grands événements au Luxembourg, sur cette terrasse italienne où Mouchefrin et Racadot avaient tant espéré de leur journal. Renaudin, qui descendait de « l'Odéon-Batignolles », du plus loin qu'il les vit, leur cria :

ça y est!

Il mourait de joie, parce que son chef était chassé de l'armée. Seul, Suret-Lefort était à hauteur pour comprendre, et il donnait de petites tapes amicales sur l'épaule du digne Renaudin, quand Sturel et Saint-Phlin s'indignaient.

Le reporter, qui décidément devenait un personnage, avait assisté à un dîner du Général, la veille au soir, chez Durand.

— Nous avons examiné un par un les membres de la commission d'enquête. Il est très inquiet. Oui, mes enfants, la mise à la retraite est certaine. Enfin, il nous appartient !

Suret-Lefort voulut bien éclairer ses amis de plus en plus scandalisés :

— Boulanger, ministre de la Guerre, c'était un général qui montait en grade. Nous ne pouvions pas nous intéresser à un troupier satisfait. Mais le voici contraint de devenir un élément intéressant de notre politique.

Renaudin rapportait encore de ce dîner le texte d'une proclamation que, le 3 mars, le Général adressait aux électeurs du Nord. On y lisait, pour la première fois « Dissolution, Révision, Constituante », que le journaliste commentait sur un ton de guerre civile.

Rœmerspacher haussa les épaules.

— Il devait rester dans l'armée, ou, du moins, à tout prix, en disponibilité. Au moins il était inéligible. S'il entre à la Chambre et s'il affiche un programme, quelle diminution ! Il deviendra un simple appoint au milieu des autres partis et commencera de jouer ce même jeu parlementaire dont le dégoût jette la nation vers lui.

Renaudin, bruyamment, pour affirmer son optimisme, proposait des paris, tandis que Suret-Lefort, de sa voix âpre et sèche, poussait Rœmerspacher qu'un avocat ne démonte pas.

— Tu l'aimais mieux soldat. Le voilà devenu homme politique. Que doit-il faire ?

— La révolution de Février à peine accomplie, Louis-Napoléon arrivait à Paris, puis il repartit pour l'Angleterre attendre son moment. Pourquoi Boulanger ne se tairait-il pas jusqu'au trimestre qui précédera les élections générales ?

— Alors ! — dit Suret-Lefort, avec la fatuité d'un président de conférence Molé, — tu penses qu'il peut nous prendre, nous laisser et nous retrouver à ses heures ?

— Si c'est de vous autres politiciens qu'il s'occupe, qu'il aille tranquillement s'asseoir au milieu du parti radical.

— Clemenceau, intervint Renaudin, ne veut plus de Boulanger.

— Clemenceau n'a aucune qualité pour excommunier, et, très vite, il serait obligé de marcher avec et derrière Boulanger. Pour le Général, au Parlement, le radicalisme fait le seul terrain d'attente.

— Comment, Rœmerspacher, — dit Saint-Phlin avec une douleur très réelle, — tu voudrais faire de Boulanger un simple radical ? Pourquoi, dès lors, s'intéresser à lui ?

« Allons ! bon ! » se dirent dans un regard Rœmerspacher et Suret-Lefort, « le voilà qui introduit le point de vue moral ! » Et le jeune historien plaisantant son ami :

— Ça ne t'amuserait pas de le voir entraîner ensemble les radicaux et les bonapartistes démocrates? Un beau travail, pourtant, Saint-Phlin, de fusionner ces deux fractions sœurs, et qui nécessairement s'accomplira !

— L'important, — dit Sturel, convaincu qu'il conciliait tout le monde, — l'important, c'est qu'il exécute l'opération anti-parlementaire.

— Halte ! s'écria Rœmerspacher, cela, c'est autre chose : c'est une aventure ! On ne peut la tenter que du gouvernement. Y laissera-t-on jamais remonter l'homme qui éveille de pareilles idées ?

Le mot « aventure » grisa Sturel ; il le commenta en termes ardents et vagues.

Suret-Lefort et Renaudin offrirent à leurs amis de les présenter au Général. Seul, Rœmerspacher refusa :

— Vous gardez la fièvre que nous prîmes au tombeau de Napoléon. Qu'est-ce qu'un homme ! Le boulangisme intéressant n'est pas en Boulanger ! il faudrait visiter le pays et se rendre compte de la fermentation nationale.

Saint-Phlin adopta avec beaucoup de vivacité cette dernière vue.

Le ministère compléta la mise à la retraite de Boulanger par l'acquittement de Wilson. Dans les couloirs de la Chambre, Bouteiller se félicitait de cette coïncidence :

— On a trop cédé à la démagogie ; au pays qui acclame dans Boulanger un chef, il faut montrer un gouvernement.

Cependant, ces violents coups de barre mettaient le Parlement en travers du courant, et la France se précipitait toute contre le système. Dans les régions les plus diverses, la puissante excitation des masses cherchait à s'exprimer. Le 8 avril, l'Aube lui donne 8,500 voix, et la Dordogne 59,000 contre 36,000 ; le 15 avril, c'est le Nord par 127,000 voix contre 76,000 à M. Moreau, radical. De l'ensemble du territoire, monte ce cri d'amour : « Vive Boulanger ! » En avril 1888, on ne distingue pas encore d'îlot insensible. L'enthousiasme se mêle d'une fièvre de jeu. Pour Boulanger, la nation parie contre les parlementaires.

Le jeudi 19 avril, Sturel le voit qui se rend à la Chambre au milieu d'un concours immense de peuple, dans un landau superbe, dont les deux alezans portent aux oreilles des cocardes vertes et rouges, et le cocher, le groom, à la boutonnière des œillets rouges. De ce « Vive Boulanger ! » sonore, obstiné, qui assourdit et commande la nation, il n'est pas singulier qu'un jeune homme ardent, au retour d'Italie, ressente de la mélancolie. C'est avec une sorte d'envie généreuse que Sturel surveille ce favori des foules et du destin. Le 20 avril, au Quartier latin, il entend des étudiants crier : « A bas Boulanger ! » Quelle désolation que la jeunesse ait été élevée de façon à ricaner, quand on veut lui faire voir le boulangisme comme un instant de la tradition française ! Parce qu'elle ne possède pas cette tradition en soi, elle refuse de l'imposer à ce mouvement. Que notre pays ait une vie propre, un caractère, des destinées, c'est au moins une croyance instinctive chez les masses, et chaque fois elles s'émeuvent, si l'on touche ce point de leur sensibilité. Cette conception manque au plus grand nombre des intellectuels : ces prétendus inventeurs de leurs pensées, qui sont les esprits les plus serfs, ne l'ayant pas trouvée chez les professeurs pour lesquels ils négligent les humbles, leurs ancêtres. Maîtres et élèves se bornent à épiloguer sur le génie du Général et ils avilissent ce mouvement jusqu'à faire d'un réveil national « la boulange ».

Dégoûté par ces traîtres à la race et résolu de suivre « son devoir », le jeune homme confirme à Suret-Lefort son désir de saluer le chef.

Ils préviennent Saint-Phlin. Celui-ci prend fort au sérieux tout ce qui le concerne ; il pense qu'une visite présuppose un complet accord et qu'auparavant le Général doit l'édifier sur ses intentions. Une morgue insensible de propriétaire campagnard l'amenait à la même expectative où Rœmerspacher se tenait avec la réserve d'un homme de méthode. Il voyait à Paris un petit groupe de jeunes gens de bonnes familles, d'esprit assez cultivé, un peu médiocres, catholiques, plus ou moins monarchistes et qui, par leur éducation et par leur milieu, n'avaient de goût que pour l'armée et la terre. Ayant peu l'occasion d'agir, ils se prenaient fort au sérieux dans leurs velléités. Ils se dirent près de l'oreille : « Nous avons un moyen de toucher Boulanger. » Saint-Phlin apporta à Sturel une note de leur manière. Ils demandaient l'abandon de toute tracasserie religieuse, mais voici l'essentiel :

« Puisque chacun, écrivaient-ils, reconnaît que les rouages administratifs et la paperasserie devraient être simplifiés, pourquoi des postes tels que préfectures, sous-préfectures, recettes générales, ne seraient-ils pas supprimés et leurs attributions déléguées à des officiers supérieurs en activité?... Le général Boulanger accepterait-il que l'armée assurât les grands services publics et qu'un chef de corps administrât les territoires de son commandement?... Nous entendons d'ailleurs qu'il conviendrait de décentraliser les pouvoirs régionaux et communaux; d'alléger l'Etat de prérogatives qui le rendent odieux dans les petits détails, et de remettre aux citoyens les intérêts locaux. »

Sturel se chargea sans enthousiasme de remettre ce programme au Général. Son sens critique avait cessé de collaborer à son boulangisme. « Vive Boulanger ! » fait pour lui un total d'affirmation suffisant : c'est le coup de clairon dont frémit sa moelle épinière, toute la série de ses réflexes, et qui contente ses besoins de discipline et de fraternité, son désir de se rallier à la France éternelle.

Le lundi 24 avril, à neuf heures du matin, Suret-Lefort et Sturel montèrent au quatrième étage de l'Hôtel du Louvre. Il n'y avait pas d'antichambre. Le couloir était plein d'une foule épaisse. Suret-Lefort remit sa carte, avec le nom de son ami, au garçon attaché par l'hôtel à la personne du Général. Il l'appelait familièrement Joseph. Joseph se glissa par une porte entrebâillée, de façon que les visiteurs ne vissent pas l'intérieur de la pièce.

— Il n'a que deux chambres, dit Suret-Lefort; son bureau lui sert de salle à manger.

Au milieu de cette foule, Renaudin évoluait. Il s'était donné un rôle de factotum, d'aide de camp. Il espérait qu'après les batailles la révision des grades lui laisserait quelque chose de cette dignité un peu flottante. Tous les matins, sous prétexte de prendre les ordres du Général pour le journal, il arrivait, causait avec les visiteurs, se rendait compte de leur qualité, et, par un billet au crayon, prévenait le chef qu'il donnât un tour privilégié à un visiteur intéressant ou qu'il se méfiât d'un raseur. Tandis que ses deux amis attendaient, de temps à autre il les rejoignait pour leur présenter cérémonieusement quelque visiteur, qu'avec un sérieux imperturbable, fait d'un tour mystificateur de rapin et d'un instinct cruel, il échauffait d'approbations et de promesses. Au fils d'un révoqué du Seize-Mai qui venait se recommander :

— Dépêchez-vous, jeune homme, nous n'avons plus que des sous-préfectures.

A un brave homme qui se scandalisait, disant :

— Notre Général est dans un petit appartement garni, quand un Ferron-la-Honte s'étale dans les salons du ministère de la Guerre.

— Un pied-à-terre, répondait-il, le temps pour nous de rebâtir les Tuileries.

Colportés à travers Paris, pris au sérieux par la province, ces traits humoristiques servaient mal le Général. Suret-Lefort souriait obligeamment de cette verve basse. Sturel n'écoutait pas.

Sa puissante imagination ramassait et interprétait chaque objet dans le tumulte de ce corridor. Tout ce désordre lui était clair, car son âme était de ce mélange. Sans relations, incapable de juger d'après des vues particulières, il interprétait tous ces êtres comme des symboles, des signes. Ils sont délégués par ce grand troupeau des fellahs, qui, fortement attachés le long des siècles au sol, acceptent sans intervenir toutes les dominations ; vrai ferment, de tels volontaires ne laisseront pas s'engourdir les facultés de l'âme nationale.

Suret-Lefort nommait les personnages de quelque importance : Un collaborateur de Rochefort! Ce nom personnifie l'instinct gai et d'attaque qui, surtout depuis deux siècles et sous l'influence de Paris, détermine les gens de notre race à s'indigner des injustices, à s'amuser des mésaventures du pouvoir. Cet autre, un ligueur de Déroulède, garde le vieux souci français de la gloire : les « patriotes », préoccupés avant tout de faire face à l'Europe, répugnent aux subdivisions parlementaires comme à de l'indiscipline. Voici un communard et, à côté, un bonapartiste. Et, si quelque solliciteur, baissant la voix, se plaint qu' « on ne peut rien tirer de Dillon », ou bien se vante de « lui avoir fait entendre le nécessaire », Sturel sourit et se répète qu'on ne va point à la bataille avec des demoiselles.

Que lui importent les motifs, les naissances du boulangisme chez ces hommes! Il a un chatouillement des sens à leur voir l'optimisme et la pleine injustice des partisans. Et regardant la porte du chef, il éprouve au ventre ce petit froid qui, pour un jeune homme, incapable d'ailleurs de perdre la tête, marque le délicieux moment d'une émotion.

Mais voici un mouvement! Un gros homme traverse la foule, du dehors vers le Général. Chacun le nomme et se range.

— C'est Dillon!

Et Sturel revoit immédiatement une gravure de la maison paternelle à Neufchâteau, l'*Eminence grise*, le capucin ami de Richelieu montant un escalier du Louvre au milieu des petits marquis inclinés.

La domesticité des « Monsieur le Comte », les deux pas en avant, les acquiescements à son geste très poli qui ajourne ont un beau pittoresque d'autorité et de cafarderie. Quand le personnage est entré chez le Général, Sturel essaye de se faire documenter par Renaudin qui sait peu de chose :

— Un ancien officier, très riche, très dévoué à Boulanger ; ils étaient ensemble à Saint-Cyr... Il a gagné beaucoup d'argent, paraît-il, dans un câble avec Mackay. Attention ! mes enfants, vous qui avez des familles, elles pourraient vous recommander à cet argentier, car c'est un peu notre compatriote : du moins, sa sœur habite aux salines de Dieuze.

Une poussée encore. Quelqu'un sort de chez le Général, accueilli par un murmure courtisan : c'est le sénateur Naquet, le théoricien du parti. Il s'attarde à causer du chef, qu'il exalte en termes relativement modérés, et par là d'autant plus forts. Sa lucidité, sa force de bon sens ne laissent subsister aucune objection. Naquet ne crée pas l'enthousiasme, mais il le justifie. Les sentiments soulevés par ces merveilleux excitateurs, Rochefort et Déroulède, ce légiste les organise.

Soudain, avec ses jeunes secrétaires dont il ne se distingue point par l'âge, mais par un grand air de décision et de hauteur courtoise, Laguerre, que trente solliciteurs voudraient arrêter, traverse rapidement la foule, la tête vissée sur un cou rigide, ne regardant ni à ses côtés ni derrière. Déjà Renaudin s'est élancé pour l'annoncer et l'introduire. Un des secrétaires reconnaît au passage un conseiller général de province et arrête son jeune patron pour le lui présenter. Sturel voit le gros industriel qui s'incline, explique, s'embrouille un peu, et Laguerre, avec une charmante bonne grâce dans la raideur, avec un ton âpre auquel succèdent par intervalles des douceurs chantantes, écoute, approuve et termine plus haut, mi-sérieux, mi-plaisant :

— Dans six mois, quand nous serons au pouvoir, nous vous donnerons toutes les satisfactions que vous désirez.

Puis, dégagé par l'habile Renaudin, il disparaît dans la porte que tous envient.

— Il n'a pas trente ans ! dit Suret-Lefort à Sturel.

Dix minutes encore, et qu'est-ce donc ? Le Général ! Oui, lui-même ! Il reconduit son favori Laguerre. Debout, cette petite foule, et quel enthousiasme ! Il y a deux, trois « Vive Boulanger ! » apaisés aussitôt de sa main. Laguerre, d'une voix haute et sèche, avec l'aspect le plus rare de jeunesse un peu vaine, vient d'appeler Naquet, et tous trois, sur le pas de la chambre, se concertent. Des millions de Français voudraient avoir cette photographie-là.

C'est un chef sur le seuil de sa tente qui confère avec deux principaux lieutenants pour le salut de l'armée. D'un prestige admirable et qui donne aux assistants le désir de se dévouer, comme il se tient avec aisance ! et quelle jeunesse dans les ovations qui l'assaillent ! « Des armes ! à la bataille ! » crieraient pour un peu ces civils en chapeau haut. Voilà des personnages bien divers, et qui représentent des formes sociales très variées, même opposées, mais à travers eux tous se conserve l'unité psychologique du boulangisme : l'élan. Une longue hérédité s'émeut dans leurs cœurs pour ce brennus. Ils le voient, l'admirent et lui jurent qu'il vaincra, tandis que son œil bleu rapidement estime leur degré d'énergie. Cet œil bleu, à qui l'habitude des ovations a donné, comme il arrive toujours, quelque chose de voilé, de défensif, c'est pourtant un joli œil de Breton casse-cou et rêveur, et ce visage qui, dans l'exil et les calculs de Clermont, a pris une expression dure, respire naturellement la camaraderie la plus aimable.

A ses côtés, heureux de montrer aux troupes quel amour il leur inspire, voilà le vieux Naquet, le jeune Laguerre : les véritables césariens, les légistes prêts à justifier et à organiser les pouvoirs que la démocratie remettra à son favori. — En latin, César, de *cædere*, couper, fut d'abord le surnom des enfants que l'on tirait du sein de leur mère par une incision, dite « césarienne ». — Pour extraire de la démocratie un homme et le porter à l'empire, il faut, avec des formules de droit, un fer audacieux. Un Sturel ne se choque pas de distinguer, éparse dans cette foule, la bande de Catilina.

Boulanger, après dix secondes, le temps d'électriser cette antichambre, serre trente mains, les plus proches, sur deux cents qui se tendent, et va rentrer, mais Renaudin fend cette clientèle :

— Mon Général! (et plus bas) Suret-Lefort nous amène un délégué du Quartier latin, où il faut réagir contre l'influence du Tonkinois...

— Je sais, dit Boulanger; qu'il entre.

Si Sturel est ému, ce n'est pas d'aborder Boulanger, car il connaît sa place : celle d'un partisan, fier de servir ; et, dans une même espèce, le besoin qu'on a les uns des autres fixe, justifie, et honore tous les rangs. Ce qui l'énerve jusqu'à le pâlir un peu, c'est que cette chambre pourra devenir, selon la conduite des boulangistes, dont il est, un pèlerinage national. Avec passion il a quêté des souvenirs analogues dans trente villes d'Italie. D'ici part un mouvement qui retentit dans chaque commune pour déplacer des influences, transformer des intérêts, abaisser u relever des milliers de destinées; ces ondes pourront bouleverser l'Europe et relever le niveau descendant de la France. Depuis une heure, il jouit des signes de la popularité comme un amoureux s'enivre d'anecdotes sur l'amour, et fiévreusement il dit : « Je vous comprends si bien, belles histoires! »

La richesse des sentiments que lui communiquait le Général, il n'aurait pu la mettre à jour sans ridicule. Mais sa physionomie parlait, tandis que Suret-Lefort, en jargon de la Conférence Molé, constatait longuement qu' « au lieu de s'enfoncer dans les profondeurs du peuple où il a sa base et sa force, le gouvernement s'isole sur le terrain parlementaire, dans des préoccupations de plus en plus individuelles ».

Le Général, la tête un peu penchée à gauche, assis derrière une vaste table couverte de dossiers que maintenaient des petits obus et des boîtes à cigares, faisait, sous cette abondance, une excellente figure à la fois attentive et sympathique. Il savait écouter. Et puis, à défaut des paroles, le ton de Suret-Lefort, d'une extraordinaire autorité, l'intéressait, car il avait besoin de cette valeur-là.

Renaudin, — comme un maître d'hôtel, dans un cabinet particulier, vaque à son service sans donner une seconde d'attention apparente à la conversation et aux gestes qui ne peuvent plus l'étonner, — s'occupait sans bruit à ramasser çà et là des images de propagande, des chansons éparses que les éditeurs offraient par reconnaissance à l'homme dont la popularité les enrichissait. Le reporter les liassa, puis mit une note au crayon : « Envoyer des remerciements aux dessinateurs et aux chanteurs, » pour les trois secrétaires qui, de huit heures du matin à sept heures du soir, suffisaient mal à tant de lettres entassées sur tous les meubles, jusque dans les fauteuils, et apportant de la France entière des encouragements, des conseils, de l'argent. Trop peu d'argent néanmoins, car sur la table on voyait des épreuves d'imprimerie : le Général prêtait pour cent mille francs son nom à une publication retentissante de M. Barthélemy, sur la guerre de 1870, et, levé à sept heures, avant de recevoir, il examinait le travail de son collaborateur. A ce bureau électoral, ce qui maintenait du caractère et, malgré le meuble de velours rouge, un certain aspect de tente impériale, c'était le couloir qu'on entendait bruire au dehors.

Dans un instant où Suret-Lefort prenait haleine, le Général se tourna vers Sturel. Par éducation, il préférait au verbalisme politique les faits. Il dit à son jeune visiteur :

— Vous êtes de Lorraine? Un pays de soldats. Eh bien ! que pense-t-on là-bas ?

— Mon Général, vous avez tous les cœurs. Mais l'opportunisme tient le pays par mille influences locales.

— Tout cela ne résistera pas ; j'irai à eux, ils me verront, je leur parlerai.

— Et vous les enlèverez, mon Général! On s'est créé de vous une image supérieure à tous les partis. Mais existe-il en France les éléments d'un personnel nouveau? Où trouverez-vous vos candidats? Il ne reste hors des affaires que les hobereaux...

— Ce sont de bons toqués!

— ... et les révolutionnaires.

— Des braves gens qui pour une idée se feraient casser la tête... Je n'ai le droit d'excommunier personne; je fais appel à tous les bons Français, comme le drapeau rallie tous les braves.

— Eh! dit Suret-Lefort, quel républicain pourrait reprocher au Général d'amener à la République les réactionnaires?

Boulanger haussa les épaules avec un geste qui signifiait « c'est la simplicité, l'évidence même »!

— Ce parlement! disait-il, c'est d'un chinois! Un jour il faut s'appuyer sur les opportunistes, le lendemain sur les monarchistes, et toujours des soucis purement politiques. Il m'est arrivé d'intervenir et de dire (se tournant vers Suret-Lefort) : « Et la France? qu'est-ce que vous en faites là-dedans? » On me regardait avec des airs ahuris. Eh bien! ce que voudraient ces braves gens qui de toutes les classes se réunissent dans le boulangisme, c'est fonder le parti de la France : un parti qui renoncerait à la chicane oratoire pour ne s'occuper que des intérêts généraux, un parti sans groupes et qui n'aurait pour souci que le travail dans la paix, avec l'Honneur national pour drapeau.

En parlant, il étudiait la figure de Sturel qui se hâtait de l'approuver, très vite, pour lui faire comprendre qu'il n'avait pas à peser ses mots. « Il doit y avoir ici des choses que je ne comprends pas d'abord, pensait le jeune homme. Comment le tout serait-il aussi abordable, aussi plan que je crois le voir ! L'esprit de gouvernement, la patience d'écouter d'importuns discours, l'adresse à mener les hommes par leurs passions et par leurs intérêts, et à les amuser par des espérances, voilà l'envers de cette tapisserie qu'après ce bel accueil je serai certainement autorisé à étudier de près. » Comme le flot, quand nous plongeons d'une barque notre main dans l'eau, vient à intervalles réguliers nous frapper, les phrases de Boulanger et de Suret-Lefort se brisaient contre l'oreille de Sturel sans toucher son intelligence, car il avait l'âme sortie de lui-même par l'enthousiasme.

Le Général marchait de long en large :

— Expliquez bien à vos amis que le parlementarisme, tel que nous le voyons fonctionner, tend à établir une façon d'aristocratie. Je suis un démocrate, et non pas un partisan de ce corps parlementaire où chacun pense à ses intérêts, jamais à ceux de la patrie. Aucune responsabilité n'existe aujourd'hui. Elle est éparpillée de telle façon que le peuple se trouve en présence de capes tendues par des professionnels qui toujours se dérobent, jusqu'à ce que, lassée, la pauvre bête populaire plie les jarrets, soit à leur discrétion. Nous voudrions, n'est-ce pas, que le pays fût le plus souvent possible consulté sur les réformes. Et pour les nombreuses questions qu'il ne peut résoudre directement, qu'il sache du moins à qui réclamer des comptes.

— Mon Général, dit Suret-Lefort, à cette heure vous avez vingt députés ; dans un an, la France entière sera boulangiste, et on vous portera de force à la Présidence : il serait habile de ne pas découvrir notre plan, parce que des gens diront que vous ambitionnez la dictature.

— Qui parle de dictature ? dit le Général mécontent. M. Grévy, M. Carnot, sont-ce des dictateurs ?

A ce moment, de la pièce voisine, M. Dillon entra agitant devant son visage, pour la faire sécher, une lettre. Il la tendit au Général :

— Vois, Georges, si cela te convient ?

Ce tutoiement et ce « Georges » le rendaient digne d'envie. Après un coup d'œil et une approbation, le Général continua :

— Notez que, pour ma part, je n'ai jamais rêvé la présidence de la République. A Clermont-Ferrand, je n'aspirais qu'à rentrer au ministère pour y terminer trois ou quatre réformes suspendues par mon départ. Aujourd'hui, c'est vrai, quelques-uns de mes amis et le sentiment public me font entrevoir la première magistrature de l'État. D'autres, comme Rochefort, qui n'est pas si déraisonnable, voudraient la supprimer. En attendant, elle est accessible à tout citoyen français et on n'a taxé d'ambition aucun de nos présidents.

Dillon se tournait vers les jeunes gens, regardait avec amour le Général et disait par ses gestes, par toute son attitude : « Est-il assez simple, loyal ? Comme on le calomnie ! »

— On n'est pas tout seul candidat à la Présidence, continuait Boulanger ; on le devient par un concours de circonstances subies souvent à regret. En apprenant la décision de la commission d'enquête, mon vieil ami Dillon pleurait.

A ce moment, une entente parfaite de dévouement

pour le chef réunissait ces quatre hommes. Avec les manières d'un mystique et d'un maquignon, Dillon serra la main des jeunes visiteurs en leur disant :

— Plus vous le verrez, plus vous l'aimerez... Continuez à le défendre.

Renaudin abandonna les papiers qu'il classait. Et d'un accent plus terre à terre :

— Comte, permettez-moi de vous accompagner ; j'aurai deux mots à vous dire, si le Général m'autorise à le quitter.

Et il disparut à la suite du gros homme comme un jeune requin dans le sillage d'un galion.

Sturel se leva, mais Boulanger le retint :

— Que disent vos amis du Quartier latin ?

Le jeune visiteur se souvint de la note de Saint-Phlin, elle lui parut indiscrète et déplacée. Il en fit le plus bref commentaire et la remit au Général qui la posa sous un des obus presse-papier de son bureau. Les quelques réflexions qu'il exprima en réponse, bien que fort prudentes sur le fond, étaient plus nettes, plus assurées, en un mot, d'une sincérité plus certaine que ses déclarations politiques :

— L'objection, disait-il, pour confier à l'armée l'administration des intérêts de l'État, vient d'une méconnaissance de son nouveau caractère national. On se croit toujours en face de prétoriens. Il n'existe pas, il ne doit pas exister de différence entre la nation et l'armée. Dans les règlements que j'ai élaborés, j'ai tendu à mettre ses institutions d'accord avec notre société, à exclure ce qui subsistait d'esprit de caste et de brutalité de caserne. L'armée doit manier les individus de telle façon qu'ils retournent à la vie civile propres à travailler non seulement pour eux-mêmes, mais pour la collectivité. Elle élève les gens de peu, en les encadrant et en leur donnant l'instruction ; quant aux natures supérieures, qui, laissées à elles seules, nuiraient aussi bien qu'elles serviraient, elle leur apprend leurs responsabilités. Le type légendaire de la « culotte de peau » ne se crée que dans l'inaction d'un café de province. Il faut savoir ce qu'ont fait aux Indes, pour la puissance et la gloire anglaises, les officiers de la Compagnie, tour à tour soldats, géographes, administrateurs, architectes. On affecte d'ignorer la portée d'esprit, la valeur civilisatrice que nos troupes montrèrent en Algérie et dans les expéditions coloniales.

— Ah ! mon Général, dit Sturel émerveillé, si vous aviez pu n'apparaître qu'à la veille des élections de 1889, et d'ici là continuer à servir la France dans l'armée !

— Est-ce donc moi qui ai voulu la quitter ?

Les deux visiteurs crurent reconnaître à son accent amer qu'il regrettait une décision où l'avaient poussé des circonstances et des amis. Et dès ce temps, en vérité, il ressentait de l'humeur contre Georges Thiébaud.

— On n'agit point avec des timidités, continuait-il. Je fais mon devoir de chef en me saisissant, pour atteindre un but national, de tous les moyens légaux.

— Légaux ! dirent railleusement les deux jeunes gens, qui, la seconde d'après, jugèrent Boulanger très fort, parce qu'il ne voulait pas voir leur sourire.

— Je suis sûr, mon Général, que dans ces lettres-là on ne vous parle pas de légalité, continua Sturel en désignant la formidable correspondance éparse.

— Il y en a de bien bonnes !

Et, comme s'il eût été fatigué de parler sérieusement, il raconta quelques démarches de ces femmes affolées que la grande notoriété attire. Sturel vérifia souvent par la suite que ces histoires légères servaient au Général pour écarter les sujets qu'il réservait. Il y trouvait un moyen de créer de la familiarité sans rien donner de soi.

Dans cette chambre d'hôtel, banale pour les gens sans imagination, Suret-Lefort dépensait une courtisanerie un peu plébéienne, de basoche, mais que ses vingt-cinq ans faisaient jeune, souple, amoureuse. Le son de sa voix, chacun de ses mouvements approuvaient, admiraient, servaient Boulanger, comme un adolescent une jeune merveille. Oui, ce dur amant du succès jouissait de la popularité du Général, comme un jeune homme reconnaissant s'émeut à contempler, à manier la lingerie, les bijoux, les dentelles, les chapeaux d'une jeune femme sa maîtresse.

Où trouver un être plus parfaitement aimable que Boulanger? D'abord, c'est un optimiste déterminé; et, si cette espèce manque de philosophie, c'est celle qui dans les relations apporte le plus d'agrément. Avec des ressources un peu vulgaires et sans démêler les nuances ni le ressort d'un homme, il excelle à animer les situations, à rompre les formules trop prolongées dans les présentations, à substituer une camaraderie de chef aux rapports de supérieur à subalterne.

Au bout d'une demi-heure, il posa la main sur l'épaule de Sturel et, lui donnant congé :

— Vous partez satisfait? Eh bien! revenez me voir souvent!

— Je vais te présenter à Naquet, — dit Suret-

Lefort, très fier d'avoir ménagé à son ami cette longue audience.

M. Naquet, dans le couloir, feuilletait attentivement un petit livre vert, l'annuaire de la Chambre. Son ami, M. Saint-Martin, suivait par-dessus son épaule, et ils avaient un « Bon! » un « Mauvais! » sur chaque nom, et parfois, avec un crayon, les cochaient d'un point d'interrogation

Suret-Lefort s'approcha et nomma Sturel. M. Naquet, tout à son idée, et qui examinait pour la centième fois si la Compagnie de Panama obtiendrait l'autorisation d'émettre des valeurs à lots, en prit texte pour exposer le boulangisme.

Avec sa belle voix, un peu lente chantante, qui découpe les mots et leur donne un accent à la fois chaud et métallique; avec ses magnifiques yeux juifs qui semblent tristes et mouillés de pleurs; avec ses plis sur le front qui simulent un effort cérébral, tandis que sa pensée, au contraire, se déroule en raisonnements d'une prodigieuse aisance; avec sa petite taille et, sur un corps insuffisant, sa magnifique tête de grand bouc; avec un cigare à la bouche, avec ses rires aimables, ou ses « parfaitement! » « c'est très juste! » qui, sans aucune nuance d'affectation, proclament l'esprit et la clairvoyance de ses moindres interlocuteurs, — cet étrange homme, lucide et aventureux, chétif et infatigable, disait :

— Vous avez vu le Général? N'est-ce pas, personne ne l'aborde sans être conquis... Il rendra un immense service au parti républicain en nous débarrassant du parlementarisme. Comment un système ne serait-il pas condamné, quand, à l'usage, il se révèle inapte à fonctionner pour le travail qu'on lui demande? Si une œuvre importe au rayonnement de la France et à la sécurité de l'épargne, c'est l'ouverture du Canal de Panama. Sa réussite dépend peut-être de l'autorisation d'émettre des valeurs à lots. La mise à l'ordre du jour sera demandée ce soir même à la Chambre. J'en causais précisément avec mon bon ami Saint-Martin. La Compagnie et les petits capitalistes français sont à la merci de nos « sous-vétérinaires » à qui la question échappe. Le gouvernement, refusant de faire son métier, se désintéresse du débat! Ah! ce régime cocasse, absurde!

Suret-Lefort, qui n'avait pas son boulangisme dans le sang, crut aimable d'affirmer que tout de même des députés honnêtes et capables sauraient tirer parti de ce déplorable système :

— Ainsi, vous, M. Naquet! Votre admirable campagne du divorce!...

Un petit monde s'amassait. Le sénateur, théoricien attitré de Boulanger, crut l'occasion favorable pour répéter une fois de plus sa thèse, et, laissant de côté le Panama dont il avait la tête pleine, il développa ses idées maîtresses et ses rancunes.

— Oui, j'ai fait voter la loi sur le divorce, comme vous voulez bien le rappeler, mais elle était réclamée par d'innombrables mécontents du mariage et par toute une littérature. Ma persévérance, comme vous dites, m'a-t-elle permis de faire aboutir rien d'autre? Vous connaissez la filière. Un député fonde sur une idée de grandes espérances. Pour la faire passer dans la loi, il use de l'initiative parlementaire : son projet dort indéfiniment dans les cartons des commissions ; s'il l'en fait sortir sous forme de rapport, il doit, pour obtenir une place à l'ordre du jour, lutter non seulement contre les projets de ses collègues, mais encore et surtout contre ceux du gouvernement qui ont le pas sur le sien. D'ailleurs, député ou sénateur, il n'a d'action que sur l'assemblée où il siège, et quand son idée serait généralement acceptée, il lui faudrait deux, trois, quatre ans pour en faire une loi ; mais qu'elle suscite une opposition, c'est par dizaines qu'il devra compter ses années d'intrigues : or, dans dix ans, il sera mort ou non réélu. Cette vue l'amène à penser que l'initiative gouvernementale lui offrirait un meilleur moyen d'action, d'autant que, s'il ne dispose pas du gouvernement, il risque de l'avoir contre lui, les ministres n'aimant guère les projets d'initiative parlementaire, qui risquent de les diviser entre eux et sur lesquels souvent ils culbutent. Il faut donc être ministre. Et voilà le député qui, au lieu de rédiger sa proposition de loi, de la défendre dans le Parlement et dans le pays, poursuit la chute du ministère. Il crée des groupes et des sous-groupes, régiments pour donner l'assaut; il multiplie les intrigues et les coalitions; il mine. Enfin, jour heureux, il jette bas le ministère : il y est porté ; il va faire réussir son projet. Non pas ! Il n'est devenu ministre que par une coalition. Ses partisans sont loin de partager toutes ses vues : uniquement préoccupé de conquérir un portefeuille, il ne s'est point efforcé de les y amener. D'ailleurs, plus d'un collègue monte contre lui les batteries que lui-même montait contre ses prédécesseurs. S'il présente son projet de réforme, il va sombrer devant une coalition nouvelle. Il attend d'être solidement établi : nul ministre ne constitue une vraie majorité gouvernementale, et celui-ci tombe sans avoir rien accompli de son programme intérieur. Député stérile, parce qu'il s'employait tout à devenir ministre, il aura été ministre stérile, parce qu'il s'employait tout à le demeurer. La mort ou un échec l'entraînent hors de la scène politique sans qu'il ait rien donné que le spectacle d'une agitation destructive et d'une volonté impuissante.

« Le mal gît dans les institutions parlementaires. Un régime qui place les ministres dans les Chambres stérilise celles-ci ; nous ne discutons jamais ce qui semble à l'ordre du jour, mais la chute ou la conservation du cabinet. La question de confiance qui se pose à chaque pas, en même temps qu'elle dénature toutes les discussions, entrave la liberté du vote. Comment les députés seraient-ils libres lorsque les ministres les placent entre un vote déterminé ou une crise ministérielle? Et qui donc refuserait sa voix à un ministre dont il sollicite des perceptions et des bureaux de tabac? Et peut-on ne pas solliciter, alors que les électeurs connaissent l'influence décisive d'un député sur les choix des ministres et exigent sous peine de non-réélection qu'il la mette en œuvre? Les intérêts privés priment l'intérêt public et l'administration se désorganise ; députés et ministres le déplorent, mais continuent. Il faut séparer les pouvoirs. Dégager ceux qui administrent de ceux qui légifèrent, cantonner les Chambres dans le travail législatif, et les ministres dans l'administration, ce serait mettre un terme à cet état de choses déplorable, et voilà, messieurs, ce que nous devons faire avec le général Boulanger.

« Ce grand patriote a bien vu que ce régime, en paralysant toute action administrative, toute tradition politique, toute direction suivie dans les négociations internationales et dans le perfectionnement de notre armée, ne tarderait pas à compromettre gravement le parti républicain et la patrie. Nos adversaires eux mêmes ne peuvent point nier certaines conséquences exécrables de la Constitution de 1875. Je ne parle pas des sympathies occultes que nos succès déterminent dans la Chambre, mais avez-vous suivi les remarquables articles de Bouteiller, dans la *Vraie République*, sur cette question capitale du Panama? Il déclare hardiment qu'un gouvernement soucieux de l'intérêt public soutiendrait l'entreprise de M. de Lesseps, comme l'Empire a fait pour Suez. Il semble méconnaître que ces fluctuations, ces lâchetés officielles, qu'il dénonce, proviennent du système. Encore nouveau parmi nous, il espère pouvoir tirer parti d'un instrument politique que Gambetta lui-même déclarait d'un mauvais rendement. Heureusement, Boulanger lui épargnera des écoles trop longues. »

Renaudin, qui venait de mettre en voiture le comte Dillon, arrivait dans le groupe juste pour entendre cet optimisme du Nestor boulangiste et, assujettissant son lorgnon, il dit de cette voix où le voyou parisien doublait le traînard lorrain :

— Faudrait que Dillon fît son Arton !

Le sénateur sourit et laissa tomber ce mot que peu de personnes alors pouvaient comprendre.

Sturel, émerveillé des clartés que répandait ce ductile orateur, se disait : « Quel bénéfice d'entendre les principaux acteurs : voilà donc le secret des réflexions qui décident les politiques ! » Suret-Lefort, qui, depuis une demi-heure, jouait des épaules pour rester bien en face de Naquet, se mettant à expliquer d'un air important les idées de Bouteiller, il l'interrompit avec passion :

— Qu'est-ce que le Général a besoin d'un Bouteiller? Qui donc connaît cet homme-là dans le public?

Le groom Joseph annonça que le Général interrompait ses réceptions pour déjeuner. Comme des écoliers quand midi sonne, tous les boulangistes quittèrent bruyamment ces couloirs enfumés de leurs cigarettes. Sturel sentait son corps léger. Aucune chute dans ces escaliers n'aurait pu le briser. Il se laissait aller, comme un voluptueux à son appétit, aux besoins de son âme partisane. Plus boulangiste que les chefs, il s'écriait secrètement : « Pas de quartier! Il est bien bon, ce Naquet, de savoir gré à Bouteiller d'une opinion sur l'affaire de Panama! » Il aurait voulu frapper et courir des risques pour le Général. Il était fier d'appartenir à une cause, et, d'ailleurs, après avoir approuvé Saint-Phlin, Boulanger, Suret-Lefort, Renaudin, Naquet et les autres, il demeurait encore plus incapable de la définir. Il ne comprenait ni les caractères, ni les moyens de ces hommes, mais il s'exaltait, comme un voyageur arrivé de nuit dans une ville inconnue s'enivre d'espaces fameux qu'il distingue mal.

Pour le bonheur de répéter et d'entendre que le succès était assuré, il invita Renaudin à déjeuner; puis, ensemble, ils allèrent rendre compte de l'entrevue à Saint-Phlin.

Celui-ci attendait du Général des paroles plus pleines et plus graves. Un récit très chaud ne put suppléer au charme de la présence réelle. D'ailleurs, le personnage du journaliste suffisait à compromettre dans l'esprit de Saint-Phlin tout ce que Sturel rapportait de favorable.

— Mais enfin, — lui expliquait quelques jours après Rœmerspacher, toujours porté à le mystifier, — c'est une question de savoir si l'on doit repousser les bonnes volontés qui s'offrent. Une seule fois, et le fait n'est mentionné que par Luc, Jésus-Christ refusa quelqu'un pour disciple. Je penche à croire que, dans une entreprise ayant pour but la réorganisation nationale, le novateur doit idéaliser, comme le conseille Auguste Comte, tous les adhérents qui se présentent, et, dans l'impossibilité de déterminer avec certitude leur mobile, se satisfaire de l'hypothèse la plus simple, à savoir leur parfaite sincérité ; car les traiter comme s'ils étaient de bonne foi, c'est le meilleur moyen qu'ils le deviennent.

— Parfaitement ! — opinait le sérieux Sturel. — Si le boulangisme n'est pas pur, il le deviendra.

Cette déclaration avivait encore le sourire de Rœmerspacher qui assistait aux accès messianiques de ses amis un peu comme à des séances de table tournante. Agacés de cette réserve moqueuse, ils le sommaient de parler.

— Eh ! disait-il, Boulanger est un joli Français, puisqu'il contente deux jolies natures comme les vôtres. Je lui trouve même une influence moralisatrice : n'en déplaise à Saint-Phlin, je lui sais gré d'attirer un Renaudin. Notre Renaudin, qui n'était qu'un cynique assez bas et un journaliste d'affaires, ressent pour son Général du dévouement, au point de risquer parfois sa situation au *XIX° Siècle*. Je lui vois maintenant du feu, de l'ardeur, une façon d'enthousiasme. Vive un général qui multiplie les Déroulèdes ! Mais je ne suis ni un artiste ni un homme d'action : ma conscience d'historien, mon honneur spécial, me comprenez-vous? ne me permettent pas de collaborer avec Déroulède. Mes études m'apprennent que la France est une combinaison politique infiniment compliquée et que nous ne connaissons pas : votre Général va agir au hasard, tout comme un autre. C'est son droit d'homme providentiel, mais moi, homme de réflexion, je me déshonorerais si j'affirmais l'efficacité d'un expédient, que d'ailleurs je ne blâme point.

— Il devient un peu cuistre, disait Sturel à Saint-Phlin.

Mais Saint-Phlin lui-même réclamait une réponse précise à son questionnaire militariste. Sturel se garda d'embarrasser Boulanger : il renseigna son ami avec le désir de recruter des partisans plutôt que d'atteindre la vérité. Alors les jeunes hobereaux demandèrent des déclarations publiques. Sturel dépeignit le Général occupé à convertir son comité. Un jour, à Saint-Phlin qui le pressait, il répondit sérieusement :

— On n'est pas sûr de Vergoin !

Saint-Phlin est de ces esprits lents qui, pressés de prendre une décision, pourraient agir sous une impression artificielle et qui trouvent leur vérité en la laissant se dégager peu à peu de leur conscience. Dans sa province et dans une propriété où les objets lui parlaient, il avait trouvé des convictions auxquelles il se laissait aller comme à une vie purement instinctive : dans ce premier moment, il lui eût été insupportable d'avoir à prouver leur valeur, car ses raisons étaient d'ordre moral, tout intime, et insuffisantes pour toucher des tempéraments différents. Il ne trouvait pas dans ce que Sturel lui rapportait du Général et de Naquet, ni même dans la note de ses amis à Boulanger, des idées qui s appliquassent exactement aux besoins qui vivaient en lui et qu'il ne pouvait d'ailleurs pas formuler. Il reparti our Saint-Phlin sans avoir donné suite au projet de visite à l'Hôtel du Louvre.

CHAPITRE V

DANS LES SALONS A ŒILLETS ROUGES,

STUREL RENCONTRE MADAME DE NELLES

Sturel revint souvent à l'Hôtel du Louvre où, dès la seconde visite, chacun, à la suite du chef, le traitait en familier. C'était l'usage que le général Boulanger, s'il acceptait une invitation, fît connaître de quels amis il lui plaisait d'être entouré. Toujours Dillon, souvent Laguerre, Naquet, Le Hérissé; Laisant aussi et parfois Sturel. Dès avril 1888, les salons de Paris les plus élégants, et quelques-uns des plus fermés, furent tout à l'œillet rouge. Les jolies femmes, intéressées comme de vraies Françaises par ce beau roman rapide, faisaient fête à ce joli homme, et tous par vanité, par intrigue, surenchérissaient d'adulation. La différence entre certains engouements et une divinisation n'est pas dans l'intensité, mais dans la durée du sentiment.

Ces salons, par des manifestations tapageuses et une confiance insensée, compromettaient la cause et jouaient involontairement le rôle d'agents provocateurs. Quels services pouvaient-ils rendre? Qu'est-ce que l'aristocratie française, cette morte? En province, elle s'adjoint des grands propriétaires à qui l'usage accorde le nom de leurs terres. Elle peut fournir d'excellents officiers pour les grades inférieurs. Balzac a pensé qu'elle conviendrait aussi à relever les justices de paix. A ces terriens, c'était bien inutile que Boulanger fît des avances : il travaillait à détruire l'opportunisme qu'ils abhorrent pour de perpétuelles compétitions locales. Quant à l'aristocratie parisienne, elle ne recrute que des rastaquouères dont elle partage d'ailleurs les goûts luxueux. Sans examiner la convenance politique de ces réceptions, le jeune homme y goûtait un plaisir théâtral : il était plus content de jouer une pièce historique que préoccupé de sa bonne marche. Nouveau dans la vie publique et plein de ferveur pour son chef, comment eût-il pu analyser les premiers rayons, la douceur dorée de cette aube consulaire?

Dans une de ces grandes fêtes courtisanes où le Général fut présenté au monde orléaniste, Sturel, après dîner, entendit annoncer le baron et la baronne de Nelles. Ce que mirent sur son jeune visage les battements de son cœur ne pouvait être remarqué, dans un milieu où personne ne le connaissait. Il vit s'avancer son ancien flirt avec la simplicité brillante d'une jeune fille plutôt que dans l'éclat d'une mondaine. La mort de sa mère l'avait tenue à l'écart depuis son mariage et peut-être expliquait cette légère tristesse, que crut observer Sturel, sitôt qu'elle eut abandonné l'expression factice d'une Parisienne qui fait son entrée.

Cette réunion politique, où il se sentait l'âme un peu sèche et sans racines, fut soudain doublée pour lui de ses véritables domaines : il revécut en quelques secondes ces époques abondantes de romanesque et de travail dont Mlle Alison avait été le témoin à la villa Coulonvaux, rue Sainte-Beuve.

Elle lui fit un accueil amical. Ses épaules nues, sa peau d'une finesse prodigieuse, son maintien créaient de la volupté, et quelque chose combattait pour elle plus ample et plus puissant que chez toutes les femmes belles, fines, spituelles, assemblées, demi-vêtues, sous ces éclatantes lumières. Cette force sous-jacente, inexprimable, que subit Sturel, c'était le long passé de sensations qui les reliait l'un à l'autre et les mettait sur une pente de rêverie.

Avec le goût qu'il rapportait épuré d'Italie pour les objets esthétiques, il l'admirait : mais il trahit, mêlée à son émerveillement, une opiniâtre et confuse douleur devant ce corps qui lui avait été volé.

— Pourquoi me regardez-vous ainsi ? Suis-je changée ? lui dit-elle, par deux fois, avec la sécurité de ses vingt-trois ans.

Il ne se hâta pas de répondre. Et son silence qu'elle accepta indiquait leur entente. Puis il lui expliqua comment dans sa parole, son regard, son sourire, sa figure et la physionomie de sa robe il retrouvait toutes les belles images qu'à vingt ans il se composait de la vie.

— Oh ! s'écria-t-elle, dans ce temps-là j'étais meilleure qu'aujourd'hui.

— Pourquoi donc ? interrogea le jeune homme, qui la savait bien un peu mûrie, mais à qui cette tare légère la faisait paraître plus femme qu'autrefois.

— Je n'avais rien de trouble. Je cherchais partout de belles âmes.

Cette évocation si vraie d'une honnête petite fille évanouie n'entraîna pas Sturel dans le domaine des moralistes. Le boulangisme lui donnait la forte humeur des camps, qui ne s'attarde pas en délicatesses lymphatiques. Il admira cette gorge, ces hanches, cet ensemble où il respirait l'amour et la tristesse. Son mécontentement qu'elle eût été possédée par un autre, il le marqua au moins par sa manière de prononcer :

— C'est une telle perfection qui, pour moi, s'est montrée si dure.

— Il ne faut pas compter sur les personnes de dix-neuf ans, répondit Mme de Nelles en lui tendant la main. Jusqu'à notre majorité, nous habitons un autre monde, la plus jlie des étoiles, et sur terre nous nous démêlons très mal. Les petites filles acceptent toutes les apparences et ne discernent pas les choses voilées : elles imaginent et elles méconnaissent avec une égale facilité, parfois bien coupable.

Sturel se croyait depuis longtemps consolé, mais auprès de cette élégante jeune femme, plus belle avec ses formes développées et qui l'enivrait, il prit naturellement l'expression d'un désespoir qui n'ignore pas son remède, et dans un éclair qu'elle supporta avec une innocente effronterie, il lui exprima quels désirs fous l'envahissaient.

Comment se trouvait-il là? Vraiment! il accompagne le Général, avec MM. Dillon, Laguerre, Naquet! Elle ne lisait dans les journaux que les échos mondains; elle se plût à montrer son ignorance et à prouver son exclusivisme aristocratique. Il vanta ses amis d'une façon presque technique :

— Regardez Laguerre, il n'a pas trente ans. Au

degré où il la pousse, l'impertinence oratoire devient esthétique. Naquet a déposé un projet de loi sur les opérations de jeu qui est une merveille bien supérieure à sa campagne pour le divorce!

Elle répondit par une moue qui le mécontenta. Voulut-elle effacer cette impression, ou bien partageait-elle l'engouement de toute la France? Elle reconnut au moins que Boulanger était sympathique.

Le Général allait de groupe en groupe, conduit par la maîtresse de la maison, distribuant de légers coups de tête, des serrements de main, des regards, des paroles d'intelligence, et faisant son métier de chef de parti avec une grâce et un aplomb que cette petite société n'attendait pas d'un homme qui portait un nom si commun. L'opinion que ces gens du monde avaient d'eux-mêmes les disposait à l'admirer du moment qu'il évoluait au milieu d'eux avec aisance. Formé dans les mess d'officiers et dans les réceptions de ministère, capable d'enlever un peuple par son prestige physique dans les parades, il venait, en outre, de tenir des cercles, autrement importants que celui de ce soir, au cours de sa tournée triomphale dans le Nord. Là-bas, confiant, jamais étonné, toujours égal, tantôt soldat et de grand air, tantôt gentil garçon qui plaisante, il a pressé à chaque station des centaines de mains; parlé avec assurance des modestes intérêts locaux, et embrassé des « petites Alsace-Lorraine » qui pleuraient avec timidité sur leurs œillets rouges : puis il télégraphiait des tendresses à Mme de Bonnemains. Dans une occasion semblable, Henri IV écrivait à Mlle d'Estrées : « Une vieille femme, âgée de quatre-vingts ans, m'est venue prendre la tête et m'a baisé. Je n'en ai pas ri le premier. Demain vous dépolluerez ma bouche. » On remarque chez Henri IV et chez Boulanger une certaine bonne humeur militaire que des raffinés appelleront une vulgarité bien française.

— Il est un peu commun, disait Mme de Nelles, mais il a dans les yeux quelque chose de triste.

Quand le jeune homme se leva, elle lui recommanda, en lui donnant sa petite main, de voir M. de Nelles :

— Je désire que vous soyez bons amis.

Les cent cinquante personnes réunies ce soir-là n'ont pas, comme Sturel, attendu le boulangisme pour mettre un intérêt principal dans leur existence. Cependant tous les regards et toutes les conversations sont orientés vers Boulanger. Mais au lieu de l'entourer avec l'âme de son jeune partisan qui est prêt à le porter et qui tremble de lui voir un obstacle, ils ressentent à son endroit la secrète malveillance de tous les publics pour l'orateur, pour le dompteur, pour l'équilibriste qu'on applaudira s'il y force, mais de qui l'on pense d'abord : « Il va culbuter, et ça lui apprendra ! »

Peut-être n'y avait-il de parti pris décidé en faveur du Général que chez les boulangistes de sa suite et chez quelques bonapartistes. Ils fraternisaient ces soirs-là comme une veille de bataille.

Sturel rejoignit dans la foule un ancien membre de l' « Appel au peuple » pour lui demander :

— Nelles est-il des nôtres ?

— Dillon vous répondrait que oui. Et moi, je vous dis : « Ne vous fiez jamais à un orléaniste. » Ce grand imbécile de Nelles, orléaniste au fond, je vous le garantis, n'attendait rien que de Jules Ferry quand il était attaché aux Affaires étrangères. Il a su se glisser sur la liste conservatrice, qui a réussi grâce aux voix ouvrières anti-opportunistes. Il siège à droite et voudrait par Boulanger retrouver cet appoint républicain dont il ne peut se passer. Ce serait une faute irrémédiable si le Général nous embarquait avec ces gens-là qui le trahiront de toutes façons. Regardez leurs figures de coquins.

Sturel, dans cette minute, vit cette réunion autrement mesquine qu'il ne l'avait jugée d'abord. Toutes ces physionomies tournées vers Boulanger lui parurent annoncer la curiosité plutôt que la foi dans le relèvement du pays. Quelques-unes avaient bien de la finesse et même, un petit nombre, de la force, mais le vernis mondain passé sur elles toutes abusait et repoussait le jeune homme, habitué au caractère intense et simple des héros dans les musées italiens et des boulangistes dans les réunions où le sentiment national les animait d'une si fière noblesse. Il méconnaissait les signes de la passion chez ces hommes en frac. Lui qui, un instant auparavant, avait l'âme d'un saint-cyrien à la fête du « Triomphe », et tenait tous ces invités pour des compagnons de lutte, maintenant il se séparait d'eux, et il aurait voulu le Général austère et logé dans quelque quartier populaire, au cinquième étage du général Foy.

— Que vient faire Boulanger ici?

— Chercher de l'argent, jeune homme, — lui répondit le bonapartiste, tout paternel pour cet enfant qui ignorait probablement ce que coûte l'amour des foules.

— Pourquoi ces coquins lui en donneraient-ils?

— Pour le lui reprocher plus tard... Savez-vous

quelle est la politique européenne près de l'Empereur du Maroc? La France, l'Angleterre, l'Allemagne voudraient chacune le décider à accepter un prêt... Quel malheur que le Prince Napoléon n'ait pu obtenir de l'Impératrice un million! — Et s'interrompant : — Connaissez-vous ces deux personnes qui attirent à l'écart le Général et Dillon? Eh bien, voilà les chefs de la Bourse : deux membres du Comité chargé, dit-on, de gérer d'accord avec vous autres les subsides orléanistes.

Sturel, avec la délicatesse de l'adolescence, fut gêné de la dépendance qu'une telle situation, si elle était réelle, faisait dans ce milieu au Général et à ses amis. Il n'avait encore connu que l'enivrement de succès dont il ignorait les moyens : il eut une de ces minutes de clairvoyance où l'on constate qu'il n'y a pas de place pour les hermines en politique. Au début, cette vérité banale empoisonne l'âme.

Le bonapartiste, cependant, après une longue diatribe contre les orléanistes, pour lesquels il gardait une haine arrivée à son apogée le 4 septembre 1870, s'apercevait bien que son compagnon, dont les regards allaient du Général à Mme de Nelles, ne l'écoutait plus et il finissait par une pointe :

— La plupart viennent chercher ici une circonscription; vous, c'est peut-être une jolie femme. Prenez les deux. Mais, si vous m'en croyez, prenez aussi la circonscription à un orléaniste.

Il y a le ton jésuite, le ton franc-maçon, le ton orléaniste, le ton opportuniste, le ton bonapartiste, car chaque parti politique est l'expression d'un tempérament très défini. La bonne santé de ce bougon rendit à Sturel du ressort. Continuellement les pensées se succédaient et s'élevaient dans son esprit, aussi nombreuses que les vagues de la mer ; elles s'effaçaient les unes les autres, mais allaient dans le même sens pour soulever le général Boulanger.

C'est, après tout, un jeune homme sans importance qui fait son apprentissage, et son ambition a mûri plus vite que sa sensibilité ne s'est enrichie. Il s'harmonise difficilement avec le beau morceau de vie sociale qu'est ce salon, parce que, mû par des appétits simples, il est incapable d'accepter la complexité des motifs qu'il entrevoit chez les associés éventuels de ses espérances.

Il resta un moment immobile ; sa figure avait perdu des nuances pour ne plus exprimer qu'une volonté passionnée. Dans cette soirée que poétisent l'élégance du décor, l'éclat aristocratique des femmes et la courtisanerie autour d'un joueur heureux, ce jeune homme de vingt-quatre ans, le dos appuyé au chambranle d'une porte, examine tour à tour Mme de Nelles, installée comme une petite reine, et puis la foule dont le général Boulanger fait le centre. Ce chef et cette femme lui inspirent une passion renforcée par un magnifique avenir. On ne l'a pas initié jusqu'alors aux moyens du Général, mais il les excuse, quels qu'ils soient, avec enthousiasme, car la politique n'est-ce pas l'art d'utiliser pour une œuvre nationale les intérêts les plus divers, les plus mesquins ? Et cette pensée de combat durcit ses traits, qui s'adoucissent soudain jusqu'à une gentillesse enfantine, quand il rencontre le regard de Mme de Nelles qui peut-être le cherchait.

Elle réfléchissait avec ses yeux, ses épaules nues et ses perles, toute la lumière de ses salons, où rien n'était que luxe, bel ordre, puissance et confiance, puisqu'elle souriait à Sturel.

Alors pensant que, pour saisir tous les objets de ses appétits, il devait rapidement grandir, il se rapprocha du Général. Comme tous les invités de ce soir, mû par son intérêt, il allait chercher la force où les événements l'avaient mise.

Dans ce moment, ceux que le bonapartiste avait appelés les « chefs de la Bourse » exprimaient d'une façon discrète leur répugnance pour de nouvelles candidatures du Général :

— Une suite de casse-cou où chaque fois le parti remet tout en question.

« Ils les trouvent trop coûteuses ! » pensa immédiatement Sturel.

— N'ayez pas peur, leur répondit Boulanger, j'aurai des hauts et des bas, mais je retomberai toujours sur mes pattes.

Dillon enveloppait d'une admiration amoureuse son Général ; les deux argentiers riaient avec cette frivolité qui est d'uniforme chez les gens du monde et pour masquer la pensée sérieuse de l'entretien. Boulanger posa affectueusement sa main sur l'épaule de Sturel et, le présentant à son cercle, il coupa une conversation qui lui déplaisait :

— Mes amis sont plus nombreux que vous ne pouvez le supposer, car nul de nous n'est en mesure d'énumérer leurs mobiles indéfiniment variés. Tenez, voilà l'un de mes meilleurs fidèles : demandez-lui pourquoi, un beau matin, il est monté jusqu'à mon cabinet ; c'est pour des raisons historiques et philosophiques que je n'ai jamais comprises.

— Comprenez-vous votre étoile, mon Général ? —

répondit avec à propos le jeune homme. — Il suffit qu'elle existe.

— Précisément, messieurs ; Sturel a confiance en moi. Tout est là. Il serait absurde de chicaner sur leurs motifs ceux qui viennent au Parti national.

Cette déclaration eut un immense succès parmi ces débris élégants des anciens personnels. Dans cette boutade du Général, ils entendirent une invite à former le fameux syndicat des mécontents. C'est davantage : c'est une formule forte et vraie de sa raison d'être dans un pays si profondément divisé. En cédant, semble-t-il, à un mouvement de fatuité césarienne, son instinct de soi-même vient d'atteindre à la profondeur. Voilà bien le rôle de cet homme qui peut être un grand drapeau vivant. Il donne à chacun le droit de marcher à côté d'adversaires sans rien abandonner de ses différences et sans même s'expliquer.

Le remous produit par cette parole se propagea jusqu'aux extrémités des trois vastes salons, et Mᵐᵉ de Nelles, en tournant les yeux, comme tous les invités, vers l'angle où se tenait Boulanger, le vit familièrement appuyé sur l'épaule de son ancien ami de la villa Coulonvaux. « Comme il est important dans ce monde-là ! » pensa-t-elle. Un vague malaise, regret ou remords, l'attrista : « J'ai eu le tort de lui marquer du dédain sur sa politique. Mieux que ne font mon mari et les hommes de notre entourage, il doit aimer le beau et le bien. » Cette pensée, en l'occupant, donnait à tout son corps un dessin qui conseillait certainement à un idéaliste de vingt-cinq ans l'amour du beau et du bien.

— En tout cas, mon Général, — dit le baron de

Nelles, en tendant la main au jeune homme, — que M. Sturel vous apporte son talent et son activité, c'est une raison de plus pour aimer votre cause, parce qu'en voyant l'élite de la jeunesse y collaborer, on ne peut plus douter du succès.

— Mais quelqu'un en doute-t-il? demanda le Général.

— Personne! répondirent avec un élan joyeux tous ces hommes et ces femmes approchés par la curiosité et qui maintenant lui faisaient une couronne d'enthousiasme.

— Ma foi! si la France le veut!... Le diable d'homme! — déclaraient les derniers réfractaires.

La contagion du succès réduisait des répugnances jusqu'alors invincibles aux arguments. MM. Arthur Meyer et Dillon, celui-là avec un sourire, celui-ci avec des larmes, triomphaient. Maintenant les lieutenants de Boulanger étaient aimés par ce salon qui les avait accueillis plutôt en bêtes curieuses. A défaut du chef, accaparé par les politiques, on se ménageait leur appui. Nelles entoura Sturel de prévenances qui effacèrent le plus gros de leur vieille antipathie. Toutes querelles privées ne doivent-elles pas céder quand on sert une même cause? Quelqu'un, avec un immense succès, définit le boulangisme « le Dégoût collecteur ».

La réunion, d'abord un peu froide, devenait cordiale. Ces invités qu'avaient décidés l'entraînement mutuel et la déférence à des recruteurs haut placés, cessèrent d'être des voyeurs ou des diplomates pour devenir des Français autour d'un homme qui possédait le don de faire dominer les qualités françaises. Ils reçurent de Boulanger ce qu'une telle nature avait à donner : de la confiance. Attachés aux princes par leurs mœurs et quelques-uns par leurs paroles, ils se flattaient d'avoir trouvé un Monk, et, à mesure qu'ils subissaient son influence, leur petite société reproduisait l'esprit équivoque des politiques anglais vers 1660. Le restaurateur de la monarchie ne traita avec Charles II qu'après s'être convaincu de son impuissance à occuper la première place. Les gens du monde qui, dans cette soirée de la fin d'avril 1888, entourent le général Boulanger, ne frayent assurément avec ce favori du suffrage universel que parce qu'il peut être « l'espoir des honnêtes gens » ; mais, au profond de leur conscience, ils lui laissent une grande latitude sur la façon de réaliser cet espoir. Ils cherchent des garanties auprès du pouvoir naissant, et par l'étalage de leur luxe, de leur politesse, de leur prudence de mœurs, et de leur faculté d'insolence, ils pensent bien lui faire entendre ce que comprirent tous les parvenus : qu'il n'y a qu'eux qui sachent servir. D'ailleurs, le succès seul pouvait les rendre sûrs, d'une sûreté qui durerait autant que le succès.

Et lui, au milieu d'eux, avec cette figure déjà légendaire que lui fait sa barbe blonde, l'œil doux et profond, la tête légèrement inclinée, il continue de plaisanter et de montrer une aisance agréable et un peu vulgaire. Léger, sensuel, dressé à se tenir sous les regards, il subit comme une caresse cet élan de curiosités et de sympathies parfumées, et puisque sa passion et son rôle, c'est de créer de l'engouement, où pourrait-il mieux se plaire que dans ce triomphe aristocratique ?

Il se plaisait davantage aux combats de Robechetta

et de Champigny, quand il enlevait ses hommes et tombait sur le champ de bataille ; au ministère de la Guerre, quand il gagnait les troupiers par une série de soins donnés à leur bien-être, et parmi ses électeurs, quand sur le quai des gares du Nord les masses ouvrières le sacraient ami des petites gens. Ses devoirs étaient alors plus simples que celui qu'il essaie aujourd'hui de remplir. Car il n'est pas venu dans ce salon pour réussir dans l'emploi de favori du jour, mais pour conquérir des sympathies qui lui procureront de l'argent.

Besogne dangereuse! équivoque! Il y risque son crédit populaire, qu'il ne pourrait d'ailleurs pas employer si les moyens lui manquaient d'entretenir des journaux, un personnel électoral, et de faire de la corruption politique.

C'est Dillon qui l'a convaincu de cette nécessité et qui le guide dans l'accomplissement. Dès son entrée dans la politique, le Général a connu cette obligation de donner des gages en même temps à droite et à gauche. D'étape en étape, devenue plus rigoureuse, elle a détruit quelque chose en lui : le repos, la tranquillité que donne une consigne simple.

Pourtant il n'est pas un homme d'analyse. Il estime toujours qu'une complication où il est engagé se dénouera fatalement de la façon la plus favorable. Sous sa paupière qui voile volontiers ses pensées, derrière son regard parfois brillant de joli homme, parfois dur de soldat, il y a dans son œil bleu une réserve de vague où ce Breton pourrait prendre les résolutions qui sortent de la politique pour ouvrir les royaumes du rêve. Si ce chef de parti néglige dans leurs détails les chances de son plan, s'il accepte d'ignorer la portée exacte des engagements qu'a pris pour lui Dillon, s'il va d'élection en élection, comme un joueur chaque fois risque son tout, c'est que de tels yeux bleus voient l'étoile dont parlait au milieu de ces salons frivoles le passionné et naïf Sturel.

Ce soir les yeux bleus de Boulanger s'occupent plus simplement à surveiller sa montre. Voici l'instant qu'il attendait et qui, parmi tant de soucis, fait peut-être le principal : onze heures ! Rien ne pourrait l'empêcher de rejoindre Mme de Bonnemains. Il se retire ; un grand mouvement se produit ; et dans l'antichambre plusieurs personnes le suivent qui l'assurent encore de leur dévouement, tandis que Dillon, avec une amitié amoureuse, ne laisse à nul autre l'honneur et le tendre soin de lui passer son pardessus.

CHAPITRE VI

LES AMOURS

DE STUREL ET DE MADAME DE NELLES

La baronne de Nelles, en 1888, habitait un fort bon hôtel, le deuxième à main droite dans la rue de Prony, près du parc Monceau. Sturel immédiatement y devint assidu. Le baron de Nelles croyait à la dissolution et à un plébiscite de fait sur le nom de Boulanger. Cet homme, qui savait être, selon les occasions, impertinent ou utilitaire, favorisa l'intimité de sa femme et d'un familier du Général.

Déjà, rue Sainte-Beuve, cinq années auparavant, chaque apparition de Mme de Nelles, alors Thérèse Alison, avivait la sensibilité de Sturel, soit qu'il la rencontrât légère et qui semblait emporter un secret, dans l'escalier de la villa, soit qu'au salon il s'assît auprès d'elle, doucement parfumée et dont les yeux, la bouche et la main, dans leurs conversations, le déconcertaient plus que des répliques victorieuses. Sans qu'elle eût sensiblement grandi ni grossi en devenant femme, elle faisait une impression plus ample de beauté et de volupté : comme jeune fille, elle paraissait un peu une petite plume que le vent soulève, et maintenant, par son harmonie générale, par le mouvement de ses membres et par l'unité heureuse de sa toilette, elle donnait esthétiquement une sensation de poids. Sturel lui voyait la lourdeur des choses vraiment belles. Tantôt très courtoise et rieuse, tantôt choquée d'un rien et petite fille impertinente, elle suivait tous les usages auxquels la conviait son imagination de sa supériorité sociale, mais dans ses yeux un peu voilés de tristesse, et sur son visage mat, dont le teint aurait gagné à s'éclaircir, il y avait l'aveu de son délaissement, et tout jeune homme aimable et un peu avisé, en la voyant, aurait eu conscience de porter avec lui des consolations, faciles à faire accepter à condition de ne point les découvrir trop tôt.

Toujours l'atmosphère avait fortement agi sur cette nature, faite pour subir. Quand, avec sa mère, cette bonne Mᵐᵉ Alison, si grasse et puérile, qu'une maladie de cœur vient d'emporter, elle vivait dans les villes d'eaux et à la *Villa* de la rue Sainte-Beuve, c'était la parfaite jeune fille pour flirt. Aujourd'hui, elle adopte certains accents regrettables de son mari, dont la fatuité protectrice agaçait si fort le jeune étudiant.

— Vous ne vous fâcherez pas, dit-elle un jour à Sturel, si je répète ce que m'a dit M. de Nelles?

Sturel, avec un peu de dédain, car il commençait à être jaloux, affirma qu'il n'en avait que de la curiosité.

— Il m'a dit : « Autrefois j'avais imparfaitement jugé M. Sturel ; c'est un gentleman, un des nôtres. »

— Il devrait me distinguer d'un tas de Gaudissarts politiques, ses amis.

— Eux, ses amis! dit-elle avec un scandale d'enfant, mais ils ne sont pas du monde! La politique, c'est un sport. C'est assez qu'il m'en rapporte une odeur de tabac : jamais aucun de ces « messieurs » n'a mis le pied dans mon salon. Avec tout le monde, j'ai eu la curiosité de rencontrer Boulanger, qui tourne des têtes jusque dans la société; comment ne voyez-vous pas qu'il est trop vulgaire pour vous et pour moi?

Ce ton suranné et frivole aurait dû écarter ce jeune homme, qui se faisait une idée infiniment plus haute du boulangisme, mais il éprouvait auprès de Thérèse de Nelles une émotion qui le dénaturait. A trois semaines de leur rencontre, il ne passait plus un jour sans venir rue de Prony. Ils parlaient avec une sorte de reconnaissance de cette soirée boulangiste, et la moindre observation de la jeune femme sur le Général, sur Laguerre, sur Déroulède, sur Naquet confondait d'admiration Sturel. En rentrant de la Chambre vers les sept heures et sans examiner ces deux visages animés par une complaisance réciproque, M. de Nelles, tandis que sa femme montait s'habiller, retenait encore le jeune homme quelques instants. Celui-ci se reprenait assez pour constater quel curieux phénomène est cette aristocratie française, qui survit à ses principes et même, pourrait-on dire, à ses membres, et qui, se recrutant parmi des enrichis assez effrontés pour falsifier leur état civil, demeure un corps social étroitement lié par des cousinages, unanimement exécré du pays et toujours prestigieux. Dans ces conversations toutes pleines des effusions boulangistes du député, Sturel s'assura avec stupeur que le parti monarchiste tenait Dillon pour l'un des siens. D'une façon plus générale, il jugea singulier et désagréable que des rencontres organisées pour mettre en contact le Général et « la société » aboutissent à persuader celle-ci qu'elle allait utiliser celui-là ! Comme si une fièvre de la nation pour s'épurer et pour briser les formules était une force qu'on peut à volonté porter dans l'un ou dans l'autre camp ! Il ne voulut distinguer là qu'un témoignage de l'incorrigible fatuité des salons.

Sturel ignorait les réalités qui peu à peu se substituaient au premier enthousiasme vague et les comptes d'argent qui doublaient maintenant le programme. Nelles ne savait pas davantage les secrets, mais des airs de visage l'avaient averti qu'on pouvait se fier à Dillon et qu'on tenait Boulanger. En réalité, à cette date, le loyalisme des collaborateurs financiers de Boulanger se fût à peu près contenté de l'abrogation des lois d'exil. Ces royalistes s'exprimaient avec un singulier sans-gêne sur le comte de Paris. Lui-même, quand il communiquait, en avril, à M. Bocher sa décision de faire la « marche parallèle », ne faisait que ratifier, contraint et forcé, la tactique adoptée d'enthousiasme par ses troupes. Les catholiques comme M. de Mun étaient séduits par les libertés qu'on leur garantissait ; les grands propriétaires terriens, par la perspective de n'être plus traités en parias ; d'autres, par des ambassades, des candidatures officielles, des emplois dans la république nouvelle. En juin 1888, la duchesse d'Uzès pose trois millions « sur la carte Boulanger », pour que le Général mette le pays en position de se prononcer. « Faites ouvrir les urnes », avait dit en novembre 1887 le prince Napoléon. « Organisez la consultation nationale », répètent les serviteurs du comte de Paris. Ainsi la liberté politique de Boulanger, chef des républicains plébiscitaires, demeurait intacte. Mais tel est le pouvoir dégradant de l'argent que Madame d'Uzès, MM. de Beauvoir, de Breteuil, de Mun, de Mackau, en dépit de la déférence et de l'amitié qu'ils témoignent au Général, le jugent leur prisonnier, et cette opinion qu'ils n'ont pas le droit de nourrir pourra se fortifier en eux selon les circonstances.

Mme de Nelles avec François Sturel revenait de préférence sur le passé. Elle y plaçait son paradis. Elle avait perdu sa mère ; son mari la délaissait pour des petites femmes de théâtre. Elle croyait que tels étaient les usages, et les acceptait parce qu'elle le sentait brutal et différent. Elle tenait beaucoup au monde où il l'avait introduite, mais, nouvelle venue et sans défense naturelle contre la malveillance, elle n'y trouvait pas un agrément de tout repos. Dans son désir de sympathiser complètement avec Sturel, elle n'entendait même pas elle faisait les demandes et les réponses. Comme épétait sans cesse qu'ils étaient nés pour s' lui-même se laissa envahir plusieurs fois,   ittant au soir, par une mélancolie pénétrante.   e convainquit d'avoir passé à côté du bonheur.   lui parla avec sincérité de son isolement où elle se reconnut. Bien qu'elle se tînt pour déliée de son mari, elle avait écarté les plus aimables séducteurs : dans leurs hommages présentés du ton léger et libre des hommes à succès, elle ne distinguait pas les caractères d'un bel amour. Elle les vit en Sturel dès qu'elle-même les posséda.

Sturel recevait de son parti un surcroît de jeunesse et de vie. Il entraîna par son optimisme Mme de Nelles, qui se croyait très raisonnable, parce que personne n'avait éveillé ses sens, et qui le traitait d'enfant, quand il lui demandait avec insistance, au bout de dix jours, ce qu'il eût été à peine convenable de solliciter après plusieurs mois d'aveux discrets. Il désirait cette jolie femme, et, circonstance heureuse, comme, tout de même, elle ne faisait pas le plus gros des intérêts qu'il soignait, il ne s'embarrassa point dans les préliminaires que nous accumulons sur une question de vie ou de mort.

Ses prières ardentes la touchaient, en même temps que ses distractions l'inquiétaient. Au sortir d'une soirée où le baron de Nelles n'avait pas paru, il déclina de la reconduire, comme elle voulait bien le lui offrir, et il préféra accompagner Boulanger. Il revint seul avec son Général, rue Dumont-d'Urville. Délicieux instants! La conversation languissait, parce que Boulanger suivait ses préoccupations et qu'il connaissait mal Sturel. Le jeune homme se sentait une âme de soldat fier de servir et une âme de courtisan désireux de plaire. De leur voiture rapide, emportée dans l'obscurité, il voyait aux terrasses des cafés violemment éclairés des groupes de causeurs, et il se disait : « Ils parlent sans doute de Boulanger et il ne savent pas que devant eux passe l'objet de leurs espérances!. » Le lendemain, il s'excusait de cette détestable grossièreté auprès de Mme de Nelles, et, voyant qu'elle le favorisait au point d'avoir souffert, il jouissait déjà de son ancienne camarade comme d'une maîtresse. Songeant en même temps aux progrès certains du boulangisme, il avait hâte de se trouver seul, de faire au Bois des promenades à pied qu'il occupait uniquement de cette pensée : « Peut-on être plus heureux que je ne suis? J'aime une femme que tout le monde désirerait et qui veut bien me croire aimable. Je suis engagé dans une grande aventure historique. En même temps, je garde la possession de moi-même et je mêle à ces excitations une clairvoyance de blasé. »

Parfois le Général appelait Sturel pour travailler. Dans sa nouvelle installation, assez élégante, du 11 *bis*, rue Dumont-d'Urville, les visiteurs et les lettres affluaient plus encore qu'à l'Hôtel du Louvre. Le jeune homme dépouilla ce courrier qui faisait une brûlante collection d'amour. Toutes les classes de la société y multipliaient les témoignages de leur folle confiance. Les royalistes attendaient de Boulanger leur roi ; les républicains, leur République ; les césariens, leur César ; les patriotes, Metz et Strasbourg ; les gens paisibles, l'ordre ; et tous les inquiets, une aventure où leur cas se liquiderait. Un sale papier daté du Dépôt portait la signature de ce Fanfournot, fils d'un concierge du lycée de Nancy, et ancien groom de la *Vraie République*, qui s'attacha à la Léontine quand elle perdit son Racadot. Il mêlait aux expressions d'un boulangisme exalté les termes les plus méprisants pour la Préfecture de police, contre laquelle il réclamait la protection du Général. Sturel s'intéressait aux compagnons avortés de sa jeunesse, comme à des essais sacrifiés à sa réussite par la nature. Il chercha au fond de Grenelle une adresse indiquée par le prisonnier. Il y trouva la Léontine, plus longue que jamais et déformée par une misère qui mettait très curieusement en sailli ses os puissants de serve meusienne. Gigantesque, et triste comme un chameau sous la neige, elle travaillait dans une blanchisserie, dans une « salisserie » plutôt, pensa Sturel. La confusion, la crainte empêchèrent qu'elle appréciât cette visite. Elle ne pensa dans cette minute qu'à sa déchéance, elle qui, sous le nom de Madame Racadot, avait possédé un si beau mobilier. Bien loin de se féliciter que la lettre fût tombée aux mains d'un vieil ami et d'en profiter pour l'exploiter, elle se disait : « Ma fille, la voilà bien ta guigne ! » Elle ne s'illumina qu'au nom du Général.

— Ah ! celui-là, il tient pour les petites gens. C'est pas trop tôt ! Vous en êtes donc des boulangistes, monsieur Sturel ? Alors vous comprendrez le Fanfournot.

Elle expliqua l'affaire et montra des papiers. Au commencement d'avril, deux ouvriers avaient dîné ensemble et sortaient d'un débit du boulevard de Port-Royal. L'un d'eux, âgé de vingt-quatre ans, mécanicien très expérimenté au service de l'Observatoire, fréquentait les réunions depuis cinq ans ; le second avait vingt-deux ans et dessinait. Ils s'étaient raconté l'un à l'autre tout ce que l'on sait sur la police. Alors le mécanicien dit : « Nous allons casser la gueule à un agent. » Cela fit rire le dessinateur qui approuva. Place d'Enfer, ils en virent quatre et trouvèrent que c'était trop. Boulevard Arago, un autre s'avançait. « Ça va être celui-là », dit le mécanicien, et au passage il lui donne un coup d'épaule. L'agent continue sa route. « Tu vois comme ils sont courageux ! » Le dessinateur s'égaye de nouveau. L'agent revient sur le rieur : « Qu'est-ce que vous avez à contester ? » Le mécanicien l'hébète d'un formidable coup de poing dans la figure, lui enveloppe la tête avec le capuchon d'ordonnance et le tire par derrière d'une telle secousse qu'il le plie sur les genoux. Le maintenant renversé, assis en quelque sorte, il s'acharne à frapper. L'agent crie : « Au secours ! » et puis : « Grâce ! grâce ! » et cherche, en même temps, à saisir son sabre que son assommeur lui brise d'un coup de pied. Le dessinateur s'était sauvé. Aux cris terribles, on accourt, on saisit l'acharné, on lui arrache sa victime. Il a dit depuis « qu'il était trop heureux de taper pour consentir à le lâcher, malgré qu'il eût bien le temps de fuir. » Le rassemblement grossit, et plusieurs personnes se proposaient comme témoins, quand Fanfournot, passant par là, et qui n'avait rien vu, proteste : « N'ayez pas peur, dit-il au mécanicien, je suis avec vous. » Tous s'acheminent vers le poste. A peine la porte refermée, un coup de poing derrière la tête étend le mécanicien sur le ventre. Et tous les agents, à coups de bottes, lui infligent un passage à tabac sous lequel très vite il n'essaie même plus de résister. Au bout de dix minutes, le brigadier commande : « Laissez-le tranquille. » Sa figure ruisselait de sang, son oreille était plus qu'à moitié cueillie. Alors les témoins déposèrent. Fanfournot, exalté, insulta les agents et déclara qu'arrivé plus tôt il aurait aidé le citoyen. Tous deux furent gardés et expédiés le lendemain au Dépôt.

Avec une note de commissariat particulièrement grave, on va en cellule, où quelquefois on est doublé d'un mouton. Puis il y a la grande salle où tout le monde vit en commun, et livré à la vermine ; enfin la petite section, moins dégoûtante, avec des paillasses.

C'est là que furent placés Fanfournot et son compagnon qui, malgré ses vêtements déchirés, paraissait doux et propre. Le matin, comme on descendait au préau, un des détenus fredonna *La Bataille* : « Debout, enfants des fusillés ! » « Vous êtes socialiste ? » lui dit le mécanicien. Le chanteur regarda avec mépris ce naïf. « Je suis un anarchiste de la fédération jurassienne. » Il recevait des visites de sa femme à qui la *Révolte* faisait une pension de trente francs par mois, sur la Caisse des détenus politiques. Fanfournot et son compagnon ignoraient même le nom d' « anarchiste ». Tous trois se lièrent et s'accordèrent pour souhaiter le succès du général Boulanger. Ils chargèrent la Léontine, au parloir, de lui transmettre leurs plaintes et leurs vœux.

Sturel, dans cet instant où il espérait tant de la vie et croyait qu'une époque nouvelle commençait pour la France, aurait voulu repêcher ces humbles, mais la grande Léontine avait les reins cassés par des privations excessives, et ces hommes par leur effort, d'ailleurs imbécile, pour comprendre la société. Il se borna à fortifier dans cette âpre visite son besoin d'un Messie, et laissant un billet de banque à la Léontine, il s'en alla conter l'histoire rue de Prony.

Mme de Nelles ne lui cacha pas qu'il valait mieux que de telles besognes. Comment le Général l'envoyait-il chez des gens si sales ?

En le forçant à taire l'intérêt qu'il y prenait, elle introduisit de l'hypocrisie dans leurs relations : ce qui les faisait moins nobles, mais facilitait la séduction.

Il se félicitait d'avoir, en dehors de ses terres de combat, un lieu d'oisiveté et de rêve. Comme des particules odorantes se détachent d'un morceau de myrrhe, ainsi une vapeur flottait et transformait l'atmosphère autour de cette jeune femme chauffée par l'amour. Et il pensait que, dans cette caste seulement et dans cet appareil de luxe, il trouverait son plaisir.

Quand un cœur a besoin d'être déterminé et que les circonstances languissent, il se charge bien d'enfiévrer les incidents les plus étrangers et d'en faire les instruments de sa passion. Le duel de Boulanger et de Floquet, qui naquit des exploits oratoires de ce dernier, s'écriant avec une irrésistible drôlerie : « A votre âge, monsieur, Bonaparte était mort », ou bien encore : « Nous avons vu à travers le manteau troué de la dictature », fût un des incidents les plus émouvants de cette longue aventure, où tout était pittoresque et imprévu. Mme de Nelles y distingua des raisons décisives pour sa vertu.

Le 13 juillet, à Neuilly, dans le parc boueux de M. Dillon, le Général, qui ne savait rien de l'escrime, mais toujours étonnant de jeunesse et de confiance, s'élança sur la pointe de M. Floquet et s'y troua la gorge, tandis que son vainqueur culbutait en arrière. De rares privilégiés, avertis du lieu et de l'heure, suivirent les péripéties de l'affaire, par-dessus le mur, debout sur des échelles ou des voitures, et coururent, épouvantés ou ivres de joie, publier cette nouvelle à l'univers.

Le général blessé par l'avocat ! Les foules ne sont pas courtisanes du malheur. On inaugurait, ce même jour, le hideux monument de Gambetta dans la cour du Carrousel. Les boulangistes, disait-on, allaient troubler cette fête opportuniste. Quand Floquet parut sur l'estrade, il recueillit autant de vivats qu'en eût suscités le Général vainqueur. Quelques cris de : « Vive Boulanger ! » éveillèrent des risées. La police chargea et dispersa le petit groupe de fidèles où Renaudin faisait vainement rage. Le flot porta Sturel près du monde officiel. Des milliers de citoyens jusqu'au fond du Louvre et sur l'emplacement des Tuileries se pressaient, se haussaient pour distinguer le président du Conseil. Au centre de l'estrade, très félicité, un peu exalté par tous les mouvements de son âme dans les quarante-huit heures, il se fendait, tendait le bras, s'effaçait, expliquait par quel dégagement il avait eu raison du Général. C'est la faiblesse ordinaire aux triomphateurs de ne point se contenter d'être des heureux ; ils veulent aussi être des tacticiens, et vous parlent de « coupé », « froissé », « dégagé », quand ils ont tendu la perche en fermant les yeux.

Sturel voyait de face, à quelques mètres au-dessus de lui, Bouteiller. Le coup de théâtre du jour, l'échec de la manifestation annoncée, le sentiment très juste que la campagne boulangiste n'avait pas entamé le formidable état-major groupé là, et tout au fond la fureur du sang versé, remplissaient le député d'une joie que ses nerfs ne parvenaient pas à maîtriser. Lui, si froid dans sa chaire de lycée, il gesticulait, se penchait, suivait avec un rire franc tous les mouvements de Floquet. Sa belle pâleur, si noble, quand de sa voix grave il commentait la sérénité des penseurs, semblait à son ancien élève déplacée et vraiment compromise par ces hommes d'affaires, par ces reporters, par ces individus insouciants et durs qui grouillaient sur cette estrade avec le sans-gêne et la vulgarité d'une réunion de chasseurs. Autour de Gambetta, représentatif du patriotisme quand même, de la foi obstinée en la patrie, ils n'apportaient qu'une certaine fraternité d'associés qui se frottent les mains et clignent de l'œil, ayant fait dans la matinée une bonne opération. Leurs lourdes physionomies révélaient bien des êtres bas, façonnés pour les plus grossières jouissances, à qui sont inconnues et même interdites de naissance toutes les hautes curiosités intellectuelles, aussi bien que les délicatesses de l'âme.

A un instant, Floquet ayant ouvert une dépêche dit avec animation quelques mots qui remuèrent son entourage. L'excuse d'un invité? la félicitation d'un personnage important? Dans cette foule qui n'avait en tête que le tragique du jour, une rumeur courut : le président du Conseil venait d'apprendre que Boulanger entrait en agonie. Les cris féroces de : « Vive Floquet! » redoublèrent; il y eut une nouvelle poussée vers son estrade, et Sturel, à travers les chapeaux agités à pleines mains, ne perdait pas de vue Bouteiller, parce que, sur ce visage associé aux plus hautes méditations de sa première jeunesse, il espérait surprendre une interprétation supérieure de ces abjectes réalités.

Ce jeune homme attardé au vestibule de la vie, qui est sentimental, apportait dans ce tourbillon un idéalisme tout à fait excentrique : il surveillait Bouteiller, sans se montrer lui-même; il craignait de le gêner en le dévisageant dans l'exercice de ses fonctions un peu basses et au milieu de passions dont la cruauté devait les choquer l'un et l'autre! Aussi quelle stupeur et très vite quel âpre dégoût, quand, au milieu de ces vivats qui tournaient à l'ovation, il vit Bouteiller s'interrompre de sa causerie, se tourner vers Floquet, s'associer à l'enthousiasme populaire, l'exciter, et bientôt, dans la frénésie qui soulevait ces vastes espaces, se faire l'entraîneur des personnes dont il était le centre, sauter des deux pieds en l'air avec allégresse et fureur, et le bras tendu, — comme un jeune ouvrier, à la sortie de sa fabrique, secoue sa casquette en l'air, se détend les muscles et crie par bouffonnerie : « Vivat ! » à quelque camarade, — imposer aux siens, communiquer plus loin et peu à peu à toute la foule un cri affreux de : « A bas la Boulange ! »

De cet homme grave et blême, jadis un dominateur que les jeunes lorrains du lycée de Nancy ne pouvaient concevoir agité par aucun désordre, dansant maintenant et vociférant avec une fureur contrariée et exagérée par sa maladresse d'homme de bureau, Sturel, en une seconde, prit une image inoubliable, dégradante et macabre. Mais, avec cette délicatesse esthétique du bon fils qui jeta un manteau sur Noé, ivre et tout nu, il s'effaçait d'autant plus par crainte que son regard ne fît rougir le malheureux.

Quelle erreur de jugement ! Bouteiller, dans sa chaire de philosophie, adoptait une certaine tenue glaciale et hautaine, mais c'était une attitude professionnelle, une tradition reçue à l'École normale. Pour le vrai, ce brutal, en étudiant par métier les diverses conceptions que l'humanité s'est faites de la vérité, n'admettait dans sa partie profonde et héréditaire la légitimité d'aucune espèce intellectuelle autre que la sienne. A sentir ses fureurs blâmées, il n'eût réagi que pour les exagérer. Sturel allait s'en convaincre.

Au terme de cette longue cérémonie, sur le pont des Saint-Pères, encombré de foule, il croisa son ancien maître, et comme des agents déblayaient brutalement la chaussée, il l'entendit déclarer d'une voix trop haute à son entourage :

— La bête n'est pas morte ! mais mort est le venin.

Cette provocation et surtout l'accent de sèche impériosité soulevèrent des protestations parmi les petites gens, déjà bousculées pour leur lenteur à circuler, qui se nommaient au passage les personnages officiels. Le bras de Sturel prêt à saluer son maître s'arrêta. Bouteiller vit le geste interrompu. A vingt ans il avait eu l'orgueil, bien moderne, de son humble naissance ; il méprisait les fils de famille. Dans sa haute situation et parce que son intelligence à l'usage des affaires s'était dépersonnalisée, son sentiment de classe sommeillait : avec quelle soudaineté et quelle violence le réveilla ce heurt d' « un jeune impertinent » ! Son regard, en riposte, n'était plus du métaphysicien de jadis : il délaissa cette sévère impassibilité où ses élèves admiraient les prestiges de la supériorité morale. Toutes barrières étaient tombées : c'était un regard non plus d'homme à enfant, mais provoquant, d'homme à homme, et par lequel Sturel se sentit libéré. Le boulangiste n'avait plus dès lors à retenir le cri défié sur ses lèvres. D'une voix retentissante, pleine de fureur, il lança :

— A bas les voleurs !

Des agents se précipitèrent, l'empoignèrent, le frappèrent, l'entraînèrent, tandis que Bouteiller, affectant de ne point connaître cette figure en sang d'un fils de son esprit, continuait à rire avec des députés. Minute affreuse d'un mutuel reniement !

Mme de Nelles attendait Sturel depuis quatre heures de l'après-midi. Il n'arriva qu'à neuf. Avec grande raison, elle détestait ces manques d'égards; pourtant elle employa ce long intervalle à le désirer d'une impatience où il n'y avait que de la tendresse. C'est que sachant, comme toute la France, la grave blessure de Boulanger, elle imaginait qu'un jour Sturel pourrait se battre, courir des risques à cause de la politique. Pour la première fois, elle se représenta qu'il mourrait, et l'insupportable oppression qu'elle sentit au creux de l'estomac lui fit comprendre qu'elle le priait seulement de vivre et d'être heureux.

Elle le lui dit, ce soir même, quand il entra avec un bandeau sur le front, les mains chaudes de fièvre, et dans les yeux une lumière, un reste de fureur qu'elle aima.

S'il avait été un homme à dénombrer les qualités de son plaisir dans les bras d'une jolie femme, il aurait pu noter sa parfaite sincérité quand il lui jurait de la préférer à tout. Cette grossière fête gambettiste l'avait écœuré ; Mme de Nelles, après la goujaterie de Bouteiller, lui semblait une perle, une fleur, une âme innocente faite sensible dans un beau corps odorant. Et puis, dans ce désastre de l'armée boulangiste dont le chef gisait, ce jeune homme romanesque trouvait les émotions d'un magnifique sauve-qui-peut à se jeter au lit d'une femme.

Nelles visitait sa circonscription. Ils furent dispensés de confier leurs premiers plaisirs aux indélicatesses d'un hôtel garni. Thérèse avait des épouvantes, de la confiance, de longs chuchottements dans cette maison obscure où ils guettaient le moindre bruit en se pressant les mains. Jusqu'alors, à son insu, elle souffrait de sa liberté et de n'être la captive d'aucun homme. Cette force que sa jeunesse ne savait pas employer accueillit toute Sturel. Amour idéal et physique, car elle avait vingt-trois ans, et qui la remplissait d'un joyeux étonnement. Elle croyait qu'elle cherchait un regard sage et doux chez un amant bien né ; elle s'aperçut qu'elle goûtait les folies.

Encore émue de leurs caresses, cette colombe amoureuse se racontait dans ses mystères à son ami :

— Les femmes disaient que j'étais un joli bijou, mais que j'étais bien malheureuse de n'être pas une femme et de vivre comme un petit poisson.

L'innocence de son sourire avivait tout son corps dévêtu. C'est avec une reconnaissance infinie de voluptueux qu'à quatre heures du matin Sturel la laissa brisée de tendre fatigue.

Le bonheur dans l'amour, ce sont les premiers instants d'une brève solitude, quand sur soi l'on porte encore les frémissements d'une main adorée, et que l'on possède la certitude de se rejoindre au soir, jeunes, fiers l'un de l'autre, émus de désirs et de reconnaissance. Les agitations des hommes, leurs événements ne forment rien qu'une fresque pâlie sur des cloîtres imaginaires où notre cœur s léger, enorgueilli, promène les parfums et poursuit les reflets de la maîtresse. Ses souvenirs occupent tous nos sens, et, dans l'univers, seules nous savent intéresser les tendres beautés de son corps et la douceur de ses lèvres entr'ouvertes. Mais plus tendre et plus douce qu'aucune complaisance est la confiance dans son amour.

Plusieurs fois par semaine, en sortant de la rue Dumont-d'Urville, Sturel déjeunait rue de Prony. Après le repas, tous trois montaient dans le cabinet de Nelles. Thérèse aimait à faire pénétrer son ami comme un parent dans l'intimité de la maison. Les domestiques écartés, le jeune homme expliquait les chances et les projets du Général. Il ne pensait qu'à Mme de Nelles, mais il adressait toutes ses phrases au mari, parce que, s'il rencontrait les yeux de son amie, il souriait et perdait le fil de sa pensée. Dans cette pièce fort simple, il trouvait des sensations de succès, d'amour et de luxe. Parfois il s'interrompait :

— La politique vous intéresse, madame ?

Ce « madame » les amusait tant l'un et l'autre ! En aspirant une bouffée de sa cigarette, — assez mal, d'ailleurs, car les femmes ne savent jamais fumer, — elle répondait :

— Beaucoup !

Et puis, comme il faut être bien élevée même avec son ami, elle ajoutait sérieusement :

— Ces questions-là, quand elles sont traitées par ceux qui les connaissent et qui savent raisonner, sont tout à fait intéressantes..

A chacun de ces petits compliments naïfs, Sturel s'émerveillait, heureux comme un enfant au premier janvier, devant les révérences d'une magnifique princesse, sa poupée. Le visage fin de Thérèse de Nelles prenait dans ce fumoir et sous cette politique quelque chose d'un peu garçonnier, non pas un air ennuyé, mais plus appliqué, plus ferme qu'il ne convient à vingt-trois ans. Sa jeunesse, son teint mat, ses dents éclatantes, son sourire d'élève qui comprend, composaient à cette jeune femme que Sturel avait vu trembler de bonheur dans ses bras un ensemble exquis qui faisait sourire et qui émouvait. Alors il aurait voulu envoyer très vite l'insupportable Nelles à la Chambre, jeter cette cigarette, abandonner cette conversation et dire : « Ah! je devine que vous êtes trop polie et que vous pensez à une seule chose, à notre tendresse. ».

Cette tendresse et beaucoup d'après-midi de plaisir avec le jeune François avaient rafraîchi la peau délicate et avivé la prunelle de Thérèse. Par là elle atteignait à sa perfection. Et lui aussi serait un jeune homme parfait, s'il était possible d'aimer en même temps l'amour et la gloire, une belle jeune femme et une belle aventure, mais l'intensité ne s'obtient qu'au prix de sacrifices. Comment être à la fois excellent rue de Prony et excellent rue Dumont-d'Urville? Certes, Sturel ne manque pas du goût des femmes; il peut bien consacrer quelques heures à la satisfaction des sentiments voluptueux, mais il ne s'y enfonce pas avec insouciance, et, alors que le visage dans les cheveux défaits de son amie, il sent monter en lui une masse de sensations et de pensées poétiques dont jusqu'alors il n'a pas pris conscience, parfois une image s'interpose : « Le cou du Général va-t-il se cicatriser? »

CHAPITRE VII

BOUTEILLER VEUT DONNER AU PARLEMENT UN CERVEAU

Le bras tendu de Floquet avait porté un terrible coup d'arrêt au boulangisme. L'Ardèche interrompit une série plébiscitaire que le Général poursuivait de manière à lasser la fortune, ne sollicitant un mandat que pour le résigner et le solliciter encore. Sa présence eût assuré son succès; ce département se détourna d'un Messie alité. De telles brutalités accompagnent toute action : c'est littérature que les délicatesses ; les faits sont goujats. Boulanger met l'épée à la main pour soutenir son idée, ses électeurs, sa fortune; à ce spectacle saisissant la foule s'intéresse, l'encourage et rit de l'avocat, qui doit être bien embarrassé. Mais enfin, c'est un duel, un jugement de Dieu : le cercle se fait à peu près impartial. Voilà le soldat blessé par l'enjuponné !

Il n'y a pas à dire, ce bavard a le beau rôle. Plaindre le vaincu, l'abandonner, c'est tout un. Et si quelques compagnons l'entourent en pleurant, le plus grand nombre, mutinés à la porte de sa tente, veulent qu'on les paye, ou bien ils se licencieront.

La *Lanterne* fit défection. Le juif allemand qui la dirigeait avait suivi d'abord le Général parce que seules à cette date les feuilles boulangistes trouvaient des acheteurs. Soudain il essaya de l'étrangler en portant à ses adversaires l'autorité qu'il avait prise à le soutenir. Ce M. Mayer aurait pu combattre de bonne foi le mouvement national : tout étranger installé sur notre territoire, alors même qu'il croit nous chérir, hait naturellement la France Éternelle, notre tradition qu'il ne possède pas, qu'il ne peut comprendre et qui constitue précisément la nationalité. Cette vue d'ethnographie passe par-dessus le personnage : il trahit, ayant sollicité trois cent mille francs de Floquet qui, lui-même, les exigea sur le budget de concussion organisé par la Compagnie de Panama à l'usage des parlementaires.

Quand le patron de Renaudin, Portalis, sut que le ministère payait si grassement, il envoya Girard pour négocier quelque chose de sérieux avec Boulanger. Depuis 1886, le *XIXᵉ Siècle* insérait les communiqués du Général. Dillon accepta d'acheter ce journal pour 200.000 francs. Il versa même un à-compte de 25.000 francs, à parfaire dans un délai fixé. Puis il se dédit pour offrir une subvention mensuelle de 20.000 francs.

— Non, dit Girard, la feuille demeurerait compromise, prenez-la ferme.

Dans le même temps, Dillon offrait à Portalis une candidature dans le Loiret.

— Je ne veux pas, répondit celui-ci, me déclarer votre candidat : je serais battu. Mais j'accepterai votre concours, ouvertement, à titre de républicain.

Les pourparlers duraient, quand Renaudin vint apprendre à son patron que décidément le Général présentait Julien Dumas.

Lui, Portalis, on avait cru pouvoir le jouer ! Son appétit brutal et sa morgue se rejoignirent pour le convaincre de se faire respecter. Le même jour, à minuit, tandis que des membres du Comité National couraient chez Dillon chercher un arrangement, il brisa tout par un article intitulé : « Divorçons ».

Renaudin subit le premier effet de ces querelles. Portalis le prévint de se conformer à la ligne du journal, désormais anti-boulangiste. Le reporter, tout comme un autre, aurait eu avec plaisir de la dignité, car son café le surveillait ; il parla de démissionner. Il croyait que le patron l'admirerait et transigerait. Mais Portalis haussa les épaules. Et le lendemain, Girard l'avertit de se chercher une place pour la fin du mois. Cet incident clôtura net son boulangisme héroïque : « Tout le monde touche, se dit-il, je serais trop bête de marcher plus longtemps pour rien. »

Il chargea de ses intérêts Sturel. On lui obtint difficilement de Dillon une mensualité de cinq cents francs. Boulanger, à cette date, manquait d'argent. Nul joueur ne se soucie de ponter sur un moribond. Le comte de Paris, sous l'influence des conservateurs parlementaires opposés à l'idée plébiscitaire, voulait abandonner un aventurier qu'abandonnait la fortune. Et la duchesse d'Uzès, dont le caractère chevaleresque empêcha ce lâchage, parut, à cette minute, plus sentimentale que loyaliste : son rang seul atténuait la vivacité des critiques qu'un boulangisme si entêté soulevait dans le monde monarchique.

Floquet sentait la veine. Trois députés étant à élire, il convoque la Charente-Inférieure, la Somme et le Nord, pour la même date, 19 août 1888, afin que leur réprobation frappe d'une triple décharge le soldat turbulent et rebelle, qui a toujours marché les yeux bandés, comme la fortune, mais à qui il se flatte d'apprendre qu'avec le cou bandé on doit définitivement se coucher. — Or voici que le 5 août, le Général sort de son lit, se déclare guéri, plaisante, voyage tout le jour, toute la nuit, visite ses électeurs, fait surgir les ovations. Une atmosphère mystérieuse de confiance et de joie émane de cet énergique ressuscité. Sur les territoires qu'il parcourt, une race rajeunie se dresse où les gens de l'anti-boulangisme se dénoncent comme des éléments étrangers.

Le soir du scrutin, M. et Mme de Nelles, accompagnés de Sturel, voyaient à l'Opéra, en face de leur baignoire, Georges Laguerre très entouré dans une loge. De quart d'heure en quart d'heure, on lui apportait des liasses de télégrammes. Les ministres étaient dans la salle. Le public ne regardait que le jeune politique raide et accumulant sous sa lorgnette ces dépêches de triomphe. Nelles alla lui serrer la main et apprit que les résultats partiels assuraient le triple succès du Général. Sturel n'y put tenir et quitta, lui aussi, Mme de Nelles. Laguerre, d'un air impassible, avec sa parole tranchante et puis avec des adoucissements de caresses, répétait à plusieurs personnes :

— Dans six mois, quand nous serons au pouvoir,

nous vous donnerons toutes les satisfactions que vous désirez.

Cette phrase qu'en avril, à l'Hôtel du Louvre, il disait d'un ton demi-plaisant, il allait commencer de la publier à la tribune de la Chambre, à la barre des tribunaux, dans les colonnes de son journal.

Ce plébiscite du 19 août, après les échec de l'Ardèche, où le Général ne s'est pas montré, et de la Charente, où Déroulède a été battu malgré l'affiche « Voter pour Déroulède, c'est voter pour moi », prouve le caractère personnel du boulangisme. Qu'importe son programme, c'est en sa personne qu'on a foi. Mieux qu'aucun texte, sa présence touche les cœurs, les échauffe. On veut lui remettre le pouvoir, parce qu'on a confiance qu'en toute circonstance il sentira comme la nation. La dictature d'un homme se prépare contre le Parlement. « Dissolution, Révision, Constituante », cette formule déjà sommaire se simplifie encore dans l'esprit du peuple. Rien ne reste que « Vive Boulanger! » mot d'amour précisé par le cri de gouaillerie, d'envie et de haine : « A bas les voleurs! »

C'est le temps que le plus affiché de ceux-ci, M. Wilson, juge opportun pour rejoindre la troupe qu'il a désertée depuis ses scandales. En logicien du Palais-Bourbon qui ne tient pas compte des forces sans mandat, il estime que ses collègues lui faciliteront sa rentrée. N'est-ce pas leur intérêt d'atténuer son impopularité dans laquelle on les englobe? Voilà ce qu'il a pensé dans sa barbe anglo-saxonne, ce calculateur glacé, ce parfait gentleman parlementaire. Et le 26 novembre 1888, dix minutes avant l'ouverture de la séance, il va s'asseoir à son ancienne place, juste au-dessus des deux bancs réservés aux ministres.

Il s'est trompé : pour l'instant, en France, on sent à la française, et les électeurs regardent leurs élus. Les députés font le vide autour du banc pestiféré où leur vieil ami, blanc comme un linge, déploie des papiers et s'enfonce dans la lecture. Pour protester contre ce galeux, le député Mesureur demande qu'on lève la séance. La physionomie dure et calme de Bouteiller exprime clairement sa pensée méprisante : « Qu'est-ce que cela veut dire ? » Il est des 22 qui votent contre, mais, par 259 voix et avec 200 abstentions, la Chambre décide de suspendre ses travaux. Les députés se pressent vers les couloirs. M. Andrieux remonte leurs flots ; lentement il va jusqu'au banc où siège le sacrifié et lui tendant la main : « Bonjour Wilson ; je n'aime pas les lâches, moi ! » Cela même qui donne un frisson à la Chambre ne distrait pas Bouteiller. Il hait le théâtre. Il continue d'annoter à son banc un rapport. Demeuré seul dans l'immense salle avec Wilson, qui lit toujours ses papiers et agonise de cette épreuve, la plus douloureuse dont puisse suer le front d'un homme, il lève vers ces tribunes et ces journalistes qui terrorisent l'assemblée sa figure pleine d'un ennui brutal, et rassemblant ses dossiers, il cède enfin aux puissances de bêtise.

Un Nelles, qui se croit un politique d'oublier les bonnes matinées du dimanche à la salle d'escrime de l'Elysée, peut courir déranger sa femme et Sturel pour se vanter d'un si beau scandale de vertu. Mais un Bouteiller sait bien que la campagne contre Wilson, c'est du boulangisme encore. Ainsi la

Chambre se met à agir en conformité avec ces indignations factieuses qui l'assaillent de toutes parts! Triste assemblée qui ne prend pas ses décisions en elle-même, mais qui suit les volontés du dehors. Ses ennemis la font marcher avec des injures, comme un troupeau avec des mottes de terre.

Dans les couloirs, tous les parlementaires grouillaient bouleversés par une pitié de leur ancien camarade et par la crainte de ses ressentiments. Contraints à le broyer par la peur de cette moralité publique qui le condamnait, ils cherchaient des officieux pour lui transmettre leurs excuses. Durant cette heure, Bouteiller fut assailli par les idées où seuls atteignent à l'ordinaire certains philosophes les plus lucides, à qui leurs méditations ont permis de prendre conscience de la perversité et de la bassesse humaines. Le désordre et la laideur de ces politiciens, chez qui il reconnaissait moins de conscience politique que dans une station de fiacre quand les cochers lisent leurs journaux, lui inspirèrent un invincible dégoût.

Régulièrement, le député de Nancy, s'il discourt avec ses collègues sur les intérêts publics, ne tolère pas les niaises généralités qu'échangent ces hommes sans instruction ni réflexion, fort capables d'intriguer selon leurs intérêts, mais non de penser des idées. Qu'on l'approuve ou le contredise, ce fils d'ouvrier fier de sa science, sans qu'un muscle de son visage trahisse la possibilité d'une disposition sympathique, semble toujours dire, rien que par sa main tendue : « Pardon, je vous arrête! et ce n'est pas, comme vous pouvez le croire, sur le fond, mais votre raisonnement lui-même ne tient pas! C'est élémentaire en logique de... » Alors les malheureux se hâtent de rire, comme s'ils avaient voulu badiner ; ils ont appris, au cabaret électoral, à tourner une difficulté en plaisanterie. Lui, Bouteiller, fût-ce à la buvette, ne plaisante jamais : il les poursuit dans leur retraite embarrassée, il veut qu'ils se sachent des petits enfants, et il prolonge son explication avec l'insistance la plus humiliante. Voilà son ordinaire. Au cours de cette suspension de séance, ce fut bien pis : il écouta dans six ou sept groupes et ne daigna pas répliquer un mot ; il s'éloigna comme un promeneur, ayant considéré un instant les bêtes du Jardin des Plantes, les quitte sans leur donner son impression.

On le déteste, on le trouve pion. Dans ses manières quelque chose, en effet, subsiste de sa formation professionnelle : un avocat est rompu à écouter les plus insipides arguties, tandis qu'un professeur toujours veut régenter. Celui-ci a fait le tour de tous les systèmes ; il ordonne et domine ses pensées ; par le baron de Reinach, il est fort suffisamment averti des affaires : il ne se doute pas qu'il faut aussi connaître les hommes. Où donc aurait-il appris à lire dans l'œil, à comprendre les épaules, le ventre, les jambes, tout l'animal ?

Au lycée de Nancy déjà, il réunissait cette double brutalité du magister et de l'homme abstrait. Pourtant il regardait les gens dans les yeux ; il aimait à voir son effet. Aujourd'hui, ses caractères se marquent jusqu'à l'excès, comme dans une caricature. Son regard passe par-dessus la tête de son interlocuteur, et depuis longtemps incapable d'amitiés, il se défend toutes préoccupations particulières. Il croit ne considérer que la chose publique, et la confondant avec ses intérêts il atteint au plus implacable égoïsme. Il connaît sa faiblesse, dans l'intrigue des portefeuilles, de ne pas être un sympathique. Mais voici son raisonnement : « Dans un gouvernement monarchique, c'est presque une nécessité de plaire au Prince ; dans un régime démocratique où l'on ne peut pas compter sur la reconnaissance des hommes qui se succèdent au pouvoir et qui n'en tiennent que des morceaux, l'essentiel est de se rendre, sinon indispensable, du moins utile. Passer pour intègre et compétent dans les services de l'État. »

Ce qui vient d'accentuer ainsi ses traits et de le porter à cette étape plus avancée dans sa voie naturelle, c'est qu'il prévoit l'effondrement du Panama.

Si difficilement achetée du Parlement, l'autorisation d'émettre des valeurs à lots est venue trop tard. Elle n'a produit que 225 millions au lieu de 720 que l'entourage de Lesseps escomptait et qui n'auraient pas suffi. Bouteiller a tout espéré pour la République et pour lui-même des plans lessepsistes ; leur faillite probable l'inonde, le corrode d'amertume. C'est le bol de vitriol en pleine figure qui, sans le tuer, le marque pour jamais. Et puis les moyens de propagande qu'il ne s'attardait pas à critiquer quand ils promettaient le succès l'irritent maintenant.

Inquiet du scandale possible et désillusionné sur le résultat, Bouteiller se reporte aux causes. Il les voit dans la timidité des pouvoirs publics qui ne saisirent pas l'heure de l'intervention décisive.

Ce parlementaire, comme tous ceux qui ont essayé d'obtenir de nos Chambres quelque œuvre réelle, se réveilla autoritaire. Gambetta traitait ses collègues de sous-vétérinaires, et dans l'intimité déclarait la Constitution de 1852 la mieux appropriée aux Français. Dorénavant Bouteiller tiendra le parlementarisme pour une façade derrière laquelle il faut installer une dictature occulte.

Et pourtant, avec une violence croissante, il exècre le boulangisme et Boulanger.

C'est que, plus profond que leurs critiques au gouvernement des assemblées, quelque chose diffère chez ces deux hommes. S'ils se croisaient à la Chambre et s'ils se regardaient, ils se sentaient déjà ennemis. Ils le demeureraient quand il ne s'agirait pas d'appliquer un système social. Réunis pour manger gaiement et pour causer, ils se heurteraient sur tous les points. On croit avoir beaucoup fait de s'accorder sur des principes; ils ne valent qu'animés par l'homme qui les adopte. Bouteiller et Boulanger sont de physiologie différente, l'un forte bête de proie, l'autre avide de plaire. Ils rallieront les partis, ou mieux, les tempéraments à leur ressemblance. Le brillant soldat et ses enthousiastes partisans inspirent un tel mépris au grave professeur, défiant de toute popularité, que jusqu'à cette heure il eût senti une sorte de diminution à les combattre directement. Jusqu'en 1888, Bouteiller a pensé que, si la presse et le gouvernement voulaient s'occuper de choses sérieuses, faire aboutir le Panama et amorcer les vastes plans lessepsistes, le boulangisme disparaîtrait par son propre néant, comme un cerf-volant se précipite sitôt qu'on a cessé de lui fournir un point d'appui en lui résistant. « Encore ! — disait-il en lisant les journaux tout remplis de ce fracas —

vont-ils bientôt nous laisser tranquilles! » L'échec irrémédiable du Panama l'arrache à sa chimère, le jette à terre sans lui casser les reins. Brutalement rendu à la réalité, il y reprend des forces. La lâcheté des pouvoirs publics a causé tout le mal : il faut réformer dans l'État la conception du devoir républicain.

Au préalable, qu'on en finisse avec les confuses agitations boulangistes qui empêchent de reprendre les choses par la base. Bouteiller, s'il n'a pas l'intelligence complète, c'est-à-dire l'amour, de ce véritable mahdisme, méprise du moins l'impuissance des Chambres. Elles excèdent le pays par la misère et la nervosité de leurs manifestations auxquelles les exploits oratoires de M. Floquet ajoutent du ridicule. Et, au dehors, elles ne trouvent à organiser qu'une procession en l'honneur de Baudin, de qui le nom évoque tout au court l'indifférence où la nation tenait déjà les parlementaires en 1851. Bouteiller hausse les épaules et, se plaçant en face des difficultés, il cherche des moyens que, dès la rentrée (14 octobre 1888), il s'occupe de faire adopter.

A cette date, Bouteiller se complète et se parfait. Non dans sa culture générale! Bien plutôt il élimine de lui-même certaines qualités humaines; mais il s'adapte aux besognes de l'ordre politique. L'ancien professeur de philosophie perd toute philosophie : à l'entendre affirmer la supériorité de son parti, comme eût fait pour le sien propre chacun de ses collègues, on est dégoûté de sa mesquinerie. Il n'eût gardé de valeur qu'à renier intérieurement ce qu'il disait ; or, profondément, il croyait à la bassesse du boulangisme. Tout politicien fait voir cette misère intellectuelle d'apporter d'insolentes affirmations dans des questions aussi conjecturales. Aussi bien n'est-ce pas à des gens de cette sorte qu'il faut demander des délicatesses, des scrupules et ces jugements de haut qui réconcilient. Mais ces hommes triés parmi les plus débrouillards de France savent agir sur l'opinion, et dans ce métier Bouteiller se montre en passe de conquérir la maîtrise.

Un être se développe lentement. Cet ancien déclamateur kantien avait déjà mis au service de la Compagnie de Panama une connaissance réelle du milieu où opérer et des résultats pratiques à poursuivre. Mais il servait alors une chimère. Le plan lessepsiste, par son ampleur et par les efforts qu'il nécessitait, avait séduit le poète qui meurt difficilement chez un enfant des livres. Il échoua. Voici maintenant une circonstance singulière et grave de la politique française où ses expériences récentes et même son vieux don professoral d'envisager les choses dans l'abstrait collaborent magnifiquement.

Bouteiller, fort refroidi depuis l'échec des valeurs à lots, considérait que le baron de Reinach dans sa propagande parlementaire avait exagéré les moyens d'argent et trop négligé de prouver sérieusement l'utilité française et républicaine du canal. Profitant de cette leçon, il prétendit que le plus urgent était de constituer une raison à l'anti-boulangisme.

— La force d'un parti gît dans sa vérité propre. Plutôt que d'emprunter au boulangisme ses procédés pour se répandre en manifestations populaires et en accès vertueux, le parlementarisme doit remonter à son principe et se poser devant tous comme étant la loi et l'ensemble des hommes vénérables par qui fut fondée la République. Point de salut dans les petits moyens! Il n'y a pas à négocier avec les adhérents du boulangisme pour racheter un à un des condottieri que ces puérils marchandages enhardiront. Il n'y a pas non plus à surprendre la faveur populaire en rivalisant avec un faiseur de dupes qui possède le bas génie de la réclame. Ce bateleur frivole flotte sous la poussée des foules qui veulent un Messie. Laissons-lui les parades, et, reprenant nos assises, affermissons-nous sur notre tradition et sur nos équipes premières.

Avec son mépris ordinaire du fretin, Bouteiller ne tint aucun compte des petits découragements ni des petites habiletés de couloirs.

— Dès qu'on commencera de marcher, disait-il, on saura bien forcer à suivre ceux qui ne consultent que leur salut individuel et qui se donnent pour programme de bataille le cri de : « Sauve qui peut! »

Il s'adressa aux chefs de toutes les fractions républicaines. A Clemenceau d'abord.

— Le succès de Boulanger, lui répondait celui-ci, est la réponse des masses populaires à la politique d'ajournement.

Bouteiller accueille ces récriminations sans les contredire, comme des préliminaires de protocoles. Seulement il surveille les airs de visage. Que ce radical, avec des effronteries du poing sur les tables, rejette toutes les responsabilités de la crise sur les modérés, soit! il demeure dans son rôle ; mais derrière ses paroles, il y a son sourire qui semble dire : « Débrouillez-vous! »

Ce Clemenceau, c'est un partisan résolu du gouvernement des assemblées où ses qualités éminentes de tacticien trouvent leur emploi, mais c'est surtout un orgueilleux effréné. Il a rompu avec Boulanger le jour où il a vu dans son propre parti son influence primée par celle du Général. « Si je l'attaque, mes troupes le suivront, s'est-il dit ; eh bien ! j'aime mieux un seul bataillon bien à moi que de nombreux régiments sur lesquels je n'aurai plus de prise. » Mais a-t-il perdu tout espoir de remettre la main sur les boulangistes ? et ne se contenterait-il pas d'humilier leur chef ?

Dans le ministère même, certains hommes politiques, merveilleux de dextérité, ménagent le boulangisme et répugnent à sortir d'une fluctuation qui dans un instant pourrait les porter à l'un ou l'autre rivage. Que les chefs radicaux s'attardent dans cette équivoque, on le comprend : ils s'appuient sur des cantons de l'esprit public si différents de ceux où règnent les chefs opportunistes ! Tandis que le plus affiché de ceux-ci, M. Jules Ferry, se recommande des traditions et des vertus de l'Angleterre, de l'Allemagne et de Genève, un Clemenceau s'adresse à la sensibilité française qu'il a d'ailleurs déformée pour lui donner une expression parlementaire. Des radicaux et des bonapartistes s'entendraient aisément et sont destinés à se fondre ; les opportunistes et les orléanistes dans un bref délai fusionneront.

Pour constituer l'antithèse du boulangisme, ce n'est donc point à l'extrême gauche qu'il faut se placer. Bouteiller s'ouvre à M. Jules Ferry en toute confiance et ne lui dissimule aucun des embarras de son esprit. Il lui dit avec franchise qu'il voit dans cette monstrueuse nouveauté deux partis fort importants, menés là par une criminelle folie, mais qu'enfin il faut ramener. Le boulangisme, c'est l'ardent, l'aveugle messager qui prend sur soi de se détacher du principal corps d'armée républicain, pour courir en avant ; et puis, invraisemblable malentendu, à ces précurseurs, à ces audacieux de la politique se joignent des citoyens timides, fort honnêtes, très nombreux en France, qui n'ont besoin que de tranquillité et qui croient trouver chez le Général les sentiments et les moyens de gouvernement.

M. Jules Ferry reconnaît cette duplicité de la situation. Ah ! si l'on pouvait conduire les chefs révolutionnaires, aigris contre le boulangisme qui les dépossède, à déclarer que, pour l'instant, le problème, c'est de sauver la République, et qu'il faut avoir la sagesse de différer les réformes ! Sans doute, les meneurs sans les soldats, c'est peu, mais il s'agit avant tout de constituer une cérébralité au parti anti-boulangiste, de l'organiser, de lui fournir une thèse, et sur les grandes villes, tout de même, elle agirait avec force, la voix de Joffrin accommodant au mode révolutionnaire les rancunes opportunistes et dénonçant Boulanger comme un Versaillais, un César. — Quant au besoin d'autorité que le pays témoigne, M. Jules Ferry se juge désigné pour le satisfaire.

Ces deux logiciens, qui savent extraire tout ce que contiennent des principes, jugent que sauver la République par des moyens populaires au moins douteux, ce serait encore diminuer le parlementarisme. Et dépassant la politique étroite pour atteindre à la psychologie, ils concluent que, pour rappeler au pays la force de la Loi, il n'y a que ceux qui la portent en eux, c'est-à-dire les hommes du Code, de la Bible et de la Tradition.

Bouteiller et Ferry prennent sur-le-champ contact avec le parti protestant, si puissant au Sénat, dans les hautes administrations, et qui a pour organe le *Temps*. Puis ils disent aux réactionnaires :

— Le boulangisme, c'est une aventure. Nous sommes le gouvernement, c'est-à-dire la force conservatrice qui tient ensemble les parties du corps social au milieu du conflit des passions et des intérêts. Notre première préoccupation est de sauvegarder les droits acquis, d'administrer, de régir la France que nous avons reçue de nos aïeux et que nous devons transmettre à nos enfants. Que la République soit le gardien de ce patrimoine, voilà qui ne vous plaît pas, messieurs les conservateurs ! Soit ! mais qu'espérez-vous du boulangisme ? Le principe dynastique paraît avoir épuisé toute vitalité dans notre pays : le chef de la maison de France se fait plébiscitaire et les bonapartistes vont au boulangisme comme l'eau va à la rivière. Cette aventure ne jettera pas à terre, comme vous l'espérez sans doute, la forme républicaine, mais elle menace quelque chose de plus haut et de plus profond : le gouvernement des Assemblées, qui a fait l'honneur de la France pendant trente ans de monarchie parlementaire, et pendant vingt ans de République. Ne voyez-vous pas le péril de tout ce qui fit la passion de notre jeunesse et la dignité de notre âge mûr !

De tels discours flattaient le vieux monde des libéraux. Des relations commencées à la conférence Molé et perpétuées dans des assauts électoraux, pour n'avoir été qu'un continuel échange d'invectives et d'insinuations désobligeantes, finissent par créer à certaines natures des habitudes qui valent une amitié. Les ducs Pasquier et de Broglie, MM. Cochin, Ferdinand Duval, Calla, Lambert de Sainte-Croix, Keller, croyaient volontiers avec M. Jules Ferry que la dignité humaine est intéressée au bavardage de la tribune où ils avaient trouvé beaucoup d'agrément. Les purs légitimistes reportaient sur le boulangisme leurs vieilles rancunes contre l'Empire.

Au Sénat et dans un milieu que toutes les nouveautés offensent par elles-mêmes, M. Challemel-Lacour, plus vivement encore, poussait la pointe aux conservateurs.

— Eh quoi ! disait-il, après avoir rompu tragiquement, il y a un siècle, avec une maison d'une grandeur sans égale dans l'histoire, la France tomberait sous les pieds du pire aventurier ! Vous acceptez cela, dites-vous, parce que le parlementarisme ne convient pas au tempérament de votre pays ! Les fautes que vous dénombrez ne naissent pas du système, mais d'un parti qui en a méconnu les conditions et faussé les ressorts. On peut dire que, depuis dix ans, le gouvernement parlementaire n'a jamais été sincèrement pratiqué. Un ministère homogène et solidaire, avec une politique déterminée dont il est résolu à ne pas se départir, et en face une majorité reconnaissant dans le cabinet sa propre pensée, lui laissant le pouvoir comme la responsabilité et décidée à le soutenir sans fantaisie, sans défaillance : voilà ce que doit être le parlementarisme. Qu'a-t-il été chez nous ? Les membres les plus qualifiés du parti radical ont posé en principe que dans le gouvernement il ne fallait pas voir un guide, mais un serviteur ; au lieu de se prêter courageusement aux nécessités du régime et de regarder, non pas les électeurs, mais la France, ils ont considéré comme leur devoir de s'en tenir obstinément, sans en abandonner une syllabe, au mandat dont ils avaient subi la nécessité. On a vu dès lors les candidats condamnés, pour gagner et pour retenir les électeurs, à la surenchère des promesses ! et ils entrent à la Chambre avec le parti pris et la résolution inébranlable de culbuter, sans se soucier du pays et du repos public, tous les cabinets, jusqu'à ce qu'il s'en trouve un assez hardi, ou assez servile, ou assez niais, pour se charger de liquider leurs engagements...

Ces récriminations et ces politesses obtinrent de sérieux résultats de couloirs ; elles ralliaient dans tous les partis les hommes du parlementarisme. Les journaux subventionnés et les feuilles d'arrondissement les proposèrent aux comités électoraux, sous une forme plus accessible, c'est-à-dire en les mêlant de termes injurieux et pittoresques, tels que « Saint-Arnaud de café-concert », « la Boulange », « la Bande ». Ces ignominies de députés qui défendaient leur pain plus encore que la Constitution allaient dans le moindre village fournir ces motifs aux factions héréditaires ; et la longue suite des ancêtres combattaient sous ces noms nouveaux de boulangistes et d'anti-boulangistes.

— Maintenant, il faut agir, — déclara Bouteiller, qui fut vraiment une flamme de haine et d'activité. — La qualité maîtresse de l'homme d'État, dans tous les temps et dans tous les pays, fut le courage d'assumer des responsabilités. Dans la circonstance, il ne faut ni tant d'énergie, ni tant d'audace. Seulement appliquer la loi, les justes lois, comme dit Joseph, le jeune et brillant neveu de notre excellent baron de Reinach. Sans doute les boulangistes habitués à une tolérance excessive protesteront, et leurs diatribes pourront passagèrement émouvoir, mais que les fonctionnaires se sentent couverts dans leurs services et impitoyablement exécutés dans leurs trahisons ; que le gouvernement ouvre ses dossiers de police, qu'il emploie son influence spéciale pour trouver de l'argent à la presse et aux députés ; que l'on retourne enfin contre Boulanger son insolent « A bas les voleurs ! » Ne disposons-nous pas régulièrement du Sénat constitué en Haute-Cour ?

Au service du Panama, Bouteiller avait étudié la topographie parlementaire. Il ne communiqua ces dernières pensées qu'à ceux-là dont il avait apprécié la sûreté en négociant la loi des valeurs à lots. Il s'accorda avec Rouvier, qui n'avait rien à espérer d'une modification du régime, puisqu'il y satisfaisait son activité et ses intérêts, avec Emmanuel Arène, Baïhaut, Jules Roche, avec Hébrard, Magnier, Raoul Canivet, Charles Laurent, Camille Dreyfus, Eugène Mayer, avec tous les vétérans, qui, promus par la mort de Gambetta à une sorte de capitainerie, n'entendaient pas accepter un nouveau chef et surtout une équipe concurrente.

Sans prestige public, de tels hommes excellent dans les manœuvres du Palais-Bourbon et du Luxembourg ; ils commencèrent une campagne habile contre le ministère. Les chefs radicaux pouvaient-ils résister à cette intrigue opportuniste ? L'appui populaire leur manquait depuis qu'ils avaient renié sans motif suffisant un général inventé par eux comme le moyen décisif de la démocratie.

Un orage insensible encore se formait sur Boulanger. Une fois de plus, la nation secourut ce favori du Destin.

CHAPITRE VIII

LE POINT CULMINANT : LE 27 JANVIER 1889

> Dans tout ce qu'on entreprend, il faut donner les deux tiers à la raison et l'autre tiers au hasard. Augmentez la première fraction, vous serez pusillanime. Augmentez la seconde, vous serez téméraire.
>
> (Propos de Napoléon Ier, cité par le prince Louis-Napoléon, en 1843).

Le 24 décembre, Sturel dînait en ville avec le Général et Rochefort. Dillon arriva en retard :

— Grave nouvelle ! Georges ! Rochefort ! Je suis donc mieux renseigné que le plus grand journaliste du monde ? Hude vient de mourir en Algérie.

Hude, c'était un marchand de vin, député de la Seine.

— Il faut vous présenter, Boulanger, dit aussitôt Rochefort.

Et ce joueur heureux, avec sa décision habituelle, avec sa confiance, justifiée par une suite de fortunes, répondait de Paris. Le Général n'hésita pas une seconde à risquer son va-tout politique :

— Ce sera une bonne réponse aux journaux des fonds secrets qui m'accusent de ne réussir que dans les départements réactionnaires.

Dillon, qui faisait sa cour au puissant pamphlétaire, lui disait en se frottant les mains, avec une bonhomie normande :

— Nous allons travailler ferme ; vous, votre monde ; moi, mes amis.

Rochefort calculait :

— On vend 180.000 *Intransigeant* à Paris. D'autre part, les 110.000 voix qu'a obtenues M. Hervé se porteront sur vous. C'est clair.

Avec ces joueurs audacieux, le sentiment public sur-le-champ décida de vider la question boulangiste par un appel au peuple dans Paris et sa banlieue.

Déjà l'on pourrait entendre le piétinement des partis qui se groupent pour se concerter. Les conservateurs auront-ils leur candidat ? Et les socialistes ? Voilà de quelles questions dépend le sort de Boulanger. Bouteiller, les gens de la Bible et les gens du Code comprennent que, dans ce moment où ils ont besoin des faubourgs, ils doivent différer de renverser le ministère radical. Et puis ils préfèrent lui laisser la responsabilité d'une élection pour laquelle on n'a pas le temps de recourir aux mesures d'exception entrevues.

Le 31 décembre, Laguerre donne une soirée, à laquelle assistent Suret-Lefort, Renaudin et Sturel. Nul boulangiste connu n'y manque, sauf Déroulède, empêché. Cette réunion de jeunes lieutenants fougueux autour d'un chef exhale la sorte de poésie qu'on est disposé à attribuer aux veilles de bataille. Boulanger s'impatiente de dépasser sa limite habituelle de onze heures, mais on a des projets. A minuit moins cinq, Mme Laguerre le conduit au milieu du grand salon ; on l'entoure : Laguerre se place en face de lui et, d'une voix sèche que féminise presque son adoration d'un héros servi par la fortune, pendant que minuit sonne, il dit :

— Mon Général, l'année qui s'ouvre à cet instant précis est grosse d'événements. Au nom de tous ceux qui vous entourent, je fais des vœux pour l'élection du prochain député de Paris, pour le triomphe du parti national.

Puis, par délégation de Déroulède et des « Patriotes », il offre au chef une canne de Ligueur. Avec sa gentillesse, et dans cette atmosphère de confiance, le Général examine le bâton et réplique :

— Le cadeau est magnifique, mais quelque chose y manque, car il n'a pas de balai au bout.

Robert Mitchell fit une observation :

— Et dire que l'année prochaine, le compte rendu de ces réunions sera pour le *Journal officiel !*

Laguerre accompagna Boulanger dans une pièce où l'on avait placé son paletot pour lui éviter le vestiaire. Ils entendaient les verres qui se heurtaient, les vivats prolongés, tous les désordres d'une joie irréfléchie :

— Mon Général, lui dit-il, je voudrais causer dix minutes seul avec vous.

— Eh bien ! demain j'aurai beaucoup de monde, venez après-demain à neuf heures.

Le 1er janvier, Laguerre porta simplement ses hommages de nouvelle année rue Dumont-d'Urville. Le 2, il revint.

— Je serai bref. Mon Général, vous avez les plus grandes chances d'être élu le 27.

— Oui. Tous mes renseignements le confirment. Ça y est.

Alors, le regardant bien en face, le jeune député dit :

— Qu'est-ce qui se passera? Coucherez-vous à l'Élysée? ou ferez-vous envahir la Chambre le lendemain?

— Etes-vous fou? dit Boulanger. Pourquoi serais-je si pressé? Le 2 décembre a pesé continuellement sur l'Empire. Je ne veux pas faire couler de sang. Je refuse de répondre à de pareilles invites. Je ne ferai rien en dehors des élections.

Des mots qui découragent! mais enfin des mots! Les événements peuvent contraindre et porter les hommes. Laguerre retourne au plus épais de la mêlée.

Parmi les conservateurs, les amoureux de la tribune ont le dessous. Le comte de Paris a décidé qu'on n'aura pas de candidat. Les révolutionnaires présentent un ouvrier, Boulé. La France parlementaire, aiguillée par Floquet, marche toute au combat derrière Jacques, candidat de la République.

Bien que conseiller municipal de Paris, Président du Conseil général de la Seine, et de son état distillateur, le personnage parut obscur. C'était un galant homme, de taille moyenne, avec d'agréables cheveux blancs, un vieillard d'aspect soigné. Peut-être ne prisait-il pas et ignorait-il le latin, mais on l'imagine une tabatière à la main et un doigt dans Horace. Ce n'était pas l'homme des foules. Le voyant encadré de MM. Clemenceau, Ranc et Joffrin, elles se rappelèrent une boutique célèbre intitulée : « Au pauvre Jacques ».

Rochefort donnait le ton à cette lutte qui fut charmante par la passion, les grandes dépenses et les réunions belles comme des batailles rangées. Le tout d'une excellente verve parisienne. M. Clemenceau ayant rédigé une affiche « Pas de Sedan ! » les boulevards et les faubourgs portèrent aux nues la répartie de l'*Intransigeant* : « Vous l'aurez donc en drap d'Elbœuf ! » Fatigué d'entendre parler du parlementaire Baudin, qui mourut pour vingt-cinq francs par jour, on répliquait que les soldats meurent pour un sou.

Les troupes étaient excellentes, révolutionnaires blanquistes, patriotes de Déroulède, bonapartistes des ligues plébiscitaires : des gens pleins d'esprit et de cœur. De telles secousses soulèvent toujours la lie d'une capitale. Mais cette fange, mise en contact dans toutes ses parties avec l'atmosphère boulangiste, se purifia. Cette cohue ralliée au cri de « Vive Boulanger ! » qui lui semblait confusément un moyen révolutionnaire, fut bien obligée d'accepter les « Vive la Patrie ! » et les « Vive l'armée ! » qu'il contenait. C'est un rude homme : il a été blessé pour son pays, ses soldats l'aimaient, les Prussiens le détestent ! Ces idées nécessaires pour réfuter le parti gouvernemental, en pénétrant les pires cerveaux, les ennoblirent. Les attroupements, les clameurs, le tapage, bien faits pour libérer toutes les forces anarchistes, avaient cette fois pour centre un général patriote de qui tout ce désordre recevait l'état d'esprit national d'une levée en masse.

Suret-Lefort, Sturel et le journaliste Renaudin, chaque soir, dans deux ou trois réunions, connurent la joie de fraterniser avec des milliers d'inconnus qu'exaltaient la lutte et les signes de la victoire. Chaque jour un mot d'ordre courait : « A huit heures, on enlève le XII⁰ arrondissement!... il faut déloger Jacques de la salle des Mille Colonnes... » Paris soulevé portait les orateurs au succès. Le boulangisme réquisitionnait tout ce qui parlait un peu ; il ne fallait qu'une petite crânerie de sous-lieutenant. Seuls venaient dans les réunions des gens de parti pris. Pouvait-on se faire entendre, il s'agissait de leur formuler, dans les termes les plus saisissants, les haines et les amours dont ils étaient remplis. Suret-Lefort y excellait, admirable d'impertinence, impérieux et séduisant, avec son buste svelte, ses yeux pâles de métaphysicien. Quel plus constant abstracteur vit-on jamais que ce jeune homme! Ni les grands fleuves, ni les montagnes, ni la mer, ni les plaines, ni les fleurs, ni les couchers de soleil, ni les bons animaux, n'existaient dans son Univers. Seuls les électeurs, et le jeu des forces électorales où dominait le démiurge Boulanger, distrayaient cet avocat. Ce qu'il avait de vulgarité n'apparaissait pas dans ces halles immenses où, pour faire effet, il faut sacrifier toutes nuances au grossissement théâtral. Il exaltait les volontaires de la cause nationale, il irritait les haines, et promettait, après la victoire certaine, la reconnaissance du Chef. Myope et maladroit de son corps comme les gens de basoche, il se tenait sous les injures, sous les agressions même, intrépide. Son orgueil lui donnait du style. Pour l'observateur désintéressé, cette tranquillité de soldat lorrain dans les bagarres, et tandis qu'on se dispute corps à corps le bureau, compense ce qu'a d'ignoble l'abondance avocassière.

Renaudin, déconcerté s'il s'agissait de discourir et d'ailleurs antipathique, fit une campagne atroce d'injures, de dénonciations contre les chefs possibilistes qui tenaient pour Jacques. Naturellement cruel, il assumait avec plaisir des tâches nécessaires mais dangereuses. Ce que la prudence eût évité, son goût voluptueux des basses besognes le recherchait. Par là grossissaient formidablement les haines personnelles qu'il avait commencé d'amasser dans sa campagne contre les dépositaires d'objets manufacturés à l'étranger. Les personnes, comme il y en a toujours, affamées de conciliation, se disaient les unes aux autres : « Oh! celui-là, je vous l'abandonne; c'est une simple canaille. » En outre, l'argent, qu'il appelait fâcheusement « de la bonne galette », tenait une grande place dans ses propos, parfois pittoresques et toujours cyniques. Pour passer du rôle d'agent à celui d'homme politique, il manquait de la chose essentielle : les bonnes apparences.

Sturel jouissait jusqu'à l'ivresse de ces agitations. Il servait son parti comme un jeune soldat son drapeau. Un amour fraternel l'emplissait pour tous ces inconnus qui, chaque soir, se ralliaient au cri de « Vive Boulanger! » Sans ambition déterminée, pour le plaisir de se mêler à un sentiment collectif et de respirer au centre de l'énergie nationale, il se donnait en toute bonne volonté au Chef et à ses lieutenants. Rien d'autre que cette forte tragédie ne pouvait alors posséder ses esprits. Auprès de sa jolie maîtresse, il semblait un jeune colonel de l'Empire entre deux campagnes. Il croyait entendre son cheval piaffer à la porte.

— A quoi penses-tu? — lui dit, un des premiers

jours de janvier, Mme de Nelles qui le voyait distrait.

Et après un léger silence :

— Je calculais — répondit-il en lui baisant la main — ce que peuvent représenter de voix les blanquistes dissidents.

Il souffrit de la tristesse qui passa sur les traits de sa maîtresse et chassa la joie d'enfant qu'elle montrait à le voir, mais il désirait s'évader. Quand elle entendit la porte de l'hôtel retomber, elle eut un grand trouble, sentit la solitude de la vie. Sturel courait chez la grande Léontine où Fanfournot sorti de prison venait d'organiser un service d'embauchage. Le jeune libéré menait des bandes, dans les réunions, contre les révolutionnaires de gouvernement : ce qu'on appelle assurer les services d'ordre. Ses hommes se faisaient assommer pour quarante sous, pour leur sombre plaisir et pour « la République des honnêtes gens ». La passion boulangiste enflammait la Léontine, originaire de Verdun et chez qui parlaient des instincts de vieille haridelle militaire. Elle la motivait par son expérience des misères de la vie, et l'exprimait dans des apostrophes au froid, à la mauvaise nourriture, à la maladie, cependant qu'elle posait des compresses fétides sur les contusions de Fanfournot, rentré au milieu de la nuit, livide, frénétique, idiot, vaniteux et idéaliste.

Pour louer et insulter le général Boulanger, on dépensa dans cette courte campagne un million. Son nom tapissait et assourdissait Paris. Il était lui seul l'opposition entière. Les circonstances l'avaient mis de niveau avec le gouvernement. On choisissait entre Boulanger et la République parlementaire. La France entière, penchée par-dessus les joueurs, suivait avec

anxiété les cartes, et posait la question de Laguerre.
« Ensuite, mon Général, que ferons-nous ? »

Tout cet immense Paris passa la soirée du samedi 26 janvier et la journée du dimanche dans l'état des professionnels qui attendent sur un vélodrome les coureurs partis de Bordeaux. C'était une fête, car les rues, les quais, les brasseries et les énormes faubourgs, tout travail suspendu, bavardaient, mais la crainte, l'espoir, la colère, l'incertitude, tant d'ambitions surexcitées déterminaient des battements de cœur qui pâlissaient les visages. Dès les premières heures du 27, quand les masses anonymes gravirent les lieux de vote, les connaisseurs discernèrent que Boulanger avait sorti de leur indifférence les plus obstinés abstentionnistes.

— Moi, monsieur, — dit à Sturel son concierge qui avait à l'état constant une expression réfléchie, — j'étais pour le petit Prince Impérial !

Et il partit confondre son bulletin avec les bulletins des blanquistes, catholiques, monarchistes, républicains et incolores, dans un parti simplement national.

Cependant vers six heures du soir, à Bouteiller qui, assiégé de pressentiments, lui parlait de précautions à prendre, le président du Conseil répondait, comme un radical doit parler à un opportuniste :

— Dans une heure, monsieur, vous me demanderez pardon d'avoir douté de Paris.

Une heure plus tard, les premiers résultats parvenaient aux bureaux presque déserts de la *Justice*, et Clemenceau jetait cette interrogation :

— Dites donc, un tel, vous qui êtes allé à Nouméa, racontez-nous la vie là-bas.

Pensait-il que mieux vaut se poser en martyr qu'en blackboulé, ou bien cet audacieux, qui ne sentait plus d'objection à l'expédient révolutionnaire d'une Haute Cour, supposait-il à Boulanger la même hardiesse d'âme ?

Chaque quartier, en connaissant par les chiffres que sa majorité était boulangiste, le devint unanimement et attendit quelque chose. Un frémissement nerveux exaltait non seulement les fidèles enrégimentés mais tout le Paris romanesque, cette foule immense de curieux, d'imaginatifs et de mécontents qui, dès leur dîner, se dirigèrent sur les boulevards, les obstruant, les enfiévrant d'un même désir d'acclamer le vainqueur et de prendre son mot d'ordre.

Autour de Floquet atterré, ses collaborateurs estimaient n'avoir pas les moyens de se défendre. On savait qu'à l'Élysée le poste livrerait les portes ; que les soldats, sortis de leur caserne, acclameraient Boulanger ; que la garde républicaine, colonel en tête, s'offrait pour un coup de main.

Au premier étage du restaurant Durand s'achevait dans le plus grand désordre un dîner de vingt-cinq couverts, présidé par Déroulède. Dans la salle du rez-de-chaussée, dans les escaliers et dans les couloirs, c'était une cohue de dévouements bruyants qui, à travers les rues, noires au loin d'une foule pressée, avaient couru en se déchirant pour apporter les chiffres de la victoire. Chaque résultat partiel augmentait la majorité du chef et faisait déborder la joie dont était comblé, depuis les premiers chiffres, le cœur des grands lieutenants. Joie légitime, exagérée encore chez les agents secondaires, chez des hommes de cercles, vaguement rastaquouères, par la forfanterie et l'irréflexion habituelles aux anonymes sans responsabilité. Ils discutaient bruyamment et de la manière la plus compromettante l'opportunité d'un coup de main. Faisant le but de tous ces vivats, de tous ces bras tendus, de tous ces yeux noyés de plaisir, le Général en habit, heureux, et calme, usait fort joliment de son beau sang-froid pour être le moins étonné, le moins ému de son triomphe, que ses mots, ses gestes, les battements de son cœur n'avaient pas un instant mis en doute.

Il se taisait. Qu'attendait-il? Et même attendait-il quelque chose? Il ne s'en ouvrit à personne. Était-il donc obligé de penser tout haut? Son silence intéresse plus notre imagination que ses phrases, rares et pauvres. Sa méditation en face des serviteurs de sa fortune, voilà ce qui nous ouvre un champ, et surtout quand il s'approche de la fenêtre et contemple cette multitude dont l'acclamation sans trêve le glorifie. Cris obstinés, appels au soldat, mais qui non plus ne précisent rien. Plus loin, par delà les regards, toute la France veille en permanence. Quel énigmatique suspens entre cet homme et ce peuple qui, l'un l'autre, s'interrogent!

Sur l'invitation de Déroulède, de Thiébaud et de Lenglé, le Général demanda quelques minutes de solitude. Demeuré avec ces intimes dans un cabinet, il subit leur assaut, leur instante prière de réaliser par un acte le vœu plébiscitaire de la Seine. Avec cette rapidité d'élocution, cette construction antithétique des phrases et cette ingéniosité d'images saisissantes qui font son éloquence, Déroulède développa que tout homme a dans sa destinée deux courbes, une ascendante, une descendante.

— Vous êtes arrivé au point d'intersection, au sommet, mon Général !

A tous leurs plans d'action immédiate, Boulanger répondit :

— Et si j'échouais ? Je serais impardonnable d'avoir gâté par un caprice, qui ne rentre pas dans notre méthode, une campagne si magnifiquement conduite. Vous dites que je réussirais ; je le crois ; mais pourquoi voulez-vous que j'aille conquérir illégalement un pouvoir où je suis sûr d'être porté dans six mois par l'unanimité de la France ?

Les trois affirmèrent que cette crise, ces magnifiques moments ne pouvaient durer :

— Un grand pays comme la France ne s'offre pas davantage ; on le prend par un suprême effort, dans un risque.

Boulanger s'obstinait :

— Si le prince Louis-Napoléon avait eu la patience d'attendre un nouveau verdict populaire, il eût épargné à sa mémoire les massacres de Décembre. L'Empire est mort du Deux-Décembre.

« Il en a d'abord vécu pendant dix-huit ans ! » se dirent les trois boulangistes.

Un trait principal de Déroulède, c'est de ne point admettre une volonté qui lui résiste. Il attaque de front, de flanc et s'acharne :

— Mon Général, je ne vous demande pas de marcher sur l'Élysée ; les actions de nuit sont dangereuses. Je vous dis : « Venez demain à la Chambre ; nous tenons encore nos cadres électoraux, nos comités ; nous aurons vingt mille hommes convoqués : il en viendra deux cent mille. Montez à la tribune. Demandez la Dissolution, la Révision. On vous les refusera. Sortez alors, et nous rentrerons... »

Ceux qui connurent une fois les ivresses populaires ne peuvent rêver sans battements de cœur ce que serait une pareille journée ! La foule immense sur les quais, sur la place ; derrière les grilles fermées du Palais-Bourbon, les rares députés du parti saluant le peuple avec leurs mouchoirs, l'appelant à oser ; de maigres troupes un instant hésitantes et puis gagnées enfin par cet enthousiasme, comme des îlots par l'océan, et les fiers cavaliers penchés, fraternisant avec les patriotes, au milieu du délire de la délivrance : c'est alors qu'apparaîtrait, des couloirs au plein air, le chef, frappé peut-être, insulté par d'éloquents énergumènes, et qui vient se confier à l'ouragan. Souhaitons que, dès cette minute, les choses se concluent avec un minimum de brutalité et, par exemple, qu'on se contente de tremper à la Seine les parlementaires, comme des chiens qu'on veut épucer sans les noyer.

A chaque minute du grave colloque entre Boulanger et Déroulède, la porte est frappée, entr'ouverte par des fidèles, dont l'enthousiasme et la jalousie supportent mal l'accaparement du Général. Et lui-même souffre de toute son ardente clientèle. Son succès qu'il attribue à lui seul et à la foule, il craint qu'une intrigue l'exploite.

De ses paroles hachées, on dégage nettement son état d'esprit en face de l'hypothèse, qu'il a souvent étudiée, d'un coup de main sur le Parlement. Depuis que, ministre de la Guerre, il a déjeuné avec Naquet dans ce même restaurant Durand, il a envisagé, comme le général Hoche, comme le général Bonaparte, l'épuration du gouvernement républicain par

18.

épée républicaine. Il s'est fait une idée propre
la tactique à suivre. Il l'a indiquée, dans la nuit
ez Laguerre, tandis qu'on discutait les moyens
un coup de force, au bénéfice des radicaux, pour
arter M. Jules Ferry de la Présidence : « Il n'y a
s à donner des ordres aux troupes; on les cou-
gne. »

Le peuple marchant sur la Chambre, sur l'Élysée,
ne trouvant aucune résistance, est-ce donc là ce
'il attend, silencieux et qui revient toujours à la
nêtre? En vérité, que pourrait empêcher ce pauvre
. Clément qui se promène le long de la Madeleine
rteur d'un mandat d'arrêt?

Malgré ces acquiescements de son intelligence à la
gitimité et à la possibilité d'une intervention de
ldat, l'âme droite, honnête et naïve du général Bou-
ger garde des préjugés d'éducation. Il se rappelle
e son ère récitait les invectives de Victor Hugo
ntre l'Homme du Deux-Décembre. Il redoute le
gement des rédacteurs de l'histoire. Tout à fait
norant du métier littéraire, il s'épouvante d'un
uit de plumes.

Moins honnête et poussé par des appétits, il aurait
arché. Un sage aussi, un homme clairvoyant et
utenu par des idées maîtresses, eût mis, au nom
la science politique, son épée au service des
lontés confuses de la France. Avec les pleins pou-
irs que lui donne Paris, le Général devrait être le
rveau de la nation et diriger ce que sollicite l'ins-
ct national. Il défaille, faute d'une doctrine qui le
utienne, et qui l'autorise à commander ces mouv-
ments de délivrance que les humbles tendent à
écuter. Autour de lui, l'inconscient se soulève en

magnifique état, mais l'indigence des principes empêche qu'on aboutisse à un programme positif. Le général Boulanger, tout au net, manque d'une foi boulangiste qui se substitue dans sa conscience à l'évangile dont vit le parlementarisme.

Il rompt ce débat décisif, se dérobe aux obsessions de ces patriotes clairvoyants pour retourner aux fidèles qui veulent lui serrer la main. Enivrés par les grandes satisfactions théâtrales du jour, ceux-ci prolongent des occupations de candidat et ils distraient le Général avec l'expression de leurs dévouements individuels, quand son devoir, c'est maintenant de répondre au sentiment exprimé de Paris.

Parmi ce troupeau, Sturel, le cœur baigné dans du sublime, contemple son Général, écoute ces communards et ces « badingueusards » mêlés, qui gardent la tradition « des plus fortes journées du siècle ». Il n'est pas homme à se désillusionner au contact de ceux qui, à distance, l'ont intéressé ; sa puissante imagination se fixe sur cet état-major électoral et trouve des raisons réelles d'admirer. Eux sans doute, émoussés par les longs accidents de la vie, ne distinguent pas ce jeune homme. Dans son regard ardent, plein de désirs obscurs, ils discerneraient qu'on attend, qu'on exige, après tant de caresses, d'aboutir, et que ce patriote accourt pour voir se former, cette nuit, un organe, le cœur d'une France nouvelle.

Dans cet instant, Renaudin entre avec violence, les vêtements défaits. Il apporte les totaux du Général élu par 244.700 voix avec 81.550 voix de majorité. Ces chiffres, qu'il proclamait, ont soulevé sur son passage d'immenses acclamations. Il a vu les agents qui bousculaient, non pas les boulangistes, mais les rares protestataires. Il sait le ministère éperdu. Et se faisant l'interprète d'une fièvre qui bat son plein et veut tout emporter :

— Dites un mot, mon Général, nous marchons ; ordonnez.

Boulanger pour briser une vague, si forte que, d'une minute à l'autre, il pourrait perdre pied, regarde le reporter, et d'une voix nette :

— Floquet ne me parlerait pas autrement.

Sous cette parole assez dure pour transformer une âme, Renaudin, à demi chassé par l'entourage, quitta la pièce. Rochefort intervint, puisque les espoirs des solutionistes étaient ruinés, pour fournir la thèse de ralliement :

— C'est avec des bulletins de vote, des balles de papier, non de plomb, que nous voulons disperser nos ennemis.

Autour du célèbre pamphlétaire, indispensable et dont le journal formait la clef de la confiance du peuple, ce devait être un murmure d'adhésion.

Cette situation où les chefs, au milieu d'une telle ardeur, semblaient plonger dans la glace, ne pouvait s'éterniser. Pour ne pas compromettre son équilibre, le vainqueur voulait s'aller coucher.

— Mais par où ? dit quelqu'un.
— Par la sortie de tout le monde.
— Quelle folie ! cria-t-on, la foule emballée vous porterait à l'Élysée.

Plusieurs frémirent ; le Général objectait avec une légère humeur qu'il ne pouvait pourtant pas passer la nuit dans ce restaurant. Il rejeta vivement l'idée d'une issue secrète. On parvint, non sans peine, à faire avancer la voiture.

Thiébaud tira sa montre :

— Minuit cinq, messieurs ! Depuis cinq minutes le boulangisme est en baisse !

Le bruit courait que M. de Labruyère, avec cinquante sous-officiers d'Afrique, voulait cerner la voiture, l'entraîner vers l'Élysée. Le Général, en descendant l'escalier, répéta plusieurs fois à M. Feuillant, chargé de son service personnel dans cette journée : « Surveillez Labruyère. » Il entra précipitamment dans le landau. Des ligueurs soutiennent, maîtrisent les chevaux ; l'immense place de la Madeleine, la rue Royale, les boulevards, éclatent en cris furieux d'amour, de triomphe ; l'obstiné Déroulède domine tout sur le siège, auprès du cocher, et jusque dans la chambre du Général, il prêchera son idée d'un 4 septembre pour le lendemain.

La foule satisfaite se disperse en acclamant une suprême fois le chef du parti national. Tout de même, dans cette idée d'un chef, cette population se complaît trop. Tant de vie au dehors ! on voudrait plus de vie intérieure et que d'elle-même cette population assurât sa fortune : que ce parti obéît davantage à ses propres instincts. Cet homme n'ordonne pas à cette foule de se risquer gravement ? c'est à une volonté anonyme de tout compromettre et emporter. — Hélas ! le cerveau que Bouteiller prépare au parlementarisme, personne ne l'a donné au boulangisme, qui demeure rien qu'une fièvre.

Sturel s'éloigne de la place de la Madeleine, rapidement clairsemée, où les agents disent : « Circulez, messieurs, circulez ! » Il erre par les rues. La tempéture refroidie met un léger verglas sur les trottoirs. Il va jusqu'à la place Beauvau, voit le ministère endormi, l'Élysée morne. Telle est sa confiance dans le Général qu'il ne s'inquiète de rien, mais il ressent la fatigue et la mélancolie qui suivent les grands excès de volupté.

Tandis que l'élu de Paris se hâte de rejoindre Mme de Bonnemains et que, dans ce mois, chargé plus qu'aucun depuis vingt-huit ans des grandes vertus nationales, son âme inexplicable garde assez d'indépendance pour aimer un simple individu, une femme, le seul reflet pourtant de sa glorieuse popularité, détache les autres de leurs maîtresses. Sturel ne pense guère à Thérèse de Nelles. La jeune femme a tristement passé cette belle journée rayonnante d'un soleil d'Austerlitz. Dans ce grand mouvement de la France, elle ne voit qu'une sèche et grossière opération de politique. Elle souhaite le succès, puisqu'il réjouira son ami, mais elle souffre, se sentant jeune, précieuse à tous, de comprendre qu'elle ne suffirait pas à le consoler d'un échec.

Très tard dans la nuit, son mari rentra mécontent. Lui aussi était allé voir aux environs de l'Élysée si Boulanger agissait. Parmi les derniers badauds, il avait rencontré M. Constans, qui lui avait dit : *E finita la comedia*.

— Il fallait lancer cette canaille, fructidoriser — répétait Nelles.

Et lâchant enfin son vrai sentiment, il ajouta :
— Nous sortir de l'incertitude.

CHAPITRE IX

LES DERNIERS FEUX, LES PLUS BEAUX,
D'UN SOLEIL QUI VA BIENTOT PALIR

Le 28 janvier, au matin, rue Dumont-d'Urville, le Général dit à ses visiteurs, parmi lesquels Sturel :

— J'ai été élu parce que je représente l'ordre. Je tiens pour mon premier devoir d'éviter un conflit. J'irai à la Chambre quand personne ne m'attendra.

Dès deux heures, la terrasse des Tuileries, les quais et la place de la Concorde se couvrant de Parisiens vainement tournés vers l'Étoile, Sturel se rabattit rue de Prony.

Mécontent de ses négligences envers son amie et pour la distraire, il lui avait présenté Rœmerspacher et Suret-Lefort, qu'elle avait jadis entrevus à la Villa Coulonvaux. Elle apprécia le jeune historien. Pour l'entretenir de François, elle composa une certaine fable qui la faisait une compatriote, une amie d'enfance, devenue une sœur, sans aucune faiblesse amoureuse. Dans le petit salon où, parmi de gentilles vieilleries qui sont les joujoux des grandes personnes, se mouraient perpétuellement des tulipes jaunes, tachées de vert, de rouge et nommées d'une façon amusante « tulipes perroquet », ils étudiaient, une fois de plus, leurs raisons d'aimer Sturel, quand celui-ci entra. Son jeune visage apportait du dehors un tel bonheur que sa maîtresse immédiatement souffrit de jalousie contre Boulanger.

M. de Nelles revint de la Chambre avec ses poches bourrées des journaux du soir. Ils contenaient des atrocités : Renaudin, craignant de partager les bénéfices du succès avec tant de malins qui certainement allaient se rallier, jurait que les boulangistes seraient implacables dans la victoire et que « le peuple ne pardonnerait pas à l'oligarchie parlementaire ». Il signalait, à la date du 17 janvier, une pétition aux députés et une plainte au parquet tendant l'une et l'autre à obtenir le bilan des fonds encaissés par la Compagnie de Panama, et l'état des sommes utilement dépensées. Il demandait des poursuites contre les administrateurs et contre les corrompus.

— Une mauvaise action — disait Nelles de cet article. — Le Général a beaucoup d'amis, beaucoup plus qu'il ne croit... A la Chambre, cet après-midi, je voyais tout le monde, sauf quelques idéologues, disposé à accepter les volontés du pays, mais qu'il empêche les bêtises autour de lui !

— Tout de même, dit Sturel, des poursuites en corruption contre le Parlement ! quelle formidable machine de guerre !

Rœmerspacher fait d'autant plus le professeur que Mme de Nelles l'écoute :

— Prenez une grenouille avec un appât de drap rouge ; coupez-lui une patte : vous pouvez la rejeter à l'eau et lui présenter le même drap rouge, elle se

UN SOLEIL QUI VA BIENTOT PALIR

laissera reprendre et vous lui couperez une seconde patte. La grenouille est incapable de profiter de ses expériences. Mais je ne puis admettre que le Parlement tombe dans le piège d'une nouvelle campagne de vertu, après l'affaire Wilson.

— Qu'on laisse donc cela. Qu'on laisse donc cela ! — répétait Nelles en geignant et du ton d'un homme qu'on excède. — Boulanger contre Lesseps ! Mais ce sont deux frères avec des moyens différents ! Ils donnent de la confiance. Des optimistes communicatifs, des empaumeurs. Il faut prendre ses précautions, se réserver une sortie, mais, avec cette sorte d'hommes, il y a beaucoup à gagner.

— Monsieur le baron, observa Suret-Lefort, il faut que Boulanger vienne se promener dans les Ardennes et la Haute-Marne.

Il s'exprimait avec déférence et autorité :

— Le parti ne peut pas se passer plus longtemps d'une politique religieuse. L'exposition en sera délicate, je partage l'opinion de Georges Thiébaud : le meilleur endroit pour s'expliquer, c'est la tombe d'un brave curé des Ardennes fusillé en 1870 par les Prussiens, aux lieu et place d'un de ses paroissiens, père de cinq enfants, pour qui généreusement il se dévoua... Lisez ce qu'en rapporte le journal de Busch. On va élever un modeste monument à ce héros. C'est là que le Général, entouré de nous tous, doit parler.

Cette idée, qui remuerait tout l'Est, séduisit le député de la Haute-Marne. Il en conçut beaucoup d'estime pour le jeune radical, et lui tapant dans la main, selon une manière qu'il s'était donnée depuis que de diplomate et cassant il était devenu représentant du peuple et bonhomme, il déclara :

— Entendu ! Nous marchons d'accord !

Puis à sa femme :

— Dites donc, Thérèse, si vous nous faisiez dîner tous ensemble avec le brave Général ? (Et se frottant les mains) Vous nous donnerez un bon dîner, hein ! Tant pis si ça coûte cher !

Il se sauva, convaincu d'avoir effacé les distances et bien incapable de comprendre que sa vulgarité écœurait tout ce petit monde.

Mme de Nelles fit d'abord une moue dégoûtée, puis elle pensa que cette réunion amuserait François.

— Enfin, disait Rœmerspacher, vous n'imaginez pas déposséder la bande gambettiste et substituer au parlementarisme une démocratie autoritaire par des voies de droit ? Que Boulanger ait été hier soir la sagesse même, parce que la province refuserait de ratifier un coup de main, ou qu'il ait sacrifié un succès certain à des considérations humanitaires, ses biographes l'éclairciront. Admirez, si vous voulez, dans son piétinement les caractères d'une haute moralité. Mais le boulangisme n'aboutit pas, et, pour apprécier une action, il n'y a qu'un point de vue : a-t-elle atteint son but ? Tout est là. Un échec à Paris tuerait Boulanger. Son succès ne l'avance que dans les imaginations. Que deviendrez-vous, une fois le scrutin de liste et les candidatures multiples supprimés ? Le Général obtenant une majorité en septembre trouverait toujours devant lui le Sénat et le Président. Et croit-il que les possédants vont le laisser continuer ?

— Il est le chef, nous, les soldats ; nous obéissons répondaient Sturel et Suret-Lefort.

Rœmerspacher s'irritait de ces métaphores politiciennes :

— Un chef d'armée dispose de forces qu'il connaît contre des forces qu'il peut estimer. Mais un homme populaire ! Sur quelles bases, quand tout flotte autour de lui, voulez-vous qu'il établisse des calculs sérieux et des plans un peu constants ? Boulanger n'a aucune doctrine ; il ignore la science politique ; ses amis ne se préoccupent pas de l'installer sur cinq ou six idées maîtresses. Il est le produit de circonstances. Qu'il se hâte de les utiliser ! Les Français attendent qu'il fasse crouler le parlementarisme ; s'il échoue, ils l'abandonneront. Un chef, Boulanger ! C'est un fétiche. Mettons, un drapeau.

— Non ! s'écria Mme de Nelles, voilà le mot juste, un fétiche ! Au fait, qu'a-t-il d'intéressant ?

— Il faut dire que jamais un individu n'intéresse Rœmerspacher, dit Sturel contrarié.

— Permettez ! Boulanger, c'est le monsieur qu'une femme amoureuse supplie de jouer du piano ; il se dit, elle le croit un grand musicien ; il se lève et se met au tabouret, c'est la dernière seconde avant son effondrement. Vous diminuez le Général en convainquant la France de demander une réforme politique à ce charmant et frivole Breton. J'aime autant qu'il reste dans son rôle d'excitateur. Toute activité que je sens parfaitement adaptée à son objet m'intéresse, dans quelque ordre que ce soit : par exemple un homme fait pour la passion et qui en éprouve une grande.

A cet instant, Mme de Nelles jeta sur Sturel un regard de reproche où il apprit à reconnaître l'expression d'un véritable sentiment. « Quelle belle créature, se dit-il, celle qui aime ainsi, et comme on serait heureux d'avoir envie de mourir pour une pareille maîtresse ! »

Sturel reproche aux femmes de ne pas le dominer assez fortement : la saveur de l'amour ne lui semble pas déplaisante, certes, mais trop faible. Dans ses aventures, il conserve intacte sa vraie sensibilité que nulle n'a touchée à fond. Thérèse devine n'être pour lui que le plus joli des objets. Sans doute, elle connaît dans ses bras toute la suite des phénomènes que déterminent des lèvres passionnées, mais de ce composé impur, loin de se satisfaire, elle se trouve inquiète et même diminuée. Ce qu'il y a d'énergie dans son jeune corps l'emporte d'abord sur les protestations de sa délicatesse ; quand l'étreinte de son amant se délie, le tumulte de son cœur est plus fait des mouvements de son âme peinée que de son tempérament : elle sanglote.

Cependant, à les voir du dehors, si jeunes, si beaux, heureux de santé, de luxe et de succès parisiens, et qui vont passer la soirée dans le monde (où déjà l'on sait qu'il ne faut pas les séparer), Rœmerspacher prend une idée triste de son isolement. Ce laborieux doute maintenant qu'on puisse se placer en dehors de toute vie affective. De la rue de Prony jusqu'à la rive gauche, ce jour-là, Suret-Lefort l'accompagne et le détourne de ses rêveries. Il le questionne avec l'obstination d'un homme d'affaires à s'entourer de tous les renseignements.

— Alors, Rœmerspacher, tu ne crois pas au succès de Boulanger?

C'est une grande marque de confiance dans l'autorité, dans la virilité de son camarade que donne l'avocat de consentir à penser, fût-ce devant un seul témoin, autrement qu'il ne ferait en public.

Le jeune historien, avec une complaisance un peu méprisante pour cet anxieux utilitarisme, développe sous toutes les formes son système :

— Je ne prédis pas l'avenir : j'ignore qui triomphera. Mais j'affirme qu'on ne restera plus longtemps dans la légalité. Que Boulanger s'y obstine, il en sera la dupe. Ses adversaires organiseront contre lui le coup de main qu'il pouvait tenter hier. Son unique ressource, c'est de les devancer, s'il en possède le moyen.

Et Suret-Lefort, en observant de côté son camarade, se dit : « Il croit à l'organisation opportuno-radicale ; voilà pourquoi il ne se déclare pas pour le Général. Peut-être veut-il entrer dans l'enseignement ? »

Après le 27 janvier, il y eut un silence dans le pays, que les cris triomphants des meneurs boulangistes et les injures de la presse gouvernementale n'empêchèrent aucun homme sensé de percevoir, et fort analogue au tâtonnement qui dans un duel précède une attaque furieuse.

Tous ceux qui dépendent des mouvements électoraux montrent des visages pâles. Désormais sans troupes, rejoindront-ils Boulanger pour devenir ses lieutenants auprès des masses qu'ils ont commandées, ou bien s'effaceront-ils derrière les hommes vraiment conscients du régime, que Challemel-Lacour définit en les opposant à ceux qui vivent l'œil fixé sur l'électeur ?

Comme une balle rebondit sous le coup, Bouteiller

a repris sa campagne de couloirs et cette fois avec une incroyable violence d'outrages. Grossièrement convaincu du caractère éternel et supérieur à toute critique des affirmations auxquelles il a lié son destin, il haïssait déjà Boulanger comme le syndic préposé à la faillite parlementaire. Et voici qu'à cette haine première se joint le plus sincère, le plus complet mépris.

Au début, il n'éprouvait qu'une méfiance de plébéien et d'intellectuel qui s'est toujours détourné des sports, pour le prétorien qui, vêtu de couleurs voyantes, fait l'insolent avec les bourgeois et se croit d'une élite quand il n'est que d'une livrée. De ce sentiment très profond en lui, Bouteiller, d'ailleurs, prenait mal conscience, car il se piquait d'une compétence particulière dans les choses de l'armée et se croyait un administrateur militaire, voire un homme de guerre en civil. Cette antipathie innée et professionnelle s'exagéra quand les deux hommes vécurent côte à côte. Chez l'un et chez l'autre, existait un fonds de vulgarité, une forte vie tout récemment issue du peuple, mais le milieu avait fait Boulanger plus aristocrate, à cause des chevaux, des camaraderies, des attitudes étudiées, et Bouteiller plus sacerdotal à la suite de tant de prêcheries sur le devoir philosophique. Les conversations légères du jeune ministre, si aimable, si fringant, offensaient Bouteiller qui, avec son teint pâle, sa redingote où l'on cherchait instinctivement des traces de craie, était incapable de se prêter à ces frivolités et s'irritait qu'un membre du gouvernement fumât et plaisantât avec des membres de l'opposition. « Il se croit toujours au Café de la Comédie », avait-il dit. « C'est un pion », répliquait l'autre. Ces propos rapportés, très vite oubliés par l'heureux Boulanger, à qui un Bouteiller semble un *minus habens*, avaient compliqué le débat d'une animosité personnelle, car l'ancien professeur souffrait de se sentir retardé dans sa carrière politique par son incapacité de plaire. Mais où le dédain de Bouteiller déborda, c'est quand il apprit au ministère de l'intérieur que l'élu du 27 janvier, pour se reposer, passait les premiers jours de février, incognito, chez la « belle meunière » à Royat, dans les bras de Mme de Bonnemains, et cependant suivait un régime tonique de kola. Certaines créatures irréprochables de mœurs sourient, se gaussent d'un homme qui, à l'occasion, montra une retenue trop vertueuse. Le sentiment des puissances de l'amour — précisons : la notion du véritable mâle — subsiste en elles, nullement affaibli par leur indiscutable chasteté et parfois la domine. Par une duplicité analogue, Bouteiller qui, tant de fois, avait affirmé dans sa chaire universitaire, à la tribune du Palais-Bourbon et même dans sa conscience, la proposition du *Phédon*, que « la loi a un caractère éternel et qu'aucune circonstance n'autorise à y manquer », aimait trop le pouvoir pour admettre que, près de le saisir, on reculât. Il ne sut aucun gré au général Boulanger de s'être abstenu d'un coup de force le soir du 27 janvier. « C'est un lâche, disait-il, et, d'ailleurs, il savait bien que nous le fusillerions. » Même à la première minute où tant de politiciens, qui ne jugent jamais que par l'événement, s'émerveillaient de ce « diable d'homme », Bouteiller marqua une pitié dégoûtée.

— En politique comme en escrime, professait-il,

le premier principe, c'est de cacher ce que l'on va faire. Nous voyons clairement le jeu de Boulanger. Il prétend s'inscrire en septembre sur toutes les listes d'opposition et entraîner leur succès dans tous les départements. Eh bien ! substitution du scrutin d'arrondissement au scrutin de liste, interdiction des candidatures multiples, voilà notre riposte. Je suis sûr qu'il n'a pas de contre-riposte prête. Et nous lui réservons d'autres leçons.

Elles préoccupent Boulanger et ses lieutenants. On ressemble très vite à l'objet constant de sa surveillance. A suivre le parlementarisme sur son terrain, à s'accommoder avec ses moyens pour les déjouer, le boulangisme change d'âme. Et dans ce moment où il est amené à une guerre de duplicité, d'alliances, de procédures secrètes, pour laquelle de naissance il ne vaut pas grand'chose, il s'alourdit encore par l'accession de tous les intrigants qu'attire le succès ! Boulanger, toujours jeune, gai et le favori de la fortune, semble pourtant dépaysé. Il ne savait manier que les soldats et les foules : des simples, ou, pour mieux dire, des hommes sociaux, dont on règle les instincts et dont on touche les sentiments en bloc, par des moyens francs. Il lui faut aujourd'hui des compromissions et autant d'expédients que d'individus ! On est un héros, tout en cherchant la popularité ; on ne le demeure pas dans la diplomatie. Admirable par son instinct à créer la légende, il ne sait pas analyser. Magnifique image d'Epinal, il fait au Palais-Bourbon une médiocre figure.

L'élu de Paris, de la France, ne peut plus être un collègue qui fait sentir sa force, mais un homme d'État. Il doit congédier les passions qui l'ont déterminé, négocier avec tous et ne se donner à aucun. Dans ce rôle, Boulanger paraît inférieur. Sous une affectation d'imperturbable confiance, il tâtonne. Il apporte dans la politique de l'esprit de décision plutôt qu'un esprit juste. Il se laisse compromettre par ses agents et mener par ses humeurs. Son homme de confiance, le comte Dillon, est dévoué aux intérêts monarchiques, moins par ses opinions que par ses vanités, ce qui constitue le plus étroit des liens. Les éclaboussures d'un journalisme qui chaque jour coule plus immonde et plus impétueux des fonds secrets lui irritent la peau et plus profondément même. Dès lors sa propre personnalité contrarie, dessert les heureuses circonstances qui se succèdent. Pour se consoler du scrutin d'arrondissement qu'il n'a pu empêcher, il favorise la chute de Floquet, que souhaitent précisément Bouteiller et les grands chefs parlementaires (14 février 1889). Par là, il installe Constans au pouvoir (22 février).

Avec un Constans, fort délié, sans scrupules, on ne doit pas créer d'irrémédiable. Cet homme de nuances accepterait de ne pas aggraver d'hostilité personnelle son opposition politique. Le premier des parlementaires, il a distingué le jeune et obscur général Boulanger; à certain banquet, désignant Georges Laguerre, il a bu aux « continuateurs de notre tâche démocratique »; cette semaine où Carnot lui confie le ministère de l'intérieur, il suivait des pourparlers avec Lalou pour dîner avec le Général. Sans doute, le nouveau régime ne lui apporterait rien de positif qu'il ne possède déjà du système parlementaire, mais, s'il a confiance dans les chances du révisionnisme, il peut les favoriser pour obtenir de la considération.

C'était l'inquiétude de Bouteiller. Aussi de quelle joie puissante l'emplit une scène décisive dont il suivit et propagea le jour même les détails !

Il se promenait avec le nouveau ministre dans le long couloir, éclairé par la cour d'honneur du Palais, qui joint, à travers la salle Casimir-Perier, le salon des Sténographes à la bibliothèque. Georges Laguerre, sortant d'un vestiaire, se trouva venir à eux directement, avec sa serviette sous le bras, et de son air fameux de jeunesse heureuse et impertinente. Quand ils ne furent plus qu'à deux pas, Constans, avec ce ton bonhomme et cet air de maraîcher qui a des économies, l'arrêta d'un : « Bonjour, Laguerre, » en lui tendant la main. Laguerre, plus sec que jamais, considérant le personnage, dit de sa voix de tête, si prodigieusement insolente :

— Dois-je serrer cette main-là ?

— Ah ! — dit l'autre, en la secouant en l'air, cette main énorme et poilue, aux doigts carrés, outil d'étrangleur célèbre, — serrez-la ou non, je vous promets qu'elle vous serrera, elle !

A Constans trop habile, suspect, Bouteiller eût préféré Waldeck-Rousseau. Quand il vit son homme insulté et qui insultait, il espéra beaucoup. Des actes immédiatement confirmèrent ses prévisions optimistes. Le ministre entreprit de poursuivre la Ligue des Patriotes comme société secrète, devant la correctionnelle, avec le désir de rendre inéligibles MM. Déroulède et Pierre Richard, les députés Laguerre, Turquet, Laisant et le sénateur Naquet, et tout au fond, pour voir si l'opinion pourrait l'empêcher d'oser davantage. Le 7 mars, un décret termina l'exil qui désolait le duc d'Aumale depuis 1886 : on donnait un gage aux conservateurs, et puis le duc gênerait la propagande boulangiste dans les salons royalistes. Enfin on parlait chaque jour davantage de constituer le Sénat en Haute Cour. Mais sa plus grande satisfaction, Bouteiller la reçut de Mouchefrin.

Ce polisson lui fit passer une lettre à la *Vraie République :* « Mon cher maître, ma démarche vous surprendra parce que mon masque boulangiste est solidement fixé, et sans doute vous méconnaissez les traits réels de votre fidèle et reconnaissant disciple. Je suis en mesure de vous dévoiler, avec preuves, les mesures prises à l'égard de M. Constans par le général Boulanger. Monsieur le ministre, averti à temps, évitera de graves ennuis. Je me plais à penser que vous me pardonnerez cette importunité, qui m'est inspirée par mon dévouement à votre personne et à la République, et que vous ne refuserez pas mon concours aussi discret que dévoué. »

Bouteiller, pour l'ordinaire fort difficile à joindre, fit introduire immédiatement son ancien élève.

Le matin même, Boulanger avait invité le journaliste Ducret à se préparer pour un voyage à Nancy. On y annonçait un procès d'où ressortirait une concussion de Constans avec un sieur Baratte.

— Procurez-vous une copie du dossier, avait dit le Général à son agent, mais je ne vois jusqu'à cette heure rien d'irréparable avec Constans. S'il connaît votre mission, il nous dispensera peut-être de recourir aux moyens extrêmes. Vous l'avertirez, sans en avoir l'air, grâce à la jolie collection de mouchards qui décore mon escalier.

Ducret s'était ouvert à Mouchefrin, qu'il jugeait fort justement incapable de ne point le vendre. Bouteiller écouta avec délices ce malheureux qui sentait le linge sale. Il n'était pas tourné à s'émouvoir d'un concussionnaire ; il se réjouissait d'une lutte au poignard. Sans doute, l'avantage resterait à Constans défendant sa peau avec le concours de toutes les forces de l'État. Mais une telle attaque, alors même qu'elle acculerait le Parlement à se défaire de son ministre, réunira contre Boulanger une masse d'indécis qui, pour subvenir à leurs besoins, commercent de leur influence. Le député de Nancy, à la façon d'un chiffonnier dans un tas d'ordures, examina pendant une heure tout ce qu'il y avait dans Mouchefrin. Pour se donner de l'importance, celui-ci peignit un Suret-Lefort tout désabusé du boulangisme.

— Ce remords ne m'étonne pas d'un garçon intelligent, dit Bouteiller. La fin de cette farce approche. Le gouvernement mettra bientôt au violon ce général de café-concert. Nous sommes disposés — et il ne peut nous déplaire qu'on le sache rue Dumont-d'Urville — à écouter ceux qui, sans engagements préalables avec la République, ont écouté un soldat français. Nous ne rejetons que des malheureux comblés de nos faveurs et qui ont essayé de nous étrangler.

Il remit de sa poche cent francs à Mouchefrin et l'engagea à revenir.

Tandis que Bouteiller se gardait d'avertir Constans, Mouchefrin courait chez Renaudin, le « tapait » de dix francs et le mettait à même d'écrire sur le procès Baratte des articles inexacts, qui promettaient plus de scandale que l'affaire n'en pouvait fournir et qui, d'ailleurs, empêchaient le diplomatique chantage au silence entrevu par Boulanger. Puis l'affreux nain se présenta chez Suret-Lefort de la part de Bouteiller et s'offrit à les rapprocher.

Peu de jours après, Sturel confiant à Suret-Lefort des inquiétudes sur le scrutin d'arrondissement, sur les poursuites contre la Ligue et sur cette Haute Cour annoncée, l'avocat n'imagina pas qu'on pût être à la fois inquiet et fidèle; il vanta Constans, « un homme habile, avec qui la série des combinaisons est infinie ».

— Oh! Suret-Lefort! dit Sturel, scandalisé. Ce n'est pas bien, tu admets de quitter Boulanger!

L'autre, élevant la question, se plaignit des cléricaux.

— Allons en parler à Naquet, dit Sturel, qui entraîna son ami rue de Moscou.

— Je comprends, je partage vos scrupules, mon cher Suret-Lefort — commença le philosophe, le chimiste peseur des appoints. — M. Jules Delahaye m'a dit : « Jusqu'où irez-vous dans vos concessions aux catholiques ? » — « Jusqu'à l'abrogation des décrets concernant les congrégations non autorisées. » — « Reviendrez-vous sur les lois scolaires ? » — « Non, je ne reviendrai pas sur les lois scolaires. » C'est dans ces termes que nous nous sommes accordés, et voilà le thème de deux discours que j'écris et que, Boulanger et moi, nous lirons dans un banquet, à Tours, le 17 mars.

Suret-Lefort demeurait sombre.

— Écoutez, lui dit Naquet, qui aime à contenter son interlocuteur, — voici un dernier trait qui vous rasérénera. Boulanger exige, vous m'entendez bien, exige que le Comité qui le recevra à Tours s'intitule « Comité républicain national ».

Il leva un doigt en l'air et répéta : « républicain. »

Tout de même, Suret-Lefort, le long de la rue de Moscou, continuait de bougonner :

— Nous les avons déjà, les catholiques ; ce banquet ne vaut que pour rallier leurs états-majors qui nous embarrasseront. Ils obtiendront qu'on ne leur oppose pas de candidats. Nous sommes-nous compromis avec Boulanger pour qu'il soigne les cléricaux de Tours et se désintéresse de nos élections ?

Ce dernier trait expliquait son dépit. En transportant au banquet de Jules Delahaye les déclarations de politique religieuse qu'on avait songé à faire entendre sur la tombe d'un héroïque curé ardennois, on ruinait le moyen du jeune radical pour rallier les masses réactionnaires dans la Meuse. Suret-Lefort pouvait se plaindre d'un manque de parole. Dillon, qui aimait à promettre, l'avait assuré que le Général visiterait la région de l'Est. Affamé d'influence, il sentait l'injure ; anxieux de sa réussite, il prévoyait une diminution sur sa droite ; il rêva de la compenser par un appui ministériel.

Nelles, dont il appréciait l'esprit politique, le rassura sur leurs intérêts qui semblaient opposés, mais qu'ils avaient liés, cherchant tous deux leur élection dans « la marche parallèle » :

— Le 16 mars, le Général vient dîner rue de Prony. Vous êtes des nôtres. En fumant nous réglerons définitivement son voyage dans l'Est. Il n'y a pas de temps perdu. Pas de dépit, car je le crois très fort ; pas de zèle, car je le crois très menacé. La folie boulangiste augmente toujours ; croiriez-vous qu'il y a un mois, quand il a accepté mon invitation, il avait plus de trente-cinq soirées prises devant lui, et vous pensez bien qu'il ne va pas chez tout le monde. Je continue à parier pour lui. Mais autant réserver le plus longtemps possible de mettre dans le jeu nos circonscriptions.

Qu'augurer, en effet, des mesures annoncées par le gouvernement ? Sur le procès de sa Ligue, Déroulède disait : « Tout dépend de l'âge des magistrats. S'ils ont encore des chances d'avancement, nous serons condamnés. » On perquisitionnait de tous côtés dans Paris, et pourtant au siège des « Patriotes » on enregistrait des adhésions toute la journée. Les deux partis s'accusaient de troubler les préparatifs de l'Exposition. Turquet, Laguerre, Déroulède bouclaient leurs valises, non pour la fuite, mais pour la prison. Le 13, après la séance où le Sénat venait d'autoriser les poursuites contre Naquet, le Général passa chez Mme d'Uzès, et, parlant des bruits d'arrestation qui couraient, il montra une gaieté exagérée. Le 14, à dix heures du matin, le comte Dillon arriva chez Naquet :

— Mon cher sénateur, le procès de la Ligue n'est qu'un premier pas sur nous. Le Général va être arrêté. Il faut le mettre à l'abri. Qu'en pensez-vous ?

— Je pense que le Général doit tout braver. S'il part, nous sommes perdus.

Dillon conduisit Naquet rue Dumont-d'Urville. Boulanger arpentait à grands pas son cabinet de travail. Il écouta l'un qui disait : « La prison, ce sera un redoublement de popularité ; le départ, l'anéantissement d'une légende de crânerie », et l'autre qui soutenait « l'impossibilité pour des soldats de vaincre sans chef ». Il prit enfin la parole. Les raisons pour et contre lui paraissaient graves. Il différait de décider. Mais s'il était amené à l'acte politique de se soustraire à ses ennemis, les conseillers du parti devaient le couvrir de leur responsabilité. Le vice-président du Comité national ne pouvait pas lui refuser une lettre où il l'engagerait à s'éloigner.

Naquet l'écrivit et fut embrassé avec une émotion sincère par le Général. A la Chambre, l'après-midi, tandis qu'on discutait violemment la demande en autorisation de poursuites contre les députés ligueurs, Boulanger obtint de Laguerre et de Laisant deux lettres analogues, puis, sans attendre le vote, il quitta le Palais-Bourbon. A neuf heures du soir, il prenait le train pour Bruxelles.

Dès quatre heures, en grand secret, le comte Dillon avait averti M. Arthur Meyer, pour connaître l'effet que le départ produirait à droite. Il s'excusa, disant :

— Je suis désolé comme vous ; j'obéis à mes ordres.

Dans la soirée, à Neuilly, tout en brûlant ses papiers, il promit de s'employer à ramener le Général, qu'il devait rejoindre à Bruxelles par le train de six heures du matin.

Cependant vingt patriotes dînaient avec Déroulède et Naquet, avec Laisant, Laguerre et Turquet. Tous prévoyaient leur arrestation et voulaient que le commissaire les trouvât en train de rompre gaiement le pain avec leurs amis.

Le lendemain, 15, Mme d'Uzès, Laguerre, Laisant,

Arthur Meyer s'occupèrent de parer à cette disparition que seuls encore ils connaissaient. Nelles, passant rue Dumont-d'Urville pour s'assurer que Boulanger n'oubliait pas son dîner du 16, trouva le capitaine Guiraud assis sur une banquette devant le cabinet de travail et qui disait à la foule des visiteurs :

— Le Général ne peut pas recevoir ; il s'est enfermé pour préparer l'important discours qu'il prononcera après-demain dimanche, à Tours.

Le Hérissé venait de partir à Bruxelles supplier le fugitif, quand, vers minuit, celui-ci apparut aux bureaux de la *Presse*. Rassuré par la lecture des journaux qui ne mentionnaient aucune arrestation, il jugeait bon de différer son exil.

Le 16, à midi, Dillon, Rochefort et Laguerre déjeunèrent rue Dumont-d'Urville. Mis en possession des documents de l'affaire Baratte, le député de Vaucluse exprima ses répugnances très vives à les porter devant la Chambre. Dillon voulait encore négocier. Boulanger insista durement. Informé par ses officieux de son arrestation imminente, il renonçait à intimider Constans et n'espérait plus que le briser. Enfin, Laguerre dit le grand mot boulangiste :

— Est-ce un ordre, mon Général ?
— C'est un ordre.

Le jeune député s'inclina. Jamais on ne le vit plus impertinent, plus âpre, plus dédaigneux que dans cette séance où sa main promenée sèchement de haut en bas, par un geste monotone qu'il avait gardé de son premier culte pour Saint-Just, semblait annoncer que le parti serait implacable, comme le couteau de la guillotine. Quand le ministre gravit la tribune pour répondre, il croisa dans l'étroit escalier son accusateur, et les deux adversaires se défiant, visage contre visage, demeurèrent un moment immobiles au milieu des sentiments tragiques de toute la salle. Constans mis à nu, réduit à bouffonner, ne perdit pourtant que l'honneur. Cette assemblée, où chacun à part soi le condamnait, l'amnistia dans un coup d'apothéose, terrifiée par la cruauté du boulangiste, et exaltée par le sentiment que tout le parlementarisme, honnêtes gens et coquins, fraternisait dans ce sauvetage.

Au sortir de ce duel, et sans avoir le temps de s'habiller, Laguerre se rendit en redingote au grand dîner de Nelles. Il aurait bien pu venir en veston; Paris pour « ses lieutenants » avait alors toutes les indulgences. Sous le concert de félicitations, de curiosités qui l'accueillirent :

— Ah ! dit-il, c'était affreux, cet homme ! Cela m'a beaucoup coûté.

— Il le fallait ! répondit Boulanger, qui ne laissa voir aucune déception de l'ordre du jour pur et simple voté par la Chambre.

A table, il y avait une seule femme, la maîtresse de maison, et puis des membres du Comité national, quelques députés de la droite, disposés comme Nelles à profiter du boulangisme, un sculpteur, un peintre, un médecin, un écrivain à la mode, des millionnaires aux noms exotiques, mi-juifs, mi-honorables, très Parisiens, nullement Français, qui viennent d'obscures régions voltiger, ou, plus brièvement, voler autour de nos bougies. On parla des violences de la lutte. Quelqu'un cita d'atroces articles de Mermeix sur le cancer de Joffrin, et l'épithète de

« voleur » jetée par Renaudin à des hommes comme Bouteiller. C'était toujours revenir au fond du débat. Fallait-il souhaiter une guerre au couteau ? Boulanger estimait sans doute qu'on ne la pouvait pas éviter, puisqu'il avait exigé de Laguerre la terrible besogne de cet après-midi. Pourtant, au nom de Renaudin, il fronça le sourcil ; il commençait à moins bien dominer ses impressions, et les compromettantes chevauchées de celui-là l'avaient trente fois embarrassé.

— N'est-ce pas, mon Général, lui dit un membre du Comité, Renaudin a choisi un beau rôle : vengeur de la morale publique ?

Les convives de cette table excellente goûtèrent le plaisir délicat de renier entre eux les exécuteurs de leurs basses œuvres.

Sans esprit, mais avec une cruauté d'écorcheur, Renaudin contentait peut-être les passions de Paris, mais il désobligeait l'état-major du parti, en déterminant de gênantes ripostes et en contrariant des conversions. Seul, Sturel le défendit. Celui-ci n'apportait pas dans cette bataille pour la patrie le goût des luttes courtoises et un idéal d'avocat. Comme tous les purs, qui n'ont rien à ménager, chez qui l'idée ne trouve pas de cloison et envahit tous les compartiments de l'être, ce noble jeune homme, pour la cause, aurait froidement brisé tout et soi-même. Dans cette guerre civile, l'abject Renaudin, qui risque sa peau sur leur barricade commune, est son frère. Il reproche seulement aux attaques des violents d'être successives et peu méthodiques. Il ne lui plairait pas qu'on harcelât les parlementaires, mais, toutes digues rompues, il faudrait les noyer sous l'océan général de leurs infamies.

Les chemins de fer du Sud, le renouvellement des Conventions, le Crédit Foncier dissipant son argent à des subventions, voilà des affaires à instruire. La Compagnie de Panama vient de suspendre ses paiements. Sturel a vu rue Caumartin des hommes qui pleuraient, tandis que les femmes en fureur tapageaient. Il demanda la permission de lire une lettre d'un ami comme témoignage sur l'état d'esprit dans l'Est :

« Vous voyez mal le boulangisme, à le voir de trop près, lui écrivait Saint-Phlin. Je voudrais que tu vinsses ici écouter mon fermier, ses valets, les paysans, un tas de braves gens. Le Général a l'appui tantôt des chevau-légers de la monarchie, tantôt des ennemis de la société ; dans ce rôle, il n'est pas conforme à l'image que se font de lui ses admirateurs réfléchis et le peuple, son inventeur. Il lui appartient de faire pour le parti conservateur quelque chose d'analogue à ce que fait en Angleterre lord Randolph Churchill... Garder les traditions nationales et prendre en main, non pas les intérêts des privilégiés, mais de la nation même. Assez de déclarations dans les journaux que des millions de Français ne lisent guère : un acte parviendrait jusqu'ici. Boulanger au pouvoir devrait immédiatement entamer le procès des hommes, quels qu'ils soient, qui ont collaboré à l'escroquerie de Panama. Il peut au moins demander la lumière. L'objection, c'est qu'il collaborerait à l'œuvre révolutionnaire en dénonçant comment notre société fait les affaires. J'appelle cela de la bonne conservation sociale. Qu'il prenne en main les intérêts de onze cent mille petits prêteurs portés sur ce

radeau en détresse et que suivent quelques douzain[es]
de requins. »

Personne ne donna de prise à Sturel.

— Vraiment, il y a eu des corruptions ?...

— Vous avez raison, ce serait très beau [de]
retrouver un peu de l'argent gaspillé.

— Mais retrouve-t-on jamais un argent égaré ?

Laguerre, plus libre, prit la parole et fut immédia[te]ment écouté avec une profonde attention :

— En août 1888, j'ai fait la connaissance d'u[n]
nommé Arton. Il m'a raconté qu'au moment [de]
l'élection du Nord il fut l'intermédiaire de la Com[]pagnie de Panama pour verser 300.000 francs a[u]
gouvernement. Le 14 décembre 1888, on nomma u[n]
administrateur provisoire à la Compagnie. Je pu[is]
bien dire, n'est-ce pas, mon Général, qu'à cette da[te]
nous discutâmes si nous parlerions dans la presse de[s]
libéralités exigées par le ministère Floquet. Plusieu[rs]
administrateurs de la Compagnie nous étaient favo[]rables. Ils remirent au Général la liste de leu[rs]
actionnaires et obligataires, à qui nous fîmes ten[ir]
une circulaire spéciale. On décida de ne pas de[s]servir la Compagnie. Je raconte cette histoire a[u]
point de vue anecdotique, puisque désormais ell[e]
n'a plus d'intérêt.

Ils glissèrent à d'autres sujets, le Général, ce qu[i]
est l'art du chef, loin de les départager, les ayan[t]
tous approuvés. Si expansif d'ordinaire, il paraissa[it]
inquiet, préoccupé ; par instant, son œil bleu s[e]
perdait dans le vague.

Mme de Nelles se sentait seule dans ce dîner [et]
souffrait du goût de Sturel pour Boulanger et pou[r]
tous ces hommes. Elle l'aimait d'être si jeune, [

différent des autres, si grave, et quand il requérait contre le Panama, elle voulait qu'il possédât comme elle une petite âme fine et froissée par ces grossières histoires de politique. Son regard cherchait Rœmerspacher, qui, seul, n'avait pas mis à sa boutonnière l'œillet rouge préparé pour chaque convive, et tous deux sans paroles échangeaient des pensées d'aînés sur un cadet étourdi, charmant et ingrat.

Au sortir de la salle à manger, en homme d'action bronzé par les nécessités de la vie et qui parle avec une mélancolie affectueuse à un ingénu, à un poète tel qu'il fut lui-même, Nelles mettait sa main, son bras tout entier sur les épaules de Sturel; il l'appelait François et, l'attirant près du chef, il cherchait à le prémunir contre les dangers de mêler la vertu et la politique. Il croyait pour sa part au succès du Général; il le souhaitait comme une délivrance nationale, mais il défendait à un grand parti d'inquiéter le pays par des crises financières. Qu'est-ce que cette pétition déposée à la Chambre contre les administrateurs de Panama?

— Ah! continuait-il, qu'on vienne comme Cassagnac reprocher au gouvernement de n'avoir pas soutenu la Compagnie, cela est habile! Et sur ce terrain, vous serez appuyé par des hommes tels que Bouteiller, un adversaire dont personne ne peut nier la grande valeur. Hors cette juste récrimination, le vrai politique ne trouvera comme armes dans cette triste affaire que des cancans. On demande autre chose au Parti national. Plus de réformes que de poursuites, et plus de progrès que de scandales, voilà ce qu'on attend de vous, mon Général.

Et il obtenait enfin de Boulanger cette déclaration :

— Je ne suis pas un moraliste, mais un homme de gouvernement. Il est possible que des fautes lourdes aient été commises. Je les ignore. Les connaîtrai-je, je ne suis pas en mesure de faire rendre gorge.

Voilà qui contente Nelles. Animé par ses vins, par le succès de sa réception, convaincu que leurs anciennes difficultés sont aplanies et qu'il possède en Sturel un ami de sa maison, un associé, il l'attire sur un canapé et lui dit :

— En admettant qu'il y ait eu des ventes d'influence, comment les prouver? Croyez-vous que les corrupteurs bavardent? Ainsi, moi qui vous parle (et il se mettait l'index dans le creux de l'estomac) j'ai été chargé d'une mission près d'un Parlement étranger par une société d'appareils électriques français. Certain pays avait voté un tarif douanier qui majorait nos charges de 50 pour 100. Nous avons décidé de sacrifier 25 pour 100 de nos bénéfices pendant trois ans et nous avons obtenu qu'on réduisît les droits. Ah ça! espérez-vous que je dise jamais avec qui je me suis mis en rapport?

Il se leva, ouvrit par trois fois la bouche en se penchant vers Sturel et de la façon d'un homme qui dit en bouffonnant : « Ça vous étonne, mon petit! » Le jeune homme trouva que Thérèse de Nelles elle-même en était un peu dégradée, et il demeura quelques instants isolé pour laisser l'aveu de cet inconscient descendre dans sa conscience, où il allait devenir une de ces données de l'expérience d'après lesquelles nous jugeons le monde. Il se rapprocha de sa maîtresse et de Rœmerspacher pour leur confier que des gredins les entouraient. Sa figure, si fraîche dans ce milieu, et tout animée d'avoir vu un crapaud sous les fraisiers, fit dire à Rœmerspacher :

— Saviez-vous, madame, que notre Sturel était une jeune fille?

Les deux amants se trahirent dans le plus gai regard, qui ne put échapper à Rœmerspacher. L'atmosphère, chargée de fièvres, d'appétits, d'espoirs, excusait toutes les passions. Il se félicitait de connaître une femme lui présentant le spectacle des mœurs à la mode; il admirait Sturel d'être un poète et un enfant, désintéressé et absurde. Leur élégance, leur mollesse, leur faute, lui paraissaient très bien parce que de leur ordre : ce travailleur, de vie austère, pensait, en effet, qu'il n'y a pas une règle pour l'homme, mais des règles selon les hommes, et il se plaisait à voir les divers fruits mangés par ceux à qui ils conviennent. Il ne tombait pas dans l'erreur des pédants qui dédaignent ce qui n'est point encore de l'histoire. Quand Thérèse de Nelles lui montrait ses armoires de chapeaux et de lingerie enrubannée, sa forêt de cheveux, en causant avec ses femmes de chambre, il était intéressé, et intéressé encore ce soir, en la voyant souffrir des préférences de Sturel pour Boulanger. Il croyait, sans être fat, qu'elle trouvait un adoucissement dans les consolations que lui-même lui donnait, mais, en voyant la jolie bouche, les épaules, l'épanouissement de Thérèse, et les yeux brillants de François, il se disait (avec le minimum de la jalousie que tout homme eût ressentie à sa place) : « Elle ne sait pas, mais je devine bien le secret de certaines influences sur le cœur des femmes. »

Maintenant une foule immense remplit les salons,

joyeuse et disparate, faite d'hommes qui s'étonnent les uns les autres de se rencontrer : « Vous ici ! Tout le monde, alors ! » C'est bien une nouvelle étape du parti. Il y eut le boulangisme primitif, pauvre, républicain, rêveur. Il s'agissait d'exciter le pays pour qu'il trouvât la force de briser les systèmes. On crut recevoir une nouvelle vie. Dans ces temps héroïques, le général Revanche fut beau par sa foi dans la nation ; il lui donnait l'armée pour base. Après cette première maigreur d'énergie, on vit une élite hardie qui donnait une voix politique à cette France enfiévrée ; elle pénétrait dans les salons réactionnaires pour y lever des troupes et de l'argent, elle risquait ainsi de transformer son tempérament, mais avec des éléments de premier choix. En moins d'une année, un nouvel état d'esprit vient d'apparaître ; on dirait d'une autre génération. Résultat fatal des victoires ! Après le 27 janvier, le malheur, comme un massage qui débarrasse le corps d'un homme mûr, rajeunit le parti parlementaire, restitue la prépondérance à ceux qui le fondèrent et qui gardent sa tradition ; cependant le boulangisme se charge. Les muscles du premier temps sont encombrés de graisse. Ainsi une armée se diminue par ses bagages trop enflés. Ces recrues font un parti à la fois riche et besogneux. Nulle d'elles ne sera jamais autre chose que son propre soldat. C'est au succès, non au principe, qu'elles se rallient. Elles attendent tant de choses qu'il faudra bien les mécontenter à l'heure des répartitions, et leurs concours ne la hâteront guère. Elles cherchent un appui, n'en apportent aucun. Elles ne se chargent pas de défendre ou d'organiser le boulangisme ; elles exigent d'en tirer profit. Au moindre fléchissement, elles se déroberaient, et ne fournissent même pas un peu de clairvoyance.

Les quinze cents invités que les trois étages et les escaliers de Nelles sont impuissants à contenir exagèrent les hommages au chef et prodiguent, jusqu'à le déprécier, le vocabulaire du parti; ils manquent de l'essentiel, à savoir de la sensibilité boulangiste. Indifférents à l'ignominie du régime, bien qu'ils couvrent Constans des injures du jour, et à la réfection de la patrie, bien qu'ils crient : « Révision! Révision! » ils ne demandent aucun long projet, mais, comme des hommes sans foi réclament des miracles, ils veulent des preuves indéfiniment répétées de la force qui les rallie.

Le Général, si maître de soi au ministère de la Guerre, à Clermont, dans le Nord, et même au 27 janvier, subit d'un tel milieu des impressions nerveuses. Dans ce salon profondément anarchiste où l'unité est faite, non par le consentement à une doctrine, mais par la soumission au succès, et qui adhère au parti sans y collaborer, il sent des égoïsmes sur lesquels son action nationale n'a pas de prise. Ses agents, qui se conforment d'instinct aux nécessités, vont répétant à travers cette foule sans cesse accrue d'habits noirs :

— La Chambre peut bien repêcher Constans; le pays demain l'aura jugé sur les textes authentiques du procès Baratte.

Un mouvement d'admiration rapproche de lui, dans un élan joyeux et rapide comme un geste de jeune homme, tout invité qui entre et demande : « Le Général, où est le Général? » Nelles, enfin, donne le signal, assemble, excite, organise le défilé, et présente chacun avec de grands éloges à Boulanger, qui serre et serre encore des mains.

A ses côtés se pressent et l'assistent ceux de sa garde, Déroulède, Laguerre, Naquet, Laisant, Millevoye, Le Hérissé, Laur, toujours pareils à eux-mêmes, ceux-là, et le visage maigri par leurs terribles efforts d'agitateurs. Dans cet état-major, nulle jalousie qu'on sache. Tant que dure la bataille, il y a une série indéfinie de mérites ouverts à tous; et autour du chef, un peu mystérieux comme sa popularité, si parfaitement aimable, quel agréable et animé mélange de déférence et de familiarité! Ils lui obéissent, mais il n'y a pas de servage, car ils le protègent, ils reçoivent des coups pour lui. Ils l'ont accepté de plein gré, ils l'ont créé, et maintenant, à chaque minute, ils l'acceptent encore et le créent. De sa force, de son optimisme, ils jouissent comme de leur œuvre. Eux-mêmes, si clairvoyants, sont à demi grisés de leur fatigue. Derniers feux, les plus beaux, d'un soleil qui va bientôt pâlir! C'est en même temps l'heure de la plus haute marée; sur toute la France, le flot boulangiste fait son écume, et des espaces qui, depuis, redevinrent des grèves désertes, communiquent par cette nappe. Ils sont « la bande », cette fière et aventureuse bande, bien imparfaite elle-même, à qui l'on peut reprocher des tares comme à tous ceux qui sortent du parlementarisme, mais qui fut quelques jours l'arme de la nation.

Quant à ce boulangisme impur, solliciteur plutôt que soldat, de formation récente, et que Nelles a convoqué, son vrai centre n'est point Boulanger, mais Dillon. Ce personnage, dans cette minute, fortement congestionné et l'œil recouvert, approuve sans interruption Nelles, qui, flanqué de Suret-Lefort, fait une espèce de boniment.

— Quand vous voyez chez moi, mon cher comte, des membres de tous les partis, qui donc oserait soutenir que la fusion ne se fait pas? Nos idées d'apaisement, ces hautes doctrines que le Général va porter demain à Tours, nous désirions qu'il les affirmât dans les Ardennes, sur la tombe d'un brave curé patriote... Nous nous inclinons devant d'autres convenances... Il ne faudrait pourtant pas négliger notre région. Voici une recrue précieuse, notre ami Suret-Lefort, qui se présente dans la Meuse, et à qui une visite du Général ferait du bien. Quant à moi, si vous venez parmi mes braves électeurs, je garantis à notre ami des ovations qui, tel que je vous connais, Dillon, vous arracheront des larmes.

Le grand confident leur offrit le concours de Laguerre, de Naquet. Ils protestèrent. Il se hâta de leur donner satisfaction.

Tous trois fendirent la cohue jusqu'à Boulanger :

— Vous savez, mon Général, c'est entendu avec Dillon, vous ne vous laissez pas arrêter avant que l'Est vous ait porté en triomphe.

— L'arrêter! dit un invité. Paris se soulèverait.

— Vous devriez, mon Général, constituer autour de vous une garde du corps. Je sollicite l'honneur du poste le plus dangereux.

— Le danger, répondait le Général, j'entends l'assumer seul. Mais n'y croyez donc pas!

— Le duc de Guise aussi disait : « Ils n'oseront! »

— Huit fois la France a été consultée et huit fois elle s'est prononcée pour la révision. Désormais, le parti national existe. Que le gouvernement me laisse ou non en liberté, il tombera aux élections, comme le fruit mûr se détache de l'arbre.

— Enfin, Général, qu'allez-vous faire?

— Continuer à recevoir le mardi, le jeudi, le samedi, toute la matinée et tout l'après-midi. Les autres jours, monter à cheval, de neuf heures à onze heures, et recevoir seulement de trois à sept heures. A huit heures, tous les jours, dîner en ville.

— Avouez, mon Général, que vous ne serez pas fâché de vous reposer en prison?

— Vous avez raison. On me mettrait à Mazas... Et puis après? Il faudra bien me juger. Or, la meilleure preuve qu'il n'y a rien contre moi, c'est qu'on n'a encore rien trouvé. Quel homme sain d'esprit peut déclarer qu'un candidat, par le seul fait d'exposer un programme anti-gouvernemental, attente à la sûreté de l'Etat? Arrêtera-t-on tous les candidats non officiels?

— Déroulède disait tout à l'heure qu'il écrirait en prison des chansons de lisière.

Naquet, cependant, très entouré, préparait à l'inévitable par une ingrate besogne de propagande.

— A mon avis, le Général doit préférer à la prison la Belgique. Les paysans et les ouvriers diront : « C'est un malin qui a joué le tour aux gendarmes ; il est plus fort que le gouvernement. »

Cette thèse soulevait des protestations presque unanimes.

— Boulanger n'est pas un homme à s'en aller!

Renaudin, de qui le vin de Champagne exagère encore la mauvaise éducation, embarrassait par ses arguments le sénateur. Un bonapartiste le prit à part, lui serra le bras, jeta quatre coups d'œil devant, derrière, à droite, à gauche, et, jugeant qu'un publiciste aussi violent devait être très sûr, s'ouvrit à lui sans précaution ;

— Il y a quelque chose qu'un homme capable d'agir sur notre public doit savoir, afin d'apprécier sainement la situation du Général. Quand il commandait le 13ᵉ corps, il est allé à Prangins visiter le prince Napoléon.

Renaudin prit la physionomie d'un politique qui a tout vu, tout entendu, tout excusé. Il apprit des détails qui ne laissaient pas douter.

— Notre ami se fit annoncer sous le nom de « commandant Solar ». Dans une vitrine du grand salon qui donne sur le lac, le prince lui fit voir des reliques napoléoniennes, et, prenant une épée : « Voilà l'épée d'Austerlitz. » — « En êtes-vous bien sûr ? » répondit assez platement Boulanger. — « Bien sûr, monsieur ! Croyez-vous donc que je l'ai achetée chez un marchand de bric-à-brac ? Elle me vient du roi mon père. » Puis se radoucissant, le prince ajouta : « Général, quand vous aurez délivré notre pays de la tourbe qui l'oppresse, elle vous appartiendra. »

— Lorsque nous publierons l'anecdote, beaucoup plus tard, répondit Renaudin, je vous propose une variante : « Général, quand vous aurez rendu Metz et Strasbourg à la France... »

L'observation déconcerta une seconde le bonapartiste qui reprit en conclusion :

— Croyez-vous que cela suffise à perdre le Général ?

— Il serait fusillé comme un lapin ! dit Renaudin, à qui cette idée donna un bon moment de gaieté.

Quand il eut fini de rire, il déclara de son plus bel air :

— Vous avez eu grande chance de tomber sur moi, cher monsieur. Plus un mot à personne : ici, les uns le lâcheraient, les autres le moucharderaient.

— Je savais bien ce que je faisais, répliqua l'autre.

Naquet, avec un bel esprit de sacrifice, continuait sa propagande, et, s'il était trop pressé par des contradicteurs que l'idée de cette fuite irritait, il proposait un terrain de conciliation dans la phrase fameuse qu'acceptaient les plus réfractaires :

— Il est le chef; c'est à lui de décider. Nous obéirons.

A onze heures, le chef s'en alla chez Mme de Bonnemains se soumettre à une force dont personne ne savait l'intensité ni les directions.

CHAPITRE X

UNE SURPRISE DE PREMIER AVRIL

Il est faux que M. Constans ait combiné savamment le départ de Boulanger (1ᵉʳ avril 89). C'est une légende que le ministre n'a pas démentie, parce qu'elle rentre dans sa manière et qu'elle diminue son adversaire : l'art des politiciens est de tirer parti des circonstances. Les préparatifs du Sénat devaient mettre Boulanger en prison ou en fuite. Pour expliquer son choix, nul besoin d'une intrigue policière ni d'une intervention amoureuse.

L'examen des faits n'autorise pas à supposer que Mᵐᵉ de Bonnemains demanda un sacrifice au Général; elle ne lui a pas dit : « Diminuez vos chances de succès pour me prouver que vous m'aimez. » Cet exil publiait sa liaison et réduisait les chances d'obtenir ce qu'ils désiraient par-dessus tout, l'annulation à Rome du mariage de Boulanger. Mais cet amour, s'il n'eut pas à ce jour de voix ni d'argument, avait transformé le Général et le disposait à goûter des raisons fort importantes qui plaidaient pour un exil volontaire. En place des imaginations d'un amant, supposez-lui l'état d'esprit d'un général d'Afrique : « Ils n'oseraient, s'écriera-t-il ; les bons Français me délivreront. » Et demeurant à Paris, il courra les chances que l'historien même prudent peut préjuger. Elles eussent été au total infiniment supérieures à celles qu'il trouva hors frontières. De l'enceinte fortifiée où les parlementaires l'auraient enseveli vivant, il eût agité chaque bourgade. Boulanger qui n'aurait dû quitter Paris, cette résolution fût-elle la sagesse même, qu'avec des larmes sur les joues, se sentit heureux de faire un tel sacrifice à sa maîtresse. C'est toujours l'amour, « égoïsme à deux ». L'imprudent, peu à peu, s'allait mettre dans l'impossibilité de vivre sans Mme de Bonnemains.

Certaines personnes pensent qu'entouré de mouchards, il ne pouvait circuler incognito. Trois fois déjà, il est sorti de France à l'insu de sa filature : quand il commandait à Clermont, il a visité à Prangins le prince Napoléon ; après la triple élection, il s'est promené au Maroc ; et quinze jours avant son départ définitif, le 14 mars, il vient de passer vingt-quatre heures à Bruxelles. M. Constans tient mal en main son personnel. Le 1er avril au soir, le général Boulanger étant installé dans le train pour Bruxelles, la gare du Nord télégraphie à M. Lempereur, commissaire spécial de la gare frontière à Feignies, « d'avoir à prendre ses précautions ». Était-il couché, comme il l'a prétendu dans la suite, et l'inspecteur de service négligea-t-il ce télégramme ? On croit plutôt que celui-ci prévint celui-là, qui ne bougea pas. Quoi qu'il en soit, à la suite d'une enquête menée par M. Isaac (de Fourmies), alors sous-préfet de Valenciennes, l'inspecteur fut puni et M. Lempereur disgracié sur ce motif officiel « qu'il n'était pas présent à son poste pour empêcher Boulanger de passer ». Voilà qui détruit la fameuse version d'une dépêche « Laissez passer » expédiée à Feignies par le ministre.

M. Constans dut connaître comme une probabilité le départ de Boulanger dans la soirée même, mais, dans l'incertitude, il n'agit pas. Un ordre d'arrestation eût-il été exécuté à Feignies? c'est au moins douteux. D'ailleurs, on semble oublier que l'arrestation du député de Paris était impossible sans l'autorisation de la Chambre. Un homme réfléchi ne pouvait que voir venir et utiliser l'événement. C'est toujours la politique de Constans à qui les simples ont prêté tant d'intrigue machiavélique.

L'habile Toulousain aurait favorisé des indiscrétions, disent ses amis, et délégué de fines mouches qui effrayèrent Boulanger, en lui révélant des mesures imminentes. Les démarches et les comédies des meilleurs agents ne pouvaient rien ajouter au sens très net des événements qui se déroulaient. Les hommes de principe, les hommes de la loi et de la Bible, auxquels Bouteiller, avec une sûre psychologie, avait voulu qu'on remit les hautes besognes de salut, obtenaient enfin ce que M. Joseph Reinach, dès juillet 1888, dans une formule à succès, appelait « l'application des lois, des justes lois ». Depuis février 89, depuis qu'ils avaient vu, avec satisfaction, étonnement et mépris le Général renoncer au terrain révolutionnaire où il prenait ses avantages, le neveu du baron Jacques de Reinach étudiait et suggérait des rapports de police. Plutôt que de soutenir ces misérables accusations devant la Haute Cour, et bien qu'il fût anti-boulangiste, le procureur général, M. Bouchez, démissionna. On eut des difficultés pour trouver un successeur à cet honnête homme, dont la vertu déshonora le gouvernement et montra les fonctionnaires ébranlés. Quand, le 31 mars, M. Quesnay de Beaurepaire accepta, l'arrestation devenait imminente et les trois accusés passaient le soir la frontière.

Ce départ fera imprimer que le Général fuit, ce qui est d'un lâche et même d'un coupable. Mais, en se livrant à un tribunal d'exception composé de ses pires ennemis politiques, Boulanger aliénerait sa liberté, peut-être davantage, car il entrevoit un point inquiétant : cette visite à Prangins (entente d'un commandant de corps avec un prétendant). Il se croit sûr d'une majorité dans la prochaine Chambre : il sort de France pour un semestre, jusqu'en septembre. Les avantages de cet exil lui paraissent supérieurs aux inconvénients. Comment, depuis sa prison, maintiendrait-il la marche parallèle des états-majors républicains et conservateurs? Rochefort n'est pas homme à abandonner un prisonnier, mais il brutalisera les fractions modérées du parti. Déroulède, de qui l'activité et l'importance inquiétèrent toujours Boulanger, ne voudra-t-il pas, avec son prestige de général civil et avec son organisation de la Ligue, se hausser à la première place? Enfin ceux qui fournissent l'argent prétendront tout plier selon leurs vues propres et couper les ressources sur les points en discussion. Voilà les difficultés que devait examiner Boulanger; on ne lui reprochera pas d'avoir voulu garder un chef au parti, qu'il consacre son exil à cette direction personnelle pour laquelle il se juge indispensable.

Sturel se rend le 2 avril à Bruxelles. Avec son tempérament chevaleresque, — ce qui est esthétique, mais implique bien de la frivolité, — et attachant plus d'importance à se bien comporter qu'à atteindre son but, il arrivait peu à peu à la fidélité quand même ! Il ne voulait pas savoir si Boulanger différait de l'image populaire et nationale qu'en 1887 la France avait prise pour son drapeau. Ce loyalisme se compliquait d'une certaine loyauté de joueur ; il y avait entre eux partie liée.

Dans cet hôtel Mengelle envahi par des amis, par des journalistes et par des agents de tous poils qui assaillaient le Général, comme des mouches qu'on essaie vainement de chasser, il sentit un homme nerveux, surmené dans son triple rôle de chef qui doit être sûr du succès, de tacticien qui dans une coalition audacieuse discipline des éléments réfractaires, et d'amant préoccupé de sa maîtresse. Par deux fois, Boulanger interrompt sa conversation avec Sturel pour passer dans la pièce voisine où Mme de Bonnemains souffrait d'une grave pleurésie.

Le soir, après dîner, dans ce va-et-vient d'un hôtel, sous la lumière électrique, avec toutes portes ouvertes sur le boulevard, où par cette douce soirée des curieux stationnaient, quel étrange spectacle de bohême politique et d'exil ! Debout dans le vestibule, Naquet en fumant des cigares, aimable camarade avec tous, l'air d' « un vieux frère aîné », développait indéfiniment son thème :

— J'ai déjà mes renseignements. Les paysans sont ravis du bon tour joué par Boulanger au ministère. « Il est plus malin qu'eux tous, » disent-ils.

Pour chaque nouveau venu il reprenait son raisonnement et se prêtait à ce qu'on prît des notes. Renaudin organisait à haute voix une expédition vers certaine maison dont le concierge venait de lui donner l'adresse.

Avec son cynisme absolu où l'on doit souvent reconnaître l'expression crapuleuse d'une magnifique clairvoyance, cet abominable garçon faisait l'admiration et la vie de ce monde de politiciens. Habitués par nécessité professionnelle à ne tenir compte que des réalités, à se mouvoir dans l'ordre des faits, ils s'embarrassaient pourtant, à cause de leur médiocre éducation et non par élévation, du vieux langage idéaliste des réunions publiques. Mais lui, formé tout jeune dans les bas-fonds des journaux et nullement orateur, il possédait plutôt un vocabulaire positif. Et cela les mettait merveilleusement à l'aise, ces hommes graves, quelques-uns célèbres, d'entendre ce digne fils surgi de leurs âmes infectes discuter avec la compétence d'un sportsman, avec la grossièreté d'un homme d'écurie et avec le point de vue d'un parieur les forces et les faiblesses du parti.

Séparé seulement par un étage de ce malheureux amant qui, après avoir reçu à dîner ses principaux lieutenants, passa la nuit à tenir la main de sa maîtresse terrassée par la fièvre, Renaudin disait :

— Ah ! si elle pouvait mourir !

Ce sont des cruautés domestiques ; Boulanger en subit de publiques. Tandis que l'antichambre ricane, le comité se concerte. Les lieutenants épouvantés, quand le triomphe s'offre, de voir leur chef qui faiblit et, disent-ils, les trahit, songent à l'abattre eux-mêmes, à jeter sa tête dans le Parlement, avec un audacieux appel : « En récompense, ne partagerez-vous pas avec nous une partie des pouvoirs que par lui nous pouvions vous arracher? » La loi favorise ce genre d'opération qui est proprement de la politique ; elle acquitte le faux-monnayeur livrant son complice. Mais il fallait de la décision d'assassin, et dans ce tournant trop brusque, les opérateurs risquaient d'être écrasés entre leurs propres troupes lancées à fond de train et des adversaires peu pressés d'ouvrir les rangs. Leur amitié pour l'homme, leur dignité, l'incertitude de la volte-face, les chances qui subsistaient les convainquirent de demeurer disciplinés. Mais dorénavant ils se font pour leur propre usage une représentation du Général fort différente de celle qu'ils continuent d'afficher, et, s'ils croient toujours au boulangisme, ils doutent de Boulanger.

Seul Thiébaud osa couper net. Il saisit l'occasion de publier une mésintelligence née de l'installation du comte Dillon, orléaniste, au poste intime que lui, plébiscitaire, prétendait à tenir. Dans ce parti qu'il croyait son œuvre, il avait subi des déceptions personnelles et des mécomptes d'idées. C'est entendu : on souffre plus des officiers de son régiment que des officiers du régiment ennemi. Les amertumes qui abreuvent tout politique expliquent sa protestation, qui, d'ailleurs, parut inexplicable. Il ne parvint pas à redresser le boulangisme, ni à se dégager soi-même. Il disait : « Je ne veux pas demeurer une minute de plus solidaire de qui que ce soit ayant donné au général Boulanger le conseil de passer la frontière...

UNE SURPRISE DE PREMIER AVR...

Quand on embrasse la cause du peuple contre les oligarchies qui l'exploitent, ce n'est pas pour faire la fête, c'est pour partager avec l'éternelle victime qu'on défend le pain amer des exactions et des injustices. » On doit pourtant le remarquer, Boulanger entra dans les salons orléanistes, que ces termes si durs dénoncent, par une suite presque nécessaire de cette soirée où Thiébaud, sans apporter des moyens d'argent, persuada le commandant du 13e corps d'amorcer la série des plébiscites. Quelques centaines de mille francs bien administrés auraient dû suffire? C'est une addition à discuter. Mais, saisissant pour s'évader de cette fortune aventurière l'instant où elle chancelle, Thiébaud parut habile et intéressé, lui qui se sacrifiait maladroitement à un idéal! Jeune journaliste, quand il se formait dans les Ardennes par la méditation des doctrines napoléoniennes, il n'avait pas à considérer les railleries des hobereaux et des importants de sous-préfectures que sa brillante supériorité déconcertait; c'est ainsi qu'il prit l'habitude de vouloir plier la vie sur ses fortes imaginations politiques. Ne reconnaissant plus le César qu'il avait rêvé de mener, il dédaigna d'utiliser au mieux l'homme et les circonstances, et, comme tout apôtre mécontent, il se glorifia d'être schismatique.

Les boulangistes devaient imiter Thiébaud ou le tuer. Avec une décision égale à la sienne, tous se dressèrent pour lui infliger un traitement plus injuste encore que son invective à Boulanger. A grands cris, Renaudin jura l'avoir vu, de ses yeux vu, inscrit sur les livres de la police.

Suret-Lefort, qui n'appartenait pas au monde du

apier imprimé, évolua sans secousse. Sturel, le
ressant de venir à Bruxelles, il s'étonna. Il ne
isait plus : « Nous autres ». Il parlait des boulan-
istes avec une entière liberté d'esprit et ne crai-
nait pas de marquer une sorte de regret sympa-
hique de leurs « fautes contre la République, qu'il
vait tout fait pour empêcher ». Sturel, indigné, le
it au pied du mur.

— Je ne fais pas de politique avec les amoureux,
épondit-il.

Et il s'expliqua sur l'ami de Mme de Bonnemains.

— C'est une duperie de soigner un intérêt que
on considère comme le plus grave avec un homme
apable de tout sacrifier à la requête d'une tierce
ersonne sur qui l'on manque de prise.

Il noya cette déclaration dans un flot de poli-
esses où revenait sous plusieurs formes l'idée de
ouvenirs inoubliables, et il chargea son ami de l'ex-
user auprès du Général sur ce que ses soins électo-
aux le retenaient en France. Effectivement, dès le
ois de mai, sacrifiant ses intérêts du Palais, il re-
ourna chez ses parents à Bar-le-Duc, d'où il multi-
lia les seuls efforts utiles, ceux du candidat auprès
es électeurs. En même temps, du mieux qu'il put et
ans les ébruiter, il renoua ses relations avec Bou-
eiller.

Les événements se pressaient. La Chambre vota,
4 avril, l'autorisation de poursuivre ; le 8, on eut
 convocation de la Haute Cour, le 12 sa constitu-
on. Le 25, Boulanger, menacé d'expulsion, passa
e Bruxelles à Londres. Un vent de haine embrasait
 France. Quelques milliers de fonctionnaires brisés
e suffisaient pas à déterminer la guerre civile, mais

elle animait les âmes. Les possédants, bien résolus à ne pas déménager du pouvoir, s'enhardissaient à tout brutaliser. Ils avaient d'abord à déshonorer le général Boulanger.

La difficulté de leur tâche n'était pas d'obtenir une condamnation, décidée à l'avance, mais d'y fournir un prétexte. « Nous n'avions rien », ont répété à plusieurs reprises les hommes de la loi et de la Bible, avec l'orgueil d'un maître de maison qui, surpris à l'improviste, a tout de même traité ses hôtes.

Pour classer dans l'histoire le procès de la Haute Cour, il suffit de mentionner sans qualificatifs les individus qui dressèrent ce festin empoisonné.

La paternité de l'invention a été réclamée par M. Clemenceau et par M. Reinach. On connaît ces deux messieurs et les pénibles situations où ils se sont touvés par la suite ; l'un, du fait de son bienfaiteur Cornélius Herz, l'autre, à cause de son oncle et beau-père, le baron Jacques. Les témoignages de l'accusation furent fournis par ledit baron Jacques de Reinach, par Buret et par Alibert : ces trois auxiliaires apparurent peu après, et d'une façon indiscutable, comme du gibier de correctionnelle. L'opinion publique était informée par les Hébrard, les Edwards, les Portalis, les Raoul Canivet, les Edmond Magnier, les Camille Dreyfus et les Mayer.

Le ministre de la Justice qui confirmait le tout de sa haute honorabilité, c'était M. Thévenet. Quoiqu'il ait souvent trébuché depuis lors, nous attendons encore sa plus belle culbute. En voilà un qui pourra bien faire défaut à la citation du juge, mais non pas aux espérances des connaisseurs !

Les calomnies fabriquées par cette bande commen
[c]ent de voltiger sur la France et s'allaient poser
[jus]que dans les cervelles honnêtes. Tout s'irrite et se
[dé]grade. Un immense troupeau de braves gens con
[fond], sur la foi des Bouteillers, les intérêts du parle
[me]ntarisme avec la Liberté, l'Égalité, la Fraternité
[et] l'Honneur. Les boulangistes dévoyent de leur
[pr]emier rêve, le relèvement de la France, pour s'as
[so]cier corps et âme à ce qui ne devait être que leur
[mo]yen, la personne du Général. Peut-être, dans cet
[in]stant, Sturel hait-il les parlementaires, moins par
[am]our de la patrie que par amour de la haine. A
[vin]gt-sept ans et avec un cœur agité, il peut, selon
[les] circonstances, servir la patrie ou venger un clan.
[C'e]st en lui le mouvement qu'eut l'Achille homérique
[qu]and, au milieu des filles de Scyros où il se dissi
[mu]lait, on lui présenta une épée.

Mme de Nelles, aimable, sage, formée avec un soin
[ex]quis et prodigue par la nature, lui consacre ses
[ge]ntilles complaisances ; cela lui plaît seulement
[co]mme incident gracieux entre deux campagnes.
[Po]ur s'excuser de bâiller parfois dans la chambre
[d'u]ne femme, « Eh quoi ! se dit-il, elle sait bien
[qu]'elle n'aime pas quelqu'un dépourvu de la faculté
[de] rêver, et, si je rêve sans que jamais des actions
[su]ivent, un tel état n'est-il pas le prodrome d'une
[pa]ralysie générale peu faite pour relever les avan
[ta]ges d'un ami ? » Aux meilleurs instants qu'elle lui
[do]nne, il garde son visage tourné vers Londres. Il
[so]uffre que les égards qu'il doit à sa maîtresse l'em
[pê]chent de s'installer à demeure là-bas. Il craint que
[le] chef ne l'oublie pour les fidèles de l'exil et il cher
[ch]e tous les moyens de se rappeler à son affection.

Saint-Phlin lui ayant écrit une nouvelle lettre sur l'esprit politique en Lorraine, il la transmit au Général qui demanda d'autres détails.

Depuis longtemps, le jeune rural invitait Sturel à visiter sa propriété de Saint-Phlin où maintenant il séjournait presque sans interruption. Il engageait son ami à prendre dix leçons de bicyclette et lui promit une excursion tout à fait instructive dans la région de l'Est. « Tu m'en sauras gré toute ta vie et tu serviras ton Général. »

Ces derniers mots décidèrent Sturel. Il s'inquiétait de sentir confusément que les lieutenants boulangistes se donnaient plus à un brillant verbalisme qu'à des organisations positives. Il leur demanda ce qu'on pensait et préparait en Lorraine ; ils le pressèrent de l'aller voir. Il reconnut que chacun, soucieux seulement de sa circonscription, cherchait à jouer un rôle en façade et à s'épargner des besognes sans gloire. Ce qu'il y a de vain et de brouillon dans les mœurs des politiciens le disposait par contraste à se représenter avec attendrissement la solitude, l'heureuse obscurité où son ami passait sa vie parmi les habitudes de sa première enfance. Il l'envia, c'est-à-dire, car il n'avait pas de sentiments bas, qu'il l'admira et qu'il eut hâte de le lui exprimer.

CHAPITRE XI

LA VALLÉE DE LA MOSELLE

STUREL ET SAINT-PHLIN
RECHERCHENT LEURS RACINES NATIONALES

> Heureux celui qui se souvient avec plaisir de ses pères; qui entretient avec joie l'étranger de leurs actions, de leur grandeur, et qui goûte une satisfaction secrète à se voir le dernier anneau d'une belle chaîne ! Heureux celui-là, car une race n'enfante pas soudain le demi-dieu ni le monstre : c'est seulement une suite de méchants ou de bons qui produit à la fin l'horreur ou la joie du monde.
> GŒTHE. *Iphigénie en Tauride.*

> Il ne sera pas malaisé de comprendre comment les pères et les mères font des impressions très fortes sur l'imagination de leurs enfants. — La première raison, c'est qu'ils sont de même sang. Car, de même que les parents transmettent très souvent dans leurs enfants des dispositions à certaines maladies héréditaires, telles que la goutte, la pierre, la folie et généralement toutes celles qui ne sont point survenues par accident..., ainsi ils impriment les dispositions de leur cerveau dans celui de leurs enfants et ils donnent à l'imagination un certain tour qui les rend tout à fait susceptibles des mêmes sentiments... Ayant dans notre cerveau des traces semblables à celles des personnes qui nous donnent l'être, il est nécessaire que nous ayons aussi les mêmes pensées et les mêmes inclinations qui ont rapport aux objets sensibles.
> MALEBRANCHE. *Recherche de la Vérité*

u début de juillet, Sturel descendit à Bar-le-Duc prit la petite ligne à voie étroite de Clermont en

Argonne. Tandis que le train cheminait doucement, vers les quatre heures de l'après-midi, à travers ces fertiles vallons, il était frappé de voir que tous les voyageurs se connaissaient et il méditait sur les avantages qu'il y a dans de telles conditions à être honorable. Ces profondes campagnes du Barrois interposaient un siècle au moins entre Sturel et Paris ! Sortant d'un caravansérail de peuples, le jeune homme sentait d'autant mieux l'uniformité ethnique de la région où il pénétrait, et, derrière la vitre de son wagon, il percevait son propre isolement avec une intensité de mélancolie qui, chez ce nerveux, allait souvent jusqu'à l'angoisse. Avec quel plaisir, sur le quai de Clermont, il aperçut Saint-Phlin toujours blond, toujours se mordant les ongles, mais avec une figure que les années avaient faite plus grave. Les deux amis se serraient les mains et s'examinaient sans pouvoir retenir un sourire de plaisir.

— Tu as ta bicyclette? demandait aussitôt Saint-Phlin.

Et tandis qu'on la plaçait sur la voiture, il refusait d'expliquer l'excursion projetée.

— Tu ne comprendrais pas... La maison, le parc vont te préparer.

On traversa de belles cultures et bientôt d'importants bâtiments apparurent. Du fond de l'avenue où l'on s'engagea sur un sol déchaussé, des chiens accoururent fêter les chevaux, les voyageurs, et Sturel vit que son ami était aimé.

Depuis deux ans Saint-Phlin avait perdu son père, le colonel, et il habitait seul avec sa grand'mère.

insensiblement, elle le dressait à devenir le maître dans ce petit centre de vie organisé par leurs aïeux qui tous s'y étaient satisfaits. Les Gallant occupaient le château et la ferme, au lieu dit Saint-Phlin, depuis 1780, et, selon une coutume assez répandue, ils en portaient le nom que le colonel croyait en toute bonne foi tenir des anciens ducs.

La vieille dame était installée dans un verger en pente, sur le côté de la maison. Elle accueillit Sturel avec bienveillance, mais en se réservant la possibilité d'être plus aimable à mesure qu'elle l'apprécierait. Elle lui parla de l'amitié qu'il inspirait à Henri, s'informa de la santé de sa mère, et puis elle faisait signe à un cultivateur rentrant à la ferme et le questionnait sur l'état des champs, sur le travail de la journée. Des poules, des canards s'avançaient jusqu'au petit cercle, épouvantés parfois par les chiens qui faisaient mine de les poursuivre. Ce grand air, baignant de quiétude au coucher du jour un vaste horizon, n'est jamais si délicieux qu'à celui qui sort des villes.

— Comme Henri fut raisonnable de ne pas céder à Bouteiller qui voulait le faire entrer à Saint-Cyr ! s'écria Sturel.

Par ce mot, il commença la conquête de Mme Gallant qui, sur un renseignement de son petit-fils, le croyait irréligieux. Ce soir-là, envahi par une paix profonde, Sturel comprenait les harmonies de cette prairie, de ce ciel doux, de ces paysans, de son ami, de cette aïeule attentive à surveiller un étranger. Il les effleurait tous d'une pensée, il recevait de chacun une impression, et il regrettait d'avoir distrait sa mère de leur milieu naturel pour se perdre avec elle dans le tumulte aride de Paris. S'il avait pu, dans cette minute, rendre intelligible son état, Mme Gallant de Saint-Phlin se fût écriée : « Mais voilà ce que j'appelle la religion ! »

— Ce qu'il y a de puissant ici, disait Sturel, c'est que l'on sent les siècles, la continuité de volonté qu'il a fallu pour créer ce paysage. Il est fait de cette vieille maison, belle parce que ses greniers, ses écuries, sa ferme sont parfaitement appropriés ; de cette prairie où paissent ces vaches ; de ces fleurs dans le verger où bourdonnent les abeilles ; de la marche lasse et satisfaite des serviteurs qui reviennent des champs ; le silence qui l'enveloppe éveille des idées de contentement et de repos, non d'isolement et de crainte ; mais surtout, c'est un domaine patrimonial : on y jouit, comme d'une beauté sensible, des habitudes accumulées.

— Ah ! s'écria Saint-Phlin, j'attendais de toi cette remarque. Des habitudes accumulées ! Comprends-tu maintenant que je ne puisse pas vivre à Paris ?

— Monsieur Sturel, ce grand garçon refuse de se marier ! Ah ! si vous vouliez le convaincre !

Saint-Phlin embrassa sur le front sa grand'mère et lui affirma qu'elle devait rentrer à cause de la fraîcheur. Tout au plaisir de tenir chez soi son ami, il ne pouvait pas rester en place. Mme Gallant, à la manière lorraine, mêlait des railleries à son admiration pour cette surabondance de vie.

— Depuis qu'il a reçu votre lettre, il combine ce qu'il vous montrera. Il a tracé un vrai programme avec des jours, des heures, comme un évêque pour ses tournées de confirmation. Il a saccagé ses livres pour emporter des feuillets détachés. Vous savez, monsieur Sturel, qu'il veut vous tenir une semaine sur ces dangereuses machines...

— Maman, maman, interrompit Saint-Phlin, je vous en prie, taisez-vous ! il faut d'abord laisser notre pays agir.

La cloche du souper, qui est le repas de sept heures, sonna le premier coup. On contourna la maison en faisant quelque cent mètres dans le parc où des chênes feutrent le sol et donnent au ciel un caractère sublime. Sturel donnait le bras à la vieille dame, contente que l'ami de son petit-fils fût de belle taille et de bonne manière. Maintenant, la maison se présentait de face avec ses deux ailes. Très vaste et la plus simple du monde, elle montrait une dignité familière ; aucun luxe, rien de laid, et son âge l'ennoblissait. En montant une seule marche basse, par deux larges portes-fenêtres, les trois personnes passèrent du parc dans la salle à manger.

Sur un compliment bien sincère de Sturel, qui, avant de s'asseoir, regardait l'immense paysage tout d'arbres et de prairies, sans une maison bâtie, Saint-Phlin disait naïvement :

— Quel malheur que je ne sois pas un étranger qui voit cela pour la première fois !

Son contentement de posséder son ami à sa table de famille se traduisait par des récits d'incidents passés où il lui donnait un si beau rôle que le domestique, derrière ses assiettes, en était émerveillé. Il le questionnait sur Neufchâteau (Vosges) et n'écoutait pas les réponses.

— Tu as préféré Paris à ta ville de naissance ! Moi, nulle part autant qu'ici je ne pourrais trouver une abondance de choses à écouter... Non pas des voix éparpillées qui de toutes parts me distrairaient, mais les mêmes voix me forçant à reconnaître et à apprécier chaque jour des tons plus élevés de la vérité... Un exemple entre cinq cents : le patois lorrain, c'est une chose très humble et négligée ; il me fait plaisir — quand la blague de Montmartre m'a toujours été insipide — parce qu'il m'éclaire certaines façons de sentir.

Sturel, pour pousser son ami, faisait semblant de ne pas comprendre. Alors Saint-Phlin expliquait :

— Vous avez sur toute la France une civilisation de surface, une sagesse académique. Les patois nous donnent la vraie sagesse locale, que chaque groupe humain dégage des conditions mêmes de sa vie... N'y a-t-il pas un réalisme excellent et une excusable malice de serf dans des proverbes comme ceux ci : « Il ne faut pas se moquer des chiens avant qu'on soit hors du village. » Qu'en penses-tu ? se moquer des chiens ! Avec un mot pareil, je te reconstruis le village lorrain qui n'est pas précisément hospitalier, et tu vois le moqueur en blouse. Et cet autre : « Besogne à la guise du maître vaut mieux que besogne bien faite. » Bouteiller ne nous fournissait pas des préceptes de cette qualité-là. L'éminent idéaliste les trouverait indignes d'un homme, *vir*, d'un citoyen *civis !* Mais un pauvre homme y mit sa vérité. Notre ami Rœmerspacher use souvent d'une sentence du même cycle qu'il tient de son aïeul : « Avant de monter dans la barque, il faut savoir où se trouve le poisson. » Garde-les, ces mots de terroir, ces vérités d'une époque et d'une classe : tu verras que ce sont des pensées fortes.

Saint-Phlin fit encore remarquer que l'Université enseigne mille niaiseries moins utiles que cet agréable raccourci agricole : « Une poignée de paille donne deux poignées de fumier qui donneront une poignée de blé ou de seigle. » Dans cet ordre, il semblait inépuisable, citant un trait pittoresque du calendrier : « A Noël, les jours croissent du saut d'un veau ; à la sainte Luce, du saut d'une puce; aux Rois, du bâillement d'un coq; à la saint Antoine, du repas d'un moine. » Et cet autre où Sturel apprécia une manière plus mystérieuse : « Le soir de la Messe de minuit, quand c'est le vent d'ouest qui donne, il pousse le pain dans la soupière ; quand c'est la bise, elle le pousse dehors. »

C'est certainement curieux, se disaient-ils, ce besoin qu'ont les plus humbles groupes humains de renfermer leur sagesse dans des phrases agencées, comme les sauvages sculptent les calebasses où ils déposent leurs boissons.

Saint-Phlin, excité par son sujet, pressait sa grand'mère de leur parler patois. Elle parut peu flattée d'exceller dans un ordre qui lui semblait vulgaire.

— Avec les gens de la ferme, on est bien forcé de connaître des mots qui correspondent aux choses de la culture. Ainsi le « gein », c'est une file d'ouvriers travaillant dans un champ sur une même ligne et qui s'avance à mesure que l'ouvrage se fait ; l' « ettamont », c'est le premier morceau coupé dans une miche de pain ; la partie maigre du lard s'appelle « breuson » ; un œuf dont la coquille est molle se dit « adre » ; la veillée d'hiver au village et le lieu où elle se tient se disent « acrogne » ; « caouau »,

c'est la partie inférieure du tronc d'arbre ; on appelle
« aibruyénie » un objet placé pour épouvanter les
animaux... En français, vous n'avez ni l'objet ni
l'expression. Un avocat de Paris ne peut pas s'y
intéresser. Nous ennuyons M. Sturel.

Les deux jeunes gens protestèrent, Saint-Phlin
tout à fait exalté :

— Voilà un vocabulaire très précieux ! Il prouve
que, sur plusieurs points, nous autres Lorrains,
nous avons une imagination extrêmement fine : nous
saisissons des nuances. Naturellement, le fonds est
réaliste, mais avec des indications poétiques. Ainsi,
« daier » se dit de l'acte d'intriguer aux fenêtres les
filles qui veillent, en leur récitant d'une voix contrefaite des facéties, des « dayots ». « Biki » se dit des
animaux qui prennent la fuite en levant la queue.
Le « chin-bianc » est une bête fantastique qui saute
par-dessus les enfants endormis dans les champs, ce
qui les rend paresseux. Les jeunes gens admirèrent
beaucoup « hhohhelu », qui signifie le bruit que font
les feuilles sèches, et Saint-Phlin rappela un mot
arabe, célébré par Théophile Gautier, qui veut dire
» son de la pluie dans la pluie ».

Mme de Saint-Phlin ignorait plusieurs de ces
termes.

— On les cite dans les glossaires, répondait son
petit-fils.

On envoya le domestique s'informer à la ferme.
Sturel, à son tour, rappela deux proverbes de Neufchâteau : « Près d'mottei, lon d'Deie : près de l'église,
loin de Dieu. » Et cet autre : « C'qu'est peut est
malin : ce qui est laid est encore méchant. » Voilà
un mot susceptible de plusieurs interprétations. Il

faudrait amasser autour de ces dictons autant de commentaires que les Allemands en mettent à la *Germania* de Tacite.

— C'est curieux, remarquait Mme Gallant, mon père et mes frères, qui parlaient très bien le patois, n'en tiraient ni vanité ni plaisir. Toi, Henri, tu ne le sais pas, et il te rend heureux et fier !

D'accord avec Sturel, elle raillait légèrement et admirait son petit-fils. Sans effort, ils créèrent ainsi entre eux, pendant le souper, une agréable familiarité. Saint-Phlin jouissait de voir son ami apprécié par sa grand'mère, qui tout de même prenait un certain plaisir à montrer son érudition. Le café servi, Sturel, fatigué par le voyage, ne songeait qu'à fumer paisiblement, quand son hôte l'invita à faire un tour.

— Il fait nuit noire, dit Mme de Saint-Phlin.

— Mais l'air est si bon! répondait sérieusement Henri.

Les deux jeunes gens marchèrent trois minutes dans le silence solennel du parc, et quand leurs yeux se firent aux ténèbres, Saint-Phlin dit à son ami :

— Distingues-tu ce beau chêne ? Tu le remarqueras demain. C'est une des plus belles formes que j'aie vues.

— Plus beau que l'arbre de M. Taine? dit Sturel, heureux de reporter leurs pensées amicales vers un point du passé où déjà elles s'étaient accordées.

Et formulant les impressions qu'il recevait depuis deux heures :

— Ici, c'est toute la propriété qui d'ensemble constitue cette personne saine, ce beau platane, que le grand philosophe allait contempler au square des Invalides.

— Oui, François, cette terre a produit une famille : tous les miens y puisèrent par leurs racines ; et mon âme s'est faite de leurs âmes additionnées, de la nature du sol et des circonstances de l'histoire. Mais je te ferai voir un « arbre » d'une autre ampleur ! C'est même pour cet objet exactement que je t'ai invité, et tu seras content. Maintenant, je vois que tu bâilles ; viens dire bonsoir à ma grand'mère et je te conduirai à ta chambre. Demain, nous passerons une tranquille journée et je t'exposerai mon plan de voyage.

Saint-Phlin n'atteignait pas encore cet âge où l'animal, ayant perdu sa première brutalité et son agitation, qui le faisaient incapable de voir et de sentir, s'apaise, ouvre les yeux, s'écoute respirer, s'attriste, croit enfin qu'il mourra, et dès lors jouit des réalités dans leur minute, — un cheval en sueur qui passe du soleil à l'ombre, la marche révélatrice d'une fille, les grandes feuilles pendant d'un antique platane, — et ne reçoit plus des beautés, qui jadis l'eussent entraîné, d'autres sentiments que pour dire : « Je vois, je sais, je sens qu'à chaque minute je me meurs. » Il n'était pas à ce point maté par la suite des jours, mais déjà il se plaisait sous les mêmes allées, avec les mêmes livres qui avaient formé sa jeunesse, à remettre ses pas dans ses pas. Et puis, de naissance, il possédait une âme délicate et charmante ; il avait de sa famille, de ses horizons, de cette étroite patrie, une notion respectueuse et chère. Si l'histoire de Lorraine n'était entrée pour rien dans sa culture classique, cependant il portait les marques d'une société dont ses ancêtres (plus humblement toutefois qu'il ne croyait) avaient partagé les fortunes. Chaque jour il prenait mieux connaissance de sa formation. Il étudiait avec soin les lieux, les habitudes et même les produits naturels; par là, il devenait l'un de ces êtres avec qui c'est délicieux de sortir le matin dans la campagne, parce que les cultures et les forêts brillantes de rosée, les vapeurs sur les rais de terre forment un horizon philosophique où leurs propos prennent une pleine valeur, et l'on goûte avec eux le suprême plaisir d'analyser des détails sans perdre de vue la vérité d'ensemble.

Au début d'une divine journée et avec une merveilleuse impression d'amitié et d'allégresse, les deux jeunes gens allèrent s'asseoir aux limites du parc, sur un banc ombragé et devant un vaste espace de pâturages. Ils jouirent de la beauté du soleil, quand il s'avance sur les prairies humides et qu'une vapeur confuse flotte dans l'air au-dessus de ce miroitement enivrant de jeunesse et de grâce.

— Ce village-là, disait Saint-Phlin, à une question de Sturel, c'est Varennes, oui, le Varennes où Louis XVI fut arrêté. Sur cette route, qui vient de l'ouest, dans la nuit du 22 juin 1791, la lourde calèche, écrasée de malles, roulait lentement, avec ses six chevaux et ses postillons, à sa perte. En bicyclette, j'ai voulu repasser par leurs étapes depuis Paris; chacune fit pour moi le drame plus clair. Jusqu'à Châlons, tout dépendait du secret et de la célérité : on n'avait pas osé disposer des relais de troupes. M. de Choiseul attendait à quelques kilomètres au delà, à Pont-Sommerville, avec mission d'escorter l'équipage royal à Sainte-Menehould, Clermont, Varennes, Dun et Stenay, en ralliant des détachements postés sur le parcours. D'après les calculs raisonnables, le roi, parti à minuit de Paris, atteindrait Pont-Sommerville avant trois heures de l'après-midi, précédé d'une heure par un courrier. Vers cinq heures et demie, M. de Choiseul, pressé et menacé, ainsi que ses hussards dont il n'était guère sûr, par une population soupçonneuse, crut le voyage différé et se retira en décommandant toute la chaîne jusqu'à Stenay. Une heure plus tard, les fugitifs arrivaient. Continuellement penchés à la portière, ils ne voyaient rien que des villes et des villages en émoi; vers huit heures, ils relayaient à Sainte-Menehould, où les trente dragons postés, ayant dessellé, disparaissaient dans un peuple excité. Un homme de vingt-huit ans, dégourdi par sept années de service dans la cavalerie et royaliste constitutionnel, Cadet Drouet, le fameux maître de poste, reconnut la reine et soupçonna le roi dans celui avec ce nez et cette lèvre qui faisait le valet de chambre. Il prévint la municipalité et reçut la mission de les poursuivre. Il faut voir les choses comme elles sont et comprendre les époques : dans la suite, tout le monde a pris son acte en horreur, mais tout le monde alors voulait l'accompagner. On n'avait que deux chevaux et il choisit son ami Guillaume. Quand ils atteignirent Clermont, les voitures royales venaient d'en partir pour Varennes; ils ne s'arrêtèrent pas... A ces huit heures du soir, le pays était déjà soulevé et les troupes de Pont-Sommerville, de Sainte-Menehould, de Clermont égarées dans les bois ou prisonnières des communes.

Sturel jouissait beaucoup de suivre sur les lieux

mes le récit d'un tel événement, de cette chasse
yale. Il croyait avoir vu autour de Boulanger cer-
nes scènes historiques ; elles l'avaient averti que
istoire littéraire empâte avec des mensonges toute
 parties délicates et aiguës, et elles lui avaient
nné un goût cruel du réalisme dans les hautes tra-
dies. Il se levait pour apercevoir le calme Va-
nes, pour embrasser cette belle campagne claire
 périt une maison royale de dix siècles, et sa jeune
houette d'ambitieux et d'enthousiaste révélait assez
 désordres que perpétuent de tels drames poli-
ues dans l'imagination d'une société.
Saint-Phlin, enchanté de son effet, proposa d'aller
squ'à Varennes.
Aujourd'hui, comme en 1791, cette petite ville n'est
'une longue rue qui, sur un pont, traverse une rire. Ils l'atteignirent par l'endroit même où les
itures s'arrêtèrent dans la nuit : à la recherche des
evaux de relais, les postillons, le roi et la reine
x-mêmes erraient, frappaient aux portes. C'est
rs que Drouet les dépassa ; et, descendant à mi-
, il sauta de cheval dans un café, maintenant une
icerie-librairie. Des « patriotes » s'y trouvaient. Il
r apprend que le roi stationne dans le haut de
rennes et qu'il faut l'arrêter. Ce Drouet, c'est un
 ces hommes autour de qui on se groupe parce
'ils donnent l'impression qu'avec eux on réussira.
éveille le procureur de la commune, M. Sauce ;
 enfants crient : « Au feu ! » pour tirer dehors les
itants ; il barre le pont avec des voitures de
ubles que le hasard a préparées. A cette époque,
re le café et le pont, un second obstacle existait,
e voûte, aujourd'hui démolie, basse et se fermant

par deux portes. Quand le roi, à force de promesses, décide ses postillons à continuer leur service, et quand ils entrent dans Varennes, ces deux barricades, des hommes déterminés et tout un peuple en rumeur l'attendent.

Au delà du pont, Saint-Phlin offrit à Sturel un verre de vermouth dans « l'Hôtel du Grand Monarque », où l'escouade que cherchait Louis XVI, ne comptant plus sur sa venue, reposait à l'écart de tous ces préparatifs. Ils remontèrent ensuite cette unique rue de la Basse-Cour, pour s'arrêter à main droite, environ trente mètres au-dessous du Café de Drouet, devant le n° 281. C'est la maison du procureur Sauce. Cet humble logis où l'on força les fugitifs à entrer n'a point bougé depuis cent ans, sauf que la boutique du rez-de-chaussée est transformée en appartement. Par hasard, à la place ancienne du marteau, au milieu de la porte d'entrée, il y a une tête de femme avec une ferronnière. Cette reine guillotinée arrête l'imagination qui cherche l'occasion de s'étonner. Sturel et Saint-Phlin montèrent au premier étage où la reine, les enfants et Louis apprirent que des sujets loyaux aiment dans leur roi la garantie de l'ordre, de la sécurité, et que, s'il faut choisir entre sa personne et ces intérêts, ils ne balancent pas indéfiniment. Louis XVI se répandait en promesses pour qu'on le laissât continuer son voyage ; il jurait de ne pas dépasser la frontière. Un fendeur de lattes, très court sur des jambes torses, le père Géraudel, l'interrompit : « Sire, je n'my flamme. Sire, je n'my fie ! » Ce patois, rude comme un soufflet, ne voulait pas injurier ; mais le paysan lorrain tenait ses intérêts, comme dans une affaire, et refusait de lâcher son roi.

était, à cinq heures du matin, le sentiment de douze mille terriens accourus des villages où sonnait le tocsin. La femme de Sauce, suppliée par la hautaine Marie-Antoinette, répondait : « Mon Dieu, madame, j'aime bien mon roi, certainement ; mais dame ! écoutez, j'aime bien aussi mon mari... Il est responsable. Je ne veux pas qu'on lui coupe la tête. » Le royaliste constitutionnel Drouet et les autres, craignant à toute minute le galop des hussards de Bouillé, étaient devenus républicains.

Les gros mots et les menaces de cette immense vacquerie pénétraient avec le vacarme incessant des cloches dans la triste chambre des fugitifs perdus de fatigue et d'émoi. A sept heures et demie du matin, ayant fait l'impossible pour retarder encore, ils durent céder aux paysans armés, dont six mille, Drouet en tête, ramenèrent sur Paris le beau carrosse devenu le corbillard de la monarchie. A peine les portières fermées, sur l'otage plutôt que sur le monarque, la foule assaillait les gens de la suite royale, les complices de l'évasion manquée, les Choiseul, les Damas, respectueusement courbés devant leur reine comme à Versailles.

A onze heures et demie, sous les fenêtres de Sauce, Sturel et Saint-Phlin se passionnaient encore à reconstituer, non pas les émotions, sans rareté en somme, des personnes royales, mais l'état d'esprit politique des petites gens. Cette population, dans la nuit du 21 juin 1791, fit passer en actes des idées jusqu'alors enfermées dans des livres et qui, la veille, l'auraient indignée. Ce revirement étonne l'esprit comme toute belle contraction de tragédie :

mais il est au fond banal, car tout pouvoir qui s'abandonne voit apparaître la fermentation des haines.

Saint-Phlin n'admettait pas de faire attendre sa grand'mère ; ils revinrent de Varennes au pas gymnastique, pour midi. A table, Sturel laissait ses yeux errer à travers les fenêtres sur la magnifique campagne. Quelle poésie dans cette mort apparente d'un canton où coule encore le sang qui osa cette grande scène populaire ! En ces calmes plaines, une tempête égale pourrait-elle de nouveau se lever ?

Tout plein de ces pensées, il recueillait chaque mot de la vieille dame :

— J'ai grandi, disait-elle, au milieu des témoins de l'événement. Songez que je suis née en 1822. Quand j'avais quinze ans, les gamins chargés par Drouet de crier : « Au feu ! » dans les rues atteignaient la cinquantaine. Quelques-uns des principaux acteurs vivaient encore, âgés de soixante-dix ou quatre-vingts ans. Leurs veuves, en tout cas, demeuraient. Mon père, ma mère, mes grands-parents, fixés à Saint-Phlin depuis 1780, s'ils ne purent intervenir, n'ignorèrent rien. Vous comprenez qu'ici nous connaissons des détails abondants qui gardent à ces hommes fameux et à ces scènes retentissantes les couleurs d'une émeute de village. Ce Sauce et les conseillers municipaux de Varennes, ces petits bourgeois qui contraignirent Louis XVI à retourner vers Paris et vers l'échafaud, au milieu d'une escorte ignominieuse, étaient des modérés, très dévoués à la royauté ; mais ils la voulaient assez forte pour les sauver de l'étranger et de ces vociférateurs aux menaces de qui ils cédèrent leur roi. D'ailleurs les exaltés eux-mêmes, les fous furieux avaient été la veille et redevinrent le surlendemain exactement pareils à leurs petits-fils que vous voyez dans ma ferme. Je me rappelle très bien un vieux bonhomme, appelé Roland, un insensé, et qui passait les journées sur un banc scellé à sa porte : continuellement il faisait le geste d'un chasseur qui ajuste et qui tue. C'est lui qui d'un coup de feu blessa un hussard du roi. Et, ce qui montre bien quel tempérament paisible demeurait chez nos paysans sous une excitation de circonstance, aussitôt son adversaire blessé, piétiné, porté dans une auberge, il le suit, le protège, devient son ami : peu après sa tête se troubla... Et tenez, l'aubergiste, monsieur Sturel, devint le général baron Radet. Il eut le mérite de reconstituer la gendarmerie de l'Empire et se chargea d'enlever le pape Pie VII, à Rome. Condamné à neuf années de prison par les Bourbons, il vint mourir à Varennes où j'ai bien connu sa veuve qui était une dévote.

L'imagination de Sturel s'ébranlait sous les anecdotes multipliées de Mme Gallant. Il sentait, comme une vérité infiniment poétique, ce qu'ont de meurtrier pour les individus ces grandes minutes révolutionnaires : par un travail plus ou moins lent, elles détruisent ceux qui furent leurs collaborateurs, et les nations indifférentes n'enregistrent même pas le sort des acteurs que d'abord elles auraient voulu diviniser.

L'atmosphère du 21 juin, si l'on écoute Mme Gallant, entra dans chaque Varennois pour transformer son âme, mais y laissa surtout des haines. Avouées ou secrètes, elles firent des besognes mystérieuses. Louis Bigault, dit Signemont, avait accepté avec Drouet le commandement de la petite armée qui, de

Varennes, emmena le roi sur Paris : on le trouva, quelques années après, demi dévoré par les loups, dans la forêt d'Argonne, et son cadavre fut refusé par sa femme. — Un sieur Coquillard, récompensé pour avoir contribué à l'arrestation du roi, un jour de réjouissance publique, sous la Restauration, tomba dans l'escalier de l'Hôtel de Ville, à Varennes, et se tua. — La femme du père Sauce fut tirée morte d'un puits par les Prussiens, quand, à leur arrivée, elle voulut fuir de Varennes. — Lui-même, Sauce, perdit à peu près la raison au milieu des hostilités locales qui le forcèrent à s'expatrier. Il mourut greffier du tribunal de Saint-Mihiel, où ses petits-enfants vivent encore et sont d'honnêtes gens très modérés. — Vers 1840, Guillaume, de Sainte-Menehould, celui qui, avec Drouet, poursuivit les voitures royales, habitait à l'écart de cette petite ville une hutte solitaire et décriée. On trouva son cadavre dans le puisard fangeux de son jardin. — Quant à Drouet, sa vie fut tordue d'une façon particulièrement intéressante par le grand coup de vent de Varennes. Élu député de la Marne à la Législative, il organisa et commanda la garde nationale de Sainte-Menehould, lors de l'invasion prussienne. Saisi par les troupes de Brunswick et jeté dans une prison de Verdun, où les émigrés en fureur l'insultaient à travers les barreaux, il supporta avec fierté le regard de Gœthe. La brusque retraite des Alliés le sauva. Représentant de la Marne à la Convention et Commissaire aux armées, il tomba devant Maubeuge aux mains des Autrichiens. Il sortit de la forteresse du Spielberg dans le lot qui fut échangé contre la fille de Louis XVI. Comme il siégeait aux Cinq-Cents, il conspira avec Babeuf. Est-ce une complaisance qui lui permit de s'évader? Il s'embarqua pour les Indes, fit la guerre aux Anglais dans les îles Canaries, puis, après Fructidor, rentra dans son pays où les Anciens et les Cinq-Cents lui votèrent une forte indemnité. Sous-préfet de l'Empire à Sainte-Menehould et chevalier de la Légion d'honneur, député aux Cent Jours, il échappa aux recherches actives de la police d'État sous la Restauration. D'abord caché dans des carrières abandonnées près de Sainte-Menehould, puis garçon d'écurie à Saint-Denis, puis ouvrier bottier à la suite de la Légion des Hautes-Alpes, il vivait à Mâcon, avec une concubine, sous le nom de Merger, quand la mort le frappa, en 1824, rassasié sans doute des hommes. Son fils le renia. — Enfin l'ensemble des Varennois signalés au cours de cette nuit devaient être récompensés en argent, d'après un vote de l'Assemblée nationale; mais, devant les jalousies, les menaces, toutes les ébullitions d'une population qui ne reprenait pas son niveau, ils durent se dessaisir en faveur de la commune. On essaya une distribution publique de cet argent; les plus forts l'empoignèrent : ton grand-père, Henri, vit cette bataille sur la place de Varennes. C'étaient de grandes anarchies. Voilà pourquoi le souvenir de ce temps demeurait pénible à chacun dans mon enfance.

— Écoute ma grand'mère, dit Saint-Phlin. Elle ne pardonne pas l'anarchie, mais elle n'est pas de ces personnes qui s'attendrissent sur le roi, la reine, les petits-enfants.

— Comment! dit la vieille dame, peux-tu croire que j'approuve la guillotine?

— Enfin, vous auriez ramené Louis XVI à son poste?

— Je ne comprends pas des autorités sociales qui désertent leur devoir. Mon pauvre père, ton aïeul, disait toujours que nos ducs, en quittant leur Lorraine pour la Toscane, avaient commis un crime contre la nation lorraine.

— L'aïeul d'Henri regrettait la nationalité lorraine! s'écria Sturel surpris. Alors il n'aimait point la France?

La vieille dame parut à la fois mécontente et désorientée.

— Ton point de vue nous semble un peu simple, dit Saint-Phlin à son ami. Ma grand'mère est attachée à la terre : c'est une féodale. Elle a l'idée d'un système de droits et de devoirs reliant les gens du pays et l'administration. Le pouvoir qui assure de l'ordre, de la moralité, du bien-être autour de Saint-Phlin est légitime.

— Alors, madame, vous n'avez pas de préjugé dynastique contre le général Boulanger?

— Monsieur Sturel, si le général Boulanger fait le bien de la France, les honnêtes gens lui seront reconnaissants, parce que, vraiment, dans nos campagnes, on n'est pas satisfait. Mais où trouve-t-il la force de se donner une telle mission? Pourquoi sortir de l'armée où l'on dit qu'il servait utilement son pays? J'approuve des jeunes gens comme vous qui veulent de l'ordre et de l'honnêteté, mais je prie Dieu qu'ils ne se trompent pas sur les moyens, parce que, avec un cœur sincère, ils seraient pourtant des coupables,

La causerie, les longs détails de Mme Gallant sur Varennes s'étaient prolongés bien après le repas de midi. Maintenant on se taisait dans le grand salon, d'un mobilier à la fois fané et solennel, où des toiles heureusement foncées par l'âge représentaient des jeunes femmes et des militaires de la famille. La vieille dame, son ouvrage et ses lunettes sur ses genoux, repassait en esprit avec une grande paix tout ce qu'elle avait vu durant sa longue vie ; elle ne doutait point qu'avec l'âge son petit-fils et Sturel ne jugeassent tout exactement comme elle faisait. Son visage d'un teint clair, d'un dessin ferme, était infiniment agréable à regarder, parce qu'on n'y trouvait aucune bassesse et pas même une trace des passions. Ses paroles très simples, d'une bonne langue, où se marquait une grande idée de son âge et de son chez soi, éveillaient en Sturel des délicatesses et un sérieux nouveau. Ce jeune homme aventureux prit soudain conscience de sa responsabilité. Les sentiments que dans cette calme hospitalité on lui présentait, sans indiscrétion de prosélytisme et avec une dignité bien faite pour séduire une nature poétique, formaient un tout organique : l'un admis, il fallait s'accommoder du reste, à cause de leur enchaînement, aussi nécessaire que celui des diverses parties d'un animal. Ainsi Sturel subissait déjà cette influence, prévue par Saint-Phlin, d'une terre où des âmes de même qualité se sont additionnées. On peut seulement craindre que cette culture de la conscience, ce noble souci de sa dignité ne donnent à un être une trop haute idée de sa personne morale, et par là une vision de soi-même disproportionnée avec sa place dans le monde.

Le boulangiste Sturel se fût passé à regret des journaux de partis qu'on ne recevait point à Saint-Phlin. Ils allèrent, après midi, se promener jusqu'à la petite bibliothèque de la gare de Clermont.

Sturel, au retour, s'abritait d'un beau couchant de juin avec l'*Intransigeant*, la *Presse* et le *Gaulois* dépliés. Il lisait à haute voix les passages les plus intéressants : on accusait un garde des sceaux « dont la place serait à Poissy plutôt qu'au banc des ministres » d'avoir fait une campagne de baisse contre la Banque de France avec un escroc nommé Jacques Meyer. — La police ne tenait plus ses agents : dans une bagarre, place de la Concorde, ils venaient de « laisser nager tout seul leur chef M. Clément », et même avaient délivré un prisonnier.

— Bonnes nouvelles! disait Sturel.

Mais Saint-Phlin, chassant du pied les cailloux, répétait :

— Ça n'est pas ça... Non, ça n'est pas ça qui fera plaisir à ma grand'mère.

— Enfin, on met Boulanger hors la loi ; il se bat et ses amis le défendent.

— Qu'est-ce que tu veux, François! chez nous l'effet est détestable!

— Mais enfin, que demande-t-elle, ta grand'mère?

— Pardon! ce n'est pas à elle de donner un programme. Vous faites des offres qu'elle acceptera ou rejettera.

— Eh bien! tu connais mes idées. Dans la *Vraie République*, Rœmerspacher et moi, et toi aussi, nous les répétions à chaque numéro. Il n'y a plus de coordination entre les efforts des Français; nous ne connaissons pas ce que nous sommes ni par suite ce que nous devons.

— Très bien !... Alors ?

— Alors je sens diminuer, disparaître la nationalité française, c'est-à-dire la substance qui me soutient, et sans laquelle je m'évanouirais. Il faut reprendre, protéger, augmenter cette énergie héritée de nos pères. Et pour cette tâche, sans m'enfermer dans aucun parti, je fais appel à la bonne volonté de tous mes compatriotes.

— Très bien, Sturel ! la nationalité française, une énergie faite sur notre territoire de toutes les âmes additionnées des morts ! Mais, ton moyen ? En 1806, la Prusse, à qui tout manquait, gardait son loyalisme : le devoir n'était pas trouble ; on se ralliait au service de la reine Louise. Chez nous, c'est moins simple. J'entends bien que tu cries : « Vive Boulanger ! » je comprends l'expédient et je suis prêt à joindre à ton vivat le mien. Mais son nom a un sens moins net que le nom du plus médiocre représentant d'une dynastie nationale. Ma grand'mère te demande de lui définir Boulanger. La difficulté reste entière : nous voilà excités, je l'accorde, mais toujours privés d'une connaissance commune de nous-mêmes... Votre programme est beau : union nationale autour d'un général patriote ! Mais vous rendez-vous compte des conditions dans lesquelles cet état d'esprit social pourrait se substituer à notre anarchie ?... Les mots vous suffisent parce que vous vivez à Paris et dans un milieu qui, à force de haïr le parlementarisme, tend à lui ressembler, — d'après la loi constante que nous ressemblons à ceux que nous détestons au point de ne jamais les perdre de vue. Plutôt que du boulangisme, vous faites du naquettisme. Un mouvement qui avait son principe dans le fond de la nation est maintenant une intrigue politique… Heureusement on aime toujours le Général dans le peuple, dans nos campagnes. Il y a un état sentimental. Ce n'est pas mauvais, bien au contraire, cette première phase toute instinctive, mais voici que vous agissez, vous autres meneurs : vous engagez par vos actes le traitement du malade? Et comment agissez-vous? Selon le cerveau de M. Naquet… Ces grandes forces excitées et non dirigées peuvent produire soudain de terribles effets, des accès. Voilà pourquoi j'ai voulu que tu visses Varennes. C'est pour te donner le sentiment de la mobilité de l'esprit politique en France. J'en suis convaincu, si tu pouvais garder l'impression intérieure que t'a donnée cette ville de Varennes, morne et puis, soudain, capable de tant vociférer, tu saurais avertir le général Boulanger.

Sturel trouvait assez justes ces observations, mais, un peu énervé, il prétendait qu'un homme d'action ne doit pas écarter un plan de campagne sans faire une proposition ferme.

— Pardon, répondait l'autre, je ne suis pas un homme d'action. Je ne te conseille même pas; je te renseigne. Le boulangisme, qui devrait être une conscience nationale, n'est jusqu'à cette heure qu'une fièvre. Puisqu'il s'agit d'une tentative dictée par la piété nationale, je voudrais qu'en toi cette piété s'appuyât non seulement sur la générosité de ton âme, mais sur la connaissance de la réalité. Tu veux donner une direction commune aux énergies françaises, les coordonner; il faudrait d'abord nous rendre compte de ce qu'elles sont dans l'état actuel et puis analyser dans quelles conditions elles seraient unies. Et voici que j'arrive à t'exposer mon projet d'enquête, ce fameux plan de voyage qui va prendre son plein sens dans ton esprit préparé.

Ils allèrent s'asseoir dans le parc jusqu'au souper de sept heures. Puisque Boulanger demandait un rapport sur les départements de l'Est, Saint-Phlin proposait à son ami une tournée en Lorraine :

— Tu ne t'ennuieras pas. La nuit de Varennes, c'est dramatique comme du théâtre, mais *les pays lorrains*, c'est mille spectacles aussi tragiques et dont les puissants ressorts peuvent être suivis à travers les siècles.

Il avait préparé un magnifique itinéraire, un voyage le long de la Moselle, de sa source à Metz, puis à Trèves et jusqu'au Rhin. Pas en chemin de fer : les résultats sérieux doivent être obtenus dans les petites villes et les villages le long des routes où l'unification moderne se fait le moins sentir. Faute de relais, la voiture, sur un grand parcours, est inutilisable. De là le choix de la bicyclette.

— Nous prendrons une leçon de choses. Ce ne sera point une analyse totale, mais nous nous préoccuperons de tout ce qui peut fournir les éléments de la connaissance psychologique et politique. Sur ces grands lambeaux disputés entre la France et l'Allemagne, tâchons de déchiffrer comment se forme et se déforme une nationalité. Cette enquête, sur une terre nouvelle pour nous, demeurerait fort superficielle. Mais les diverses Lorraines sont notre pays maternel ; nous savons leur histoire et nous devons retrouver en nous les façons de sentir qu'elles proposent.

Durant le souper, Mme Gallant souriait un peu du

bel enthousiasme et des grands mots de son petit-fils, quand il parlait de la richesse historique et de la variété psychologique de la vallée mosellane. Mais elle donna quelques détails sur des petites villes, et, sur le fond des choses, on voyait bien qu'eux deux pensaient d'accord. Sturel se taisait, plus averti que le premier soir d'être un étranger, et un peu suffoqué de l'autorité que se donnait son ami. Comment! depuis son arrivée, on ne lui avait pas demandé un détail sur le Comité national, sur le Général! Est-ce raisonnable de dédaigner ainsi ce qui intéresse les cercles de Paris ? Doit-il admettre que dans cette ferme perdue se trouve précisément le juste point pour embrasser les événements ?

Après le repas, étant à fumer dans la chambre de son ami, il vérifia le plan et les moyens du voyage, et les reconnut très bien étudiés. Voilà les cartes avec les étapes pointées ! Voilà les sacs de toilette à suspendre aux bicyclettes ! Leurs malles, les précédant par chemin de fer, feront, chaque deux jours, leur seul assujettissement. Dans les intervalles, ils choisiront pour leur nuit la petite ville où les tentera certaine qualité de mélancolie ; ils la quitteront au point du jour, quand le premier soleil évapore les brumes et peu après devient la grande chaleur ; leur sieste les attardera tantôt dans la petite auberge mosellane sous une treille au nord, tantôt sur l'herbe de la rive, pleine d'une gentille vie à l'ombre des arbres. Et Saint-Phlin, saisissant sur le premier rayon de sa bibliothèque lorraine (1) *la Moselle* d'Ausone, lisait :

(1) Ce serait le lieu de mentionner quelques-uns des ouvrages que Saint-Phlin connaît et auxquels il se réfère constamment. Bien qu'il ne soit pas proprement un érudit, il doit une forte

> *Vidi ego defessos multo sudore lavacri*
> *Fastidisse lacus, et frigora piscinarum,*
> *Ut vivis fruerentur aquis; mox amne refotos*
> *Plaudenti gelidum flumen pepulisse natatu.*

« J'ai vu beaucoup de personnes épuisées par les grandes sueurs... se baigner dans des eaux courantes, être d'abord réchauffées dans le fleuve et chasser le froid de l'eau en la coupant à la nage. »

Et le soir, au lieu d'un bon sommeil, le léger surmenage d'une telle vie et notre plaisir nous donneront un peu d'insomnie, pour jouir, par les fenêtres ouvertes, des paisibles rumeurs qui jadis furent les fées de la Moselle lunaire. Car seule la rivière fuyante, au milieu de ces provinces qui ne sont plus semblables à elles-mêmes, n'a pas changé : après quinze cents ans, elle demeure semblable aux descriptions d'un naturalisme élégant et assez méticuleux qu'en donnait vers 360 l'administrateur gallo-romain :

> *....Quum glaucus opaco*
> *Respondet colli fluvius, frondere videntur*
> *Fluminei latices et palmite consitus amnis.*

« Lorsque le fleuve représente l'image de la colline, l'eau paraît avoir des feuilles et le fleuve être implanté de vignes. »

D'ailleurs, Saint-Phlin replaçait très vite le volume sur la tablette, et disait :

— Ça, c'est l'amusement. Mais, mon cher Fran-

part de son nationalisme lorrain aux travaux du comte d'Haussonville, de M. Charles Guyot, du frère M.-B. Schwalm, de l'abbé D. Mathieu, du comte de Ludres, de M. Lucien Adam, etc. Il a lu tout ce qui concerne l'événement de Varennes.

çois, nous allons recevoir trois grandes leçons ! (Et il les comptait sur ses doigts.) D'abord le pays historique du duché de Lorraine, ensuite la région messine, aujourd'hui l'esclave Elsass-Lothringen, enfin l'archevêché de Trèves, antique pays romain que l'influence française a si longtemps disputé à l'Allemagne.

A dix heures, quand ils descendirent prendre une tasse de thé avant que la vieille dame se couchât, leurs deux imaginations s'étaient suffisamment échauffées et associées pour qu'on augurât un bon profit de leur voyage, et la grand'mère, considérant ces bonnes têtes de garçons animés par l'avidité de faire parler la terre et les morts, se réjouissait que son petit-fils allât dans la brise vivifiante de la Moselle passer une belle quinzaine de grand air et de bonne amitié.

de Bussang à Épinal
(*D'Épinal à Toul, 65 kil.*)

Pour procéder systématiquement et prendre la Moselle à sa source, ils allèrent en chemin de fer chercher à Bussang leur point de départ.

Cette pleine montagne, tout en « ballons » couverts de sapins, est d'un grand air sévère. — Si l'on gravit les pentes, sur un sol feutré de fines aiguilles où le pied glisse, et sous une voûte formée par les cimes, seules respectées, de ces arbres que l'administration ébranche, c'est indéfiniment un monotone spectacle de troncs bruns et résineux, tous pareils, s'élevant droit vers le ciel, avec au bas une maigre mousse. Cette monotonie, cette régularité, cette pauvreté même reposent les nerveux. Ordre, calme et beauté : une beauté apaisante que Puvis de Chavannes a mise dans son *Bois sacré*. Parfois ces jeunes corps sveltes et durs évoquent pour l'imagination, que leur senteur fortifie, une forêt de lances fichées en terre. Et sur la hauteur atteinte, sur le chaume, ce moutonnement des têtes, agitées par le vent, est pathétique comme la rumeur d'un camp. — Les vallées longues, étroites, étonnent l'œil par leur propreté parfaite : des tapis d'une herbe luisante, des ruisseaux emportés et limpides sur les vieilles pierres se détachent d'autant mieux dans le cadre noir des sapins. — Çà et là, les hommes ont imposé une maison de garde, une petite ferme à la montagne ; elle reste pourtant maîtresse de sa beauté et de ses arrangements, et, dans certains cantons forestiers escarpés, nul ne peut exploiter sa vêture.

Il faut comprendre le système général de ces contre-forts qui soulèvent, creusent et enserrent le pays. Une race est née entre leurs bras, avec la mâchoire forte et la tête carrée, célèbre par son entêtement. Comme des divinités assoupies, toujours pareilles à elles-mêmes, les Vosges sont assises dans l'éminente splendeur du midi et au romanesque coucher du soleil et dans le tombeau étoilé de la nuit. Belle assemblée de montagnes, forte, paisible et si salutaire qu'à nos nerfs mêmes elle donne une discipline ! De ces colosses immobiles naît la frivolité, la pente, la fuite, l'insaisissable. La Moselle est la délégation de leurs énergies intimes.

Elle jaillit sur le versant français à trois cents mètres du tunnel qui franchit le col de Bussang et s'ouvre sur la magnifique plaine d'Alsace. La « source de la Moselle » n'est pas la plus forte, ni la plus reculée des gerbes d'eau qui la forment d'abord, mais celle-là ne tarit jamais. Tous les « ballons » de la région concourent aux premiers développements de la Moselle, comme une mère entourée des personnes de sa famille nourrit, caresse et fortifie pour la vie un petit à ses premiers pas. A deux kilomètres de Bussang, déjà cette enfant travaille. Elle fait tourner les roues de moulins, scieries, tissages, filatures et féculeries. A chaque instant, les industriels lui opp sent des barrages, ralentissent son cours, sa vie : c'est presque une morte où apparaît déjà la décomposition. Là contre elle se ramasse, fait effort de toutes ses ressources, passe l'obstacle et court, pacifiée, vraiment jeune et gaie. C'est de son courage que vivent Saint-Maurice, le Tillot, Ramonchamp et Rupt, où passèrent d'abord Sturel et Saint-Phlin. Si jeune, elle a déjà pris la plus importante de toutes ses décisions : elle s'arrête dans sa marche au midi pour se jeter au nord-ouest.

Le Parisien Sturel sent les détails de la nature comme ferait un convalescent et trouve de neuves délices à l'ampleur des feuillages, au dessin des ombres sur le sol ensoleillé, à la qualité joyeuse de l'air sur son visage et dans sa bouche. Tous deux, chaque quart d'heure, se félicitent d'un mode de locomotion qui ne donne pas seulement un délicieux plaisir de vagabondage, mais qui par sa rapidité permet aux impressions de se masser en larges tableaux.

Voici des espaces admirables avec des montagnes trapues, bien garnies en terres, où alternent les spacieux herbages et les immensités d'arbres. A tous instants, d'autres vallées, qui s'ouvrent et vont se perdre dans la principale, fortifient la Moselle, libre, dégagée, charmante, de plus en plus heureuse, par mille contributions empressées. Au pied des ballons, les maisons éparses n'ouvrent que des petits yeux, des fenêtres étroites à cause du froid ; courbées, peureuses, abritées sous leurs longs toits qui montent si haut et descendent presque à terre, elles semblent toujours songer aux écrasantes charges de l'hiver. Le torrent, tout prêt à être mâté, leur offre sa force motrice ; les bois attendent qu'elles les débitent.

La physionomie d'un paysage peut donner au passant les plus vives jouissances, mais combien le plaisir augmente d'intensité à mesure que nous savons saisir les liens intimes qui, dans une zone donnée, unissent le caractère de la nature au développement de la civilisation ! Dans la plaine lorraine, la plupart des villages existaient aux lieux qu'ils occupent dès la période gallo-romaine, mais dans ce haut pays granitique les corps de communauté ne s'organisèrent que récemment et par la volonté administrative. Ces terribles forêts de « La Vosge », domptées une première fois par une route des Romains qui disparut avec leur puissance, supportèrent ensuite dans quelques vallées des monastères qui exploitaient un cercle assez étroit de défrichement ; puis des émigrants de la plaine remontant la rivière qui fut la grande voie civilisatrice, du treizième au seizième siècle, commencèrent de coloniser. Les mœurs, les besoins, les tendances sociales qui naissent dans les industries qu'animent la Moselle et ses affluents, ne sont pas contrariés par des coutumes opiniâtres. De toute la Lorraine, cette population qui n'a que des habitudes de trois ou quatre siècles est assurément la moins conservatrice ; elle a l'esprit radical. Bien plus aisément que les agriculteurs de la plaine, voire avec plaisir, ces forestiers devenus ouvriers d'usine accepteraient une organisation de la propriété conforme aux vœux du prolétariat industriel. Qu'ils sachent ou non formuler leurs besoins, une réforme est ici nécessaire, car la race déjà déchue disparaîtrait par l'alcoolisme, conséquence d'une détestable exploitation de la main-d'œuvre.

A chaque développement de leur bicyclette, Sturel et Saint-Phlin devaient voir une population mieux enracinée et des cités plus mémorables. Ils déjeunèrent à Remiremont, puis, au soir de cette première belle journée, sortant de la montagne granitique, ils touchèrent à Épinal, dont les terres sont rouges, le seuil du grand plateau lorrain. Plus qu'aucune ville, celle-ci charge la vallée de fabriques qui, fortement installées sur de solides pentes vertes et parmi de noirs bouquets de sapins, communiquent au paysage un caractère de puissance et de santé sociale.

d'Épinal à Toul
(De Bussang à Épinal, 60 kil.)

Vers Châtel, à 15 kilomètres d'Épinal, comme on dévale par les terrasses du trias, la vigne apparaît, se substitue sur de vastes espaces aux forêts et bordera la rivière jusqu'au Rhin, s'améliorant d'étape en étape, pour fournir les crus fameux de la Moselle. Dès Thaon, celle-ci a cessé son travail. Elle glisse parmi des saules épars et de grands peupliers verts, élégamment vêtus jusqu'à terre de branches frémissantes. Gracieuse avec ses circuits, ses eaux bleues, ses parures variées, elle s'amuserait, se déplacerait, si le canal de l'Est voulait bien la quitter. Ce tuteur morne, utilitaire et rectiligne, la contrarie. Mais lui-même, par sa paix, sa belle nappe que nul bateau ne ride, assez large dans certains tournants, met dans cette verdure de prés, d'arbres et de vignes mélangées aux vergers sur les côtes silencieuses, la noblesse d'un parc de plaisir.

La vallée au-dessous d'Épinal est faite par des collines douces. Son élargissement vers Châtel et Charmes engage aussi l'imagination à s'étendre pour considérer dans le temps les vicissitudes de ce territoire.

Ces trois petites villes mosellanes, Châtel, Charmes, Bayon, où ce siècle n'a pas modifié une maison autour de l'église, mais seulement ajouté des trottoirs, voilà de vieux abris de la plante humaine! Que de tels lieux demeurent sans gloire, c'est une grande injustice, car ils subirent plus de désagréments qu'il n'en faut en moyenne pour conquérir l'illustration. Combien l'existence y fut pauvre, dure, alarmée! Furent-elles assez de fois pillées, violées, brûlées! Et Châtel, jalouse, se précipitait de bon cœur pour aider au sac de Charmes, qui comptait bien lui revaloir ces brigandages.

Il est difficile d'imaginer une histoire pire que celle de la Lorraine mosellane, disputée entre la France et l'Allemagne dès le dixième siècle, et que ces deux grands pays ne laissèrent pas vivre de sa vie organique. Nous avions une bonne maison souveraine, des coutumes, des institutions, tout ce qu'il faut pour conquérir une place dans l'histoire ou plus humblement pour s'assurer de l'ordre, de la sécurité, et pour créer une nationalité. Quelle importance tout le duché, chevalerie, communes et manants, attribuait à la journée de février 1477, écrasement sous les murs de Nancy du Téméraire qui avait rêvé l'annexion de l'État lorrain! Quelle digue nous élevâmes contre le protestantisme, flot venu de l'Océan germanique dont le sel eût transformé nos terres! Quelle fidélité les gentilshommes lorrains gardèrent à leurs souverains en dépit de la puissance cruelle des Richelieu et des Louis XIV, et lors même qu'un Charles IV fut exilé pour un demi-siècle! C'est que nous n'étions pas un morceau quelconque de territoire, un domaine, mais un petit État, une nationalité; nous aimions dans nos ducs notre épée et nos institutions, notre faculté directrice. De là notre maison ducale recevait un puissant principe de vie. Malheureusement elle était inférieure en intelligence aux Capétiens.

A Charmes, Saint-Phlin dit à Sturel :

— Nous avons le temps de flâner.

Avec l'aide du plan, ils allèrent dans une prairie, entre la ville et le Haut-du-Mont. Un étang marque encore les réserves où s'alimentaient les fossés du rempart.

— Dans ce lieu, dit « pré des Suédois », les bandes stipendiées par Richelieu après la mort de Gustave-Adolphe pendirent les notables.

— Ne récriminons point là-dessus, dit Sturel; je me rappelle qu'en 1870, dans cette même petite ville, les Allemands tuèrent à coup de baïonnette, dans la rue, le pharmacien Mariotte.

— Récriminer! dit Saint-Phlin. C'est moi que tu soupçonnes de vouloir quereller les faits, moi qui te mène prendre leur leçon!... Je voudrais seulement diviser notre sujet; c'est exact que la France et l'Allemagne nous ont travaillés à l'envi, mais on ne peut pas tout mener de front : nous examinons pour l'instant le travail français... Rendons-nous compte de l'effet que produit dans une très petite ville, dans un Charmes, un branchage des notables. C'est une terreur mêlée d'âpre ressentiment : on obéit au vainqueur de fait, en même temps que les cœurs appellent le chef de droit. S'il ne peut intervenir, il faut bien s'accommoder de l'événement. La disparition des notables affaiblit immédiatement la nationalité et, par suite, favorisa la substitution de l'idéal français au lorrain. Quand la Lorraine, après les horreurs — guerre, peste, disette, massacres, incendies, exactions — du long règne de Charles IV (1624-1675), voulut se refaire, elle avait perdu 300,000 habitants sur 400,000 et probablement les plus énergiques. Elle retrouva son territoire, mais non pas son âme. On dut importer des cultivateurs. Le duc Léopold, pour refaire le duché, substitua aux constitutions lorraines une compilation des ordonnances de Louis XIV : c'était enlever à la Lorraine sa cérébralité propre. Sa maison ducale allait aussi lui manquer. François III troqua son duché contre un équivalent avantageux, et, traître à son peuple, sans plus de scrupule qu'un propriétaire vendant un domaine, s'installa en Toscane, puis au trône d'Autriche. Déjà les idées françaises gouvernaient ; les agents français vinrent administrer sous Stanislas. L'année 1766 vit les dernières formalités de l'annexion.

Saint-Phlin pourrait ajouter que les idées nationales tentèrent de se ranimer de 1786 à 1789 : cette petite nation mal renseignée espéra un gouvernement indigène par une assemblée provinciale. L'union morale se fit grâce aux avantages matériels procurés aux paysans et aux bourgeois par la Révolution et puis au cours des guerres impériales et républicaines, où les Lorrains fournirent les plus gros contingents et soixante mille cadavres sur un ossuaire d'un million et demi de Français. En 1814, Blucher afficha sur les murs de Nancy : « Puissé-je ramener pour vous le bon vieux temps dont jouirent vos ancêtres sous le gouvernement doux et paternel de vos anciens ducs! ». On ne le comprenait plus. Quelque sentiment de la nationalité lorraine a survécu dans le fond des indigènes ; elle s'est témoignée académiquement vers la fin du second Empire dans les doctrines décentralisatrices de l'École de Nancy ; c'est elle encore qui fait l'indignation de Saint-Phlin :

— Quel gâchage! s'écrie-t-il ; on nous a toujours contraints à laisser reposer nos espérances propres. Le transport des pouvoirs lorrains dans les bureaux de Paris a ruiné notre développement autonome, et n'atténue même point le danger qu'a toujours présenté pour la paix européenne la situation géographique de la Lorraine : une fois de plus, en 1870, nous avons fait les frais d'une guerre entre la France et l'Allemagne. Boulanger, qui jette un appel à notre engourdissement, comprendra-t-il toute sa tâche ? Saura-t-il restituer au vieux duché la force d'apporter dans l'illumination française sa lumière particulière ?

Sturel, songeur, entrevit le grand rôle que son ami proposait au Général. Le chef national perçait sous le soldat populaire.

Ils atteignaient sur la rive droite, immédiatement au-dessous de Charmes, le village de Chamagne, où une inscription désigne la maison chétive, encore intacte, qui vit naître en 1600 Claude Gelée.

— Celui-là, dit Saint-Phlin, on a raison de l'appeler tout court « le Lorrain ». Si notre paysan, mal servi par ses chefs, n'a pu s'exprimer dans une nationalité politique, la souffrance qu'il en eut et sa naïveté sont fixées dans le clair-obscur de Claude Gelée. Enfant, Claude avait eu des rêveries aussi longues que les jours d'été, sur les côtes de cette vallée mosellane entre Charmes et Bayon; la fraîcheur de ses yeux et de son cœur lui permettait de se pénétrer de la moralité de ce paysage. L'accent rural, la voix des prairies et des eaux, la modestie de ses parents, de sa classe paisible, de sa race contenue, voilà ce qu'entendit ce tendre bouvier avant de connaître la majesté romaine.

Les deux jeunes gens trouvèrent une ombre étroite pour s'asseoir devant ce beau spectacle du soleil sur les espaces mosellans. Adossés à une ligne de bois, ils voyaient à leur gauche, sur un léger renflement, les petites maisons de Chamagne, et toute la vallée qui vient de loin décrire une courbe devant eux et s'enfoncer à leur droite dans d'heureuses campagnes avec ses blés, ses avoines, ses seigles, où alternent les prairies artificielles, les coteaux de vignes, les vergers et les villages. Comme basse sourde, le bourdonnement d'une vanne, puis, par saccades, de minute en minute, la masse stridente des sauterelles, le vol des petits moucherons, parfois un appel d'oiseau, parfois un poisson troublant la surface de la rivière, très loin le grelot d'une bête.. Il y a des moments du matin où le soleil réjouit si délicatement l'eau, les longs peupliers, les petites herbes imperceptiblement agitées, les bons arbres groupés en boule dans un champ, la vigne sur les pentes, les fonds vaporeux, douze petits hommes là-bas qui travaillent près d'un cheval et d'une voiture et dont on entend un peu les voix, oui, tout cela si délicatement se réjouit qu'on est plein de sympathie, et l'on accorde qu'il y a un élément moral dans le frisson de beauté et que, pour être tout à fait belles, les choses doivent être bienfaisantes.

La matinée s'écoulait, l'instant arriva où la végétation de juillet sous un soleil enfin chaud prend toute son ampleur et pendant quelques heures trouve des puissances qui dépeuplent la campagne. Sturel approuvait l'interprétation de Claude le Lorrain proposée par son ami.

— Mais, ajouta-t-il, cette harmonie des tons, cette pondération, ce bon ordre, cette délicatesse poétique, pour agrandir leur paix mosellane jusqu'à la majesté qu'on voit dans son œuvre, ce grand artiste les complète avec de magnifiques monuments et des ruines... Ah! que notre conscience lorraine vaudrait davantage, si elle avait l'orgueil de quelques grands souvenirs!

Saint-Phlin saisit avec empressement cet éveil chez son ami :

— Bouteiller, dès le collège, aurait dû nous ouvrir les yeux sur notre race qui n'est pas sans gloire. Du moins tu vas la connaître au cours de ce voyage, et tu déblayeras en toi des ruines mémorables.

Proche de Bayon, ils distinguèrent sur la rive gauche, à Neuvillers, le beau château bâti par Chaumont de la Galaizière, l'administrateur exécré que la France plaça comme premier ministre auprès du dernier duc Stanislas Leczinski.

Stanislas! le régisseur du duché pour le compte de la France! le Polonais! Ah! le mépris irrité de Saint-Phlin! Il rendait ce Leczinski responsable de Louis XVI, un lourdaud, de Louis XVIII, fait pour la petite cour de Lunéville, de Charles X, un Slave, il lui reprochait d'avoir plus qu'aucun, par son sang polonais, différencié les Bourbons et la France.

Sturel souriait :

— On lui doit la place Stanislas, où rien n'est laid, ses grilles, les petits pavillons de Héré, la porte Royale, les places de la Carrière et d'Alliance, qui font de Nancy une ville excellente.

— Je ne conteste pas ces jolies choses, disait Saint-Phlin, mais, après avoir examiné un détail, il faut remonter sur la hauteur et toujours garder une vue d'ensemble. Sont-elles nécessitées, ces élégantes constructions, par notre développement national? Reconnais-les pour un accident et le caprice d'un étranger, indigne souverain qui se borne à régner avec sa truelle comme aujourd'hui un riche banquier dans son domaine. Derrière ces portants de théâtre, l'État, relégué, dédaigné, périssait. Tout ce que Stanislas installe chez nous m'est odieux, Sturel, en tant qu'importation qui recouvre et étouffe notre nationalité. Sa petite cour de Lunéville, médiocre parterre transplanté de Paris sans racines, gâte l'atmosphère et notre esprit indigène. Les départements des Vosges, de la Moselle, de la Meurthe, de la Meuse, avec la civilisation qu'ils nous représentent, ont été construits sur nos monuments démantelés, sur nos institutions abolies, sur tout ce qui représentait d'anciennes et vénérables conditions de la vie proprement lorraine. Installé avec des moyens factices, ce *parisianisme* ne s'est maintenu que par la continuité des mêmes moyens. Il ne se fait pas sur place ; on devra nous l'expédier du dehors, jusqu'à ce qu'une dose suffisante de sang étranger soit inoculée dans les veines lorraines. — Mais, Sturel, sous cette domination superficielle, une humble sensibilité s'étend encore, profonde, et dont j'attends qu'un jour elle vivifie la France lassée.

Ils avaient fort bien déjeuné avec un brochet de la Moselle et du vin de Bayon ; c'était à peu près deux heures.

— En selle ! s'écriait Saint-Phlin, enfonçons-nous sous cette civilisation à la parisienne et pénétrons dans les catacombes de la vie locale.

Que valent, auprès de Lunéville et de Nancy, les Flavigny, les Messein, les Pont-Saint-Vincent, qui marqueront les obscures étapes de Sturel et Saint-Phlin jusqu'à Toul, à travers un pays presque sans chemin de fer ! Mais, dans ces plaines agricoles négligées, on voit la terre franche et la végétation humaine qu'elle produit naturellement.

Les deux cyclistes jouissaient beaucoup du paysage, parce que, au lieu de promener leur œil superficiellement comme sur un ensemble déjà vu, ils s'occupaient à replacer mentalement les individus et les choses dans le milieu historique auquel ils survivent. La motte de terre elle-même qui paraît sans âme est pleine de passé, et son témoignage ébranle, si nous avons le sens de l'histoire, les cordes de l'imagination.

Les villages lorrains actuels remontent aux premiers établissements des tribus celtiques. La communauté pastorale et agricole, que César appelait *vicus*, s'est conservée comme groupe de travail et comme base des relations de famille ; elle a maintenu, alors que la race conquérante changeait et que la propriété se transformait, la fixité presque absolue du type de l'habitant. Son territoire nous est connu : conservé à travers les siècles, il forme de nos jours le *ban* de notre village lorrain moderne, trois cents hectares en moyenne par commune. Sur ces morceaux de terre, le grand propriétaire gallo-romain se transforma en écuyer propriétaire des douzième et treizième siècles ; les habitudes de nos fermiers de Meurthe-et-Moselle nous donnent une idée approximative des habitudes d'un gentilhomme mosellan au moyen âge : repas en commun, culture dirigée par le maître, noces et funérailles qui sont les occasions de réceptions et de festins ruineux. Au quatorzième siècle, les seigneurs sont indépendants, toujours en guerre, peu soumis au suzerain ; ils constituent une république aristocratique. Au seizième et surtout au dix-septième, le gentilhomme n'est plus un petit potentat sans peur, il doit se ranger sous les bannières d'une ligue ou d'un grand prince. Au dix-huitième, il rêve des institutions anglaises qui lui permettraient de faire partie de la Chambre des communes. Au dix-neuvième, il se présente au Conseil général et au cercle des Pommes de terre.

Au-dessous de ce gros personnage, dont le château rebâti est entouré des restes d'une déférence jalouse, le paysan dans sa vieille maison a hérité les parcelles de son père, le serf du domaine, et de son ancêtre, l'esclave rural. Il a hérité aussi les intérêts, les aspirations, les croyances de ces antiques terriens et toute une façon d'entendre la vie qui n'aurait eu de satisfaction que dans le triomphe de la nationalité lorraine.

Ces mornes plaines et ces siècles qui d'abord semblaient ordinaires et maussades à Sturel, maintenant il leur sentait du caractère : il leur savait gré de n'être ornés d'aucun romanesque fade, mais nus et brutes comme l'histoire avant que les historiens la policent. Il disait : « Nous autres Lorrains, nous ne cherchons pas à étonner. » Une fois de plus les deux jeunes gens déploraient les humanités vagues, flottantes, sans réalité, qu'on leur avait enseignées au lycée, quand le vrai principe c'est l'éclaircissement de la conscience individuelle par la connaissance de ses morts et de sa terre.

— Comme nous serions ordonnés et plus puissants, se disaient-ils, si nous comprenions que les concepts fondamentaux de nos ancêtres forment les assises de notre vie ! Mis à même de calculer les forces du passé qui nous commandent, nous accepterions, pour en tirer profit, notre prédestination. Tout médecin admet que pour connaître un homme il ne suffit pas de l'examiner à trente ans : il faut savoir quel enfant il fut, les maladies qu'il traversa, et son père et sa mère. Or, nos éducateurs ne se préoccupèrent pas une fois de ce qu'est la Lorraine ! Un jeune être isolé de sa nation ne vaut guère plus qu'un mot détaché d'un texte.

La vérité de leurs conceptions les enivrant de sa force écartait même la fatigue physique. Quel plaisir, quand la route suit en balcon la courbe des collines, à passer de la vallée-mère soudain dans les vallées secondes, et à comprendre les plis du terrain, les hauteurs différentes, les pentes de végétation variée qui lentement écoulent tout le pays sur la Moselle ! Assis sur le côté d'un petit bois, ils se reposèrent d'un dur parcours de soleil ; un vent léger froissa les eaux, pour qu'elles fussent comme l'écaille luisante d'un poisson bleuâtre. Puis le soir vint plus doux, plus indulgent, et, en même temps que les animaux sortaient de leur retraite, eux-mêmes accéléraient leur course et s'enivraient de la transparence universelle, de l'harmonie de la terre natale. Il y avait des bêtes, des petits moucherons qui jouaient gaiement dans l'air, dans les rais du soleil, et ils se connaissaient pareils à ces insectes-là, qui ne vivent qu'une minute ; mais dans leur activité éphémère, Sturel et Saint-Phlin, du moins, prennent conscience des lois du développement, ils saisissent leurs rapports avec les choses et leur position dans la suite des étapes franchies à travers les siècles par la population de ce territoire.

Ils s'amusèrent à monter à pied la côte de Richardménil. Saint-Phlin montra les deux châteaux à son ami en lui disant :

— Ici et à Ludres, en face, habite depuis le treizième siècle une famille de la chevalerie lorraine, les Ludre. En 1282, elle acquit son fief — une maison forte, un moulin, des prés, des vignes, des hommes et des femmes, serfs attachés à la glèbe — environ pour 3,500 francs de notre monnaie. De l'autre côté de la Moselle, sur la rive gauche, voilà la région de Vézelise, le cœur de la Lorraine ; ici tout près, à notre droite, sombre et menaçant sous la nuit, c'est un petit pays historique : le Vermois. Ce simple plateau, ah ! si nous pouvions l'analyser en détail, nous le rendre intelligible ! Connaître vraiment, rendre compréhensible un groupe de hameaux, à condition de le situer sur un fond et de garder une vue générale de la France, quel bénéfice incalculable, quelle éducation en profondeur, autrement féconde que notre éparpillement de touche-à-tout et notre verbiage sur les civilisations mondiales !

Comme ils passaient devant une pauvre auberge de Richardménil, on leur cria : « Vive Boulanger ! » Ils s'arrêtèrent et burent un verre de vin avec quelques mineurs des exploitations voisines.

— Pourquoi, dit Sturel, pensez-vous que c'est Boulanger qu'il nous faut ?

Ces braves ouvriers, moins défiants que les cultivateurs, répondirent que le Général était pour les petites gens et qu'il faisait peur aux Prussiens. Sturel, avec affection, les confirma dans une doctrine qui simplifiait la vérité sans la déformer.

Maintenant le Vermois, sous la nuit tombante, étendait ses antiques cultures. Pour ceux qui savent entendre, l'heure du soir criait les grandes vérités : la bête humaine a des instincts farouches ; elle tend à s'organiser ; elle subit toujours le prestige des mots *Justice*, *Égalité* ; elle n'a pas en ces lieux l'instinct politique ; à toutes les époques, des étrangers lui fournirent un gouvernement, mais ils passèrent sur elle sans modifier ses aptitudes héréditaires.

Comment se modifieraient-elles quand les conditions demeurent pareilles à travers les siècles ? Sur ces villages qui jalonnent l'étape de Sturel et de Saint-Phlin, le monde antique s'est épaulé pour résister à l'effort barbare. D'Épinal à Metz, le cours de la Moselle est semé de camps romains, placés sur la hauteur ou sur la berge même. Il faisait nuit quand les deux cyclistes passèrent sous la roche d'Affrique ; les Romains avaient trouvé là un retranchement celte qu'ils consolidèrent ; de nos jours, le génie y élève une redoute contre l'éternel envahisseur germain.

Dans cette région de solitude, protégée de Nancy par les bois épais de la Haie, s'épanouit la flore rarissime de Lorraine : le « sabot de la vierge », pareil aux orchidées de serre, et cette toute petite fleur rose qui, vers la Pentecôte, pousse au grand soleil sur des buissons d'aiguilles pourpres. Jusqu'à Toul, Sturel et Saint-Phlin ne se laisseront plus divertir, et ce silence, auquel l'obscurité ajoutait encore, les donnait tout aux leçons de la terre et des morts.

(*De Toul à Pont-à-Mousson, 36 kil.*)

Leur troisième étape allait être si courte, même en préférant au chemin direct la courbe profonde de la Moselle, que Saint-Phlin remit le départ à six heures du soir : on dînerait dans une des auberges mosellanes, nombreuses sur ce parcours, où sont les rendez-vous des promeneurs nancéiens.

Ils circulèrent toute la journée à l'ombre de la belle cathédrale, dans les froides et graves petites rues de Toul, morte oublieuse d'elle-même, mais dont le passé ne cède à aucune cité de France ou d'Allemagne.

C'est un grand plaisir de parcourir ainsi les villes en profitant des empreintes lentement données par les hommes et sans supporter les conditions du particularisme, par exemple, tout ce que les petits endroits contiennent de taquineries, de curiosités mesquines et d'intolérance. Pour bien atteindre les qualités locales, il faut s'abandonner à la pente d'une rêverie très avertie de la succession des événements. Les paysans qui peuplent la contrée et qui sont les vignerons des propriétaires urbains se font d'abord reconnaître comme les descendants de la peuplade qui, sur ce territoire, prit parti pour César. Mais les citadins? Mêlés sur toute la France, peuvent-ils maintenir un esprit autochtone qui semble impuissant à lutter contre la civilisation interprovinciale? Sans doute, Paris commande les fonctionnaires nomades dont la population indigène, qui vit par eux et selon eux, semble le complémentaire, mais très vite la petite ville modifie ces étrangers, leur impose sa température. Dans ces rues qui s'appellent Général-Foy, Baron-Louis, Béranger, Liouville, Carnot, Chanzy, Gambetta, mais pareilles à ce qu'elles étaient sous des noms qui tombèrent faute de sens; dans ces maisons qui datent de cent cinquante, deux cents ans, et dont quelques rez-de-chaussée seulement ont été changés en boutiques; au milieu de ces couvents, chapelles, séminaires encore reconnaissables malgré leur utilisation bourgeoise; dans l'ombre immense de ces merveilles de l'art au moyen âge, Saint-Gengoult, Saint-Étienne, l'adhésion à l'uniformité nationale demeure superficielle. Si les grands bourgeois n'ont pas survécu à la chute de leur noble ville libre aux mains des Français (seizième siècle), quelque chose demeure d'un passé contre lequel toutes les forces administratives se massent. Nous saisissons mal cette persistance de la vieille Lorraine, parce que des mœurs trop éprouvées endorment notre sens du pittoresque. Peut-être faudrait-il un étranger pour exprimer la note de ces humbles lieux découronnés. Supposez un Anglais sensible aux nuances morales un peu froides (Walter Pater n'aimait-il pas ardemment nos provinces?) et qui vienne pour quelques semaines habiter une de ces rues désertes. Il apporte avec lui une caisse de vieux livres français : leur verve narquoise le contente profondément sous ce ciel et au milieu des témoignages d'une politesse maligne. Il sent que ce n'est pas ici l'Allemagne rhénane, mais la France, ni bourguignonne, ni provençale : lorraine. Et s'il sait faire parler l'architecture, s'il possède une instruction suffisante pour dialoguer avec l'histoire, il évoquera les dignes exemples d'une organisation républicaine dans cette vieille municipalité ecclésiastique, tout en examinant la cathédrale des évêques de Toul, les remparts de Vauban, les formidables travaux des polytechniciens sur tous les monts.

D'ailleurs, qu'au milieu de tous ces canons installés par les bureaux parisiens, la petite ville, dépossédée du soin de veiller à ses destinées, sommeille dan une sorte de mort heureuse, et qu'elle ne comprenne plus sa devise *Pia, pura, fidelis*, peu importe ! Ce qui fait la constance de son caractère historique, c'est, plutôt que des mœurs et un esprit traditionnel, d'être un lieu où, de toute éternité, un même phénomène s'écoule. Il faut considérer cette vallée mosellane, de Trèves à Epinal, comme une rue des candidats à la nationalité française. A tous les siècles de l'histoire, des peuplades débusquent par cette voie, se précipitant sur la France comme la pauvreté sur le monde ; elles recouvrent les vieilles populations, puis leur flot, déposant sur le tout un humus, va se perdre plus avant dans la collectivité française. Notamment, tous les juifs de France dans les petites villes de Lorraine ont planté leurs tentes l'espace d'une génération, le temps d'enterrer un parent au cimetière spécial de Lunéville...

Sturel et Saint-Phlin, que Bar et Neuchâteau ont familiarisés avec ces trois éléments de toute petite ville lorraine, le fonctionnaire, l'indigène et l'immigré, se font une vue claire de Toul, mais, n'y trouvant aucune réalité nouvelle, et *rappelés*, comme on dit dans leur pays, par les fortes nourritures de la veille, ils voudraient retourner immédiatement dans la campagne, où le silencieux, l'anonyme paysan demeure sur les champs et la vigne sans qu'aucun étranger se mêle à son sang, modifie ses puissances. Seulement Saint-Phlin n'entend pas que l'enthousiasme nuise à la méthode. Après midi, sur une table de café, il déplie ses cartes et consulte ses notes.

Pour que la vallée mosellane leur soit une chose intelligible, ils doivent se mettre chaque fois dans l'esprit de leur étape du jour, et, tout en observant le plus grand nombre de détails possible, ne retenir que ceux qui s'accordent avec son caractère dominant. Après avoir joui de la Moselle vosgienne considérée comme industrielle et moderne, et de la vallée d'Épinal à Toul en tant que vieille Lorraine agricole, ils arrivent à une région dont Saint-Phlin déclare :

— Prêtons-nous à ce qu'elle nous émeuve par son pittoresque, quoique les cheminées et les détritus d'industries commencent à le gâter.

A cinq heures, quand ils s'éloignèrent du beau Mont-Saint-Michel abîmé par un de ces forts qui commencent à ne plus servir, le soleil se tenait encore haut dans le ciel. Tout ce pays est à peu près semblable, caractérisé par une certaine médiocrité de la ligne qui ne s'enfle jamais beaucoup. Ces collines où serpente la rivière se vêtent de vignes à la base, de forêts au-dessus, et parfois leurs sommets demeurent dénudés. La Moselle, en se jetant à angle droit vers le nord-est, rejoignit les vastes bois de la Haie qu'elle avait quittés vers Toul. Paysage d'un joli ton clair et charmant de sérénité heureuse. Il n'affirme rien largement, vigoureusement ; sa grâce se développe un peu incertaine, mais les peupliers près de l'eau expriment un féminin, une pureté extraordinaires. Bientôt le ciel amortit sa grande chaleur et parmi des bouquets d'arbres, le long d'une rivière, — mystérieuse, à mesure qu'elle prenait des tons sombres, comme une enfant en velours violet, — ces paysages un peu maigres et qui, sous le soleil, avaient vite fini de parler, s'enveloppèrent d'élégante volupté.

Liverdun, Frouard, Custines, Marbache, Dieulouard, où l'on pourrait lire Virgile! Nul poète, malheureusement, d'un vers immortel ne releva ces lieux. Leurs grâces sont consommées sur place par les Nancéiens du dimanche. D'un mot heureux, le jeune homme de Mantoue a porté sur l'univers le frémissement du lac de Garde égal aux flots de la mer. Des chansons populaires nous firent croire qu'à Triana, près Séville, à la Giudecca de Venise, que n'ombrage même pas une treille, s'étendaient des jardins divins. On est simple, simple, en Lorraine. On craint si fort de surfaire, de s'en faire accroire, qu'on apprécie mal ce qu'on possède. Qui voudra interpréter en beautés ces jolis endroits d'une douceur un peu atone ?

A mi-chemin de leur course, Sturel et Saint-Phlin atteignirent le confluent de la Meurthe et de la Moselle. En vain de grandes cheminées et les scories des hauts-fourneaux, dites « des laitiers », s'amassent sur ce point jusqu'à menacer de clore la vallée ; Saint-Phlin dit à Sturel :

— Voici l'endroit que j'aimerais entre tous célébrer. J'y distingue des éléments variés de romanesque. C'est un des points où tenaient les fortes racines de nos Guises. Ils possédaient ici un château, et la Moselle y réfléchit la petite enfance de Marie Stuart, pareille elle-même, ne trouves-tu pas, à cette rivière.

Sturel, intrigué, demandait le nom d'un village sis en aval.

— Il a pour nous, continuait Saint-Phlin, un son particulièrement grave... Mais tu vas le deviner si je te le signale comme l'ancienne seigneurie d'une famille qui, dans un court espace et en ligne directe, nous a donné un soldat tragique, une jeune femme touchante et un romancier saturnien que les littérateurs « décadents » auraient dû recueillir.

Enfin, il le mit sur la voie.

— C'est la patrie d'un assassin que nous avons vu grandir.

— Racadot ! s'écria Sturel. Nous sommes à Custines !

La première roue de sa bicyclette glissa dans une forte ornière, et, après quelques cahots, il s'en alla sur le sol, où, selon la coutume, il ne se fit aucun mal.

Racadot ! l'assassin de Mme Astiné Aravian, la belle

Asiatique! Voici donc les images les plus profondément fixées dans ce malheureux! Enfant, il a mille fois parcouru ce chemin sur les coteaux vers Bouxières-aux-Dames, et de ses petits pieds soulevé cette poussière où Sturel vient de culbuter. Voici les champs, premières richesses qu'il convoita, et voici les hommes qu'il désirait étonner. Les deux voyageurs, dans le ciel de Custines, dans ces coteaux de vignes, dans les grandes cheminées tragiques de la rive voisine, cherchent les éléments qui ont prédestiné leur camarade sanglant pour la pâle matinée de la Roquette.

Notre imagination, toujours heureuse de s'exciter, admet que des terres sans cesse dépouillées, des eaux fuyantes, des nuages mobiles, des fumées dissipées gardent l'empreinte d'un éphémère criminel. Comme si quelque chose de l'ordre moral pouvait se réfléchir dans l'ordre physique! Certes, des lieux fameux nous renseignent sur les Virgile, les Rousseau, les Byron et les Lamartine; ces grandes âmes, qui subirent une action évidente de la nature, ajoutèrent en outre du caractère à Mantoue, aux Charmettes, et à l'automne dans le Mâconnais; mais, à propos d'un ignoble accident comme l'assassinat, interrogez seulement les conditions sociales qui l'ont déterminé et qui le qualifient.

Dans une auberge où ils mangèrent pour questionner directement sur leur ancien camarade, ils parlaient des lourdes usines qui s'imposent à la vallée et contrarient ses beautés.

— Elles doivent mettre beaucoup d'argent dans le pays, dit Saint-Phlin.

— De l'argent! répond le patron, nous n'en voyons pas.

— Mais les ouvriers dépensent chez vous, chez l'épicier !

— On vous dit qu'ils n'ont pas d'argent. L'usine leur fournit tout, épicerie, viande, habillement, chaussures et le vin. Ici, pour les commerçants, rien à faire. Même la fête du pays est un désert. Charretiers, puddleurs, employés, tous, ils disposent d'un crédit à l'économat ; l'usine les règle en jetons, elle diminue ainsi leurs salaires du bénéfice qu'elle fait sur les marchandises et, d'autre part, elle les garde à l'attache par leur dette.

— Alors l'usine n'est pas aimée ?

— Aimée ? C'est à s'entendre ! Tous les petits propriétaires sollicitent d'y entrer.

— Comment, dans ces conditions ! des propriétaires !

— Hé ! Messieurs, dit l'aubergiste, qui décidément voyait clair, propriétaire, propriétaire ! ça flatte un homme, mais on n'a que le titre en poche.

Et il expliqua. Un propriétaire sans capitaux, comment joindra-t-il les deux bouts, l'année où la récolte manque ? Il faut tout de même payer les impôts et des frais de culture. Où trouver de l'argent ? Par hypothèque ? Voilà un intérêt à verser chaque année. Tout étant hypothéqué, on s'arrange avec les juifs... Et alors, il y a bien des propriétaires qui, sur du terrain pas mauvais, dans la vigne par exemple, n'arrivent même pas à garder pour eux l'équivalent du salaire qui leur reviendrait de leur travail s'ils l'avaient fourni comme manœuvres.

Il parlait rudement et sans cacher sa satisfaction un peu méprisante d'en remontrer à des bourgeois. Et pour conclure :

— Comprenez-vous qu'on est aise d'aller à l'usine, aux conditions qu'elle daigne fixer? Quand toutes les parcelles auront été divisées une ou deux fois de plus dans les familles, leurs fils feront encore davantage baisser le salaire chez Fould.

— Fould?

— Eh! le propriétaire des hauts-fourneaux!

Et ce nom évocateur de la riche famille juive qui a peut-être le mieux symbolisé l'installation au pouvoir de l'aristocratie de Bourse succédant au patronat terrien, grandissait encore cette lumineuse démonstration de la nécessité qui jette le paysan de la forme agricole, où il ne peut plus vivre, dans la forme industrielle, où il se détruit.

Levés de table, les deux voyageurs montèrent jusqu'aux ruines du château de Condé, d'où sortit la magnifique famille des Guise. Ils commentaient la conversation de leur aubergiste. Ainsi le jeu des intérêts, en dépit des institutions de nivellement, rétablit des dominations et des servages! Hier, nous nous figurions la féodalité abolie. Nous avons vu à Richardménil les paysans qui firent dans la cour seigneuriale un autodafé des vieux parchemins. Les ruines de ce château des Guise, mal distinctes à ras de terre, marquent assez que le vieux sceau mis sur cette terre est brisé : les parents ne sauraient même plus en dire le sens à leurs fils. Cependant le système subsiste d'un puissant qui impose son patronat, qui oblige des intérêts plus faibles à se lier au sien propre et à lui rendre un hommage en échange d'une aide. Fould fixe les salaires, augmente ou réduit le chiffre de la population, met en valeur, selon son choix, telle région de terrain. Notaire, médecin, député, fonctionnaires, employés des chemins de fer, tous, directement ou par des intermédiaires échelonnés, vivent dans sa dépendance. Lui-même se ligue avec des égaux pour résister à de plus puissants. C'est une féodalité, comme jadis, à la fois exploiteuse et protectrice.

Ce qui exalte surtout l'imagination des deux jeunes gens, c'est un point d'histoire noté par Saint-Phlin. On se figure à l'ordinaire que, dès le siècle dernier, la liberté civile était établie d'une façon générale dans les provinces. Eh bien! en 1789, les habitants de Custines sont « si sujets à leur seigneur que celui-ci peut prendre tout ce qu'ils ont, à leur mort ou durant leur vie, et leurs corps tenir en prison, toutes les fois qu'il lui plaît, soit à tort, soit à droit ». Très probablement, cette triste situation datait du temps où ils cultivaient comme esclaves ruraux sur ces pentes mosellanes quelque villa gallo-romaine. Le 4 août 1789, l'Assemblée nationale les libéra et voici qu'en juillet 1889 Sturel et Saint-Phlin les voient retombés dans une pareille servitude de fait.

Bel exemple de la prédestination des races! à peine la maison seigneuriale abolie, de nouvelles seigneuries enfoncent leurs racines jusque dans les couches profondes du minerai de fer! Sturel y trouvait ce plaisir cruel que procure à certaines sensibilités une vue claire de l'irrémédiable injustice de la vie. Mais revenant à son affaire, il disait :

— C'est décourageant, cette persistance d'un même phénomène à réapparaître sous des formes variées, tandis que les influences politiques sont déplacées.

Contre la force des choses, pour ces gens de notre terre, que pourra Boulanger?

— Rien, Sturel, si nous sommes des libéraux ; mais je nous croyais des boulangistes!...

... Ah! le grand mot que dit Saint-Phlin! Nous ne sommes pas des libéraux! nous ne sommes pas de ces gens qui pensent que la Nation doit se développer, aveuglément, selon des tendances confuses où nous admirerions le jeu harmonieux des nécessités. Nous voulons maintenir et développer la lourde masse nationale. Les grandes choses ne peuvent pas se faire presque au hasard. Les Capétiens ont créé la France avec leur raison de famille. Boulanger doit se faire l'agent de la raison nationale... Mais si nous pouvons soutenir que la société française souffre gravement de produire des exaltations individuelles telles que M. Fould, où trouver la force pour faire régner cette raison nationale, et pour revenir sur des libertés anti-nationales et anti-sociales?

Les deux jeunes gens appréciaient la difficulté.

— Ces néo-féodaux, répondait Saint-Phlin, tiennent tous les fils matériels de ces malheureux et ne disposent d'aucune des fibres de leur âme. Il nous appartient de nous emparer des émotions... La force du boulangisme sera de s'appuyer sur les concepts ancestraux, les sentiments héréditaires, sur la conscience nationale.

— La conscience nationale! — disait Sturel, inquiet. Et, après un silence : — Voyons, nous faisons ce voyage pour que je prenne contact avec les réalités; cela me rend exigeant. Je ne veux pas me payer de mots. Ces jours-ci, j'ai bien compris que dans la partie la moins parcourue de la vallée et sur les plateaux subsistaient des traits nombreux de notre nationalité et, en vérité, les éléments d'une conscience lorraine. Mais à cette humble civilisation s'est superposée une civilisation parisienne. Comment agir sur l'une et sur l'autre ? Comment trouver le sentiment ou les intérêts communs à une population ainsi dissociée ?

— Patience ! répliquait Saint-Phlin. Nous ne pouvons pas tout examiner à la fois. Jusqu'à ce point de notre itinéraire, nous avons constaté qu'à travers les siècles, en dépit des vicissitudes politiques et économiques, une population racinée dans un sol maintient ses façons de sentir. Quant au second problème que tu poses, dès notre prochaine étape nous allons pouvoir l'aborder. Oui, demain, tu verras, je crois, les moyens d'accorder dans un même intérêt, ou plus exactement dans une même émotion qui les suscitera, l'une et l'autre, la conscience parisienne et la conscience lorraine, c'est-à-dire sur ce territoire la conscience nationale.

Ils se turent. Leurs yeux que ne gênait plus le soleil se fortifiaient à réfléchir les profondes couleurs du dernier crépuscule. L'intérêt puissant des vignobles, des parcelles de terre, de la grande fabrique, de la rivière envahis par la nuit, ramenait leurs imaginations vers Racadot, indigne délégué d'un si beau paysage. Le long des siècles, comme la Moselle s'écoule, tout Custines passe et se transforme continuellement ; le brutal Racadot un instant est apparu sur ce fleuve des phénomènes, comme l'écaille d'un poisson qui saisit une mouche brille une seconde au ras de l'eau ; néanmoins dans cet animal éphémère retentissaient les âges antérieurs. Cet horizon où s'opère la brutale transformation de la vie rurale en vie industrielle, voilà sa première leçon de choses. Pendant son enfance, pendant toutes ses vacances, il vit uniquement des faibles, impuissants à se défendre et des bêtes de proie qui écrasaient tout autour d'elles. Cette dure discipline, il ne la recevait pas seulement du dehors; il la portait héréditairement en lui : en 1782, son grand-père était né serf à Custines, d'une suite indéfinie d'esclaves ruraux. Cela rend un Racadot intelligible. Sur les bords de la Moselle, avec ses petites ressources, haussé de la catégorie des serfs dans la bourgeoisie exploitante, il aurait été un des plus durs prêteurs qui rançonnent ce pays. A Paris, dans un milieu où son tempérament et son outillage n'étaient pas adaptés, il a satisfait avec la plus mauvaise entente du réel ses appétits d'agrandissement. Il meurt victime d'un romanesque grossier qui s'est surajouté à sa nature...

— ... Par le lycée, interrompit Sturel, par l'action de Bouteiller qui nous orientait vers Paris et nous donnait le goût de jouer un rôle...

— Et aussi au tombeau de Napoléon, répliqua Saint-Phlin, qui craignit aussitôt d'avoir offensé son ami.

A l'auberge, quand ils payèrent, leur hôte parlait du bon air et de la qualité de la route « où l'on peut rouler sans y voir ». Saint-Phlin l'entama tout droit sur Honoré Racadot. Il devint subitement monosyllabique.

— Nous vous questionnons, dit Sturel, parce qu'on parlait beaucoup de lui à Paris.

— On a mis trop de choses dans les journaux, dit l'homme, avec son portrait qu'on est venu vendre jusqu'ici. Ça n'a pas été approuvé. Les Parisiens auraient bien pu nous laisser tranquilles.

— Ah! dit Sturel se méprenant, le père a été persécuté?

— Pourquoi donc on l'aurait persécuté, cet homme? Il a tout fait pour son fils. Le collège à Nancy et puis des diplômes. On ne sait pas au juste comment les Parisiens tournent les choses. Il y en a des pires qui réussissent là-bas. On dit qu'avec son instruction il ne trouvait pas à vivre.

— Mais le père est riche, dit Saint-Phlin.

— Il est plus à son aise que beaucoup.

— S'il avait aidé son fils, la chose ne serait pas arrivée.

— Il lui avait payé ses études et versé le dû de sa mère. Mais ce garçon-là, à cause de son instruction, ne savait pas la valeur de l'argent; on lui mangeait tout; il était fait pour être fonctionnaire. Seulement il manquait de recommandation. Nous sommes des petites gens, ici.

— Permettez, dit Saint-Phlin, parce qu'on ne le nommait pas juge d'instruction, ce n'était pas une raison pour assassiner.

— Nous sommes des petites gens, répéta l'homme; nous ne savons pas ce qui se passe là-bas, chez les puissants. On dit que le fils Racadot n'était pas tout seul dans l'affaire et qu'un député de pas bien loin pourrait en dire long.

Il ne voulut plus parler et ils s'aperçurent qu'ils l'avaient froissé.

Poussant leurs bicyclettes à la main, ils s'étaient éloignés à peine de trente mètres, quand, d'une voix grossière, il les héla :

— Si vous avez affaire avec M. Racadot, justement il vous joint.

Dans la nuit, ils virent, à dix pas, un grand vieillard aux proportions athlétiques, courbé sur un bâton, et qui, dans une attitude de défiance, se rangeait au passage des deux inconnus. Saint-Phlin s'avançait pour lier conversation. Sturel le retint, cédant à une terreur, comme s'il portait une responsabilité dans l'affaire Racadot. Après un court débat, ils sautèrent sur leurs bicyclettes. Cependant l'aubergiste avait rejoint le père de l'assassin et leur évidente solidarité contre les étrangers projetait dans Sturel une sorte de tristesse et même une impression d'angoisse. Cette seconde de désarroi, telle qu'il manquait de mots pour se rendre compte à soi-même de son trouble, devait demeurer dans sa vie un de ces souvenirs pénibles qu'on chasse presque à la main.

Saint-Phlin, ignorant de ces délicatesses insensées, plaisantait :

— Tu t'es rappelé le proverbe lorrain : « Il ne faut pas se moquer des chiens avant d'être sorti du village. »

— Pauvre Racadot! prononça Sturel avec un accent plus grave que sa voix n'en avait d'ordinaire, car dans cette minute il se sentait commandé, lui aussi, par la série de ses ancêtres, et qu'aurait-il valu affranchi, fils d'une série de malheureux esclaves agricoles!

Mais Saint-Phlin :

— Il est malsain de chercher des excuses à ces gens-là. Si tu croyais, tes velléités de pitié se satisferaient à penser qu'il peut s'en tirer avec du Purgatoire, moyennant une bonne contrition. Tu le jugerais d'un point de vue très sûr, la loi de Dieu. Il te reste du moins la notion de ce qui est utile à l'Etat : un boulangiste doit être plus implacable qu'un catholique à un Racadot.

Sturel s'offensait de la dureté que l'esprit de système ou bien une conscience trop sûre de sa dignité donnait à son ami. Il craignit qu'à resserrer son humanité un peu flottante en un nationalisme positif, lui-même ne baissât en générosité. Ce scrupule est classique chez l'individu qui commence à se socialiser. La prochaine étape, en le mettant en face des dures nécessités de vie ou de mort qui nous suppriment la liberté d'hésiter, allait le tranquilliser.

D'une façon générale il est difficile de voyager à deux sans qu'il surgisse de ces petites difficultés mal saisissables, auxquelles ajoute la fatigue nerveuse chez un cycliste mal entraîné.

(De Pont-à-Mousson à Metz, 28 kil.)

Certes, d'un bout à l'autre de son cours, la Moselle offre des paysages bien différents de ce que les voulait la nature ; l'homme les a recréés selon ses lois ; mais après Pont-à-Mousson et quand on passe la frontière, ce ne sont plus seulement des hauts-fourneaux salissant le ciel de leur fumée et obstruant la vallée de leurs « laitiers » : les transformations se présentent formidables et déconcertantes.

Le long de la Moselle, Sturel et Saint-Phlin ont déjà rencontré environ quatorze forts. Toul en a douze, et Metz, onze. C'est, pour relier ceux-ci, un enchevêtrement de lignes stratégiques et de travaux d'art sur un sol bosselé par les tombes de 1870. En méditant ces espaces dénaturés, on donne enfin leur sens plein aux codes et aux rêveries philosophiques où s'affirme l'antagonisme germano-latin. Un tel paysage, véritable état d'âme social, étale devant nous la conscience de l'Europe. Voilà le lieu où se font le plus intelligibles la précaire sécurité des peuples et leur surcharge financière. On y voit entre l'état-major français et l'allemand un état de guerre constant, entretenu par des millions sans cesse engloutis dans ce sol de frontière. Secrète ou déclarée, cette bataille, si haut qu'on remonte dans les siècles, ne fait point trêve. Elles ne sont pas près de désarmer, les deux forces ethniques qui s'affrontent ici, à perte de vue historique, sur une ligne d'intersection que tous leurs efforts n'ont jamais déplacée plus sensiblement que la corde de l'arc où tire un sagittaire. Dans la série des transformations qui va de l'idée au fait, un canon pointé marque l'instant où le rêve obscur d'une race devient une volonté. C'est à ce degré que sur la frontière, depuis dix-neuf ans, toutes choses sont haussées et maintenues. Le sol, comme un tableau de mathématiques, est couvert de formules que les ingénieurs des deux nations s'opposent, et, sans s'occuper d'éprouver immédiatement les valeurs françaises et allemandes, sans tenir compte du coefficient moral qu'apporterait au bénéfice de l'un ou de l'autre pays telle circonstance, ils dressent le système des opérations à faire, au bout desquelles ressort nécessairement où est l'énergie la plus puissante.

Sous cette algèbre écrasante, que devient la pauvre Lorraine? Sturel se rappelait au palais du Té, à Mantoue, la salle des Géants. Sous une pluie de roches monstrueuses, les colosses, fils de la Terre, sont ensevelis : leurs mains s'agitent encore, quelques têtes dépassent, leurs bouches invectivent ou supplient jusqu'à ce que l'incessante avalanche leur écrase sur les dents leurs clameurs. Tel est l'état des indigènes sous les pierres amoncelées par le Kaiser allemand. Qu'ils puissent d'eux-mêmes tenter une résistance contre les forces supérieures qui renversent leur maison de famille et repétrissent leur sol, certes, cela ne vient à l'esprit de personne. Et ce fut avec un sentiment immédiat d'impuissance que les deux voyageurs, après les pourparlers de douane et les tracas de passeport, circulèrent au milieu de cet immense appareil stratégique.

Sturel avait connu Metz avant la guerre : en 1868 et 1869, il venait avec ses parents embrasser son frère, interne à Saint-Clément, et qui, deux ans plus tard, mourut prisonnier à Potsdam. Saint-Phlin avait habité quelques mois l'École d'application avec son père, commandant et chargé d'un cours. Pour la première fois depuis ces temps français, l'un et l'autre franchissaient la frontière et visitaient la préfecture du département de la Moselle, devenue la capitale de l'arrondissement de la Lorraine allemande.

Les Prussiens, qui brûlèrent et rebâtirent avec magnificence des quartiers de Strasbourg, n'ont ici rien modifié. Metz, une fois franchis les travaux qui l'enserrent, apparaît dans sa servitude identique à elle-même. Elle émeut d'autant plus, esclave qui garde les traits et l'allure que ses amis et ses fils aimaient chez la femme libre. Sturel et Saint-Phlin la reconnaissant encore française, lorraine et messine, sentirent avec une vivacité qui les troubla une nuée d'impressions se lever des uniformes, des visages prussiens, des inscriptions officielles. Tout les traitait trop clairement de vaincus chassés, d'étrangers tolérés et suspects.

S'il vous est arrivé de passer après des années devant l'appartement où vous vécûtes avec vos parents votre petite enfance heureuse, et si vous avez donné suite à votre soudain désir de visiter ces chambres occupées maintenant par des inconnus, vous les avez traversées avec cette contrainte, avec ce malaise mêlé de mélancolie agréable qu'éprouvent Sturel et Saint-Phlin, et comme eux vous disiez : « Quoi! si petit, le lieu de souvenirs si nombreux et si grands! »

Metz, qui gêne l'Univers, est une ville resserrée et basse, aux rues étroites, et cerclée par l'ancien système de ses murailles françaises, comme un vieux bijou mérovingien monté sur fer. Quand ils eurent visité, au hasard de leur après-midi, les maisons de la rue des Tanneurs, la rivière derrière la Préfecture, les nombreux ponts de la Seille et de la Moselle où s'offrent des vues pittoresques, les vieilles portes militaires, la vénérable cathédrale avec le cortège de ses filles, églises et chapelles :

— Eh quoi! se disaient-ils, nous ne savions pas les maisons si humbles et si vieilles. Toutes ces rues dont les noms émeuvent les émigrés, et qui, parfois, telle la Serpenoise, ancienne route de Scarpone, nous relient au monde romain, ne sont que d'importantes ruelles où les fenêtres qui se font face voisinent.

Devant ces modestes magasins, aux enseignes encore françaises, et tandis qu'ils coudoyaient d'innombrables soldats et quelques indigènes, de types aisés à distinguer, ils crurent comprendre que Metz a perdu son élégance de bon ton, fameuse avant la guerre. Et cela, loin de leur déplaire, ajoutait à leur affection. Peut-être l'eussent-ils moins aimée, à la voir, en même temps qu'un lieu sacré pour la patrie, un riche entrepôt ou une belle œuvre d'art. Ils lui savaient gré de favoriser un sentiment désintéressé. Il suffisait qu'elle existât juste pour mettre de la chair vivante autour de leur notion abstraite du patriotisme.

Depuis cinq jours qu'ils voyageaient et bien qu'ils eussent compris avec affection chacune de leurs étapes, ils n'avaient pas encore ressenti la qualité de tendresse que leur inspira cette cité pour laquelle ils eussent été heureux de faire un sacrifice. Les jeunes femmes de Metz font voir un type particulier de douceur qu'ils retrouvaient dans la physionomie d'ensemble de la ville. Sa vaillance, son infortune, son cœur gonflé les enivraient d'une poésie qu'ils n'auraient pu lui exprimer que les deux genoux à terre et lui baisant la main.

— C'est, pensaient-ils, l'Iphigénie de France, dévouée avec le consentement de la patrie quand les hommes de 1870 furent perdus de misère, sanglants, mal vêtus sous le froid, et qu'eux-mêmes, les Chanzy, les Ducrot, les Faidherbe, les Bourbaki, les Charette, les Jaurès, les Jauréguiberry renoncèrent. Toi et ta sœur magnifique, Strasbourg, vous êtes les préférées; un jour viendra que parmi les vignes ruinées, sur les chemins défoncés et dans les décombres, nous irons vous demander pardon et vous rebâtir d'or et de marbre. Ah! les fêtes alors, l'immense pèlerinage national, toute la France accourant pour toucher les fers de la captive!

Ces rêves et ces sentiments, la nature entière les partage à chaque fois qu'un excitateur, tel Boulanger, ministre de la Guerre, crie le « Garde à vous » qu'il faut pour mettre en action et monter au même plan des hommes, accaparés dans l'ordinaire par les conditions propres de leur vie ; et combien ils croîtront chez celui qui ne se borne pas à connaître Metz dans les événements contemporains. A la suivre parmi les siècles, on voit à cette ville un foyer d'énergie intérieure : dans sa résistance à la germanisation, elle se conduit exactement comme le veulent les lois qui ont présidé à son développement et non point selon une émotion accidentelle, mais par une nécessité organique.

Metz posséda un esprit et un droit municipal avant qu'il existât un pays de Lorraine. Son dicton en gardait fierté : « Lohereigne est jeune et Metz ancienne. » Tombée aux mains du roi de France, en 1552, elle ne perdit point le sentiment de soi-même, et mieux qu'aucune ville elle demeura une bourgeoisie où chacun se connaissait et trouvait avantage à se conduire avec honneur. Une famille messine, c'est quelque chose de considérable en Lorraine : d'une façon confuse, elle garde le prestige des anciens bourgeois qui possédaient des droits et satisfaisaient à des devoirs. Si les paysans des villages travaillent encore la terre avec des méthodes et dans des sentiments de discipline hérités des vieux groupes gaulois et des villas romaines, Metz, la métropole de cette petite civilisation, subit l'influence morale de ses vieilles libertés. Sa municipalité, qui lutte aujourd'hui avec une connaissance parfaite du possible contre les immigrés et contre l'administration, ne fait rien que maintenir l'ancienne dignité locale associée depuis quelques siècles à la grandeur française.

Sturel remerciait Saint-Phlin de le ramener toujours à contempler les choses dans leur développement. Metz, quand on la voit s'avancer du fond des siècles, devient intelligible et plus belle. Ces petites organisations, de types infiniment variés, écloses sur tous les points au moyen âge, n'ont pas été combinées par des professeurs de droit politique : chacune porte en soi sa véritable raison d'être et ses institutions trahissent clairement sa force interne. Les Messins n'eurent pas besoin de charte d'affranchissement, puisque personne ne les asservit : ils se bornèrent à consolider et à étendre des libertés traditionnelles par des efforts constants, contre la domination ecclésiastique et contre la féodalité allemande. A la fin du douzième siècle, une aristocratie surgit qui transforma le statut politique de la communauté, tout en achevant de la dégager de l'évêque et du comte. Cette aristocratie (les paraiges), analogue aux maisons guelfes et gibelines d'Italie ou bien au patriciat de Venise et des villes allemandes, s'empara de toutes les magistratures et gouverna la cité, de la fin du treizième siècle au seizième. L'autorité représentative appartenait au maître-échevin. Lorsqu'on baptisait un enfant des paraiges, on lui souhaitait « d'être une fois dans sa vie maître-échevin ou du moins roi de France ». Bien que cette aristocratie demeurât entr'ouverte aux hommes riches et aux maris de ses filles, cependant, comme c'est de règle, elle craignit d'avilir ses privilèges et, faute de recrutement, elle tendait à l'extinction. Dans cette année 1328 où l'esprit d'indépendance agitait en France, en Flandre, en

Angleterre, en Italie, les classes populaires, le peuple des paroisses, presque entièrement privé de droits politiques, se souleva contre ces familles souveraines. Au début du quinzième siècle, les bouchers prirent la tête de rébellions qui parfois eurent du succès. Néanmoins, la République traversait des périodes si prospères qu'un proverbe allemand disait : « Si Francfort m'appartenait, je le dépenserais à Metz. » Au seizième siècle, les mouvements qui constituaient les grands empires inquiétèrent la cité. Un parti proposa l'expédient d'accepter la Réforme et d'exproprier le clergé. Ces ressources auraient-elles suffi à garantir l'indépendance ? Metz, placée sur une orbite dont la France et l'Allemagne forment les foyers, n'eût-elle pas été entraînée par son protestantisme dans l'Allemagne ?

Le parti catholique s'orientait vers la famille de Valois. Le cardinal de Lenoncourt, évêque et par là légitime souverain de la ville d'après des droits en sommeil depuis trois siècles, disposa une partie des habitants. Les paraiges livrèrent la ville et furent eux-mêmes, avec Lenoncourt, mis de côté, joués par les Français. (Cession solennelle, 8 janvier 1556.) Un témoin, le maréchal de Vieille-Ville, a décrit les Messins « pleins de rage d'être ainsi forcés dans leur liberté publique, pour le recouvrement de laquelle ils eussent hasardé leurs âmes tant s'en faut qu'ils y eussent épargné leur propre vie ». Ainsi mourut la République messine qui s'était fondée et maintenue indépendante de la France, de l'Allemagne et du pouvoir religieux. Les Messins, qui excellaient dans la guerre et la diplomatie, mais qui manquaient d'art, s'accommodèrent rapidement de figurer dans une patrie où ils trouvaient d'abondantes et honorables compensations. Accotés à des grandes villes et à des régions de leur tempérament, ils jouirent de la civilisation parisienne et gardèrent le sentiment de leur bourgeoisie, à défaut du plein usage de leurs libertés. Après trois siècles, Metz fut une seconde fois trahie par ses défenseurs; en 1870, les habitants firent vainement une démarche solennelle près du maréchal Bazaine pour lui apprendre qu'il n'avait plus leur confiance et pour qu'il remît ses pouvoirs au général Ladmirault. Cette malheureuse ville livrée ne peut recevoir de ses possesseurs actuels ni voisin, ni attache qui la satisfasse; l'armée allemande l'a arrachée à ses naturelles conditions de vie et la détient comme une captive dans une enceinte fortifiée.

Ainsi Saint-Phlin, se promenant avec Sturel sur l'Esplanade, lui résumait les précédents de Metz, et il ajoutait :

— A aucune époque, Metz ne subit une crise qui risque plus de couper sa tradition. Voici que les Allemands, désespérant de séduire cette population, ont entrepris de la transformer brutalement. Pour vider les cerveaux lorrains de toute civilisation française et substituer l'allemande, ils ont décrété que dans ce pays, où jamais on n'a parlé une autre langue, la française serait interdite.

A la belle température des jours précédents succédait une pluie tiède qui de temps à autre forçait Sturel et Saint-Phlin à se couvrir de leurs pèlerines lorraines et qui donnait à la verte campagne, à la ville, quelque chose de triste, de résigné, de méditatif. Le passé, que l'un ne se lassait pas d'apprendre ni l'autre de se préciser et de coordonner en l'expliquant, perdait le caractère morne des constructions d'érudits, parce qu'ils le rattachaient à une impression vivante. Tout en causant, ils se livraient, sans l'analyser, à l'atmosphère de cette Esplanade qui occupe un angle des remparts et domine la Moselle avec l'horizon des forts. Cette petite vue modeste et la biographie d'une ville pourtant de troisième ordre éveillaient dans leurs âmes préparées un tel sens de tragique qu'ils restèrent plusieurs heures à laisser s'agiter en eux des pensées d'amour et de respect pour leur patrie. Sans doute, avant 1870, cette étroite terrasse plantée ne leur aurait proposé qu'un agréable coup d'œil sur un paysage de rivière; maintenait elle nourrissait de longues rêveries sur une terre esclave.

Les deux statues de l'Esplanade s'imposaient à leur attention : le maréchal Ney, qui fait face à la ville et qui naturellement date du temps français, et puis, tourné vers l'horizon, leur grand empereur Guillaume. « *Errichtet von seinem dankbaren Volke* : dressé par son peuple reconnaissant, » dit le piédestal de ce dernier. Qu'est-ce que son geste de main? Un remerciement au peuple de Lorraine dont il accepte l'hommage? Ou bien indique-t-il la frontière française, pour dire à son armée : « Veillez. » Affirme-t-il du doigt : « Toutes ces terres sont de mon empire »? Telle quelle, cette pesante statue infiniment plus lourde, plus grande que le Ney à qui elle tourne le dos, détruit le caractère, la douce qualité de cette campagne mosellane. A tout Français qui passe elle met une épée dans la main : elle commande ce même geste que donnerait à de jeunes officiers le récit des hauts faits d'un Ney ou d'un Fabert. Le malheur vaut comme la gloire pour réveiller l'énergie.

En dépit de ce Guillaume le Grand, il n'est pas une terre d'où la patrie française soit plus invoquée, plus adorée que de cette Lorraine. Sur ce sol, ils peuvent ériger des trophées, mais l'indigène qui passe dans leur ombre élève spontanément, pour la leur opposer, une pensée d'amour vers la France. Les mots allemands peuvent bien proclamer : « *Die für immer süss denkwürdige Capitulation von Metz* : la capitulation à jamais doucement mémorable de Metz »; jamais des syllabes françaises ne s'assembleront pour affirmer une telle façon de voir. Et voilà pourquoi des vainqueurs, conseillés par leur raison nationale, veulent que les écoles du pays annexé n'enseignent plus que l'allemand. C'est pour contraindre chacun à déserter les mots de ses aïeux, et pour tenir en échec l'âme héréditaire de ce territoire.

Or, se promenant ainsi sur l'Esplanade, Sturel et Saint-Phlin entendirent avec épouvante des tout petits enfants qui, au pied de l'Homme de la race ennemie et dans ce vent léger de la rivière lorraine, s'amusaient en grasse langue allemande. Eh! quoi donc! si vite, ces terribles mesures ont tué les enfants français! C'est le massacre des innocents L'un d'eux pouvait être le sauveur En quelques années, le maître d'école lui enlève toute vertu. Vainement la France l'appelle. Il ne sait plus son propre nom. Wilhelm, Karl, Fritz, héritiers d'une longue lignée de Français, répondent : « *Was will mir dieser Fremde* : que me veut cet étranger?... » — L'isolement des deux voyageurs, leur sentiment de vaincu s'aggrava au point qu'ils pensaient à quitter Metz immédiatement... Comme ils les aimèrent, quelques pas plus loin, les bonnes petites commères de huit, de douze ans, qui disaient « ma chère » par ci, « ma chère » par là, assises sur des bancs! Sûrement, ces garçons qui viennent de les inquiéter appartiennent à des fonctionnaires immigrés, et il faut se réjouir, car leur allemand a déjà pris un peu l'accent chanteur de Lorraine.

Ils gagnèrent, pour le souper de sept heures, un restaurant où l'un et l'autre jadis avaient mangé avec leurs familles et qu'ils trouvèrent encombré d'officiers de toutes armes. La salle, très simple, sans lourdeur de brasserie, les servantes, des petites demoiselles lorraines, faisaient un vieil ensemble messin où ces beaux géants, mécaniques dans leurs saluts et compassés dans leur fatuité, semblaient tout à fait déplacés. Les deux jeunes gens s'attristèrent à reconnaître que ces types-là maintenant se promènent nombreux même à Paris. Sous des casques à pointes, ils retrouvaient ces espèces de figures avec les basses parties énormes qui souvent les avaient irrités chez des contradicteurs de leur entourage. Il y a en France une incessante infiltration d'Allemands, qui, même s'ils renient leur patrie, compromettent nos destinées naturelles, car tout leur être se révolte contre notre vraie vie où ils ne trouvent pas les conditions de leur développement naturel. Les officiers de ce restaurant avec leur morgue alliée à une évidente acceptation de la discipline, avec leur forte carrure, sont d'intéressants types d'humanité, mais des servants d'un autre idéal! Sturel et Saint-Phlin songeaient avec amour à ce que de tels êtres sont en train de détruire sur un espace de 14,587 kilomètres carrés.

Depuis le début de ce voyage, l'imagination de

Sturel était souvent mise en mouvement par des objets usuels, ainsi, sur la table où ils mangeaient, des modèles surannés de la faïencerie de Sarreguemines, comme il en avait manié dans sa petite enfance ; et tel sucrier blanc de forme empire, à filet d'or, décoré de têtes de lion, utilisé comme pot à fleurs sur le bureau de la caissière, bouleversa agréablement tout le jeune homme pour le ramener là-bas, là-bas, vers son passé. La couleur aussi et le goût du petit vin de la Moselle ravivaient en lui un ensemble d'images et de sensations auprès desquelles contrastaient plus durement les éclats tudesques et les traîneries de sabres. Cependant que ces délicatesses un peu puériles troublaient les deux Lorrains, l'un et l'autre s'appliquaient à n'en rien trahir : dans ce milieu, il fallait par décence de vaincus éviter la moindre singularité. Seulement, au sortir du restaurant, contre leur habitude, ils se prirent le bras.

Ils marchaient ainsi affectueusement, quand ils rencontrèrent quatre bons voyous à la française, si sympathiques que Sturel proposait à Saint-Phlin de eur payer des cigares, mais les voyous, dégoûtés qu'on les examinât, se mirent à poursuivre ces passants indiscrets d'injures pittoresques devant lesquelles les deux amis fuyaient, tout réjouis que la discipline sociale allemande n'eût pas encore privé totalement ce pays des bénéfices libéraux de la critique alerte à la française.

Ils choisirent un café parce que les lettres de son enseigne dataient de la bonne époque ; ils n'y trouvèrent aucun soldat allemand. La propriétaire, une petite femme, avait la douceur, la gentillesse de la Moselle dans ses yeux. Ces excellentes gens, qui ont

toute la finesse des vieilles villes, s'appliquent encore
à plus de courtoisie et d'urbanité par réprobation de
cette lourdeur teutonne qui pour une sensibilité
française sera toujours goujaterie. On causa de la
chose éternelle : l'amertume d'être allemand. Les
troupes si nombreuses ne rapportent pas un sou au
commerce; elles se fournissent dans des coopératives; il ne vient d'outre-Rhin que des gens de peu,
avec une éducation de sauvage et seulement quelque argent pour parader, tels enfin que la vieille
colonie messine ne voudra jamais les recevoir. Cette
immigration incessante relèvera-t-elle les immeubles
tombés à rien? Et enfin, la grande chose : on avait
tout espéré du général Boulanger, il terrifie les Prussiens; comment se trouve-t-il des mauvais Français
pour le persécuter?

A Metz, les petites et les grandes filles de qui
Sturel et Saint-Phlin subissent la puissance émouvante, touchent par une délicatesse, une douceur
infinie plutôt que par la beauté. Leur image, quand
elles parcourent ces rues étroites, pareilles aux corridors d'une maison de famille, s'harmonise aux
sentiments que communique toute cette Lorraine
opprimée et fidèle. Quelque chose d'écrasé, mais qui
éveille la tendresse; pas de révolte, pas d'esclaves
frémissantes sous le maître, mais l'attente quand
même, le regard et le cœur tout entier vers la
France. C'est ici une caserne dans un sépulcre, mais
c'est aussi un parfum, une manière de vieille province. Depuis 1870, la France fait voir d'immenses
transformations, mais cette ville où ne sont restées
que les classes moyennes et dans des conditions qui

les soustraient à l'influence parisienne et des centres allemands, montre les couleurs fanées que l'imagination met sur l'ancien temps. Charmants anachronismes, dans Metz se promènent de jeunes sœurs de nos mères. Avec cela une honnête habileté. Sturel et Saint-Phlin qui cherchaient divers objets et un mécanicien, assez rare à cette date, pour réviser leurs bicyclettes, s'émerveillèrent de la gentillesse, de la fraternité des « bonjour, monsieur » qu'on répondait à leurs « bonjour » d'entrée. Et les « veuillez m'excuser », les « pardon », toute cette menue monnaie de la politesse française, comme les marchands la leur donnaient très vite, avec fierté, pour leur marquer : « Vous êtes Français, nous aussi ! » Après cela, pouvait-on discuter les prix? Tandis qu'on parlait de bicyclettes, de chaussures, de lainages, on ne pensait rien qu'à la France, présente tout entière dans la langue des vaincus, langue du passé, des souvenirs, de ceux qu'on aime et sans accent germanique. Et puis des compliments, des tas de petites fleurs. A Sturel : « On voit bien que monsieur se fait chausser à Paris et prend ce qu'il y a de mieux. » — A Saint-Phlin, tout naïvement : « Monsieur a le pied très joli : ce n'est pas comme ces Allemands. » Après une demi-heure de courtoisie, et les objets payés fort cher, on se quittait en disant : « Espérons. »

Le troisième jour de leur arrivée, ils visitèrent, au cimetière de Chambière, le monument élevé à la mémoire de sept mille deux cent trois soldats français morts aux ambulances de la ville en 1870. C'est, au milieu des tombes militaires allemandes, une haute pyramide. Deux inscriptions terribles lui donnent un sens complet. L'une tirée des *Écritures* :

> MALHEUR A MOI !
> FALLAIT-IL NAITRE POUR VOIR LA RUINE DE MON PEUPLE
> LA RUINE DE LA CITÉ,
> ET POUR DEMEURER AU MILIEU, PENDANT QU'ELLE EST LIVRÉE
> AUX MAINS DE L'ENNEMI !
> MALHEUR A MOI !

Cette plainte, cette imprécation, le passant français l'accepte dans tous ses termes, et l'ayant méditée, se tourne vers la France pour lui jeter : « Malheur à toi, génération qui n'as pas su garder la gloire ni le territoire ! » Et aussitôt encore : « Malheur à moi ! » Ne faut-il pas, hélas ! que tous, humblement, nous supportions une solidarité dans le crime commis, puisque, après tant d'années écoulées et les enfants devenus des hommes, rien n'est tenté pour la délivrance de Metz et de Strasbourg que nos pères trahirent ? Il semble qu'il y ait eu dans le premier instant, chez Gambetta, quelque instinct du devoir ; la vie nationale allait tendre uniquement à la réfection de la France. Il préféra passionner la masse agissante sur des abstractions où il n'y avait que des amorces électorales. La clientèle, tant bien que mal recrutée, qui reçut de ses mains le gouvernement de la France, comprit que le retour de Metz et de Strasbourg dans l'unité française installerait une nouvelle équipe de dirigeants. Elle ne veut pas d'une revanche. Elle fait croire à des vaincus que donner des fêtes à l'Europe, c'est de la gloire. La plus belle au bal ! Voilà le misérable idéal qu'ils composent à la nation. Dans ce printemps de 1889, Carnot en tête, les parlementaires viennent d'inaugurer la Danse du ventre et les prostitutions diverses dites Expositions universelles. Ils combattent à l'intérieur l'énergie française, la nation qui voudrait réagir et reprendre ses frontières; ils donnent aux deux minorités juive et protestante un traitement de faveur et leur attribuent le caractère officiel d'une garde d'élite; ils vont jusqu'à charger la famille Reinach, issue d'une lie allemande, d'insulter officiellement un général français, né Breton, coupable de confondre dans un soulèvement patriotique l'inconscient du paysan et de l'ouvrier.

Ces pensées qui font sécréter de la haine irritaient Saint-Phlin et appelaient le partisan Sturel à la guerre civile. Malédiction aux traîtres qui abandonnent Metz et désarment la France de son esprit propre! Malédiction sur moi-même assez lâche pour les tolérer! Mais dans ce même instant il leur sembla qu'une main douce se posait sur leurs épaules; ils venaient de lire à l'autre face de la pyramide cette phrase plus pathétique encore que l'anathème:

LES FEMMES DE METZ
A CEUX QU'ELLES ONT SOIGNÉS

O solitude pluvieuse, étroits espaces dont la France se détourne! Il gît là pourtant assez d'âme pour former les générations qui voudraient s'en approcher, et pour émouvoir l'histoire, si le génie français survit et ne laisse pas au seul Germain le soin de la rédiger. Tête nue, dans un sentiment douloureux et fraternel, les deux Lorrains déchiffrent sur les petites tombes les noms qui subsistent entre tant de milliers anéantis par les pluies, le soleil et le vent. Sous ces pierres, dans cette terre captive sept mille cadavres s'entassent de jeunes gens qui aujourd'hui atteindraient seulement la quarantaine, et leur vie n'aura pas eu un sens si on refuse de le chercher dans l'éternité de la patrie française. Leur mort fut impuissante à couvrir le territoire, mais elle permet à un Sturel et à un Saint-Phlin de se reporter sans honte complète à cette année funeste. C'est une fin suffisante du sacrifice qu'ils consentirent en hâtant la disparition inéluctable de leur chétive personnalité.

Les fifres et les tambours prussiens qui, sans trêve, d'un champ de manœuvres voisin retentissent sur les tombes de Chambière ne détournent pas les deux visiteurs de leur pieuse méditation, et avec une tendresse égale à l'orgueil de dénombrer sur l'Arc de Triomphe les généraux de la Grande Armée, ils épèlent la nomenclature des morts, les inscriptions des bannières délavées et des couronnes épandues.

Mais voici à trois mètres du monument français, dans cet exaltant cimetière, où la douleur, la fraternité, l'humiliation et l'orgueil stagnent comme des fièvres, la pierre commémorative qu'eux aussi les Allemands consacrent à leurs morts. Elle jette ce cri insultant : « Dieu était avec nous ! » — Offense qui tend à annuler le sacrifice des jeunes vaincus à qui les femmes de Metz ont fermé les yeux !

Il ne dépend pas du grand état-major allemand de décider sans appel que nos soldats luttaient contre Dieu ! En vérité, la France a contribué pour une part trop importante à constituer la civilisation ; elle rend trop de services à la haute conception du monde, à l'élargissement et à la précision de l'idéal, — dans un autre langage : à l'idée de Dieu — pour que tout esprit ne tienne pas comme une basse imagination de caporal de se représenter que Dieu — c'est-à-dire la direction imposée aux mouvements de l'humanité — serait intéressé à l'amoindrissement de la nation qui conduisit les Croisades dans un sentiment d'émancipation et de fraternité, qui a proclamé par la Révolution le droit des peuples à disposer d'eux-mêmes! Mais voilà bien la prétention de toute l'Allemagne, du plus mécanique de ses soldats jusqu'au plus réfléchi de ses professeurs. Ce n'est point par hasard, c'est par le développement d'une pensée très raisonnée qu'ils inscrivent Dieu comme leur allié à deux pas de l'ossuaire de nos compatriotes, excluant nos chrétiens du paradis des enfants de Jésus, dépouillant nos athées de leur part d'auteur dans l'œuvre civilisatrice de l'humanité, rejetant nos armées dans le brigandage, et proscrivant la pensée française comme nuisible. Dans cet étroit espace, ce double charnier de Français et d'Allemands produisit une vigoureuse végétation, cette trentaine d'arbres élancés vers les cieux, mais l'Allemagne consciente d'elle-même ne veut pas que « dans le sein de Dieu », dans le concert de l'humanité, le génie français et le génie allemand collaborent. Elle nous excommunie ; elle prêche l'anéantissement de notre langue, de notre pensée. C'est une guerre sacrée. Sur le territoire de Metz et de Strasbourg, l'Allemagne, plus cruelle que les peuples orientaux qui coupent les oliviers et comblent les puits, tend à traduire son principe en actes. Elle supprime la pensée française dans le cerveau des petits enfants, elle ensevelit sous des verbes germains, comme une source vive sous des fascines, une sensibilité qui depuis des siècles alimentait cette race et que ces enfants avaient reçue de leurs pères.

Saint-Phlin et Sturel, à mesure qu'ils maintiennent leur pensée sur ce que veut détruire l'Allemagne, voient avec plus d'horreur l'étendue du crime projeté et avec plus de lucidité sa démence. Ce n'est pas en jetant de la terre sur des cadavres, une formule insolente sur des siècles d'histoire et un vocabulaire sur des consciences qu'on annule ces puissances et qu'on empêche le phénomène nécessité par l'accumulation de leurs forces. Au cimetière de Chambière, devant un sable mêlé de nos morts, la piété pour les martyrs, la haine contre les Français qui mésusent de la patrie, l'opposition à l'étranger, tout cet ensemble de sentiments habituels aux vaincus et portés au paroxysme par le lieu, déterminent chez les deux pèlerins un mouvement de vénération. Leur cœur convainc leur raison des grandes destinées de la France et par un coup subit trouve ici son état le plus propre à recréer l'unité morale de la nation.

Alors depuis ces tombes militaires, l'imagination de Sturel et de Saint-Phlin se tourne vers quelques penseurs en qui ils distinguent la connaissance et l'amour des éléments authentiques de la France. La patrie, si on continuait à l'entamer, saurait trouver un solide refuge dans de telles consciences. Une demi-douzaine de ces hommes suffisent à conserver le bon ferment pour notre renaissance. Et par-delà les frontières que notre influence ne franchit plus, le verbe français où ils déposent des idées si fortes et si bienfaisantes conquiert encore des intelligences, de telle sorte que par leur action notre génie contraint à l'hospitaliser ces mêmes races qui avaient juré de l'anéantir.

Avec un sentiment filial qu'ils n'éprouvèrent jamais

hors de Metz, les deux Lorrains appellent un soldat heureux pour qu'il adjoigne la force à ces glorieux civilisateurs. En même temps ils se rappellent que cette élite proclama toujours la gloire de la France intéressée étroitement à l'intégrité de tous les peuples ; qu'elle exigea un traitement de faveur pour toutes les idées d'outre-Rhin ; qu'elle considérait Strasbourg comme un dépôt de la pensée allemande où devaient s'approvisionner nos laboratoires intellectuels. Et ils ne trouvent point naïf de croire que par cette compréhension supérieure la France s'élève au plus haut degré dans la hiérarchie des nations et, pour reprendre le langage mystique du grand état-major allemand, demeure le soldat initié de plus près aux desseins de Dieu.

C'est ainsi qu'en sortant du cimetière de Chambière, et d'un grand tumulte du cœur, Sturel et Saint-Phlin associent dans un acte d'élévation les noms illustres de la pensée française aux noms obscurs des petits soldats sur la tombe de qui, tête nue, ils viennent d'unifier leurs intérêts individuels, leur hérédité lorraine, la société française et l'humanité. La tristesse générale de ce paysage asservi fait une magnifique atmosphère à la moralité qui les remplit et qui communique à leur visage la dignité sérieuse de ceux qui, après un deuil, se sentent des responsabilités.

(*De Metz à Sierck, 52 kil.*)

Le long de la vallée mosellane, très large ici et importante par ses hauts-fourneaux, une route rougeâtre, bordée de poiriers et de pommiers alternés, les mena, sans plus de cahots qu'eût fait une piste de vélodrome, jusqu'à Thionville, guerrière encore et corsetée si étroitement dans sa ceinture de murailles que d'un même point de sa petite place centrale on voit ses trois portes militaires et qu'un seul clairon est facilement entendu de tous les habitants dressés à en comprendre les sonneries.

La pluie qui pour le trajet s'était interrompue tombait par intervalles. Dans cette soirée humide, Sturel et Saint-Phlin ranimèrent leur tristesse à comprendre pleinement ce qu'est une vaincue, quand sur la plaque d'une rue ils constatèrent la condescendance du vainqueur qui de la « rue de Jemmapes » se contente de faire « *die Jemmapenstrasse* ». Cela rappelle ce qu'on sait de l'ironie empreinte sur les figures des Allemands quand à Sedan ils présentaient les armes au troupeau de nos soldats désarmés. Mais à Metz ne lit-on pas encore sur le socle de Fabert : « Si le roi m'avait confié une ville, plutôt que de la rendre, je boucherais la brèche avec moi, ma femme et mes enfants. »

Cette petite Thionville, aussi dénuée de ressources qu'une guérite de factionnaire, les retenait parce que sous l'enduit allemand ils distinguaient partout les couleurs françaises.

Il est fâcheux que les romantiques qui nous dirent avec des expressions saisissantes le grand secret de mélancolie des bois, de la mer et des prairies du centre aient ignoré les petites villes militaires de l'Est et leur atmosphère propre à former les âmes : le son du clairon, tout le jour, le drapeau, le général, les promenades sur le rempart et chaque soir soudain le fracas militaire de la retraite éclatant en apothéose. Ah ! les magnifiques tambours se déchaînant à huit heures sur un geste bref de la grande canne et s'engouffrant dans les rues avec toute la population derrière ! Cette discipline théâtrale et monotone pénétrait, pour en faire des héros et des amateurs de mort glorieuse, les jeunes garçons des places à la Vauban. Il y a là un état d'âme français qui disparaît sans avoir reçu son expression littéraire.

Les fortifications de Thionville subsistent, mais déclassées ; elles ne sont plus que des promenades agréablement plantées de chênes et aménagées en kiosques, en petites terrasses surélevées. 1870 a transformé les paysages de la Lorraine aussi bien que ses mœurs. Dès l'instant que la population perdait contact avec le soldat, — prussien et qui, d'ailleurs, évolue dans ses forts fermés à la curiosité publique, — c'était la fin de ces laboratoires d'esprit militaire. Pourtant ils ont fourni des officiers d'un même type hautement honorable, dédaigneux du panache, réalistes et moraux, en si grand nombre que cette discipline semble devoir survivre aux conditions qui la produisaient ; elle demeurera une des pierres de la construction française quand les carrières lorraines d'où on l'extrait auront totalement disparu sous les remblais allemands.

Après un arrêt de trois heures à Thionville, Saint-Phlin et Sturel franchirent dans la même journée les dix-sept kilomètres qui les séparaient de Sierck.

C'est une petite ville au bord de la Moselle, resserrée étroitement entre de fortes collines de vignes ou de prairies et qui d'abord semble toute se réduire à la vaste forteresse ruinée qui la surplombe. Plus âpre que Thionville, elle n'est faite vraiment que de ruelles autour d'une citadelle. Ses étroites maisons, qui chancellent de vieillesse les unes sur les autres, ont besoin des écus armoriaux et des saints au fronton délabré de leurs portes pour nous offrir de bonnes impressions sur leur dignité passée. Un torrent caillouteux, qui formait avec la Moselle les défenses d'eaux du rocher féodal, court au travers de la principale venelle. Toutefois, sur les remparts démolis et nivelés, une rangée de maisons modernes jouissent du bon air, du bon soleil et tournent le dos à leur vieux maître, le château, qui, pendant tant d'années, leur imposa de pénibles conditions de vie en leur garantissant une certaine sécurité. Il ne se maintient plus que par des expédients mesquins : il loge des étrangers pendant la belle saison, il hospitalise des indigents et prête ses ruines aux espaliers.

C'est bien intéressant de voir les braves jardiniers aux reins courbés et les manches retroussées, c'est-à-dire, n'est-ce pas, la race la plus paisible des hommes, seuls en mesure de tirer parti des vieux remparts. Les formidables constructions des ducs de Lorraine à Sierck et des ingénieurs français à Thionville aboutissent à favoriser d'humbles horticulteurs ou des nourrices qui, les uns et les autres, recherchent pour leurs produits « les petites Provences ».

Si l'on s'enferme dans cette observation fragmentaire, elle autorise des vues optimistes sur l'adoucissement des mœurs en Occident. Mais Sturel et Saint-Phlin, placés par leurs émotions de Metz au seul point de vue français, ressentaient douloureusement la puissance d'oubli des peuples.

— Ces populations mosellanes, se disaient-ils, possèdent la paix et la sécurité. Tout porte à croire que ce sont les fins qu'elles poursuivaient au cours de leurs transformations successives. Mais alors! des événements que nous tenons très importants leur paraissent négligeables, s'ils ne les dépossèdent point de ce bien, présumé principal? Il leur fut très sensible d'échanger l'ordre romain, c'est-à-dire le règne de la loi, contre l'anarchie féodale où dominaient seules les volontés individuelles. Ce fut aussi un grave changement, quand cette population qui avait supporté le bon plaisir du seigneur de Sierck pour qu'il la protégeât, qui avait ensuite à ses risques et périls géré directement les intérêts de sa municipalité autonome, trouva maître, protecteur et gérant là-bas, dans les bureaux de Versailles. Mais aujourd'hui que la domination est impersonnelle et que le maître ne procède pas selon une volonté particulière, mais par la force abstraite de la loi, qu'importe, semble-t-il, si le centre administratif pose à Paris ou à Berlin, si le drapeau tricolore fonce son bleu jusqu'au noir? Qu'importe qu'elle se nomme France ou Allemagne, l'immense collectivité dont la petite ville subit les conditions générales? De cette collectivité, Sierck vient de recevoir un beau chemin de fer. Il détruit une partie importante de l'agrément du site, car ses talus masquent la Moselle qui jusqu'alors baignait la ville, mais il donne du bien-être. Cet immense avantage et ces légers inconvénients, que la petite ville à elle seule eût été incapable d'organiser, lui furent attribués par les tout-puissants ingénieurs de l'État. Les pouvoirs appartiennent aux délégués d'une longue hiérarchie, dans les limites d'une loi fixe, et sous l'action générale de la force des choses ; chaque patrie, allemande ou française, exige de ses membres les mêmes charges en échange des mêmes services ; pourquoi donc l'homme des petites villes qui vit d'un travail assidu, loin des centres d'enthousiasme ou de haute culture, serait-il sensible à des déplacements de frontière ? Ils n'entraînent qu'un changement de l'étiquette sur un ensemble de réalités qui continuent à se développer selon leur force organique...

Et voici Sturel et Saint-Phlin mis en défiance sur la réalité de l'idée de la patrie.

Dans la petite auberge de Sierck, le soir de leur arrivée, les deux jeunes gens mangeaient à table d'hôte avec cinq ou six personnes, des pensionnaires plutôt que des voyageurs. A Metz, à Thionville, et dans cette petite ville tout à l'heure, certains noms lus sur un magasin : Lœwenbruck, quincaillier, Saur, marchand de fromages, Collignon, architecte, leur avaient rappelé des anciens camarades du lycée de Nancy. Serait-ce lui ou bien un parent ? Tout en mangeant, ils s'informèrent.

— Le Frédéric, le Léon, le François ? leur répondait-on, il est négociant en cafés au Havre, il est dans les draps à Rouen. Ah ! Messieurs, on connaît bien toutes les bonnes familles du pays...

Le deuil de Metz, Sturel et Saint-Phlin au monument de Chambière l'avaient subi avec une pleine force et jusqu'à ressentir comme un empoisonnement physique. Mais c'est ce mot « les bonnes familles du pays » qui leur mit sous les yeux, comme une chose tangible, le désastre subi par la nation française en

1870. Car voilà pour le développement prospère d'une civilisation la chose essentielle : qu'un sol soit peuplé de gens honnêtes dans leur ordre et jouissant d'être connus comme tels. Nul ne fût mieux rentré dans cette définition que Frédéric Lœwenbruck, ou Léon Saur, ou François Collignon, maintenant disséminés : des fils de petites gens, mais de qui le nom familial se prononçait avec considération. Que les enfants de modestes commerçants aient suivi les professeurs français à Nancy, quand il eût été plus économique, plus familial de s'accommoder des gymnases du pays annexé, comme cela représente des mères courageuses, des pères travailleurs, une opinion publique idéaliste, oui, d'honnêtes familles, bien fidèles à la France ! Etre un anneau dans une chaîne de ce métal, quelle solidité, quelle sécurité, quelle convenance c'était pour les camarades de Sturel et de Saint-Phlin ! Ces jeunes gens, sans le traité de Francfort, auraient doucement passé leur temps d'existence ! quelques-uns émigrant sans doute vers les autres départements, sur l'Europe, aux colonies, mais se réservant toujours leur lieu de naissance, l'endroit qui leur est le plus sain, leur refuge et leur centre. Et maintenant les chaînons brutalement ont été rompus ; ces familles françaises sont dispersées en poussière d'individus sur la terre française. Leur petite patrie leur est interdite et leur serait méconnaissable. Voilà des exilés ! Voilà des diminués ! A chaque pas sur ce territoire spolié, Sturel et Saint-Phlin constatent le déracinement de la plante humaine. Un beau travail des siècles a été anéanti ; une magnifique construction sociale, un jardin d'acclimatation français, dévastés et défoncés.

Eh bien! ce sol de Lorraine, ainsi retourné par l'arrachement de ses fortes familles, laisse mieux voir sa qualité de fonds. En 1889, c'est toujours de la magnifique France. Cette conversation de table d'hôte, où nulle question d'abord ne fut abordée franchement, ne laissa aucun doute pour Sturel et Saint-Phlin. Un notaire, fonctionnaire allemand, donnait des chiffres : Sierck, depuis la guerre, s'est vidée de moitié en France. Ce qui n'a pu émigrer s'oriente désespérément vers la frontière, comme les branches et les feuilles d'un arbre, à qui l'on oppose un obstacle, avant de périr s'ingénient encore vers la lumière. Et ces dîneurs rappelaient que chaque année des jeunes conscrits, dont les parents en 1871 n'ont pu opter, passent la frontière et se présentent dans les bureaux du recrutement français. Là-dessus un fonctionnaire allemand intervint pour ricaner et dire :

— On les enrôle dans la Légion étrangère, on les envoie se détruire au Tonkin.

C'est l'argument formidable que répètent chaque jour les journaux officieux d'Alsace-Lorraine; ils donnent des listes et montrent l'énorme pourcentage des annexés sacrifiés dans un service si dur et si peu fait pour de bons adolescents.

— Pardon, disait Sturel, du ton détaché qu'on prend là-bas pour traiter ces dangereuses questions, pardon! ce mois-ci, juillet 1889, sur l'initiative de M. Charles Keller, député de Belfort, je précise, la Chambre a décidé que les Alsaciens-Lorrains pouvaient recouvrer par une simple déclaration leur nationalité française, et entrer dans les régiments et dans les écoles militaires françaises.

Tous furent bien étonnés, mais ils se réjouirent de voir le fonctionnaire contredit (1).

Après le souper, l'hôtelier jeune, honnête, très sympathique, se tint debout en face des deux amis qui buvaient leur café ;

— Messieurs, je suis de Sierck ; j'étais allé à Paris ; eh bien ! on n'a pas d'égards : j'étais mal vu, traité en étranger. Oui, en étranger et pis ! Mon patron, un pâtissier-traiteur, chez qui j'étais saucier, après trois ans qu'il n'avait eu qu'à se louer de moi, m'a dit : « Je ne vous aurais pas pris si je vous avais su Prussien. »

Le pauvre garçon à qui l'on reprochait d'être Lorrain en France revenait être Français en Elsass-Lothringen.

Ainsi l'hostilité d'une partie de la population française et la mauvaise volonté du gouvernement français s'unissent pour rejeter les Lorrains et les Alsaciens vers l'Allemagne. Dureté incroyable de notre conduite ! Ils devaient être un gage aux mains de l'ennemi, et, sitôt reconstituée, la France en armes allait les réclamer. Trahison ! Nous les avons livrés et nous ne voulons plus les connaître.

Quand même ! il n'appartient pas à l'injustice de la mère-patrie, ni à une minorité de vainqueurs, ni à des événements désastreux de changer l'inconscient

---

(1) Sturel avait raison. Mais le gouvernement ne s'est jamais préoccupé de l'application de cette loi sur laquelle on fait le plus complet silence. On l'ignore aux pays annexés. Les jeunes réfractaires qui, par amour pour notre pays, passent la frontière et viennent dans nos bureaux de recrutement, n'apportent point les papiers exigés et l'on continue à les expédier sur la Légion étrangère. On a relevé une proportion formidable d'Alsaciens-Lorrains parmi les morts de Madagascar.

d'une population. Ces fils, dont se détourne la France, sont forcés par leur structure mentale d'associer les idées à la française et de préférer la civilisation qui, pendant des siècles, leur fournit leurs conditions de vie. Sous cette Germanie arrogante qui frappe sèchement de ses talons les étroits trottoirs des vieilles villes militaires, une France nombreuse et saine encore fait le fonds de ce pays. Comme, à certains tournants morts, la nappe d'eau pure de la Moselle sous la croûte des herbes parasites, elle transparaît cette France, en dépit des plantes germaines, jusqu'alors sans racines profondes, dans la douceur du regard des femmes, seul aveu de leur sensibilité souffrante, deuil honorable de celles qui vivent avec des frères, des époux, des pères vaincus. Elle s'affirme dans la fierté du regard des jeunes gens, quand ils ont entendu la langue de leur pays et que leur œil s'écrie : « Le papier des diplomates est nul ! Moi aussi, j'appartiens à la France ! » Elle se proclame dans la fraternité immédiate et sans phrases avec des hommes de toute classe et de toute condition, quand leur main qui serre la nôtre nous déclare : « Jamais il n'arrivera que nous opposions nos fusils, et sous une même tente, un jour, nous partagerons le même péril pour la France ! »

Contre cette fidélité à l'idéal, le grand moyen de l'Empire, c'est de transformer la cérébralité et d'imposer aux jeunes êtres ce qui contient toute civilisation et toute sensibilité : une langue nouvelle, l'allemande. En les forçant à déserter la syntaxe, le vocabulaire, ils espèrent les contraindre à renier leurs idées, leur âme propre.

Voilà qui ne se prête pas à une représentation

plastique, ni à l'expression scénique. Mais celui qui veut fixer son attention avec force sur une telle situation reconnaîtra qu'on n'en connaît pas de plus pathétique, et sa pensée aura peine à l'embrasser, depuis la place du village où l'enfant joue avec des noms nouveaux les jeux de ses pères, jusqu'aux bibliothèques où l'étudiant qui était né pour la culture française se débat, asphyxié dans l'atmosphère du génie allemand.

Les conséquences d'un si barbare jacobinisme impérial passent notre imagination. Si vous supposez qu'un Voltaire, — d'esprit rapide, faiseur de clarté, et qui répugne à examiner dans un même moment vingt-cinq aspects de choses, — ou bien un Victor Hugo, — génial parce qu'il entendait bruire dans chaque mot français les plus lointains sens étymologiques, — vient de naître depuis 1870 dans quelque village de Lorraine, ne doutez pas que son cerveau désorienté, tenu en servage par l'enseignement allemand du maître d'école, manquera sa naturelle destinée. Je prends cette hypothèse pour qu'on se représente sensiblement la chose ; mais l'ensemble de la génération subit d'une façon certaine la diminution qu'éprouveraient ce Voltaire et ce Hugo hypothétiques. Elle est sacrifiée si les pères et les mères, chaque soir, ne défont pas chez eux tout le travail du maître. Véritable bataille que se livrent, dans ces jeunes cerveaux de vaincus, les ancêtres et le vainqueur.

Sturel et Saint-Phlin connurent par leur aubergiste de Sierck les manuels d'histoire pleins de haine et de mensonges qu'on met aux mains des petits annexés. Son fils, des livres sous le bras, dit en rentrant de l'école :

— Pourtant, selon mon livre, les Français furent toujours frivoles et battus!

Et le père, mal à l'aise, de répondre :

— Oublie tout ce qu'il t'enseigne, le maître. Il n'y a de vérité qu'en français.

Cette magnifique parole d'un aubergiste qui baisse la voix sur une terre esclave, ramène, une fois de plus, vers leur collège de Nancy, la pensée irritée de Sturel et de Saint-Phlin. Des professeurs, le croirait-on, cédant à quelque fade sentimentalité, se désolaient des avantages brutaux pris par Louis XIV et Napoléon dans une lutte qui dure de toute éternité entre les populations du territoire français et celles du territoire allemand. C'est niaiserie. En l'absence d'une vérité absolue sur laquelle des membres d'espèces différentes se puissent accorder, les fonctionnaires chargés de l'enseignement doivent s'inspirer du salut public. Ce n'est pas une vérité nationale, celle qui dénationalise les cerveaux.

Sturel et Saint-Phlin le sentent : ce qui résiste à l'invasion allemande, c'est un vieux fonds sentimental rebelle à l'analyse; ce n'est pas l'éducation française puisqu'elle tend à faire des hommes, des citoyens de l'humanité plutôt que des Français et des membres de la société traditionnelle; ce n'est pas, non plus, le souvenir d'une civilisation matérielle qu'on trouve au moins égale sous le régime allemand. Que vaudraient-ils ces admirables patriotes du pays annexé si leur amour pour la France était raciné dans ce terrain universitaire, bon seulement pour qu'il y pousse des fleurs de cosmopolitisme? Ils résisteront autant qu'ils tiendront fort dans le sol et dans l'inconscient.

Sturel et Saint-Phlin voient bien, d'après la hâte des petits enfants de Lorraine à rendre un bonjour amical au salut français d'un inconnu, que ceux-là, comme les pères, maintiendront la France. Et pourtant, après la classe du vill... le petit annexé trouve cette autre école, le régiment, là-bas, dans les plaines de Prusse où un conscrit lorrain souffre d'un grand malaise. A ce drapeau que par la force il sert, doit-il lier son honneur? ou bien l'honneur serait-il de le trahir à l'occasion? Malheur au peuple qu'on accule à de tels débats où la conscience ne trouve pas une solution satisfaisante... Et puis cet annexé que n'ont pu entamer ni l'école ni le régiment, faudra-t-il encore qu'il se ferme les administrations? Et s'il lutte toute sa vie, ne se résignera-t-il pas dans ses enfants? Quand même la bouche jamais ne renierait la France, un instant viendra qu'au milieu des conditions de vie organisées à cet effet par une administration merveilleusement intelligente, les cerveaux seront germanisés et le sang mêlé. Un idéal chasse l'autre, avec le temps, par des mariages et par l'éducation... C'est un délai de vingt-cinq années, de trente-cinq peut-être que Metz, Thionville, Sierck nous consentent.

A chaque pas, Sturel et Saint-Phlin se sentaient plus attachés au général Boulanger:

— Il est l'occasion précieuse pour la France de remplir son devoir. Si son mouvement échoue, on ajoute gravement aux présomptions qu'il y a d'une acceptation définitive du traité de Francfort. Mais, concluaient-ils, notre voyage nous précise l'ampleur que nous devons donner au boulangisme: ce ne doit pas être un effort uniquement militaire, car notre tâche d'ensemble est de maintenir le nationalisme français. Il faut affermir la mentalité française sur toute la surface de notre territoire, car jusque chez nous les étrangers tendent à appliquer la méthode destructive sous laquelle se transforment les territoires annexés.

(De Sierck à Trèves, par Remich, 52 kil.)

Par un soleil délicieux, ils quittèrent Sierck et passèrent le bac à Apach. C'est entre cette ville et Perl, à quatre kilomètres de Sierck, qu'avant 1870 la ligne de frontière séparait la France de la Prusse rhénane. Rive gauche, Sturel et Saint-Phlin roulaient sur le territoire du grand-duché souverain de Luxembourg. Sur la rive droite, ils voyaient l'empire d'Allemagne. La douceur reposante de la Moselle fait contraste avec la suite de querelles qu'évoquent ces lieux perpétuellement disputés par deux grandes races. Elle coule bleue dans les vignobles et dans des prairies ; sur sa rive des chalets aux fenêtres largement ouvertes annoncent des chambres à louer. Petites maisons à la française, perpétuellement rafraîchies par le vent de la rivière, égayées par le vin innocent des coteaux et d'où l'on n'entend rien que le bruit d'une faux aiguisée, des enfants, un chant de coq, un village qui donne l'heure, de jolis silences. Il est impossible de les entrevoir sans imaginer qu'on y passerait d'excellentes vacances.

Sur cette belle route plate vers Remich, ils retrouvaient les paysages de Charmes, de Bayon, de Bainville-aux-Miroirs, mais agrandis, plus forts, comme la vigne, qui fait leur principal élément. La petite fille Moselle est devenue jeune femme.

— A quoi bon pédaler si vite? dit Saint-Phlin, quand ils eurent atteint Remich. Asseyons-nous en plein air ; la vallée est large, le soleil tempéré, il y a des groupes d'arbres épars sur des villages dans les fonds, de vastes espaces en culture ; vivons dans la minute présente et prenons conscience de notre santé et de la santé des êtres.

Sturel remarqua, pour la première fois avec précision, ce que le visage de son ami, autrefois nerveux et mobile, avait pris de calme et de force. Et, sous cette influence, il s'appliqua, lui aussi, à se mettre tout dans le moment présent et à savourer parmi ces trésors éparpillés le goût de la vie.

Ainsi passèrent-ils un long temps sur le pont à péage qui relie Remich à Nennig. Non pas que le spectacle ait rien de surprenant, mais cette grande prairie, ces nombreux villages heureux, ces vaches qui paissent, ces barques au port fortifient les yeux et l'âme. Un tel paysage, c'est une bonne leçon d'art, car rien n'y figure dont on ne discerne la nécessité, et la beauté sûre qui s'en dégage est faite du rapport d'utilité où vivent, depuis une longue suite d'années, tous ces objets que l'œil simultanément embrasse.

A mesure que par la réflexion ils comprenaient mieux la Moselle, ils l'aimaient davantage. Quelle variété dans son décor! que de climats politiques et sociaux! Le vieux duché de Lorraine, puis le tragique pays messin et, pour leur faire suite, un troisième terrain où le flot français à plusieurs reprises séjourna et dont il ne baigne même plus les limites. Que ces régions placides, pourvu qu'on les laisse reposer, soient belles sous tous les vainqueurs, voilà une indifférence cruelle qui touche l'âme des deux jeunes gens d'une sorte de trait romantique.

Onze kilomètres avant Trèves, ils atteignirent un point que depuis longtemps Saint-Phlin annonçait et recommandait à son compagnon : le fameux tombeau romain d'Igel.

C'est une pyramide mortuaire du siècle des Antonins en quartiers de grès brut où sont sculptés d'intéressants épisodes de la vie familière. Ce noble monument s'adosse à une colline de 25 mètres environ qui supporte une petite église et des tombes catholiques. Le pauvre village d'Igel l'entoure.

Assis sous les noyers tout près de l'obélisque, puis là-haut, sur le mur bas qui clôt le cimetière, les deux jeunes gens jouirent de l'agréable paysage où la Moselle reçoit la Sarre. Saint-Phlin, en tirant de sa poche quelques feuillets décousus d'un livre, dit que Gœthe avait visité cette ruine :

— Il y a surtout apprécié le désir et le goût de transmettre à la postérité l'image sensible de la personne avec tout son entourage et les témoignages de son activité. Vois, sur cet obélisque, des parents et des enfants réunis dans un banquet de famille, puis, afin que le spectateur apprenne d'où vient cette aisance, des chevaux chargés arrivent, et l'industrie, le commerce, sont représentés de diverses manières, car, ce monument le témoigne, alors comme aujourd'hui, on pouvait amasser assez de biens dans cette vallée.

Et voici qu'auprès du monument d'Igel, Sturel et Saint-Phlin accomplissent un pèlerinage gœthien. Si peu archéologues, comment s'intéresseraient-ils à la méthode d'assemblage de ces rudes blocs? Et puis ces sculptures trop effacées ne produisent pas une nette impression artistique. Mais ils sentent une satisfaction, peut-être puérile, à mettre exactement leurs pas dans les pas du grand homme qui, devant cette pierre funéraire, marqua une fois de plus son goût pour toutes les formes de l'activité. A chacune d'elles, il savait trouver une place dans sa vision de l'Univers qu'il travaillait sans cesse à élargir. Gœthe traversa Igel en août 1792, quand il suivait l'armée de Brunswick, et il recueillit ses impressions dans sa *Campagne de France*.

— C'est un des livres les plus honorables pour notre nation, dit Sturel. Sans oublier les rapports naturels et consentis qui l'engagent avec son souverain et avec l'Allemagne, Gœthe comprend les fièvres françaises qu'assurément il n'était pas né pour partager. Il distingue quelque chose de fécond dans ces fréquents boulangismes où l'histoire nous montre que souvent notre nation affaissée trouva un ressort imprévu.

Dans ces dispositions, où les mettait le contact de Gœthe, à tout prendre avec sérieux pour en tirer de l'agrément intellectuel, Sturel et Saint-Phlin jouissaient que le pays fût riche en civilisations superposées, au point de présenter dans un espace de trente mètres ce vigoureux bloc romain évocateur de la sagesse pratique des morts, et ce cimetière du goût le plus terrifiant, où des Christs émaciés et des saintes femmes en convulsions prêchent l'amour de la Douleur.

— Une chose me semble d'une qualité poétique, dit Sturel, c'est que mon grand-père, simple volontaire dans l'armée de la Moselle, a pourchassé ici

Gœthe et Brunswick. Il a pu s'adosser pour soutenir son sac contre cette pierre où Gœthe, peu de jours avant, venait d'appuyer son carnet de notes. S'il n'avait tenu qu'à Jean-Baptiste Sturel, dont je suis le prolongement, les destinées de ce pays auraient été fixées.

— Ton aïeul a fait pour le mieux et nous lui devons un souvenir. Mais qu'on a mal utilisé son effort! Installer ici un département de la Sarre et un département de Rhin-et-Moselle, c'était une fantaisie sans aucun rapport avec les espérances propres de ce pays.

Sturel protestait :

— Le flot prussien a recouvert ces territoires en 1816; en 1870, il s'étendit jusqu'à Novéant; pourquoi renoncer à le refouler jusqu'au Rhin?

— Sturel, mettons-nous bien d'accord. Je ne suppose pas que tu conçoives le boulangisme comme le point de départ d'une épopée militaire?

— J'attends du boulangisme la réfection française. Au moral et au géographique, nous voulons restituer *la plus grande France!*

— Écoute Sturel, tu es un Français de Neufchâteau, formé dans des conditions très déterminées. Tes idées ne valent pas comme une vérité générale autour de laquelle le monde graviterait. Pourquoi veux-tu que ce soit une fin pour la Basse-Moselle d'être française?

— Il a fallu plus de cinquante ans pour leur faire oublier le plaisir d'avoir été Français.

— C'est exact. En 1794, nous défendions l'ensemble des idées libérales dont le principe existe dans chaque être. Mais ces peuples-ci ont gardé notre Code civil; ils se sont organisés pour défendre eux-mêmes leurs libertés, qu'ils n'entendent plus exactement selon nos dogmes révolutionnaires. Aujourd'hui, en intervenant sur le territoire de Trèves, à quels intérêts nous lierons-nous ?

— Quand Louis XV a annexé la Lorraine, répliquait Sturel, il ne s'est pas préoccupé de prendre le fil des destinées lorraines, de réaliser l'idéal particulier de ses nouveaux sujets.

— Pardon ! les deux pays se confondirent quand la France, par sa Révolution, adopta en Lorraine les intérêts des petites gens et satisfit l'idéal libéral... D'ailleurs, je t'accorde qu'il y a des exemples de peuples contraints rien que par la force à confondre leurs destinées interrompues avec les volontés du vainqueur ! Nous venons même de voir un essai de cette méthode à Metz, et jadis la maison capétienne en usa vigoureusement. (L'histoire de la formation d'une nationalité renferme des choses douloureuses qu'il faut cacher. Maintenons un peu de mystère aux racines de l'idée de patrie. Pour amalgamer une France, il faut des mesures exceptionnelles, et il ne conviendrait pas d'inviter tout le monde à s'enfoncer dans des recherches sur ces préliminaires, car il pourrait arriver que certains esprits généreux et étroits n'acceptassent pas les injustices du passé. Pour ma part, beaucoup d'esprit historique, beaucoup d'esprit social, me décident avec peine à excuser la manière dont nous fûmes francisés...) Mais une démocratie fait-elle de sa force l'usage que pouvait s'en permettre la maison capétienne ? Et que vaut notre force ?

— Tu conclus que nous devons, même en doctrine, céder la place à la Prusse ?

— Eh ! quelle obstination à considérer les villages de la Basse-Moselle comme une grenaille que se disputent les aimants de Paris et de Berlin ? Amenons notre esprit à un état plus lucide et plus doux. Pourquoi ce territoire ne poursuivrait-il pas un développement ni parisien ni berlinois ? Est-ce que ces régions n'ont pas été un centre du quatrième au neuvième siècle ?... Elles ne surent garder ni prépotence, ni unité. Liées comme électorat à l'Allemagne, attirées au dix-septième siècle dans l'orbite française, rattachées à la France de 1794 à 1815, maintenant prussiennes, elles languissent d'avoir été tiraillées entre deux grands pays, et sans cesse empoisonnées d'étrangers. Mais notre France n'aurait-elle pas beaucoup gagné à l'existence propre d'un État catholique, avec, pour capitale, la vieille ville romaine des archevêques de Trèves ? Tiens, Sturel, plutôt qu'un soldat français appuyant son fusil contre ce monument d'Igel, je voudrais un poète indigène accoudé à cette pierre vénérable et lui demandant l'inspiration de quelque beau cri de patriotisme local... Il serait archéologue, ce poète, pour dire à l'Allemagne : « Vous élevez, dans la forêt de Teutberg, le monument du Teuton Hermann, qui massacra trois légions de l'empereur, mais nous honorons à Neumagen le souvenir de Constantin le Grand ; nous sommes le sol des empereurs. » Il serait linguiste pour restituer de la noblesse au dialecte *franc* qui d'Arlon à Baireuth atteste encore l'unité disparue et les temps où l'Austrasie, comprenant en plus du bassin de la Moselle celui du Main, s'étendait aux deux rives du Rhin... Il faudrait que ce pays dégageât ses divers âges gallo-romain, franc, autrasien, et connût qu'ils lui imposent dans l'Allemagne des fins particulières.

Saint-Phlin se plaisait à ces idées, car il continua à les développer.

— Tout s'écoule, disait-il, comme se parlant à soi-même ; nous sommes boulangistes, nous demandons à notre pays un effort national qui peut échouer. Si Paris, continuant à se développer dans la direction d'un Casino, préférait constamment les étrangers aux Français et poursuivait des fins de plus en plus inconciliables avec les destinées des provinces, celles-ci auraient à se préoccuper de suppléer au cerveau que la capitale cesserait de leur fournir. Peut-être alors trouverions une ressource à ressusciter la vieille nationalité autrasienne ?

Sturel, mal habitué à la notion de développement, dont les conséquences parfois peuvent faire peur, se blessa de cette hypothèse exactement comme d'une impiété. Dans ces questions de patriotisme, de religion, il n'y a pas de logique qui persuade, c'est de l'ordre sentimental, héréditaire, c'est du vieil inconscient. Saint-Phlin n'insista pas, car il était bien élevé, mais intérieurement il prit en pitié le servage de son ami. Et pourtant, lui-même, comme tout le monde, il soustrayait aux méthodes critiques cinq ou six idées de fond. Il n'y a pas d'esprit libre.

Les deux jeunes gens se promenèrent dans Igel et jouirent des choses, le temps d'apaiser leur humeur, puis ils se regardèrent en souriant.

— O romantique, disait Saint-Phlin, est-ce que je ne vois pas que depuis une heure tu n'as pas donné plus de cinq minutes au monument funéraire des Secundini, tandis que tu ne te lasses pas de regarder les images de la Douleur et de la Mort sur ces pauvres tombes ?

Sturel le reconnut.

— Et pourtant, continuait son ami, on trouve partout des cimetières, et sauf en Provence, il n'y a nulle part, de ce côté des Alpes, un monument qui vaille celui-ci.

— Si je voyageais seul, Saint-Phlin, je visiterais tous les cimetières sur ma route. Cette pierre romaine a quelque chose de raisonnable sans mystère, d'honorable sans élan, comme la manifestation d'un commerçant enrichi. C'est là-haut que je respire, auprès de ces images d'anéantissement que toi, catholique, tu devrais rechercher.

— Erreur ! Sturel ! Le *Dies iræ* exprime une très petite part de notre doctrine. Le catholicisme est avant tout un faiseur d'ordre, voilà pourquoi j'apprécie les belles pierres sculptées où se témoigne la bonne et solide nature des Secundini. Une doctrine, supérieure à tous les établissements, m'invite à voir dans les choses bien moins des suites du passé que des promesses pour l'avenir. C'est peut-être le secret de nos divergences : tu trouves ta poésie à te considérer comme un prolongement et jamais comme un point de départ. Dès le début de notre voyage j'ai vu ton imagination se fixer chez les morts. L'idée que le sol où tu naquis prendrait une figure inconnue de tes ancêtres te choque gravement. Pour moi, sachant que rien n'arrive sans la volonté de la Providence, je suis un optimiste décidé, et certain de ne pas collaborer à une œuvre qui manque de sens, je porte toujours mes regards sur les étapes à venir. Je n'ai jamais senti dans les cimetières cette odeur du néant où tu t'abîmes. J'y vois l'arbre de la vie, et ses racines y soulèvent le sol.

Sturel reconnut qu'en effet il répugnait secrètement à ce que le temps et les circonstances apportent de modifications. Cette constatation d'un état d'esprit qu'il trouvait lui-même un peu stérile le rendit soucieux jusqu'à Trèves, où de beaux monuments et l'animation d'une grande ville le sortirent d'idées qu'il n'avait pas un intérêt immédiat à creuser.

Le sens profond de Trèves, c'est d'être la cité romaine, comme Metz la cité franco-carlovingienne. Elle eut sa grande époque au quatrième siècle. Capitale de la Gaule, de l'Espagne, de la Grande-Bretagne et l'une des quatre têtes de l'Empire, résidence de Constantin et de Julien, elle fut la proue latine que battaient les flots du Nord. Ses épaves ensablées attestent une civilisation recouverte par le tourbillon germain. Sa porte Nigra subit l'assaut répété des hordes barbares. Dans son amphithéâtre, maintenant enfoui sous les vignobles, les empereurs, qui assumaient avec fermeté les moyens d'ordre social, livrèrent aux bêtes des milliers de Francs et de Bructères. Voici leur palais tout tapissé de lierre. Et pourtant la grande ville industrielle étendue sous son ciel nébuleux ne donne pas d'ensemble les impressions romaines qu'à lire Ausone et Fustel de Coulanges Sturel et Saint-Phlin avaient espérées.

— Nous venons, se disaient-ils, de visiter autant de monuments du grand peuple qu'on en voit à Orange, dans Arles ou dans Nîmes, mais la vie sèche de Provence, ses mœurs maigres, son ciel bleu, sa lumière qui cuit le marbre, répondent mieux à nos idées de bachelier sur la civilisation latine. Là-bas, la route dure, sonore sous le pied, mérite le beau nom de voie romaine. Ici, c'est du sable de Moselle, où la longue suite des conquérants effacent leurs pas les uns les autres. La phrase commencée dans Trèves par des Romains, brisée par trente-six peuples, finit sur des sonorités gutturales de Berlin. En Provence, elle s'est déroulée sans hiatus jusqu'à ce que Mistral y ajoutât son mot.

Ils se rappelaient le Musée Réattu. On peut en plaisanter, car il s'intitule musée des souvenirs arlésiens et l'on n'y trouve rien de proprement local que dans la loge du concierge, une panetière ; et puis, comme témoignage du génie municipal, il propose officiellement au visiteur des peintures dans la formule de David et de Prud'hon. Mais cette naïveté même fait juger avec quelle force les enfants de ce pays tendent aux formes classiques. Dans l'instant où la Provence s'ignore et veut être « à l'instar de Paris », elle suit encore les modes de Rome. Son grand Mistral est tout classique.

Au bout de vingt-quatre heures, Sturel et Saint-Phlin s'attachèrent avec force au vrai caractère du pays de Trèves, qui est d'être bâti sur des couches superposées de civilisation. Ils se plaisaient surtout au Musée provincial, où l'on voit les coutumes et les travaux des habitants à l'époque romaine représentés sur les tombeaux avec un réalisme sain. Si l'on réfléchit sur la magnificence des monuments publics, sur le grand nombre des domaines où toutes les cultures prospéraient, sur le bon goût et la douceur des mœurs, sur l'aisance des particuliers, sur la facilité des échanges et des transports, on doit conclure que les trois siècles romains placés à la racine de la plante locale influèrent comme un chaud fumier sur son développement général. Devant un bas-relief funéraire où des élèves écoutent docilement la leçon d'un magister, Saint-Phlin disait :

— Les vois-tu, ces petits Trévires qui sont en train de se faire certaines conceptions du droit, de l'État ! En trois siècles, elles ont dû leur entrer dans le sang. Elles n'en sortirent pas en même temps que les légions vaincues se repliaient sur le Midi. A l'appel d'un poète, un tel passé vaguement renaîtrait. Que ce pays près de quinze siècles ait été la résidence d'évêques et d'archevêques électeurs, ce n'est pas une mauvaise condition pour la permanence des éléments latins. On dit que le désir de garder le fructueux pèlerinage de la « Sainte Tunique » a contribué à faire repousser la Réforme ; eh bien, un tel culte et cet attachement au catholicisme prouvent un sang où des globules fidèles s'accordent encore avec le sang d'Italie. Hypothèse, peut-être ! Un poète en ferait une vérité. Il restituerait une autonomie à ce territoire pour la gloire de Trèves et pour le bien de la France. Il nous servirait mieux qu'une armée. Ah ! si nous pouvions leur procurer un Mistral !

— Quelle place tu accordes à l'auteur de *Mireille !* dit Sturel un peu surpris.

— C'est que celui-là, précisément, des cimetières dégage la vie. Mistral a restauré la langue de son pays, et par là, en même temps qu'il retrouvait une expression au contour des rochers, à la physionomie des plantes et des animaux, à la transparence de l'air, à la beauté des nuages et par cette même voie aux mœurs locales, il restituait à son univers natal un sens naturel. Il a rendu confiance à une société qui s'était désaffectionnée d'elle-même. Son œuvre est une magnifique action. Il est le sauveteur d'une petite patrie.

Sturel croyait la connaître, cette Provence, rude par son vent et ses coteaux pierreux, douce de civilisation. Il avait respiré l'odeur des cyprès qui se mêle à l'odeur des pins, et suivi le Rhône jusqu'à ses embouchures fiévreuses à travers les villes grecques et sarrasines. Il pouvait décrire de mémoire le terrain d'action de Mistral, qui laisse Marseille à la mer et Nice aux cosmopolites, pour préférer Arles, ses tombeaux et ses filles, Avignon et sa colline papale, le bric-à-brac archéologique des Baux qui sont couleur de sépulcre, les effets d'eau de la Sorgue et ses platanes si puissants vers Vaucluse, enfin les ruines romaines de Saint-Rémy.

Un jour d'automne, en montant du village vers les Alpines, derrière un rideau d'oliviers, soudain lui avait apparu le plateau des Antiques. Sur un gazon planté de quelques arbres où sont disposés des bancs de pierre, dans une admirable campagne, s'élèvent un arc de triomphe et un mausolée. Leurs bas-reliefs inspirèrent David et son École. En plus du dessin, quel charme de couleur ! Ah ! cette trouée d'azur, par la fenêtre du premier étage, dans le monument funéraire, bleuté des colonnes au faîte ! Et sur les espaces pleins, ces couleurs d'ocre pointillées d'un carmin qu'ont fait le soleil, la pluie et une moisissure ! Sturel, assis dans l'ombre de ces ruines, avait derrière lui, toute proche, la ligne sévère de la montagne rocheuse, et, sous les yeux, des intensités d'arbres, des accentuations de vigueur au premier plan incliné d'une plaine semée d'oliviers, inondée de pure lumière et ondulée à l'horizon par la Montagnette. Dans cette solitude, une fontaine bruissait ; quelques branches déjà jaunies dans le feuillage vert des ormes semblaient de longs fruits d'or pendants. Le clocher de Saint-Rémy, édifié sans doute depuis une trentaine d'années, troublait seul ce divin ensemble, comme un jeune homme qui parle haut quand les aïeux se taisent.

— Oui, dit Saint-Phlin à son ami que le souvenir de ces beaux jours enchantait, du plateau des Antiques on est bien placé pour aimer la Provence ; mais pour *la comprendre comme une chose vivante*, le meilleur point, c'est auprès de Mistral.

Sturel fut curieux de connaître quel état d'esprit permet d'espérer que reverdiront des vieilles tiges dont il s'avouait aimer précisément qu'elles fussent desséchées sans espoir. Il pressa son ami de lui parler plus longuement de ce maître.

La visite de Saint-Phlin chez Mistral.

« C'est en été, vers les dix heures, qu'un matin j'arrivai à Maillane, la ville des platanes et des cyprès. Quand j'eus pénétré dans la maison de Mistral et dans son cabinet frais et fermé à la grosse chaleur, je vis un homme d'une grande beauté ; et d'abord il menait la conversation avec un peu de gêne, parce qu'il cherchait à distinguer mon caractère. J'aurais voulu placer derrière nous de longs entretiens pour qu'il sût déjà que je l'abordais avec une connaissance profonde de sa réalité. Allais-je lui expliquer par des compliments comment il m'a révélé la Provence? Je préférai lui dire mes raisons d'aimer la Lorraine.

« Je lui exposais que nous possédons une belle histoire, mais systématiquement dissimulée par les bureaux parisiens, au point que le Lycée de Nancy ne nous a pas donné une seule notion sur notre province.

« — Des notions! me dit-il, on vous les eût données fausses! C'est le comte d'Arles, et non Charles Martel, qui a repoussé les Sarrasins. Peut-être avons-nous eu tort. Nous posséderions des Alhambras... Plus tard ce sont les paysans de Provence qui ont dévasté leur pays, héroïquement coupé leurs oliviers devant Charles-Quint. Mais tout cela, quelle histoire le dit?

« Par manière de plaisanterie hospitalière, il remarqua encore que Jeanne d'Arc était de suzeraineté provençale et que le roi René nous appartient en commun.

« — En somme, ajoutai-je pour conclure, nous avons un esprit lorrain, un honneur de soldat que nous avons fait connaître, dans les armées de la France et, aujourd'hui, dans Metz, fidèle à la patrie qui l'abandonne, mais il nous manque une expression littéraire.

« — J'ai pourtant reçu, me dit-il, un almanach d'Épinal.

« — Oui, nous avons des patois lorrains qui sont une langue diversifiée de village en village et, tout comme le français ou le provençal, formée régulièrement du latin rustique. Mais le malheur, c'est qu'on n'a jamais pensé d'une façon importante en patois lorrain! Sauf un instant, aux quinzième et seizième siècles, sous la maison d'Anjou et sous la branche cadette de Lorraine où l'on écrivit quelques ouvrages notables en un dialecte sélecté des patois, la vie locale était trop tumultueuse et trop pauvre pour que des écrivains se plussent à composer des travaux et pour que l'aristocratie ou les bourgeois cherchassent du plaisir à voir leurs mœurs et leurs sentiments fixés dans leur langue. Cette culture de luxe, ils la demandaient sans doute à la cour de France. Bien avant de perdre leur autonomie, nos compatriotes cherchaient à l'étranger une discipline. Dans nos patois abandonnés aux petites gens, il y a des expressions saisissantes de vérité, toutes moulées sur les habitudes, sur les préoccupations, sur le gagne-pain et fort malicieuses à l'occasion. (J'ai cité à Mistral quelques-uns des mots pittoresques que nous disait, l'autre soir, ma grand'mère.) Mais l'ensemble correspond aux manières de sentir d'une civilisation inférieure. Où ces paysans réussissent le mieux, c'est dans leurs chansons, rondeaux, noëls, légendes et fabliaux, quand ils donnent carrière à leur esprit satirique avec des quolibets d'une effroyable grossièreté. Voilà, à mon avis, toute la tradition qu'on pourrait retrouver et faire apprécier. Du temps que MM. Jules Ferry et Buffet se disputaient la prééminence dans les Vosges, ils ont souvent et avec succès lancé des pamphlets en patois. Je sais bien qu'un dialecte qui s'est essayé dans l'épopée et qui fait encore rire dans le bas comique suffirait au génie d'un Mistral, mais la situation n'est plus entière en Lorraine. Voilà des siècles que du patois lorrain, prêt à sombrer, nous avons, à tort ou à raison, débarqué beaucoup de choses pour les placer avec nous dans la langue française, et maintenant, celle-ci, nous devons la défendre contre l'allemande où notre esprit se noierait tout entier. C'est partie perdue pour le dialecte lorrain, et un Mistral chez nous voudrait lutter pour maintenir la langue des « Parigots ».

« Le maître m'approuva, car il répugne à heurter, puis aussitôt il me proposa une série d'affirmations bien faites pour m'ébranler.

« — Quand je veux parler avec un homme, disait-il, je ne prends pas un « paysan instruit » ; c'est un bêta qui ne comprend rien. J'apprends des « illettrés » : ils savent le nom des oiseaux et des plantes, leurs mœurs, et leur emploi, les traditions ; ils ont des mots vivants auxquels ils peuvent rattacher des idées, des impressions de chez eux. Les expressions de la ville, dénuées d'objet propre dans nos campagnes, y deviennent des à peu près sans convenance réelle. Il est bon d'étendre notre langue quand nos besoins dépassent le champ qu'elle embrasse, mais les croyez-vous si nombreuses, ces personnes faites pour déborder le milieu où elles sont nées? D'ailleurs celles-là, qu'elle soient bilingues! A Marseille jadis on parlait grec, latin, celtique et aujourd'hui encore la Suisse est trilingue. Souvent, quand j'étais jeune, on m'affirmait qu'à Paris seulement je pourrais m'épanouir (et quelquefois aussi je m'attristais à me représenter les plaisirs de la grande ville), mais je reconnais maintenant que ma langue et ma Provence ont été mon bonheur et mon talent, parce qu'elles étaient les conditions naturelles de mes sentiments. Croyez-moi, les paysans de la campagne de Metz défendront leur patois messin plus longtemps que le français ne résistera, car beaucoup de choses

chevillées dans leur race ne peuvent s'exprimer qu
dans le patois.

« Voilà ce que m'a dit Mistral. Je me rappelle certaines de ses expressions et, pour le reste, je ne crois pas trop m'écarter de son sentiment.

« Je ne m'étais pas proposé, en venant à Maillane de lui faire accepter mes idées, qui d'ailleurs, mon cher Sturel, se précisent surtout à parcourir avec toi notre pays ; je me préoccupais seulement de ne pas retourner en Lorraine sans avoir amassé de bonnes provisions. Et je m'abandonnais au plaisir de le comprendre comme un être complet. Ce ne sont pas des théories qu'il faut demander à Mistral ; il fortifie parce qu'il ne perd jamais le contact de la réalité. Il dit aux jeunes écrivains de la région : « Tu es le fils d'un petit paysan ; tu veux faire le Parisien ! Il y en a bien assez. » Voilà le recrutement du félibrige. Tout accepter, tout prendre ; l'élimination se fera par la suite.

« — Mais quelle difficulté, Monsieur, lui disais-je, de manier et d'accorder des poètes qui naturellement écrivent tous pour se surpasser !

« — Bah ! me répondit-il, pourquoi refuser l'opinion qu'un homme se fait de soi ? C'est dureté de détruire une illusion, et puis le sage ménage celui qui dépensera toute son ardeur si on l'emploie tel qu'il se donne.

« Je fus ravi que ce grand homme ne dissimulât pas ce qu'il a d'habileté. La dignité de sa vie sort naturellement du bon ordre de ses pensées, de leur beauté et de leurs rapports intimes avec la Provence où elles se développent ; il dédaignerait de s'augmenter par des draperies artificielles, comme c'est trop souvent la coutume, mais il use, avec autant de psychologie que faisait le vieil Ulysse, des hommes et des circonstances pour l'influence de son œuvre.

« Comme nous étions à table et qu'avec cette même sagesse et une joyeuse bonne grâce, ses paroles et ses manières continuaient à créer cette atmosphère de haute dignité et de simplicité qu'on trouve par exemple dans le chant VI de *l'Odyssée*, — tu sais, l'épisode divin de Nausicaa, — je lui dis en lui tendant les mains :

« — Je suis heureux d'être ici.

« En homme qui connaît sa puissance, il m'a répondu :

« — N'est-ce pas qu'on s'y sent libre ?

« Écoute, Sturel, ayant fait usage de bien des libertés, on constate que la meilleure et la seule, c'est précisément cette aisance dont jouit celui qui resserre volontairement ses liens naturels avec quelque région, avec un groupe humain et avec les emplois de son état, c'est-à-dire quand, bannissant les inquiétudes de notre imagination nomade, nous acceptons les conditions de notre développement. Indépendance et discipline, voilà quelle formule je me propose depuis Maillane.

« La conversation de table se prolongea fort avant dans l'après-midi. Mistral me parla de son journal, *l'Aïoli*, qu'avec le concours de ses amis il publie à Avignon. Il plaçait au-dessus de tous son regretté frère d'armes Roumanille, avec qui, dès 1846, il entreprit la renaissance provençale ; il me citait les meilleures épigrammes des luttes passées. Il m'indiqua ses projets pour l'accomplissement de son œuvre. Il a rassemblé tout ce qui flotte de particulier dans l'atmosphère de Provence pour en faire un tout significatif comme un monument. À sa nation, il a donné successivement des poèmes où les coutumes héréditaires sont reliées à l'histoire et aux paysages, de manière à former une âme, puis un glossaire où les mots sont éprouvés et épurés, enfin, une ligue où les bonnes volontés se fortifient et s'utilisent, et maintenant cet infatigable sauveteur voudrait réunir dans un musée provençal tous les objets usuels, les humbles surtout, pourvu qu'ils soient du terroir. Il s'est ainsi créé des intérêts importants qui lui imposent des soins agréables et ne le laissent pas inactif, sans qu'ils soient tels pourtant qu'il ne puisse les embrasser dans leur ensemble. Ces œuvres d'espèces diverses semblent d'abord modestes, mais leur vérité même les propage et les amplifie, tandis qu'au service d'une conception artificielle l'homme le mieux doué s'exténue en efforts inutiles. Et pensant à Gœthe dans Weimar je prononçai son nom : quand il apparut, l'Allemagne, longtemps inondée de peuples étrangers, transportait dans sa langue des images tout à fait déplacées, et les meilleurs talents s'agitaient dans un trouble infécond parce qu'ils manquaient d'un fond national. Chez Mistral, tout jeune, il y eut une émotion quand il entendit le bourgeois, le « monsieur », railler le paysan et la langue terrienne ; il prétendit venger ces nobles dédaignés. Tout entier, il s'appuie sur cette vérité de l'histoire : « La Provence, en se donnant à la France, a bien marqué que ce n'était pas comme un accessoire à un principal, mais comme un principal à un autre principal. »

« Nous étions allés nous asseoir au petit café de la place, que connaissent tous les pèlerins de Maillane. Je vérifiai de quel respect confiant l'entourent ses concitoyens. La voiture publique qui m'allait ramener au chemin de fer vint se ranger à notre trottoir. J'aurais voulu, au moins, par l'âge, être l'égal de mon hôte illustre pour oser le presser dans mes bras.

« Comme nous nous éloignions, durant quelques minutes, je le vis de dos qui regagnait sa maison. C'est à cette image dans le grave décor des cyprès que ma piété s'attache le plus. Il retournait dans son isolement. Mais dans une maison héritée de son père, parmi les témoins de sa constance, au milieu de ce riche village, de cette plaine et des pures montagnes, dont l'abolition ferait de son œuvre une épave insensée, il est moins isolé qu'aujourd'hui la plupart des hommes supérieurs, qu'interprète avec malveillance un entourage sans unité. Ils s'attristent, parfois s'aigrissent, et de toutes façons ressentent un perpétuel malaise. Ne penses-tu pas, Sturel, qu'à nous-mêmes Mistral fournit une grande leçon sur l'importance, pour notre bien-être et pour la conservation de nos énergies supérieures, d'accepter un ensemble d'où nous dépendions ? C'est, du moins, dans ces sentiments, avec une profonde émotion, que je quittai ce grand homme et ce centre d'un monde particulier. »

Quand Saint-Phlin eut terminé son récit et mis sur pied cette forte image bien propre à illustrer les idées qu'ils avaient levées de concert aux étapes précédentes, Sturel, après un silence, demanda :

— Quand donc l'as-tu fait, ton voyage à Maillane ?

— En 1884, peu de temps après que Mouchefrin m'eut insulté. Tu te rappelles l'état que je traversais... Mistral ne m'a rien exprimé qui fût tout à fait nouveau pour moi, mais à voir dans sa maison cette paix et cette dignité, j'appréciai plus justement le parti que je pouvais tirer de ma terre de famille.

Les deux jeunes gens prolongèrent avant dans la soirée la conversation sur Mistral. Saint-Phlin à commenter sa visite et Sturel à l'entendre s'enthousiasmaient. S'ils avaient pris dans leur jeunesse l'habitude de versifier, certainement ils eussent fait cette nuit-là de bonnes poésies.

(De Trèves à Coblence, 163 kil.)

Après deux jours pleins, ils sortirent de Trèves, un matin, dès la première heure et quand le brouillard vêt encore les petits villages romantiques d'un bleu de tourterelle. Nul souci de la tonnelle où dîner, de l'arbre où s'abriter contre la grosse chaleur, de l'auberge du soir : jusqu'au Rhin, la Moselle ne fait plus qu'un sinueux sentier de plaisir, tout bordé de modestes et charmantes villégiatures. Rien ne presse les deux touristes ; ils rêvent avec le paysage et font provision de fraîcheur. Ils admirent les vapeurs, celles qui rampent sur l'eau courante en la cachant et celles qui, accrochées aux vignobles des collines et aux rochers de grès rouge, hésitent à monter pour devenir pluie ou à descendre pour dégager le soleil. Ils sentent leurs vingt-six ans, jeunes, allègres, et leurs yeux frais rajeunissent encore l'univers, qui leur est d'autant plus amical que seuls ils assistent à son éveil.

Voici Pfalzel, où se déroula l'aventure de Geneviève, fille du duc de Brabant et par mariage comtesse de Pfalzel. Siegfried, son mari, s'en allant guerroyer contre les Sarrasins, ignorait qu'il la laissât enceinte. L'infâme Golo, intendant du domaine, n'ayant pu la séduire, la dénonça comme adultère, et le crédule Pfalzel ordonna la mise à mort de la malheureuse et de l'enfant que des valets attendris se contentèrent d'abandonner dans ces montagnes boisées. Une caverne abrita Geneviève; des fruits la nourrirent et son fils tétait une biche. Après plusieurs années, Siegfried, à la chasse, poursuivit la biche jusque dans le rocher où sa femme lui prouva son innocence. L'infâme Golo fut écartelé. La touchante martyre ne tarda pas à mourir de ses privations.

Cette tradition mosellane, qui a enchanté l'enfance de Sturel, date de 724 peut-être ; sûrement on la connaissait en 1472. Elle appartient à un cycle d'histoires qui des plus nobles châteaux glissèrent aux petits enfants. Dans les pays de formation féodale, elles les touchent beaucoup, tant que Paris ne les a pas détournés et qu'ils laissent parler en eux les préférences de leurs pères. Mais ces petits eux-mêmes ne soutiendront pas longtemps ces légendes sur le gouffre de l'oubli ; ils ne les sentiront plus comme nationales, parce qu'eux-mêmes se seront vidés de leur antique nationalité. L'esprit local la remplit, cette histoire de Geneviève! Elle fait comprendre la bonne et douce race si disciplinée d'Austrasie. On y trouve de la débilité, du raisonnement, un goût serf pour s'apitoyer, une confiance rustique dans la nature. Le comte de Pfalzel est un impulsif. Il condamne, il pardonne, sans avoir les éléments d'une sérieuse connaissance de la vérité. Ah! les belles garanties pour l'hérédité de la seigneurie de Pfalzel, quand Geneviève, dans la caverne, par des dates, des souvenirs intimes, fait reconnaître son fils! Mais la situation est poétique. Dans un tel dialogue, cette jeune femme certainement en appela aux sentiments les plus délicats. L'état d'esprit que révèle dans cette légende le bon peuple mosellan qui la créa rend compte de la légitimité du système féodal. Cette forme correspondait vraiment à la mentalité des individus qui amnistièrent Geneviève et Siegfried pour accabler Golo. Ils n'éprouvaient aucune hésitation à suppléer nos formes habituelles de justice par le bon plaisir du seigneur, maître et protecteur. L'idée latine de la loi n'avait donc rien laissé dans cette population ? Les abus du pouvoir n'indisposent pas l'imagination populaire contre Pfalzel : c'est l'intendant, le collecteur d'impôts, qui porte toutes les rancunes. On se réjouit quand, par une saute brusque du comte, Golo est écartelé. Enfin, il faut noter une confiance touchante dans la nature ; si dure qu'elle soit, elle est le refuge : une grotte abrite l'innocente, une biche nourrit l'enfant.

Sturel et Saint-Phlin étaient heureux de retrouver dans cette belle et pleine légende des façons délicates de comprendre la vie, qu'à l'usage ils avaient dû reléguer, anéantir, mais qu'ils tenaient de leurs ancêtres ; et ils auraient voulu, sur la tombe de Geneviève à Niedermendig, aller rêver à la formation historique d'une sensibilité qui les desservait à Paris.

Ils arrivèrent à Neumagen sous les rayons du soleil ; la brume blanche et épaisse qui tout à l'heure emplissait la vallée se resserrait en rosée tremblante sur la pointe des herbes. Ici s'élevait un magnifique château de Constantin.

— En se promenant le long de cette Moselle par une

matinée semblable, cet Empereur, disait Sturel, a pu discuter en soi-même s'il serait raisonnable d'avoir cette vision qui peu après le convainquit d'inaugurer la liberté de conscience.

A cinquante kilomètres de Trèves, vers les dix heures du matin, dans un lieu nommé Berncastel, comme les deux cyclistes se reposaient de la route devenue poussiéreuse, en admirant la vallée de Tieffenbach encore moirée d'ombres molles et de lueurs humides, ils virent venir le bateau à vapeur qui descend à Coblence et ils comprirent tout de suite que, par le gros du jour, ce serait excellent de déjeuner au fil de l'eau. Depuis Bussang, ils avaient franchi trois cent cinquante-cinq kilomètres en bicyclette, et la Moselle, à partir de Trèves, s'enfonce dans un massif compact où elle ne pénètre qu'avec les efforts d'une vrille. C'est la région des coudes. La route, pour profiter de l'étroit défilé ouvert par les eaux, s'associe à leurs serpentements. Le cycliste peste, quand, sous un gros soleil, les lacets du chemin le ramènent continuellement à quelques kilomètres du point où deux heures plus tôt il passait; mais sur un bateau, commodément installés à l'ombre, jouissant des villages semés sur les deux rives et des rochers abrupts mêlés aux terrasses de vignobles, Sturel et Saint-Phlin ne songèrent qu'à se féliciter de circuits qui renouvelaient perpétuellement le paysage.

De Trèves à Coblence, on descend en onze heures trois quarts, on remonte en vingt-trois heures, tandis que le chemin de fer fait le trajet en deux heures et demie. Aussi le bateau est presque vide. Les touristes croient devoir préférer le Rhin. S'ils avaient le goût plus fin, après avoir suivi le grand fleuve de Mayence à Cologne, ils jouiraient de retrouver au long de la rivière les vignes sur les pentes, les maisons à pignons, groupées en bourgades à chaque tournant ou allongées sur la berge étroite et toujours surmontées d'une ruine féodale, les vallées qui s'ouvrent aux deux rives et qui laissent apercevoir des donjons dans chacun de leurs dédoublements, enfin tous les éléments rhénans proportionnés pour composer l'harmonie délicate des paysages mosellans. Çà et là, des bancs précisent ce gentil caractère de toute la Basse-Moselle, heureuse de sa paix, de son demi-isolement, touchant rendez-vous des petites gens, pays de vin, non de bière, et dont les eaux transparentes apportent un peu de France à l'Allemagne.

Ce ne sont point ici les grands ciels salis de brume des antiques burgraves, mais des nuages joliment formés promettent des pluies dont la verdure se réjouit. Et l'absence d'hommes et de bruit ne va pas jusqu'à créer la solitude, mais seulement le repos. En dépit de quelques montagnes d'une structure assez puissante, la nature dans le val de la Moselle ne trouble pas, ne domine pas le voyageur. Elle dispose Sturel et Saint-Phlin à une activité raisonnable et régulière. Le courant d'air vivifiant de la rivière, un sport modéré, l'excitation de l'amitié, leur méthode d'éliminer du paysage ce qui ne se rapporte point à leur programme, tout concourt à faire de ces deux jeunes gens non pas des hystériques livrés aux sensations, mais des êtres qui dirigent le travail de leur raison avec une parfaite santé morale.

Depuis leur sortie de Lorraine, des Gretchen leur offrent des biftecks plats coiffés d'œufs au beurre, des confitures variées avec de la viande rôtie. Maintenant, ils naviguent au travers de régions qui produisent des vins fameux, et puisque le bateau prétend posséder d'honorables échantillons, Saint-Phlin fréquemment interrompra leur sérieuse causerie pour se faire des opinions sur la variété des crus.

— Il n'y a pas à en rougir, remarqua Sturel ; nous devons nous prêter aux mœurs du terroir, et l'on sait comment les Germains allient les préoccupations matérielles et particulièrement les stomacales aux plus excellentes abstractions.

Au cours de cette longue journée de rivière, tandis que leur bateau, sous un clair soleil, chemine et déplace des eaux délicieusement transparentes, tout se mêle à la rêverie de Saint-Phlin et de Sturel : la verdure, les villages, l'histoire ; mais sur les deux rives les vieux manoirs calcinés sont toujours le centre et l'excitant des paysages successifs.

Voilà près de Berncastel, le château de Landschutt, puis la tour d'Uerzig, dite rocher de Michel et Nicolas, et au delà de l'heureuse petite ville de Trarbach, le château de Grafenbourg. Les siècles, en donnant à ces tours orgueilleuses, parmi les sapins qui les pressent, les couleurs et la ruine des foudroyés, les ont harmonisées aux sombres imaginations qu'elles évoquent. Elles sont fameuses par les assauts qu'à tour de rôle elles supportèrent dans les incessantes querelles des seigneurs entre eux et avec l'archevêque de Trèves. Cette anarchie se prolongea indéfiniment, faute d'une famille qui jouât pour l'Austrasie le rôle des Capétiens dans l'Ile-de-France. Ces populations auraient dû acclamer comme une succession de feux de joie, au long du Val de la Moselle, les incendies allumés par Louis XIV et qui charbonnent encore ces pierres branlantes. Mais le petit peuple mosellan, consterné des rudesses de l'opération, n'en distingua point les conséquences sociales.

Ce fut un grand malheur : les sympathies de la vallée évidemment n'auraient pas épargné au Grand Roi la dure obligation de détruire sa forteresse de Mont-Royal, que Sturel et Saint-Phlin tout à l'heure cherchaient des yeux près de Trarbach, mais les haines soulevées ont indéfiniment desservi la France dans ces régions. Et pourtant Louis XIV, quand il délivrait ce pays de cette suite ininterrompue de donjons, précédait utilement les armées de la Révolution ; il collaborait à ruiner les petits pouvoirs féodaux. On doit compter ses dévastations parmi les préliminaires indispensables de l'Unité allemande, au profit de la Prusse. Epuisée par des siècles d'anarchie, cette terre quand on la dégagea ne put se ressaisir. Aujourd'hui, et c'est une grande moralité, des banquiers de Berlin, enrichis par les prospérités commerciales dont le traité de Francfort fut le signal, relèvent, pour s'en faire des maisons de plaisance, les manoirs mosellans.

A l'un des innombrables tournants de la rivière, vers quatre heures de l'après-midi, Cochem apparaît soudain dans son petit appareil théâtral, et satisfait l'œil comme un décor qui devait être ici et qui ne pourrait être ailleurs. Véritable composition-type, gentil jouet de la Basse-Moselle, un peu troubadour, marqué à la fois du style Restauration et de civilisation rhénane. C'est d'abord, au long de la Moselle qui fait ses voltes, une ligne assez épaisse de maisons aux toit pointus et ardoisés que pressent de hautes collines toutes en vignobles, et sur celles-ci s'élève, pour caractériser le lieu, un coquet château à tourelles restitué par un architecte de Cologne. Il est impossible de contempler cette petite ville, et d'ailleurs toute la suite des stations mosellanes, sans envier l'air excellent que respirent leurs habitants. Des barques où flottent des drapeaux et qui mènent d'une rive à l'autre de joyeuses sociétés vers des cabarets pavoisés rappellent que l'Allemand, à l'encontre du Français, n'économise jamais. Par un joli soleil, une vue superficielle de Cochem donne des impressions d'idylle modeste, et, à boire sur sa rive une bouteille, on se trouve dans ces dispositions honnêtes, humanitaires et légèrement puériles où les jolies femmes de Trianon aimaient à se mettre en trayant les vaches.

Le bateau pouvait conduire Sturel et Saint-Phlin à Coblence pour souper, mais ils jugèrent suffisante leur étape de cent treize kilomètres. Dans ce coin perdu, ils se donnèrent le plaisir d'être des passants qui songent parmi des images qu'ils ne reverront pas.

Les maisons de Cochem précipitent l'une vers l'autre, à travers la rue étroite, leurs fronts bosselés d'étages qui surplombent, et elles prodiguent à l'amateur de la vieille architecture bourgeoise les authentiques carreaux verdâtres de leurs petites fenêtres, les poutres mêlées à la maçonnerie intérieure et leurs vieux bois sculptés si noirs.

Au soir, ils se promenèrent sur les collines. Pendant plusieurs siècles, sous cette même lumière lunaire et tandis qu'une forêt pendante voilait à demi la rivière, les pauvres gens entendirent les fées voltiger, survivances dénaturées du « fatum » romain. C'est bon pour des serfs de s'abandonner à l'incohérence de leurs ressouvenirs quand la nuit travaille leurs humeurs; Sturel et Saint-Phlin ne veulent pas qu'un brouillard les désorganise. Les poètes eux-mêmes, à qui l'on passerait de déraisonner, quand ils suivent les nourrices au pays des fées, en rapportent des puérilités qui ont une odeur de petit-lait. Les deux jeunes Lorrains entendent se posséder. Tandis que la nuit ajoute au pathétique des grands arbres immobiles auprès des eaux courantes et à l'air secret des vieilles maisons qui, derrière leur seuil où le pas des morts est lavé, gardent l'odeur du passé, Sturel et Saint-Phlin, près de leur fenêtre ouverte sur un pays que recouvrit, il y a cent ans, le flot français, imaginent tristement ce que deviendra un village messin dans un siècle.

Le lendemain, dans la salle à manger, ouverte sur la Moselle, du petit hôtel économique et charmant, quelques Allemands dînaient. Les deux Lorrains, installés à une extrémité de la table, eurent un léger malentendu avec la servante sur un mot qu'elle ne comprenait pas et qu'elle essayait en vain de deviner, non par la réflexion, mais en courant leur chercher tous les plats. Défiguraient-ils leur allemand de collège, ou bien la fille ne connaissait-elle que le patois local? Brusquement, l'un des dîneurs apparut entre eux, posa ses mains sur leurs épaules, et dit par trois fois :

— Quoi? Quoi? Quoi?

Grossièrement bâti en colosse, il bedonnait en s'élargissant toujours vers le bas, ce qui lui donnait un ensemble piriforme. Ses bottes à tiges droites, qui montaient jusqu'à mi-mollet sous le pantalon déformé par le genou, rendaient encore la jambe plus laide et le pied plus vaste. Tous les détails le complétaient. De son binocle partait une chaînette en or, élégamment passée derrière son oreille droite, et, sous les verres, son regard dardait inquisiteur et intelligent. Ses cheveux plats, fort rares, collaient et luisaient d'une pommade qui sentait la graisse. Sa redingote gris foncé, à deux rangs de boutons, croisait sur sa poitrine, avec de nombreux plis lourds, à cause de l'étoffe trop raide, tandis que, d'encolure manquée, elle bâillait dans le dos. Le faux col, mal maintenu par une de ces chemises en laine tissée et d'un jaune sale qui portent le nom de leur inventeur, le professeur Dœger, remontait dans le cou. Par devant s'étalait une chemisette en caoutchouc, blanche, mais qui devait à d'innombrables lavages matinaux des reflets verdâtres ; un énorme bouton, pointu comme un casque, fermait le col et empêchait de monter une cravate constituée par deux parallélogrammes plats et croisés avec une partie intermédiaire supérieure où brillait un gros corail rouge. Les manchettes, indépendantes de la chemise, s'agitaient librement autour du poignet et glissaient jusqu'au bout des doigts, d'où le personnage les repoussait incessamment avec un geste élégant. Son chapeau de velours brun, à bords larges, s'avachissait.

Sturel et Saint-Phlin considérèrent d'abord, comme une magnifique curiosité, ce type classique de l'Allemand apporté par le flot historique sur les douces rives mosellanes. Puis ils comprirent qu'il se proposait pour interprète, et, bien qu'il leur parût familier, ils ressentirent de la gêne pour son humiliation quand ils ne saisirent pas un mot de son baragouin.

— *Gehen wir aus!* Sortons! leur dit-il assez bas.

Soustrait à la surveillance de ses compatriotes, il raconta avec des substantifs et des infinitifs qu'autrefois il avait su le français et qu'à Nancy, dernièrement encore, une demoiselle dans un bureau de tabac l'avait félicité de sa prononciation.

— Je disais toujours en France que j'étais Viennois parce qu'il paraît que les gens du commun, chez vous, n'aiment pas les Prussiens. Si j'avais l'occasion de m'exercer, je saurais très bien le français. Chaque fois que je vois des Français, j'aime à causer avec eux.

Et il voulut que les deux amis lui expliquassent la différence entre « porter, apporter, déporter, importer, exporter, emporter, rapporter ». Il marchait en s'efforçant de sortir la poitrine et de rentrer le ventre ; il posait le pied à plat et d'un seul coup. Ce personnage si évidemment trivial et prosaïque manquait du moindre tact, et l'on avait toujours à craindre qu'il ne parlât d'idéal. D'instant en instant, il demandait :

— Comment dites-vous : un juge de paix ? Je suis juge de paix d'une petite ville près de Kolberg.

Il chercha ensuite à rendre intelligible sa conception de l'Allemagne, où Sturel et Saint-Phlin reconnurent l'expression vulgaire d'une philosophie fondée sur la mission des peuples germaniques. Il souligna de ses rires grossiers la diminution des naissances en France, mais il reconnut que nous possédons quelque chose d'unique, le génie oratoire, Fléchier, Bourdaloue, Massillon ; devant ce dernier il ouvrait la bouche, les deux bras, et s'inclinait. L'ensemble de ses propos témoignait non pas le désir d'offenser, grand Dieu ! mais une grossièreté naturelle ; c'était la confiance dans la force, dans le sérieux de l'Allemand et une admiration de domestique pour l'élégance, la richesse, la politesse de la France. Quand il chercha des termes pour exprimer son horreur et sa terreur du général Boulanger, Sturel n'y put tenir et lui dit :

— Nous allons être obligés d'expliquer à vos amis que vous ne savez pas un mot de français.

— Non, disait-il, ne faites pas cela. A quoi bon ?

Pendant un quart d'heure il les retint par le bras, discourant dans sa langue, avec des « mon cher ami » en français. Mais eux simulaient la conscience qui veut se décharger :

— Voilà comme nous sommes, nous autres Français ; pouvons-nous laisser plus longtemps dans l'erreur vos compatriotes qui vous croient polyglotte ? Serait-ce délicat ?

Coblence est à cinquante kilomètres de Cochem. En montant sur leurs bicyclettes pour cette dernière étape, les deux voyageurs se proposent d'observer mieux que jamais les détails de la route ; près de retourner à leur vie banale, ils voudraient amasser le plus possible d'images. C'est sain de sortir de soi-même, de s'attacher aux réalités, et Sturel chaque jour distingue un mérite nouveau à la méthode imposée par Saint-Phlin, de regarder toutes choses comme se développant.

Voici encore des ruines, le magnifique manoir des

comtes d'Eltz, les châteaux de Pommern, de Wildenburg, de Treis, la tour de Bischofstein, l'église Saint-Martin à Münster-Maifeld, le château de Thurn, la maison des chevaliers de Wiltberg à Alken, puis le Tempelhof, la Chapelle Saint-Mathias, l'Oberburg et le Niederburg des seigneurs de Cobern. Sturel et Saint-Phlin se préoccupent d'organiser dans leur connaissance, pour en tirer un profit intellectuel immédiat, tous les éléments de ce paysage.

Dans quelles conditions les institutions féodales, si fortement individualistes, se substituèrent-elles aux latines, les plus imprégnées qu'on vit jamais de l'idée abstraite de la Loi ? La société gallo-romaine, à la veille des invasions germaniques, préparait-elle la voie aux institutions aristocratiques où l'Europe allait marcher pendant huit siècles ? Les villas qu'Ausone a vu enrichir ces pentes devinrent les donjons, refuges du grand propriétaire et des classes rurales qu'il exploitait et protégeait. Redescendu après des siècles de sa tour, le hobereau terrien domine les villages de cultivateurs et commande les recrues de la vallée dans l'armée de l'Empire. Les laboureurs, les bergers, les vignerons, les charpentiers, les maçons, les tisserands, tous ces serfs ou colons qui, du temps romain jusqu'à ce siècle, appartinrent au maître du sol, vivent aujourd'hui dans les mêmes soucis, les mêmes occupations et la même dépendance que connurent leurs pères. La force des choses, plus puissante que le droit politique, maintient un esprit féodal. Au-dessous de cette aristocratie riche et entreprenante qui dirige les affaires publiques, soit personnellement, soit comme déléguée d'un pouvoir éloigné, la vie n'a pas plus changé dans ce val de la Moselle que le dialogue des cloches qui, de village à village, en fait seul l'animation.

Sturel et Saint-Phlin s'intéressent à voir les constructions se conformer à un type uniforme selon les nécessités du sol et du travail : ici le rez-de-chaussée toujours élevé de sept ou huit marches, ailleurs toujours à ras de terre; des balcons ou non, selon que la montagne abrite du vent. Dans les villes, les inventions du luxe, les modes de la capitale combattent les agencements de simple commodité; dans les groupes ruraux, c'est la seule préoccupation de l'utile qui domine, et toutes ces humbles maisons qui s'assurent ce que le lieu comporte de bien-être sont esthétiquement supérieures à certaines constructions urbaines, riches, mais dénuées de sens. Quant aux êtres vivants, on sent leur analogie entre eux et avec leurs prédécesseurs. Ces petits garçons et ces petites filles, qui manifestent par un même cri leur étonnement, leur plaisir de voir des bicyclettes, deviendront semblables à ces vieux et à ces vieilles. Ils vivront dans les mêmes maisons et dans les mêmes travaux, et les préjugés qu'ils y héritent demeureront longtemps encore les vérités de leur ordre. La civilisation industrielle ne descend pas au-dessous de Trèves, et dans ce couloir de la Moselle jusqu'à Coblence l'emplacement manque, qui permettrait l'installation d'une ville. Aussi des principes conçus dans d'autres milieux perdent ici toute force pour transformer la population indigène. Peut-être aussi est-elle épuisée par de longs siècles d'anarchie.

Dans certains pays des individus apparaissent parfois qui, pour le plaisir de s'agiter, par besoin de se faire remarquer, enfin à cause de leur humeur, accomplissent des choses héroïques et sont à la fois des objets d'admiration et les causes de grands désordres ; ces héros, ces hommes dangereux n'existent pas dans cette région de la Moselle. D'Épinal à Toul, Sturel et Saint-Phlin ont vu des paysans assujettis et délaissés, mais de Trèves à Coblence, ils sentent en outre la lenteur d'esprits difficiles à stimuler. Les femmes, les enfants, après avoir entendu les « Hop ! hop ! » des deux cyclistes et leurs sonnettes d'avertissement, après s'être retournés lentement, prennent encore un délai avant de se garer. — Un astronome qui veut observer une étoile, quand elle passe au croisé des fils du réticule, presse sur un ressort : une pointe trempée dans l'encre grasse se déclanche de l'aiguille à secondes et vient marquer en noir sur le cadran l'instant précis. On pense que les résultats de tous les observateurs correspondent ? Nullement ! il y a des différences de quelques centièmes de seconde, qui sont permanentes. Cette quantité qu'on appelle l' «équation personnelle » représente le temps dépensé dans un cerveau entre l'arrivée de la sensation et la décision. Un astronome connaît son équation personnelle et la soustrait dans ses calculs. — En juillet 1889, Saint-Phlin et Sturel crurent constater que les riverains de la Basse-Moselle, trop bonnes gens pour jeter des pierres, ne savaient s'écarter des bicyclettes qu'après trente-six lenteurs et admirer qu'à deux cents mètres en arrière : leur équation personnelle les prouverait plus lents que nos paysans lorrains.

Un cabaretier qui servit aux jeunes gens du vin de la Moselle parlait français. Son père avait fait la campagne de Russie avec la Grande Armée, dans le même corps que le grand-père de Sturel; lui-même racontait sa présence, en 1870, au siège de Paris. On voyait bien qu'il ne se sentait pas de responsabilité dans ces vicissitudes humiliantes de sa petite patrie. État d'esprit incompréhensible pour un prolétaire parisien ! cet indigène subissait les phénomènes politiques comme la pluie, le soleil, les orages et la mort, sans y intéresser ses nerfs, avec une résignation de serf. Et Sturel, humant l'air dans la direction du Rhin, dit à Saint-Phlin, qui le trouva irrespectueux, mais sourit :

— Je commence à sentir Gœthe et les doctrines un peu serves de l'acceptation.

Entre deux villages, un orage les surprit. Ils comprirent alors la destination des nombreuses petites chapelles élevées sur le côté des routes. Ce sont des abris qu'un signe religieux protège contre les brutes ou contre les jeunes gens turbulents jusqu'à la dévastation. On tend à leur substituer des cafés; il plaît mieux cependant que des filles, sous leurs jupes relevées en capuchons, courent s'abriter vers un autel de la Vierge. Et puis leur dimension en fait d'excellentes remises pour bicyclettes. Saint-Phlin ne répugnait pas à interpréter ainsi le catholicisme comme une administration civilisatrice. Sturel, en principe, eût préféré à ces chapelles hospitalières les terribles crucifix des carrefours d'Espagne; mais le calme bienfaisant de cette terre, à laquelle les associait étroitement la fatigue de cinq cent soixante-dix kilomètres, lui modérait l'imagination.

Vers les sept heures du soir, quand ils arrivèrent dans Coblence avec la Moselle, ils étaient, comme cette rivière, chargés des importantes contributions d'un long territoire. En quatorze jours, leur allure avait bien changé. Ce n'étaient plus des jeunes torrents qui font de l'écume et des jeux de lumière sur tous les obstacles, mais des masses qui veulent qu'on cède où elles portent leur poids. Le puissant pont de la Moselle, la ville sur la droite, la haute forteresse d'Ehrenbreitstein, le Rhin considéré comme l'âme d'un Univers nouveau, leur composaient dans la nuit un accueil qu'ils acceptèrent avec des sympathies de poètes, mais aussi avec les réserves d'hommes pour qui il y a des vérités nationales. C'est bon pour la Moselle éperdue qu'elle se jette de toutes ses puissances dans le Rhin ! Et s'ils ne peuvent empêcher la pente de leurs curiosités vers la vallée du fleuve magnifique, du moins, à ce point extrême d'un grand courant français, ils savent se dire : « Attention !.. nous appartenons à la France. Plus avant s'étendent des espaces étrangers et que nous aurions à comprendre comme tels, bien loin de nous y confondre ! »

(Coblence.)

A Coblence, toute allemande et qui ne sait plus qu'elle a été le chef-lieu du département français de Rhin-et-Moselle, Sturel et Saint-Phlin devaient une visite au tombeau de Marceau, « soldat à seize ans, général à vingt-deux, » mort au champ d'honneur. Ils trouvèrent au Pétersberg, dans les glacis du fort François, un terrain de quelques mètres, très vert, très ombragé, et bloqué étroitement par la gare de la Moselle. Autour de la pyramide glorieuse, une trentaine de tombes contiennent chacune vingt-cinq cadavres de prisonniers français, qui périrent de misère en 1871 dans un camp installé tout près sur la hauteur. Un tir traverse ce modeste cimetière des vaincus, et volontiers les Allemands s'assoient sur les renflements faits de la cendre de nos compatriotes. Le bruit des trains qui manœuvrent l'envahit d'un tapage ininterrompu. Mais un ossuaire de huit cents corps projette un rideau si épais de branchages et surtout impose une si forte atmosphère morale que Saint-Phlin et Sturel, dans cette belle matinée, jouirent de ce lieu sacré comme d'une enclave de la France en Prusse.

Ayant lu les pauvres noms des morts et puis, avec plaisir, les inscriptions noblement pompeuses qui célèbrent Marceau, ils s'aperçurent que c'est un peu léger de se consoler des choses d'il y a dix-neuf ans par celles d'il y a quatre-vingt-huit ans. Ils revinrent ainsi à l'idée que constamment ils vérifiaient depuis dix jours : la diminution de la France dans la vallée de la Moselle. Et, bien que cette vérité les attristât, ils se complaisaient à la comprendre. Après ce voyage, l'un et l'autre s'assurant d'apprécier plus justement les faits, ils voyaient le boulangisme comme un point dans la série des efforts qu'une nation, dénaturée par les intrigues de l'étranger, tente pour retrouver sa véritable direction. Une suite de vues analogues leur composaient un système solidement coordonné où ils se reposaient et prenaient un appui pour mépriser le désordre intellectuel du plus grand nombre de leurs compatriotes.

Dans cette solitude où ils repassaient leurs impressions pour en faire des idées, ils furent soudain dérangés par trois ouvriers militaires accompagnés d'un civil qui commencèrent à desceller le monument de Marceau. Sturel et Saint-Phlin, très surpris d'un tel travail, apprirent que le gouvernement français réclamait la cendre du jeune héros pour le Panthéon.

Les pauvres gens décédés en 1871 resteront dans les glacis du fort François, mais on enlève celui dont la gloire fait tant bien que mal compensation. Les politiciens de Paris, ayant chassé un général qu'aime le peuple, prétendent distraire les imaginations avec la rentrée d'une dépouille guerrière. Manœuvre sans prévoyance ni dignité, et par là bien conforme à l'ensemble de notre politique mosellane (1).

— Voilà! dit Sturel à son ami, en regagnant leur hôtel sous le plus chaud soleil de midi, voilà un fait qui vient se placer au bout de nos réflexions tout naturellement comme un majestueux point d'orgue. Quelque sens que lui donnent nos professionnels de l'éloquence, c'est un déménagement sans esprit de retour et déterminé par le désir d'amoindrir une force nationale. Mais ils auront beau faire! Vive Boulanger! Lord Randolph Churchill, à qui tu le comparais dans une lettre que je lui ai lue, le fait dîner cette semaine avec le prince de Galles.

Il fallait songer au retour. Saint-Phlin avait promis à sa grand'mère de ne pas la laisser seule plus de huit jours; Mme de Nelles rappelait Sturel; lui-même voulait passer à Londres. Mais quels renseignements précis apporter à Boulanger?

— J'aurais tout de même dû visiter les comités de Nancy et de Saint-Dié.

(1) Ce que Sturel et Saint-Phlin ignorent, c'est qu'on trouva la tombe vide. Elle avait été précédemment violée.

— Tu diras qu'il leur faut une conférence de Déroulède ou de Laguerre. L'important, c'est de raconter notre voyage au Général... Tu souris! Ce serait trop malheureux si ça ne l'intéressait pas! Arrange un peu les choses ou plutôt les mots d'après son ton habituel, mais voici l'essentiel à lui faire entendre... Nous avons vu qu'une nation est un territoire où les hommes possèdent en commun des souvenirs, des mœurs, un idéal héréditaire. Si elle ne maintient pas son idéal, si elle le distingue mal d'un idéal limitrophe, ou bien le subordonne, elle va cesser de persévérer dans son existence propre et n'a plus qu'à se fondre avec le peuple étranger qu'elle accepte pour centre. C'est ainsi que le duché de Lorraine s'est annexé à la France en deux temps, quand la noblesse a délaissé la constitution nationale pour le système français (vers 1711), et quand les intérêts des paysans et des bourgeois se sont accordés avec les passions révolutionnaires de Paris (1789-1814); c'est ainsi encore que Metz deviendra Allemagne le jour où les possédants auront substitué leur langue et par suite leur mentalité à la nôtre. Le long de cette vallée de la Moselle, visiblement nous sommes entamés, et même par cette voie des fusées du mal allemand pénètrent bien avant dans notre nation. Le boulangisme doit être une réaction là-contre. Ce qu'on demande au Général, c'est un service de soldat d'abord : la reprise de Metz et Strasbourg, ouvrages avancés qui couvrent la patrie; c'est en outre une discipline morale, une raison qui rassure, fortifie, épure la conscience française... Dis-lui bien cela, Sturel. Il s'est trop diminué en Naquettisme, en verbalisme parlementaire. Il est né de notre instinct du danger national. Il n'a pas à choisir entre les passions particulières qui nous animent, signes nécessaires de nos divers tempéraments ; il doit les absorber dans une passion plus vaste, et recréer ainsi l'énergie nationale. Qu'il prenne connaissance du haut rôle qui lui semble réservé d'être un des expédients de la France dans une des périodes les plus critiques de notre histoire.

Sturel, il y a quinze jours, quand il arrivait à Saint-Phlin fier de posséder la confiance d'un chef, s'était choqué de ce mot « expédient ». C'est qu'il se faisait du boulangisme l'idée oratoire qu'en fournissent les tribuns et les journalistes du parti. Aujourd'hui il embrasse la série des événements, il voit une situation nationale presque désespérée ; et que son Général soit l'« expédient » de la France, cela cesse de le froisser, mais le convainc d'aimer davantage l'homme à qui les circonstances confient un rôle si grave et peut-être sacrifié.

Il se voit déjà à Londres :

— Boulanger n'est pas un idéologue. Nos idées, détachées des paysages où nous les avons cueillies, lui paraîtraient un peu en l'air. Il me demandra des conclusions pratiques.

— Un plan d'action ? Sturel, c'est votre affaire. Mais de notre point de vue lorrain, voici l'état des choses : d'abord sa première grande occasion est passée. Que n'a-t-il saisi l'affaire Schnæbelé ! Faire la guerre, ce jour-là, restituer Metz et Strasbourg à la France, créer un État catholique autour de Trèves et comme une haie austrasienne contre le vent de Prusse si dangereux à nos plantes françaises (j'ai bien le droit de rêver, n'est-ce pas ?), et puis, soutenant de provincialisme notre patriotisme, cultiver sur notre sol lorrain les espèces locales, parce qu'elles résistent mieux à l'envahissement des graines d'outre-Rhin, c'était le rôle d'un César. De la méthode électorale où ses conseillers l'engagent, je n'attends rien. Ce sauveur qui veut que les petites gens le sauvent ignore notre tempérament politique. Si positifs que soient les intérêts liés à notre patriotisme, que seuls les observateurs superficiels croient d'ordre sentimental, nos populations n'interviendront pas dans le débat du Général et des parlementaires. Elles se bornent à lui donner le droit moral de saisir le pouvoir à Paris et la certitude que la France acceptera le fait accompli. Qu'il ose et qu'il réussisse !

— Pourquoi ne viens-tu pas à Londres ? dit Sturel, inquiet.

— A Londres ! Oh ! je ne prétends pas lutter de dialectique avec M. Naquet. Ma tâche, et je ne crois pas choisir la plus vaine, c'est de fortifier mon petit pays. Sais-tu ma conclusion de notre enquête ? Je me décide à me marier. Je serai un chaînon dans la série lorraine, et, si Dieu le permet, mes enfants auront des cerveaux selon leurs aïeux et leur terre. Et sais-tu bien, au lieu de te fixer à Paris, reviens avec ta mère à Neufchâteau et imite-moi.

Sturel distingua dans cette philosophie quelque chose d'égoïste et de satisfait. A cette façon de dire « imite-moi », il sentit en outre que son ami prenait de soi-même une opinion orgueilleuse et desséchante. Comment ose-t-on ériger en loi sa méthode propre, sa convenance, et proposer à un égal d'abandonner ses buts naturels ! Sturel se tut et pensa avec une affection tendre à l'exilé de Londres. Tout l'après-midi, il y eut de la froideur entre eux, d'autant que Coblence, à qui ils dédaignaient de donner un sens, ne les unissait point comme eût fait certainement Metz.

Le soir, en attendant le dîner, et leurs malles déjà bouclées, les deux amis étaient assis sur un banc devant l'hôtel. Sturel songeait avec un mécontentement de soi-même à Mme de Nelles, dont il venait de lire une lettre plaintive. Cette puissance de remords s'étendit; il se blâma de se sentir irrité par des indices contre celui à qui il devait les bénéfices certains de ce voyage; enfin, dans une sorte de transport, il sollicita de son ami une légère concession. Il s'écria brusquement :

— N'est-ce pas, Saint-Phlin, quand même les Français différeraient de comprendre le danger auquel veut parer le boulangisme, et quand ce mouvement échouerait, nous serions quelques-uns pour honorer et servir la mémoire du Général?

— Mais que veux-tu, mon brave Sturel, répondait l'autre surpris, s'il échoue, on ne s'occupera plus de ce pauvre homme.

Saint-Phlin avait l'esprit social et Sturel l'esprit partisan. Et puis chez l'un et l'autre, à la suite de cet effort de l'intelligence, se produisait un ébranlement de la sensibilité. Ils étaient moins des gens à système que des âmes totales, agissantes, et tandis que l'un rêvait de servir un chef et de se dévouer, l'autre projetait de fonder une famille et, par avance, aimait ceux en qui revivraient ses pensées. Leur cœur montrait ses exigences, et des solutions diverses les attiraient. Après avoir posé la question nationale dans des termes communs et s'être développés quelques instants d'accord, ils se séparaient à la façon d'une branche vigoureuse qui se divise en deux rameaux. L'instinct qui les décidait spontanément, l'un à prendre le fil normal de la vie, l'autre à chercher une aventure, les avertissait de leur diversité naturelle. Mais quelle que fût leur contrariété de cet obscur malentendu, aucun d'eux ne songeait à dénier les obligations intellectuelles et morales contractées envers son compagnon de route, et bien souvent, par la suite, Sturel devait se répéter :

— Si j'avais pensé le monde comme j'ai pensé la Lorraine, je serais vraiment un citoyen de l'humanité; du moins, ma conscience m'autorise à me déclarer un Français de l'Est. J'aime et j'estime Gallant de Saint-Phlin, en dépit de sa prudence qui s'exagère et qui me contrarie, parce que je le connais formé par les siècles pour être mon compatriote.

Et Saint-Phlin, de son côté, eut plusieurs fois l'occasion de rendre témoignage à Sturel :

— C'est une graine emportée par le vent, disait-il, et qui peut fleurir sur le meilleur ou sur le pire terrain, mais elle y portera nos qualités héréditaires et montrera aux étrangers ce que vaut la plante lorraine.

CHAPITRE XII

A SAINT-JAMES, STUREL RETOMBE SOUS LE JOUG DES CIRCONSTANCES

> Grande pensée d'aujourd'hui : Je n'aurai rien fait pour mon bonheur particulier tant que je ne me serai pas accoutumé « d'être mal dans une âme », comme dit Pascal. Creuser cette grande pensée, fruit de Tracy.
> STENDHAL.

Sturel, peiné de ses négligences envers Mme de Nelles, qu'une séparation de vingt jours lui rendait plus intéressante, poussa le soir même de sa rentrée jusqu'à Saint-James (Neuilly), où la jeune femme venait de s'installer. Elle comptait y passer l'été, tandis que son mari transformerait leur propriété de la Haute-Marne en permanence électorale et s'entourerait d'agents qu'elle refusait de voir. La pluie, qui tombait depuis le matin, s'était apaisée vers six heures ; le jeune homme quitta sa voiture à la porte Maillot, pour suivre à pied l'agréable chaussée qui longe le bois de Boulogne et le Jardin d'acclimatation. Le sol, lavé par les eaux, présentait d'étranges lueurs rouges accrues par une même coloration dispersée dans le ciel. Il jouit d'une de ces heures, très analogues aux délices que la musique procure à ses amateurs, où c'est en nous comme un coup de vent qui fait bruire toutes les feuilles de la forêt. Sans interroger personne, il se plut à chercher lui-même, à travers tout Saint-James, la rue de la Ferme. Ce mystérieux petit quartier de maisons étendu sur la pente de la Seine, si mort, si secret, éveillait en lui des images d'Orient.

Quand il atteignit la grille où sonner, son cœur battait de rejoindre une femme attristée, dans des lieux déserts et parfumés de fleurs, sous le dernier éclat du crépuscule. Qu'espérait-il de son passage ? sa volonté tendait uniquement vers Londres. Mais il aimait que les passions lui fissent entendre tous leurs accents.

Mme de Nelles avait à dîner Rœmerspacher et deux indifférents de son cousinage. Son accueil à Sturel voulait paraître gracieux et banal, mais gâta de nervosisme toute la soirée. Elle souffrait encore s'il s'absentait, et près de lui elle ne pouvait plus qu'irriter son regret de ne pas suffire à remplir une vie.

Sturel, tout plein de son sujet et pour répondre à des questions d'une ironie assez âpre sur la bicyclette, que Mme de Nelles trouvait ridicule, sur la Moselle, dont elle ne voyait pas l'intérêt, raconta son voyage.

— Dans un village, disait-il, une date sur le linteau d'une porte, un petit air de forteresse que garde l'église, une dépression de terrain qui rappelle sous de belles cultures d'anciens fossés, voilà des objets sans beauté, mais où ma pensée se fixe et s'enfonce durant de longues heures, mêlant le plaisir de comprendre au plaisir de sentir. Sur des plateaux privés de chemins de fer, où les bois, les lieux dits, les villages portent des noms gothiques, le vent qui nous mordait le visage était si âpre et si pur que je le goûtais à pleine bouche, en songeant : cette saveur était la plus familière aux hommes de qui je suis, à Paris, parmi des étrangers, le prolongement et l'espoir.

Un soir paisible régnait. Les domestiques en silence servaient un dîner élégant. Sturel n'avait pas eu deux mots sur l'agrément de cette petite maison où il entrait pour la première fois. Voyait-il même les fleurs sur la nappe et la tristesse dans les yeux de Thérèse? Un coude sur la table et le menton appuyé sur sa main, elle attendait que son souvenir apparût au moins une fois dans ce voyage où son ami ne semblait avoir senti aucun vide.

Sturel insista pour Rœmerspacher sur le côté naturaliste de son excursion :

— Nous avons poursuivi la plante humaine sur son terrain d'origine et non point dans les massifs parisiens, où elle prend des besoins et subit des influences artificiels : nous touchions les racines de la nation.

— Bah! qu'est-ce qu'un recul historique? Les évolutionnistes conçoivent la psychologie comme un développement de la biologie, ils étudient l'homme dans la série de ses lointains aïeux, jusque dans le monde des protozoaires et des plastides.

Sturel s'étonna de ces railleries sur une méthode « rationnelle » qui devait plaire à son ami. Mais il craignait une conversation trop lourde. Rœmerspacher, lui, ne redoutait pas une conférence :

— Ce Saint-Phlin, dit-il aux trois autres personnes, quel personnage tout à fait satisfaisant! Je n'ai jamais imaginé d'effort plus consciencieux pour rester en arrière de la transformation générale. Il y a sans doute des gens à paradoxe ; lui, il reste dans les réalités ; seulement, il élimine celles qui le gênent et il collectionne celles qui le servent ; ce n'est pas un esprit très vigoureux, mais d'une structure très déterminée. Tout ce qu'il a raconté à Sturel, c'est le traditionalisme. Tu ne pouvais pas être insensible, François, à une conception de la vie qui a de la noblesse esthétique. Eh bien ! oui, le traditionalisme a été vrai, l'homme a été le produit du sol. Il n'y a même pas bien longtemps et quelque chose en subsiste. Mais, de plus en plus, c'est le sol qui devient le produit de l'homme. Toute cette région de la Moselle a été soumise à des inventions scientifiques, à des forces organisées par des Parisiens, par des Anglais, par des Américains. Un certain nombre d'hommes pensent encore avec Saint-Phlin qu'ils sont les fils de leur pays ; pourtant, ces façons de sentir appartiennent désormais à une infime minorité. Le cerveau de Saint-Phlin n'est plus en harmonie avec les cerveaux de la collectivité. C'est beau de s'attacher à une telle conception et de plier dessus sa vie, mais, dans la courte durée de quelques générations, cette conception a cessé d'être vraie.

Mme de Nelles et ses deux invités, qui donnent raison à Rœmerspacher, ne comprennent d'ailleurs pas la position de la question. Ils approuvent des propos qui contredisent la doctrine de conservation sociale à laquelle ils prétendent se rattacher. Quand Sturel soutient cette théorie de l'hérédité et ces rapports de la terre avec l'homme dont il vient de s'enivrer sur la Moselle, ces gens à particules et qui se croient des aristocrates l'interrompent.

— Ah! par exemple, disent-ils, voilà qui nous paraît bien exagéré!

Le ton de Rœmerspacher indique une façon de mépris professionnel pour Saint-Phlin. C'est un rude travailleur qui parle d'un hobereau spiritualiste. En même temps qu'il prépare son agrégation d'histoire, il étudie sérieusement les sciences naturelles; il connaît le passé, mais dans les laboratoires il a compris la puissance des faits. Il accepte toutes leurs conséquences, et, en rude Lorrain réaliste, ne s'entête pas à soutenir les vérités qui ont cessé d'être vivantes. Ainsi se définirait-il. Mais tout au fond, s'il s'exprimait avec une entière bonne foi, il ne se permettrait pas de préférer un système à un autre; ne sait-il pas qu'ils sont simplement des moyens pour les divers tempéraments de s'exprimer? Si délicat à l'ordinaire et fraternel comme un aîné, il est piqué de voir réapparaître Sturel; il cherche instinctivement à briller devant Thérèse de Nelles. Elle-même harcèle sur Boulanger le nouveau venu, dont le teint bruni, la bonne santé générale, les yeux brillants de passion politique, excitent à des degrés divers ce jaloux qui s'ignore et cette amoureuse délaissée.

Elle est si jolie pourtant qu'en dépit de ses contradictions systématiques elle rend, après dîner, Sturel à la fois taciturne et plus aimable. Il voudrait bien consacrer à sa maîtresse les courts instants qu'il va demeurer à Paris.

— Voulez-vous me donner à déjeuner demain? dit-il. Je dois aller à Londres dans trois jours.

Jadis, elle l'aurait engagé à se retirer avec tout le monde et à revenir, une fois la maison endormie. Mais elle est trop froissée pour lui marquer un tel intérêt. Et puis, sentiment tout nouveau, elle serait honteuse que Rœmerspacher soupçonnât une telle faiblesse.

Les deux amis refusèrent la place que le cousin et la cousine leur offraient dans leur voiture. Ils revinrent à pied, par cette nuit splendide, le long du boulevard désert. Tout de suite, Sturel voulut serrer mieux la discussion qu'ils venaient d'esquisser. Il expliqua comment, à examiner la Lorraine et les divers territoires mosellans, il avait compris la nécessité pour la nation, si elle veut durer, de se rendre intelligibles à elle-même la réalité et la haute dignité de l'esprit français :

— Ce n'est pas seulement notre territoire qu'on entame, mais notre mentalité. Un trop grand nombre de nos compatriotes ignorent leurs racines nationales : ils font les Allemands, les Anglais ou les Parisiens. Le Parisien, c'est de l'artificiel, du composite ; il n'y a pas de bois parisien, c'est du bois teint. Sur le cadavre du duché de Lorraine, je me suis assuré que les nations, comme les individus, sont vaincues seulement quand elles se déclarent vaincues, meurent quand elles renoncent à vivre, et perdent leur nom peu après qu'elles en oublient la définition. Je reviens de cette leçon de choses plus boulangiste que jamais, parce que Boulanger, en 1887, a rendu les deux Lorraines, l'annexée et la française, plus confiantes dans la France, plus énergiques à vouloir vivre.

— Tu as mille fois raison, répondait Rœmerspacher, mais il faudrait veiller à s'interdire des idées de professeur ; il n'y a pas à restaurer la France comme Viollet-le-Duc restaurait les vieilles cathédrales, en les rebâtissant d'après les plans de jadis. Saint-Phlin fait l'archéologue et refuse de se soumettre aux lois qui, de la mort, font sortir la vie.

— Cette vie, pourquoi ne pas la dégager des secousses du boulangisme?

— Le boulangisme! ce n'est plus qu'une échauffourée. Pas un mot dur ne sortira de ma bouche pour ton Général, à qui je vois un seul tort : ce n'est pas qu'il manque de génie, mais c'est qu'il n'a pas trouvé les circonstances, la situation dont il aurait pu être l'homme. Les honnêtes gens comme toi, Sturel, les intrigants comme notre Suret-Lefort, vous demeurerez tous, faute d'un état d'esprit national qui vous supporte, des Français qui ont manifesté des intentions, des aspirations. Quand tous les cantons, dimanche, nommeraient Boulanger conseiller général, la tâche que tu rêves pour le boulangisme serait-elle mieux comprise par les boulangistes? Ce sont eux-mêmes et Boulanger qui feront faillite à ton rêve. Je suis un réaliste; si quelque jour je trouve un point d'appui pour une construction, si telles forces, aujourd'hui disséminées, prennent confiance, si elles se groupent pour devenir un puissant instrument, alors, l'affirmation et l'action devenant possibles, je tiendrai pour mon devoir de consacrer mon énergie à la vie publique. En attendant, il n'y a place que pour l'exploitation au jour le jour, pratiquée par nos opportunistes, et votre généreuse tentative convient seulement aux artistes qui se contentent d'éprouver des émotions, ou aux ambitieux qu'un bruit quelconque remplit d'aise.

Sturel, le lendemain samedi, arriva dès dix heures du matin à Saint-James, avec des dispositions d'autant plus affectueuses qu'il souffrait de peiner Thérèse par une nouvelle absence.

Elle le mena par l'incomparable avenue Richard-Wallace, dont la terre est noire et tout ombragée de marronniers centenaires, jusqu'aux trois bancs toujours libres sur la mare Saint-James, où des branches tombant de haut voilent à demi au promeneur le soleil et les eaux, et puis sous la sapinière qu'immortalise Puvis de Chavannes dans son *Bois sacré*.

Au Jardin d'acclimation, désert les matins de semaine, ils visitèrent l'Hamadryade, un tout gros garçon de singe, qui porte avec inconvenance le nom d'une nymphe effarouchée. Sous un clair soleil, qui dissipe les angoisses, les huileuses otaries n'atteignent pas à l'épouvante tragique de leurs longs cris et de leurs « sauts dans la mer » au crépuscule de décembre. Thérèse de Nelles appréciait particulièrement les colombes poignardées et les traitait de petites amies malheureuses que les hommes, bien trop grossiers, ne peuvent pas plus comprendre que ne feraient des hamadryades. Sturel pensait que de toutes les déceptions de l'amour, ces deux animaux connaîtraient bien la pire, s'ils cherchaient à s'expliquer l'un à l'autre. Mais il se gardait d'en rien dire, sachant qu'un amant ne doit pas être vulgaire et qu'un peu de préciosité embellit une jeune femme.

A la fin de la journée, ils longèrent la berge de la Seine. L'île de Puteaux dispose d'admirables masses de grands arbres, tragiquement courbés sur le fleuve qui fuit. Ils lurent, à cinquante mètres en deçà du pont de Neuilly, l'inscription commémorative de du fameux accident où Pascal en carrosse faillit être précipité. Lieu sacré qui favorisa la plus admirable folie et des accents désespérés ! Ils vaudraient alors même que l'humanité demanderait à d'autres doctrines qu'au catholicisme un point de vue pour ravaler la nature humaine et la force pour se soulever, au moins de désir, hors des intelligences obtuses et courtes, contentes d'être, satisfaites du monde et de la destinée.

Ces grandes idées, cette berge solitaire, ces déserts de jardins et de petites maisons, leur beauté, leur secret, venaient rouvrir la voie que s'était faite jadis Thérèse dans l'âme de Sturel. Ce petit canton de Saint-James, le plus mystérieux de Paris, donnait plus d'expression à la figure voluptueuse de cette délaissée. A vingt-quatre ans, malgré tous les artifices qui contraignent une mondaine, Thérèse, dans ce mois de juillet tout chargé d'orages, plus d'une fois avait soupiré et s'était énervée. Ces deux journées lui furent douces et tristes. En vain cherchait-elle à s'illusionner sur ce retour de tendresse. A chaque minute, ils s'apercevaient qu'ils ne valaient plus que pour se faire souffrir ; parfois encore, elle attirait la tête de son ami, puis elle le repoussait en sanglotant. La seule passion sensuelle, avec les familiarités qui lient, elle ne pourrait jamais l'éprouver pour Sturel, car entre eux il y avait eu trop de choses délicates, à la pension de la rue Sainte-Beuve. Elle avait désiré ce rendez-vous, et cependant elle se détourna, le soir, quand il voulut la prendre dans ses bras.

— En vous repoussant aujourd'hui, disait-elle, je garde moralement le droit d'être passionnée un jour.

Cette résistance irritait l'imagination du jeune voyageur et cette jalousie qui, chez l'amant, survit longtemps à l'amour. Après quelques pleurs, elle cessa de s'entêter et Sturel croyait étouffer dans sa main une chaude colombe poignardée.

Il ne quitta Saint-James qu'à minuit passé pour revenir, dès la première heure, le lendemain dimanche. C'était le jour fameux des élections au conseil général; Boulanger se présentait dans quatre-vingts cantons. Mme de Nelles, que son éducation, à défaut de sa tendresse lassée, faisait toujours attentive, avait pris soin qu'on informât Sturel dans la soirée. A minuit, il connut les premières nouvelles qui arrêtèrent les mouvements de son cœur.

— Nous sommes battus!

Puis, honteux de mal supporter un désastre et se rappelant ses vues de Lorraine sur la nécessité de secourir la nation contre l'envahissement étranger et sur la continuité des fièvres françaises qui tant de fois sauvèrent le pays, il fit un acte de foi, une élévation qui dépassait ses pensées ordinaires de partisan :

— Boulanger n'est qu'un incident. Nous retrouverons d'autres boulangismes.

Sur cette pensée virile, la jeune femme se méprit. Elle le crut sec pour son chef, incapable de suivre même les ambitions auxquelles il la sacrifiait. Elle se rappela, d'autre part, combien de fois, parce qu'elle se repliait dans un sentiment mélancolique, il l'avait accusée de ne rien éprouver, de ne pas vivre. Elle songea à ses chagrins, aux larmes qui depuis quelques mois lui tombaient dans le cœur.

Elle se surprit à dire tout haut d'un ton fier :
« Comme j'ai vécu plus que lui ! »

De tels malentendus abondent entre les personnes sentimentales, fort grossières au demeurant, et celles qui considèrent les choses *sub specie æterni*, ou qui, simplement, embrassent, comme a fait Sturel sur la Moselle, un développement de quelques siècles.

Le mardi 30 juillet, Sturel partit pour Londres. Mme de Nelles, demeurée seule dans le petit hôtel de Saint-James, jouit, comme d'un sommeil après la fatigue, de sa solitude. Elle se sentait délivrée de cette anxiété constante que lui donnaient les paupières de son ami, ses lèvres, le son de sa voix, qui la laissaient brisée, rompue de révolte. Par un après-midi magnifique, le soleil montant sur l'immense feuillage du Bois évoquait pour elle, qui depuis sa terrasse le contemplait, la jeunesse et la puissance. Le parfum de juillet versait dans ses veines un sang chaud, exaspéré, une surabondance de vie. Jusqu'alors une petite mondaine, elle se surprit à désirer des voyages, la campagne. Les grandes masses d'eau, les horizons d'arbres, l'Océan, eussent facilité sa vie.

« Sturel, pensait-elle, jouit de ses ennuis, de sa fièvre. Moi, comme Rœmerspacher, j'ai horreur du chagrin, des inquiétudes, de tout ce qui arrête mon libre développement. Il faut pourtant, s'avouait-elle avec une innocence audacieuse, qu'un jeune être aime ou soit débauché quand il a certains souvenirs. Mon désarroi moral n'est-il pas absence d'amour, sensualité plus que désespoir ? C'est un désir ardent vers un bonheur normal dont m'éloigne la dureté inconsciente de celui que j'aimais... »

Elle fit porter un mot au jeune historien. Il avait interrompu ses visites pendant le bref séjour de Sturel. Cette discrétion, impertinente de tout autre, ne témoignait que les sentiments d'un homme excellent et honnête, en qui Mme de Nelles retrouvait ce que l'on dit dans la « Bibliothèque rose » des gros terre-neuve pour les toutes petites filles, ou, dans les révoltes aux îles, du dévouement respectueux de certains nègres pour des jeunes femmes créoles qui leur montrèrent de la bonté. Elle ne songeait jamais à railler ses manières simples ; elle appréciait dans sa société une sorte de sécurité, et, près de ce lorrain un peu fruste, el' se retrouvait ce qu'elle était tout au fond : une bonne petite lorraine dont les grand'-mères, à cette saison de l'année, se distrayaient de leur vague à l'âme en surveillant les confitures.

CHAPIMRE XIII

BOULANGER S'ESSUIE LE VISAGE DEVANT STUREL

A Londres, Naquet, lucide dès huit heures du matin et qui, d'une apparence débile, peut cependant recommencer cent fois par jour un même raisonnement, démontre, d'une façon irréfutable, qu'il n'y a rien à conclure d'un vote par canton. Les arrondissements qui se réservent de manifester leurs sentiments boulangistes aux élections législatives viennent précisément de se sentir tout à fait libres pour ne se préoccuper que de leurs intérêts locaux.

Quelque chose pourtant rend soucieux le sénateur. Il mène son jeune ami chez Dillon.

— Mon cher comte, voulez-vous que nous causions de l'Est avec notre ami Sturel, qui nous arrive droit de Lorraine?

M. Dillon, d'un ton paternel et d'une voix un peu rouillée, accabla Sturel de compliments faciles; il cherchait à différer l'entretien :

— Sur toute la France, les neuf dixièmes des arrondissements sont déjà garnis; je vous soumettrai bientôt mon travail d'ensemble.

Laguerre, survenant, appuya Naquet et le jeune homme. Aussi bien ces atermoiements irritaient, surtout après l'échec de dimanche. A chaque fois que le Comité l'interrogeait sur les listes électorales, Dillon répondait : « Elles sont dans les papiers que j'ai apportés de Bruxelles; je vais les déballer cette semaine. » On savait que, par deux fois et à quinze jours d'intervalle, M. Auffray, venu de Paris pour conférer de la part des droites, s'était heurté aux mêmes défaites de Dillon. Sur l'insistance de Naquet, de Laguerre et de Sturel, l'Éminence grise exhiba un petit cahier rouge qui portait en marge les noms des circonscriptions et, dans trois colonnes, les candidats « nationalistes », « opportunistes » et « conservateurs ». Comme nationaliste, Dillon cita pour la Meuse Suret-Lefort.

— Je crois l'indication inexacte, dit Sturel. Suret-Lefort nous veut du bien, mais il manœuvre pour obtenir les voix opportunistes. Si vous prétendez lui donner votre estampille publique, il vous désavouera.

Dans la Haute-Marne, Dillon nomma le comte de Nelles. Sturel n'osa pas protester, mais il pensa qu'à patronner un orléaniste avéré, le Général détruisait son autorité républicaine dans toute la région et se préparait, en cas de succès, une Chambre plus royaliste que boulangiste. Sa propre position, fort ambiguë pour apprécier Nelles, aurait pu le rendre indulgent aux compromis où ses amis de leur côté se diminuaient. Mais il pensait, avec saint Thomas d'Aquin, que le sage est celui qui fait l'ordre dans les choses : « *Sapientis est ordinare* »; il voyait beaucoup d'orateurs, d'esprits brillants, d'hommes énergiques dans le boulangisme, et il jugeait que M. Naquet manquait à son devoir en se soustrayant au rôle de sage. Le Général s'appliquait, comme il fit au ministère, puis rue Dumont-d'Urville, à gagner les sympathies du milieu où les circonstances le plaçaient ; on devait l'approuver de maintenir sa force figurative ; sa présentation au prince de Galles et l'accueil empressé de l'opinion anglaise répondaient avec avantage aux violences de la Haute Cour, et les réduisaient à leur basse qualité de manœuvres électorales, mais le jeune homme, avec son esprit réalisateur de lorrain, plaçait avant tout de fournir des candidats aux électeurs, puisque au dernier mot l'idée boulangiste devait s'exprimer en bulletins de vote.

Au sortir de cette visite, Laguerre et Naquet emmenèrent leur visiteur déjeuner au restaurant. Ils convinrent qu'il raisonnait à merveille et avouèrent un peu de désordre. Ils se chargeaient de le réparer. Ils comptaient sur la veine du Général. Dans leurs tournées de propagande, l'enthousiasme des partisans avait toujours soulevé un nuage qui leur masquait l'horizon. Et ce grand nombre de solliciteurs qui débarquaient par chaque bateau de tous les départements ne leur laissaient pas une heure où ils pussent juger par eux-mêmes.

— Considérez, disait le subtil Naquet, que, si nos amis Nelles et Suret-Lefort ne peuvent être affichés comme nos candidats propres, on doit en conclure que le Général trouvera dans la prochaine Chambre beaucoup d'adhérents en plus de ses candidats officiels.

Le sénateur partit avant la fin du déjeuner pour Portland Place où il allait annoncer Sturel au Général. Le jeune homme resté seul avec Laguerre lui dit à l'improviste :

— Et si ça ne réussissait pas ?

Laguerre ferma les yeux, se passa la main sur le bas de la figure et dit :

— C'est impossible !

Il y eut un silence. Sturel se troubla de l'effet produit. Ce lui fut une révélation sur les angoisses des ambitieux. Il comprit que, sans oser se l'avouer, Laguerre doutait et entrevoyait l'effondrement. Mais, se ressaisissant, le député de Vaucluse affirma que le Général rentrerait avant les élections et par là déterminerait un mouvement irrésistible.

Sturel, introduit à Portland Place, trouva le chef toujours pareil à lui-même et aux photographies dont la France était tapissée. Boulanger, debout, la tête un peu inclinée à gauche, familier, frivole et le regard froid, l'interrogea sur leurs amis de Paris et sur Mme de Nelles. Mais le jeune visiteur ne se prêta pas à cet évident désir d'un homme excédé, qui cherchait son repos dans des curiosités superficielles.

— Mon Général, j'ai vu les listes de M. Dillon pour les départements de l'Est, dont vous m'avez invité à m'occuper. Sauf pour Nancy, où le parti s'organise sur place, les choix semblent mauvais.

Tout de suite, l'accent de Boulanger s'énerva :

— Nous enregistrons les désignations locales. D'ailleurs le Comité national, Naquet et les autres, qui sont des hommes politiques, discuteront les projets de Dillon.

— Mais si l'on n'a pas fait surgir les bons candidats ? Je vous assure, mon Général, que des électeurs qui vous aiment et se déclarent boulangistes refuseront pourtant de ratifier les choix que vos cahiers proposent.

La figure de Boulanger se contractait; il se leva.

— Ne vous inquiétez pas; sur leurs noms, c'est pour moi qu'on votera. Nous aurons le dernier mot.

— Pardon, insista Sturel, on ne les croira pas vos amis, et, s'ils se prouvent tels, on cessera de vous aimer. Ils échoueront où l'on vous eût nommé et vous subirez leur échec.

— La première condition de succès, c'est la discipline et la confiance. Il ne faut pas jouer ici les prophètes de malheur.

Sturel n'avait qu'à se retirer.

L'imagination s'enivre à surprendre chez Boulanger, dès août 1889, les prodromes de cet épuisement nerveux où un homme, hier encore intact, sent si vivement toute contrariété qu'à la fin il lui plaît de se détruire.

Le jeune homme attendit pourtant à Londres les résultats du ballottage pour les conseils généraux. Le samedi 3 août, Renaudin lui transmit le désir du Général qu'il revînt à Portland Place. Mal informé de l'incident, le journaliste supposait que Sturel avait plaidé la thèse du retour en France. Ils causèrent de ce projet, que tous les lieutenants travaillaient à faire accepter du chef, en même temps qu'ils le louaient publiquement de son départ.

— Faut-il croire ce qu'on prétend? demanda Sturel; certains politiques de la droite voudraient le ramener et le voir en prison; à la faveur de l'émotion populaire, ils feraient passer leurs candidats en septembre, puis ils se retourneraient contre notre ami qui les inquiète.

— C'est un risque, je ne m'y arrête pas.

Et, Sturel se scandalisant, il poursuivit :

— J'ai tout osé et je suis prêt à redoubler pour le Général. Impossible de reculer avec les haines que mon dévouement m'a values. Mais, lui aussi, il faut qu'il marche. En guerre, on tire sur les fuyards. Son refus de rentrer serait une trahison !

— Alors tu t'accommoderais avec la droite qui l'aurait étranglé ?

— Sauve qui peut ! répondit Renaudin. Je sens tout craquer et c'est bien heureux qu'il ne le croie pas ; il nous plaquerait.

Ces laides férocités ranimèrent l'affection de Sturel pour son Général. Dans le cab rapide qui les emportait à travers Londres, il écoutait mal les plaintes de Renaudin. Le journaliste n'obtenait pas de Dillon l'argent nécessaire à sa campagne électorale ; ayant jeté son dévolu sur une circonscription sûre de la banlieue et, pour couper toutes chances à ses concurrents boulangistes, il voulait immédiatement commencer sa campagne.

— Tu devrais me rendre le service d'en parler à Boulanger, conclut-il. Il me faudrait 20.000 francs.

Il parlait, certes, avec grossièreté, mais tout de même son égoïsme s'accordait avec l'intérêt du parti ; pour conquérir le pouvoir, il faut de ces jeunes féroces, et Sturel qui craignait le manque de candidats lui souhaitait le succès.

Boulanger rentrait d'un dîner en ville, avec le vice-président du Comité national. Il vint à Sturel et lui posa une main sur l'épaule :

— J'ai causé avec Naquet, il vous a une circonscription où vous réussirez certainement.

— Mais je ne veux pas de candidature, mon Général.

— Il le faut.

— Certes, mon Général, je vous suis complètement dévoué, mais les habiletés électorales ne sont pas mon affaire. J'ai horreur des chicanes, des polémiques, de tous les petits combats irritants. Surtout je me sens mal à l'aise de discuter en cachant mes idées. Dans une élection, il s'agit de plaire à la majorité, et non pas de publier la vérité nationale. Ah! cette vérité nationale, si vous vouliez jamais, par une action un peu brusque, vous mettre en position de la servir, c'est moi qui solliciterais d'assumer à vos côtés une part des responsabilités morales et des risques immédiats! Je comprends pourtant la discipline que vous nous donnez ; il faut marquer les divers moments dans un raisonnement : nous demandons aujourd'hui qu'on rende la parole au peuple ; ensuite, nous formulerons cette parole et ce que la nation doit désirer. Eh bien! réservez-moi pour ce second boulangisme, le vrai !

Boulanger écoutait avec une parfaite attention : c'est la plus délicate des flatteries et qui permet ensuite de contredire sans offenser. Il répliqua :

— Il faut accepter. Quand nous aurons la majorité à la Chambre, rien ne sera terminé ; le Sénat nous refusera la révision ; j'aurai besoin de bons Français à mes côtés.

Naquet intervint. Il voulait que leur ami Sturel fût initié à la situation. On n'avait rien à reprocher aux conservateurs, mais plutôt, d'une façon qu'il allait dire, aux partisans du Général. M. Auffray avait apporté la liste des circonscriptions que le

Comité des droites se réservait; en échange, il demandait la liste boulangiste pour les circonscriptions où les conservateurs considéraient qu'ils n'avaient pas de chances. Eh bien! cette liste de républicains dévoués au Général, jusqu'alors on n'avait pas su la dresser. Le temps pressait; les candidats manquaient : Sturel pouvait-il se dérober?

Durant ce discours, Boulanger paraissait absent; son regard avait pris une certaine fixité et cette dureté qui, de temps à autre, remplaçait pour une seconde l'expression bonne et un peu rêveuse de ses yeux bleu clair. Cette profondeur de l'abîme épouvanta Sturel. Un pareil désarroi et cette pénurie d'hommes, qui vont empêcher sinon le succès électoral, du moins l'utilisation boulangiste du succès, le devraient fortifier dans son refus. Il a vérifié la qualité exacte de son esprit dans ses méditations sur la Moselle; pourquoi s'engagerait-il dans une voie où il est inférieur à un Suret-Lefort? On n'est jamais forcé de sauter par la fenêtre et ce n'est pas d'un goujat de mesurer son élan d'après son devoir strict. Mais quoi! Sturel a l'imagination vive. Puisque dans la circonstance c'est plus esthétique d'accepter que de décliner la candidature, il obéit et s'incline.

— Merci, dit le Général, avec le ton leste d'un homme qui a terminé une petite affaire dont la solution, d'ailleurs, ne lui parut jamais douteuse.

Peut-être croyait-il vérifier pour la centième fois qu'un homme ne refuse jamais son intérêt.

Maintenant, Naquet, sans renier les détails par lesquels il a éveillé dans ce jeune homme l'esprit de discipline, les interprète de façon à le convaincre du succès.

— Dans les circonscriptions où nous possédons peu de chances, les conservateurs présentent des candidats et nous les appuyons. En revanche, ils votent pour les nôtres partout où ils se sentent en minorité. C'est raisonnable, car la première partie de notre plan de campagne concorde avec le leur : il s'agit de battre la coalition opportuniste. Nous groupons donc toutes les ressources ; ce qui, soit dit entre parenthèses, nous permettra de subvenir largement aux dépenses des nôtres.

Il démontra la moralité et la sûreté de la combinaison. Dans cette volte-face, ce pessimiste, tourné soudain au plus réconfortant optimisme, parut irréfutable : on parlait en l'air, sans dossier, il suffisait de bien raisonner, et voilà précisément où il excellait.

Vers minuit, quand Sturel voulut suivre le philosophe du Comité qui se retirait, Boulanger le retint :

— J'ai disposé de vous pour travailler avec moi cette nuit. Donnez un mot au domestique ; il prendra votre bagage à votre hôtel ; vous serez mon hôte. Je ne dérange pas vos projets ?

Il fit une plaisanterie de soldat, que, sur le départ de Naquet, il arrêta court, — comme en sortant de scène on interrompt son rôle, — pour se laisser envahir par des soucis qui le vieillirent de dix ans.

D'un meuble à clef, il tira une liasse d'épreuves d'imprimerie :

— Voici le volume des témoignages recueillis par M. Quesnay. On va le distribuer aux membres de la Haute-Cour. Ce brave Mermeix nous a rendu le signalé service d'en détourner un exemplaire à l'imprimerie. Il s'agit de mettre aux mains du public ma réponse, et, en dénonçant ces ineptes calomnies, de couper l'effet du réquisitoire qui sera prononcé dans quatre jours. J'attends de votre dévouement que vous me serviez de secrétaire.

Toute la nuit, Boulanger dicta, sans une note, inspiré par une sorte de fureur, comme un homme dans un guet-apens combat pour sa vie jusqu'au jour. Il se promenait dans ce long cabinet encombré à l'anglaise de bibelots vulgaires qui dénonçaient la maison meublée. Mais, pour ce soldat et pour son fidèle, cette nuit il n'y a plus d'exil : ils sont au centre de la nation et lui distribuent comme des armes les arguments dont elle frappera demain ces parlementaires, les vrais exilés, eux, puisqu'elle les bannit de son âme.

Au dehors, Londres peut mener son triste grondement, Sturel, Boulanger, n'entendent que la voix des Buret et des Alibert, contre lesquels il faut que se défende un général tombé sur quatre champs de bataille et cité deux fois à l'ordre de l'armée. Le gouvernement obtient le concours absolu de Buret, repris de justice trois fois condamné, en le menaçant d'exhiber son casier judiciaire, et il lui servira jusqu'à sa mort, pour récompenser sa déposition, deux mille cinq cents francs de rente. Alibert, misérable escroc, mourra le nez dans le ruisseau, d'une crise de *delirium tremens.* « Français ! — répond le Général, haussant la voix par-dessus les injures de ces misérables, — vous pouvez en toute tranquillité me garder votre confiance : je n'ai pas conspiré ; j'ai voulu, au grand jour et pour le bien national, prendre part au gouvernement de mon pays. Je n'ai pas volé... »

Sturel pose sa plume :

— Volé ! volé ! quoi, mon Général, même de cela faut-il donc vous défendre ?

Eh ! si quelqu'un vous crache au visage, certainement il faut de votre main vous essuyer la joue. L'injure des Thévenet, des Constans, des Reinach, oncle et neveu, ne vaut pas contre une vie qu'eux et leurs amis trouvaient admirable quand ils pensaient l'utiliser pour leur politique propre : cela suffit aux gens réfléchis et à l'histoire. Mais pour la foule ?... Pour la foule, qui que vous soyez, et contre tout accusateur, il faut vous disculper, et plus fort que l'autre n'accuse, et d'une façon qui émeuve. « Laissons, dit-elle, ce que vous fîtes en Italie, en Cochinchine, à Champigny, en Tunisie ; laissons ce qu'ils firent eux-mêmes : moi, public, j'ai tous les droits et je veux vous arbitrer. Ma juste méfiance m'incite à plus exiger d'un chef que d'un égal. Et puis il y a mon envie démocratique qui se satisfait de vous voir, vous, si puissant, obligé de vous découvrir et de vous dessécher la bouche en explications. Enfin, comptez avec ma curiosité. Je me dresse pour voir la riposte, la forte riposte de celui que j'aime. »

Boulanger accepte sans une plainte cette nécessité, toujours la même à travers les siècles pour les chefs populaires. Seulement, d'heure en heure, il monte au deuxième étage, jusqu'à la chambre où souffre Mme de Bonnemains. Il y a quelque chose de tragique dans le spectacle de cet homme, pâle, cette nuit, et qu'ils tueront, réfutant minutieusement les plus infâmes combinaisons de leurs calomnies. Quand il a fini de dicter, sa pâleur n'est pas faite seulement du reflet des bougies contrariées par la triste lumière naissante, mais encore de cette coupe amère qu'il vient de boire. Du moins, par cette nuit prise sur son sommeil, au milieu d'une si furieuse dépense de vie, il a dégagé sa mémoire, essuyé son visage devant la nation.

— Maintenant, dit-il à Sturel, j'attends encore de vous un effort : que vous rédigiez ma dictée. Le temps me manque. Il faut le plus profond secret. Cette maison est la vôtre, faites-vous servir ; vous déjeunerez avec nous, ou, si vous préférez, dans votre chambre. Disposez votre travail et votre repos à votre guise, mais il faut que ce soir, par le dernier courrier, vous emportiez votre rédaction à Paris.

Il installa Sturel et vérifia lui-même l'encre, les plumes, le papier. Le jeune homme immédiatement se mit au travail. Un bruit de voix, une longue toux lui apprirent qu'une simple cloison le séparait de cette mystérieuse M#me# de Bonnemains, soigneusement cachée alors par le Général à ses amis. Tous ces premiers instants de l'aube, elle ne cessa de se plaindre doucement, tandis que le Général la servait, l'encourageait. Vers six heures, elle parut s'endormir et demeurer seule. A neuf heures, Sturel entendit le Général qui revenait s'informer de son amie :

— Il faut que je sorte, disait-il ; les journaux de Constans inventeraient que les révélations de la Haute Cour me forcent à me cacher.

De sa fenêtre, Sturel le vit passer à cheval avec Dillon et le capitaine Guiraud ; tous trois se rendaient chaque matin à Hyde Park, de préférence à l'allée de Rotten Row. Fatigué par l'insomnie et pressé de sa tâche, le jeune homme jouit pourtant de se trouver dans une maison française et de travailler au triomphe de l'esprit national tel qu'il le conçoit. Parfois, avec le sentiment plutôt hostile d'un étranger, il se distrait à regarder ce beau quartier de Portland Place. Sur le trottoir, des groupes stationnent. Des curieux, des amis qui attendent une audience, des policiers de Paris. Le Général rentra vers onze heures.

Sturel, usant de la liberté qu'il lui avait donnée, s'excusa de ne point descendre à table ; il craignait que Mᵐᵉ de Bonnemains ne fût contrariée de paraître devant son voisin de cette nuit.

Il continua tout l'après-midi de travailler, fatigué, fiévreux, accumulant des feuillets que, par-dessus son épaule, toute la France eût voulu lire. De la maison montait un bruit de visiteurs aussi nombreux qu'à l'Hôtel du Louvre ou rue Dumont-d'Urville. Vers deux heures, éclata la haute voix, reconnaissable entre toutes, de Rochefort. Cette maison, si vivante, pleine des agents de l'enthousiasme, journalistes, orateurs, candidats, relevait Sturel des pénibles pressentiments où, cette nuit, les plaintes de Mᵐᵉ de Bonnemains l'avaient laissé glisser.

Ce désordre même du boulangisme ajoute à son prestige sur le romanesque Sturel. Qu'un vaste chêne, dont le branchage crie, soit sur le point d'être déraciné, jamais il n'a manifesté sa force plus puissamment qu'en cet instant où elle faiblit.

Au soir, le Général vint prendre connaissance de ce travail hâtif qu'il approuva.

— Et maintenant, par le premier bateau, portez vous-même ce manifeste à la *Presse*, à l'*Intransigeant*, à la *Cocarde*, au *Gaulois* ; vous corrigerez les épreuves... Pour votre circonscription, Naquet vous fera parvenir tous les renseignements.

Et traitant Sturel en ami :

— Vous avez entendu, n'est-ce pas, cette toux, ce matin? Mme de Bonnemains souffre d'une pleurésie, mais qui se guérit tous les jours. Aujourd'hui, elle va très bien.

Sturel, ému d'avoir été utile au chef, chercha à lui rendre un autre service. Il exposa qu'on devrait bien verser les subsides de Renaudin :

— Je suppose, mon Général, que vous êtes harcelé par des centaines d'exploiteurs, mais autour de vous on devrait promettre moins, et donner plus exactement.

Seule la suite des expériences nous guérit des excès de zèle. Sturel vit, au nom de Renaudin et sur ces questions d'argent, la figure de Boulanger se durcir :

— Tout ce qu'on a promis, on le donnera. Mais traitez ces affaires avec Dillon. Mettez-vous aussi d'accord avec lui pour les candidatures en Lorraine.

Et Sturel, inquiet du rôle où l'engageait Renaudin, répondit contre sa pensée et pour ne pas contrarier davantage le chef :

— En Lorraine, ce sera facile, mon Général.

Deux jours après, Sturel reçut à Paris une lettre amicale du comte Dillon l'informant que le Comité national le désignait pour porter le drapeau révisionniste à Paris, dans le vingt et unième arrondissement.

Il voulut d'abord refuser. Sturel, de Neufchâteau (Vosges), n'a que faire d'un mandat parisien; il se doit aux traditions et à la raison lorraines, retrouvées dans son voyage sur la Moselle. « Cependant, se disait-il, à supposer que je représente un arrondissement de ma région, je ne trouverai pas dans la législation existante des moyens pour restituer une voix efficace à la terre et aux morts? C'est Paris qui décidera l'issue de cette bataille engagée pour donner à la France une orientation nouvelle. Libérer des parlementaires la capitale, ce serait ressusciter les provinces. »

Il soumit la difficulté à Saint-Phlin, qui violemment le détourna de toute candidature, sinon en Meurthe-et-Moselle, dans la Meuse ou dans les Vosges. Et peu importait que le terrain parût plus ou moins favorable! Sturel devait aborder la tâche en l'acceptant avec toutes ses inconnues. Saint-Phlin lui donnait en exemple Suret-Lefort, qu'il se flattait de dresser au nationalisme lorrain et à qui il procurerait l'appui des conservateurs.

Comme Sturel balançait encore, il apprit qu'on inscrivait Mouchefrin sur les listes boulangistes et que ce malheureux déjà faisait tapage des cinq mille francs qu'il « palperait ». Il eut tôt fait par une lettre à Londres de clore ce scandale. Manquait-on à ce point d'honnêtes gens? Rœmerspacher, qu'il alla presser d'accepter une candidature, le reçut comme s'il apportait des propositions dégradantes; et quelques jours après, à Mme de Nelles disant combien cet accueil avait peiné leur ami, il répondait :

— Je comprends un gros propriétaire, comme M. de Nelles, un avocat intrigant, comme Suret-Lefort, qui se donnent à la politique active. Pour François, nerveux, délicat, imaginatif, c'est une aventure. Il se livre à tous les hasards, à tous les ennuis. Eh bien! moi, je défends contre la vie ma sérénité intérieure, mon travail. Je serais un fou de fréquenter dorénavant un camarade dont toutes les préoccupations me détourneraient.

Sturel commençait à sentir les gouttes amères que la politique laisse tomber sans interruption sur le cœur de ses courtisans. Mais cette amertume même devient vite nécessaire à ceux qui connurent son poison. Il commença de soigner les électeurs du vingt et unième arrondissement.

Les voix innombrables du parlementarisme, qui traitaient Boulanger de concussionnaire, ne parvenaient à convaincre personne, mais elles modifiaient les rapport de ce Messie et de son peuple. Quand le Procureur général Quesnay de Beaurepaire termina son réquisitoire devant la Haute Cour, le sénateur Buffet dit au sénateur Tolain : « Je vous mets au défi de condamner. » — « Vous avez tort, répondit l'autre, le réquisitoire est lamentable, mais il y a la fuite des accusés ! » Ces terroristes pensaient : « Nous pouvons le frapper parce que son départ l'a transformé ; la nation ne reconnaîtra plus son grand protecteur, réduit maintenant à lui demander sa protection. »

Ce Boulanger ! il amusa la malice française du traitement qu'il réservait aux parlementaires, et ce sont eux qui le bafouent. Il disait qu'il sauverait la France ; et voilà qu'il se sauve ! Un bon soldat, un juste, mais c'est sa force qu'on aimait : faudra-t-il affronter à cause de lui les persécutions auxquelles il jurait de nous soustraire ? Les officiers de réserve, gens influents dispersés sur tout le territoire et mêlés à tous les métiers, à tous les intérêts, de façon à constituer une sorte d'aristocratie, avaient montré au jeune ministre de la Guerre un dévouement passionné, parce qu'ils avaient en commun des idées vagues sur la dignité éminente de l'armée dans la République, mais, à mesure que le boulangisme devenait une expression politique et désignait des mécontents, des rebelles, ces hommes, qui, dans la force de l'âge et dans l'indépendance civile, se rappelaient avec un bien-être moral la discipline militaire, se trouvèrent désorientés et, sans juger le fond des choses, reportant leur sentiment national sur les généraux de Miribel, Jamont, de Boisdeffre, de Boisdenemets, ils conclurent avec un accent de regret : « La politique, ce n'était pas l'affaire de Boulanger. »

Ainsi les arguments élaborés par les Bouteillers n'aboutirent pas à transformer l'opinion du pays au point qu'on tînt Boulanger pour criminel d'avoir voulu modifier l'ordre des choses, mais il cessa d'être dans les imaginations une force irrésistible ; on avait borné devant tous les yeux sa puissance qui faisait le principe et la mesure de sa popularité. « Il n'est donc pas la République et la Patrie, puisque des républicains privent de ses services la défense nationale ! » Au lieu de se confondre avec les intérêts de l'État, il s'explique sur des faits personnels. On ne sent plus derrière lui la nation, mais des candidats.

Il n'entre pas dans nos projets de suivre Sturel, Renaudin et Suret-Lefort chez leurs électeurs. La poursuite d'un mandat législatif en province est admirable à peindre pourvu qu'on n'abrège pas les détails. Le résultat est conditionné par le développement historique de la région, par les sentiments et les habitudes héréditaires de la population. Ces orces du passé constituent une fatalité contre laquelle échouent la plus belle activité et la meilleure organisation. A Paris, l'intérêt est plus superficiel. Aucune tradition ne parle dans ce pêle-mêle de populations versées de toutes les provinces. Le candidat réussit selon le comité qui le patronne et qui lui-même affiche la doctrine de l'année. Les démarches pour se faire agréer, voilà le nœud de son intrigue, après quoi il n'a plus qu'à présenter avec énergie des arguments simples, et, plutôt que des arguments, des affirmations répétées.

Un jour, Sturel se rendit à la Permanence boulangiste, un petit hôtel de la rue Galilée, où étaient groupés les services administratifs du parti. Dans le décor de boiseries, de papiers et de plafonds que reproduisent invariablement les salles à manger, les salons et les chambres à coucher d'un loyer de sept mille francs, avec pour meubles uniques des chaises et des tables en sapin, et par terre d'énormes ballots éventrés d'où coulaient des brochures de propagande, des portraits et des cartes du Général, au milieu d'une épaisse tabagie et d'un envahissement qui complétait cette atmosphère de pillage, Renaudin, de sa haute voix et frappant du poing, du pied, réclamait l'argent promis :

— Quand je pense qu'un Bouteiller trouve dans son parti des cinquante mille francs pour chacune de ses élections, et l'on m'en dispute six mille! Qu'est-ce que j'ai touché de sérieux sur les trois millions de la duchesse? Hirsch vient de remettre cinq millions au comité des droites, et vous voulez que je vous croie sans le sou? Si la boulange est battue, j'aurai été une fameuse dupe!

Dillon n'étant pas parvenu à installer où il convenait des candidats boulangistes, le baron de Mackau les suppléait par des conservateurs et refusait, en conséquence, de verser à Londres treize cent mille francs qui, selon lui, n'avaient plus d'objet. La violence de Renaudin emplissait cet hôtel désordonné, et, par toutes les portes ouvertes, ses éclats, ses révélations, des chiffres si énormes, parvenant jusqu'aux solliciteurs, candidats, agents électoraux, fonctionnaires révoqués qui grouillaient dans les escaliers, avivaient leurs appétits. Fort légèrement, le Comité national avait promis aux malheureux que le ministre jetait sur le pavé de continuer leurs appointements, et, faute plus grave, on ne pouvait pas remplir cet engagement. Par crainte de ces affamés prêts pour une jacquerie, Constans ne sortait jamais qu'en voiture fermée. Mais les propos de Renaudin détournaient leurs fureurs, les soulevaient contre le Comité national et contre les employés de la Permanence, qui, chargés de faire face sans munitions à de tels agresseurs et mis à bout d'énervement, dénonçaient, à leur tour, les grands chefs, les Dillon, les Naquet, comme traîtres au Général. Sur le nom de ce dernier, le courant se brisait, faisait encore plus de mousse. Ces fiévreux, dont le sort se jouera au scrutin du 22 septembre, élèvent vers Boulanger des sentiments pareils à ceux du Napolitain fanatique de la loterie qui supplie et menace la Madone. Ils le chargent des injures les plus odieuses à l'idée qu'il refuserait jusqu'au bout de rentrer. C'est quelque chose à la fois de vil et de fort. Ces pauvres gens se font du boulangisme une idée bien inférieure au sentiment désintéressé d'où il naquit, mais, pour qu'il triomphe, chacun d'eux risquerait son tout, et, d'ailleurs, n'imagine rien que des moyens de théâtre. Ils se butent sur cette idée : « Le retour de Boulanger surexciterait les esprits, prêterait à d'immenses manifestations et permettrait de franchir, dans un coup d'emballement, l'effrayante banquette du 22 septembre. » Alors, Renaudin, qui, par la terreur, les éclats et d'émouvantes supplications, a tout de même obtenu ses billets de mille, sort du cabinet où l'on vient de les lui compter, et, dans une bouffée d'optimisme, pour que la confiance règne dans ce milieu de délégués et de mouchards, une des places publiques les plus en vue de France, il prend sur lui de déclarer :

— Le Général reviendra trois jours avant le scrutin. Je le sais de la source la plus sûre ; un yacht le déposera sur une côte de Normandie.

Ainsi lancés, ces bruits circulent, tiennent en haleine les opportunistes, reviennent à leurs auteurs avec une déformation qui leur donne une manière d'authenticité, et peu à peu ils rendent nécessaire, sous peine de grave désillusion, cette tentative aventureuse du chef à qui décidément on ne demande pas des actes suivant la raison, mais toujours des actes suivant sa légende.

CHAPITRE XIV

LA JOURNÉE DÉCISIVE

Ce dimanche matin 22 septembre, toutes les mairies de France ouvrent les urnes où l'on trouvera ce soir le triomphe ou la condamnation du boulangisme. Que le Général obtienne la majorité, et l'histoire pour l'apprécier prendra l'état d'âme de ses partisans. La France passera de l'ancien libéralisme à un protectionnisme général que son instinct de malade sollicite. Les journaux qui répètent l'argumentation haineuse de Bouteiller, et Boulanger lui-même, qui ne sait pas exactement la qualité de son rôle, peuvent dans la discussion dénaturer cette fièvre nationale; mais, si elle ne porte pas avec elle sa doctrine très nette, elle est pourtant le premier effort de ce pays pour réaliser dans le mode politique et à l'état de fait ce qui existe à l'état de sentiment. La France veut déterger des éléments étrangers qu'elle n'a pas l'énergie d'assimiler et qui l'embarrassent jusqu'à produire en elle l'effet de poisons.

Les électeurs, chez qui chaque parti a remué les passions locales et héréditaires, et qui guettent dans

rues, sur les places, sur les routes la distribution
bulletins de vote, comprendront-ils ce caractère
élections du 22, supérieur à toutes les polémi-
es éphémères et qui intéresse la France Éter-
lle ?

Boulanger a demandé le succès à tous les moyens,
squ'à vouloir, ces jours derniers, s'entretenir avec
comte de Paris. Le dimanche matin, il implore un
prême auxiliaire. Lui qui, deux ans plus tard et
veille de sa mort, écrira : « Près de rentrer dans
néant… » il cherche dans le quartier de Portland
ace une église où entendre la messe. Avec quel
doublement d'affection Mme de Bonnemains se tient
enouillée à ses côtés. Parisienne frivole à qui de
nistres pressentiments font battre le cœur et pâlir
visage ! Et dans chaque circonscription de France,
s partisans et des adversaires, également blêmes
contractés par l'attente de ce qui va éclore d'un
cret si prolongé, donneraient deux années de leur
e pour deux voix de majorité.

Les sentiments individuels s'enchevêtrent dans
s crises sociales, s'y associant parfois, ou bien
core les ignorant. Mme de Nelles avait une grande
ie, qu'elle tutoyait, Rosine, la fille de sa nourrice.
le tenait à Paris un magasin de lingerie. Ayant
é une clientèle et mille faveurs de sa petite sœur
érèse, Rosine lui était sincèrement attachée par
sentiment complexe et tressé, comme une bonne
rde, d'habitude, d'intérêt et de tendresse. Il s'y
êlait un goût sensuel. Cette blonde Rosine, fraîche,
telée, pleine de fossettes, rieuse, avec ses trente-
is ans, n'avait pas de plus vif plaisir que d'haller,
de déshabiller Thérèse pour lui essayer des

chemises, des pantalons. Elle détestait M. de Nelles, si butor envers les fournisseurs qu'elle craignait de le rencontrer rue de Prony. Elle aimait peu l'air distrait de Sturel ; cette désapprobation froissait Mme de Nelles, qui désira lui faire connaître Rœmerspacher pour en avoir des compliments. Elle se voyait comme une petite reine, autour de qui chacun s'aime. Cette fine mouche de Rosine, très experte en affaires, venait d'acheter aux environs de Paris une propriété pour ses dimanches. On décida d'aller dîner chez elle le 22 septembre.

Combien il fallait que Rœmerspacher eût changé depuis quelques mois ! Il se réjouissait de ce voyage, de cette journée où Thérèse serait sous sa protection, et d'aller la prendre à Saint-James, d'admirer la gentille simplicité de sa robe, de son ombrelle, de son chapeau campagnard, une simplicité qui ferait tourner toutes les têtes, mettrait dans tous les yeux un sourire d'indulgence comme devant la faiblesse la plus touchante. En voiture, puis sur le quai de la gare, dans le train, ils ne pouvaient pas se regarder sans sourire.

— A quoi pensez-vous ? se disaient-ils l'un à l'autre.

— Au plaisir d'être ensemble et au début d'une belle journée.

Pourtant la jeune femme gardait une grande préoccupation : plaira-t-il à Rosine ? Mais elle se rassurait en vérifiant qu'il s'habillait bien mieux, et vraiment, sauf qu'il ne pouvait rien porter de tout à fait élégant, il avait d'ensemble très bon air.

Ils se connaissaient beaucoup maintenant. Tout l'été, tandis que Sturel voyageait en Lorraine, à

Londres, Rœmerspacher, donnant à son père et se donnant à lui-même le prétexte de recherches aux Archives, était demeuré à Paris.

Une toute petite voiture traînée par un âne les attendait au sortir du train pour gravir une longue côte. Rosine, fraîche, gaie, avec de beaux cheveux et vêtue de choses très claires, fit mille gentils tutoiements à Mme de Nelles, qu'elle interrogeait comme une enfant à qui l'on dit : « Tu n'as besoin de rien ? Es-tu contente ? » Il n'y avait que deux places derrière l'ânon. Rœmerspacher marchait à leur côté, sous le grand soleil, au long d'une route qui serpentait parmi les fleurs et les arbres fruitiers. A mesure qu'on s'élevait, la vallée apparaissait domptée, morcelée comme la nature des environs de Paris, et par là plus propre aux sentiments fins et sociables.

Ils visitèrent tout, le petit jet d'eau qui marchait, par exception, en leur honneur, le coin du jardinet où il y avait la plus belle vue, le pêcher qui porte sa première pêche, et ils s'amusèrent à aimer toutes ces choses, pressentant qu'elles garderaient dans leur mémoire le prestige des talismans. Rosine les laissa seuls trois grandes heures qui leur parurent trois minutes. Ils les passèrent dans la demi-obscurité d'une pièce fraîche, puis, quand l'ombre fut venue, assis sur un muret d'où les petits pieds de Thérèse pendaient dans le vide.

Ils se trouvaient très occupés. Leur tendresse s'exhalait par tous leurs mouvements. Il faisait un air d'orage, facile à supporter pour un homme ou pour une femme laide, mais lourd pour une personne délicate, et qui contraignait Thérèse d'une manière dont elle souriait. A la fin, cependant, elle se trouva un peu étourdie, assez pour être plus touchante. Rosine, appelée par Rœmerspacher, la soigna sans le renvoyer.

Une femme n'est jamais plus jolie que si une autre femme s'empresse à la servir et, confidente des sentiments qui la troublent, se mêle à sa toute intimité en lui chuchotant des flatteries sur sa beauté physique et sur ses puissances de plaire. Cette complaisante Rosine faisait une telle atmosphère que Thérèse de Nelles, un peu intimidée, disait à Rœmerspacher :

— Mais qu'est-ce qu'elle croit ?

Au soir, on dîna sur la terrasse, devant la maison. Peu à peu la nuit mit sa gravité sur l'immense paysage jusqu'alors retentissant de canotiers. Rosine parlait avec tranquillité, très simple, un peu cliente. Rœmerspacher, tout en goûtant cette molle société, n'écoutait que le paysage. Sa gentille amie, dans cet instant, le plus voluptueux qu'il eût jamais vécu, prenait de la demi-nuit un caractère encore plus confiant et sans défense ; il jugeait sévèrement les négligences de Sturel et en même temps il s'en réjouissait ; il pensait que l'immortalité dans le paradis chrétien ne vaut pas le bonheur de deux êtres emportés vers la mort et brûlant ensemble leurs belles années.

Dans le lointain, une gare avec ses mille lumières soudain brilla comme un écrin. Et les montrant à Thérèse :

— Ce beau ciel, cette paix, tout ce bonheur du soir, disait-il, c'est vous qui les placez comme une fée autour de nous, mais il fallait aussi ces diamants mêlés à des choses qui sont votre parure.

Leur sensibilité enregistrait toutes les palpitations de ce petit univers, et certains jeux de lumière qui attiraient leurs regards sur le fleuve au fond de la vallée, ils ne purent les revoir par la suite sans que des flots de mélancolie leur vinssent noyer le cœur au souvenir inexprimable du désordre de leurs âmes dans cette soirée.

Quand arriva l'heure du train, ils descendirent la côte à pied, Rosine et Rœmerspacher tenant Mme de Nelles de chaque bras, à cause des pierres roulantes.

Plus encore que le matin, après une longue journée, il s'attachait à son élégante compagne, en la découvrant soumise aux petites nécessités de la vie. Un peu de sueur sur un joli front, une légère humidité au coin des lèvres, une douce moiteur de la main, tout ce qu'il y a d'animal chez l'être, ajoutent aux motifs d'un jeune homme qui s'éprend. Et puis il voyait qu'avec des moyens différents ils aimaient l'un et l'autre à sortir du convenu, de la moralité et de la hiérarchie mondaines, pour rentrer dans l'humanité. Si les opinions sociales que Rœmerspacher professe choquent toujours la jeune femme, du moins avec lui elle se dégage de son snobisme que Sturel a tant combattu : les simples l'attirent. Peut-être s'égare-t-elle, quand cette fine Rosine, si avertie, avec ses beaux bras, son luxe de jolie lingère, lui apparaît franche et rustique autant que les bûcherons qui mangent du pain noir dans les contes. Mais, avec une imagination toute garnie d'artificiel, Thérèse a le cœur excellent et droit, et elle dit, à propos de sa sœur de lait :

— C'est bon de se sentir ainsi aimée ; cela fait de l'ouate contre la vie.

La journée lui laissait une impression lumineuse et légère, mais au soir, la fatigue du grand air la dominait toute. Il y avait des éclairs d'orage, un recul des objets, un tragique dont elle sentait la puissance, car elle répéta plusieurs fois : « Dieu, que c'est beau ! »

La pénible sensation d'isolement ressentie par Rœmerspacher dans les premiers temps qu'il entrevoyait le bonheur de François Sturel, par un progrès ininterrompu et nuancé, se transformait en une jalousie que seule l'absence de son ami faisait supportable.

La voiture de Mme de Nelles, qu'ils trouvèrent à Paris, les conduisit d'abord près de l'Opéra, au journal la *Presse*, où Rœmerspacher monta s'informer des élections. Elles se dessinaient antiboulangistes. Il apprit cependant le succès de Sturel et du baron de Nelles. Ils s'en réjouirent comme d'un enfantillage que des gens bienveillants passent à des naïfs en disant : « Puisque ça leur fait plaisir ! »

Au moment où ils se séparaient en se félicitant l'un et l'autre de leur journée :

— Tiens ! s'écria Rœmerspacher, j'ai oublié de voter.

Elle y vit une magnifique preuve d'attachement, quand son mari et son ami la délaissaient pour leurs ambitions. Si le jeune historien exagérait de plus en plus son horreur du roman dans la politique, il l'admettait maintenant dans sa vie. Même il tenait pour une étape importante dans son développement d'avoir aperçu qu'on ne peut pas exclure tout un ordre de besoins moraux.

CHAPITRE XV

BOULANGER DEVANT SON DÉSASTRE

230 gouvernementaux, 86 royalistes, 52 bonapartistes et 22 boulangistes, voilà les 390 résultats définitifs du premier tour de scrutin.

Sturel, député de Paris, le mardi débarqua dans Londres. Quel beau spectacle tragique l'attendait! Sa curiosité cruelle ne fut pas trompée. Aux escaliers déjà il respira un air nouveau. C'était toujours les visages, les voix, les claquements de porte et cette agitation qu'à son dernier voyage pendant toute une journée il avait entendue, mais aujourd'hui de la sorte qui suit immédiatement une mort. Dans cette antichambre de la victoire, on venait de poser un cercueil.

Le mardi, au débarquer, le Général, seul dans son cabinet, reçut Sturel avec un corps tout mol, avec les yeux rouges d'un homme qui a pleuré. Et lui tendant les mains :

— Nous sommes f...! moi, du moins.

Ainsi Boulanger a pleuré les 23 et 24 septembre, lundi et mardi après le scrutin. Même dans la nuit du lundi au mardi, il voulut se tuer. Les dépêches, l'une pire que l'autre, pendant vingt-quatre heures lui furent une suite d'assommades en plein front. Pas une minute il n'avait admis l'insuccès ! Vingt-deux élus, après un tel effort de millions et de dévouements, et quand il a sacrifié tous les fruits de sa vie ! Le peuple passe au camp des adversaires féroces dont la joie crucifie ce vaincu. Un chef militaire, du moins, se distrait violemment dans un effort pour pallier le désastre et couvrir la retraite. Depuis qu'à six heures du soir, le dimanche 22, sur toute la France, le scrutin a été clos, Boulanger ne peut plus que récriminer.

Sturel, lisant cette douleur et cette impuissance sur le visage du Général, regretta de n'avoir rien préparé pour nourrir cette pénible entrevue. Il parla de fidélité et assura, fort à la légère, qu'aucun partisan ne se détacherait. Le Général le félicita de sa réussite et prétendit, avec une grande amertume contre Dillon, qu'un meilleur choix des candidats eût détourné le désastre. Sturel gardait les yeux fichés à terre, pendant que le chef se rangeait ainsi à des vues sur lesquelles, deux mois auparavant, il le traitait d'oiseau de malheur. Le jeune homme dénonça les escamotages de M. Constans : de nombreux députés gouvernementaux n'obtenaient que deux ou cinq voix de majorité. Il passa ainsi une demi-heure dans l'état du monde le plus pénible, incertain de demeurer ou de s'en aller. Enfin il dit son embarras et que le Général sans doute voudrait quelques jours de recueillement, mais qu'il ne quitterait pas Londres sans lui en demander l'autorisation. Boulanger l'invita à déjeuner pour le lendemain mercredi, puis, après un petit silence, lui tendit la main et l'accompagna jusqu'au couloir.

Le Général était mobile, ou bien, avec toutes les apparences d'un homme qui se livre et n'a rien à cacher, savait se surmonter. Le mercredi, au déjeuner où il rassembla Laguerre, Naquet, Sturel et Renaudin arrivé dans la nuit, on put presque plaisanter de la déception momentanée. C'était parfois dans ses goûts de philosopher en fumant un cigare ; dans l'angle de la fenêtre de Portland Place, tout en tournant sa cuiller dans sa tasse de café, il dit à Laguerre :

— Je me rappelle notre conversation du 2 janvier dans mon cabinet ; les événements vous donnent effroyablement raison. Je pensais qu'on ne doit pas sortir de la légalité, mais eux, elle ne les a pas arrêtés. Eh bien ! supposez que, selon votre conseil, j'eusse fait envahir la Chambre le lendemain : j'avais huit chances sur dix de réussir. En cas d'échec, tout le monde aurait dit : « Sont-ils absurdes d'avoir perdu par trop de hâte une partie assurée ! »

Boulanger, que l'attente de tous ces fidèles invitait, fit alors connaître le plus étrange des projets : avec un sentiment très sûr des effets de théâtre et de sa mise en valeur, il rêvait de rompre ce terrible silence où l'univers le voyait et de dire sans préparation : « J'aspirais à servir mon pays ; je refuse de le troubler. Il convient aux Français de prolonger une situation que je juge antinationale ; plaise au destin qu'elles soient douces, les circonstances qui attesteront bientôt la justesse de mes prévisions ! » Et là-dessus, quitter l'Europe, passer en Amérique, où quelque imprésario lui offrait un million pour une série de conférences.

Cette résolution, qui rappelle sa première manière, peut lui assurer l'immense armée des imaginatifs. Vaincu dans l'empire du fait, il réservait tout, par cette brusquerie, dans le domaine sentimental. A continuer la lutte sur un terrain qu'il touche de ses deux épaules, qu'est Boulanger? Pas même un prétendant exilé. Au contraire, s'il s'efface, des scandales nouveaux dégoûteront la nation, et l'on entrevoit des circonstances où les parlementaires eux-mêmes pourraient chercher un homme à qui résilier de plein gré leurs pouvoirs.

Tous pensèrent tomber à la renverse; et, jugeant sur leurs visages décomposés que seul le vice-président du Comité national connaissait le plan, ils le soupçonnèrent de vouloir désarmer le boulangisme pour faire sa paix personnelle.

L'ignorance où le chef les avait toujours laissés de ses moyens financiers les débarrassait de réflexions compliquées; ils se bornèrent à exprimer avec violence leur désir, leur besoin que le parti se maintînt. Le beau raisonnement de dire qu'à la longue et de lui-même le parlementarisme s'effritera! En attendant, que deviendront-ils?

Le sage Naquet, s'il croit vraiment utile de céder à l'indication des événements, pourrait leur rappeler qu'une effroyable impopularité succède souventefois aux ovations enthousiastes; qu'un parti, la première ardeur passée, s'aigrit contre son chef vaincu, et que le dévouement d'une minorité ne sert de rien. Ce sont des vérités, mais peu fécondes à semer chez des partisans, et l'altération de leurs figures, où se trahissent leurs âmes, montre assez que la défaite ne les a pas déliés du Général.

Ils le pressent d'arguments:

— Nelles et Suret-Lefort, qui viennent de réussir, et bien d'autres que Constans s'attribue comptent en réalité parmi vos amis. Et puis, en mai prochain, par ses élections municipales, Paris nous fournira une glorieuse revanche ; les chiffres de dimanche démontrent que le boulangisme s'installera en maître à l'Hôtel-de-Ville.

L'intérêt, l'honneur même, interdisent au chef cette désertion. Pensez que Renaudin, ici présent, s'effondrerait ! L'affreuse agitation de ce vieux camarade touche Sturel, qui collectionne les occasions d'écouter la voix impérative de son cœur. Boulanger ne se soustrait pas davantage à cette fraternité des fortunes diverses supportées en commun. Il accepte le nouveau bail de loyalisme que tous s'empressent à souscrire. La psychologie d'un vaincu ressemble beaucoup à celle d'un malade. Les incurables de ces deux catégories accueillent avec crédulité toutes les affirmations.

Sturel, préoccupé de comprendre s'il venait d'assister à une défaillance ou bien à une habileté du chef, descendit avec un secrétaire du Général. Ils croisèrent dans le vestibule une femme qui entrait, encore jeune, évidemment malade, à la fois impérieuse et douce, séduisante surtout par les gestes gracieux et précis d'une personne élevée parmi les choses de bon goût. Elle dit au compagnon de Sturel quelques mots brefs, dont le ton seul marquait son autorité dans la maison. Sturel, cédant au charme et à la curiosité, crut pouvoir demander au secrétaire de le nommer.

— J'ai eu le regret, cet été, de ne pas accepter une

invitation du Général, qui voulait bien me présenter à Madame de Bonnemains.

La mystérieuse amie du Général félicita le jeune député sur son élection. Il démêla qu'elle ne confondait pas, comme ils faisaient tous, son attachement pour Boulanger avec ses vœux pour le parti. Elle exprima le désir de le revoir un jour prochain chez le Général, mais ajouta :

— Je vous préviens, monsieur, qu'ici nous nous entendons pour ne pas lui parler politique.

Elle eut une quinte de toux, appuya son mouchoir sur ses lèvres et, sans s'attarder davantage, monta l'escalier avec des mouvements aussi secs que son accueil avait été mollement gracieux.

— Quelle femme intéressante! dit Sturel, charmé de la séduction et de la volonté qu'il entrevoyait unies dans cette maîtresse autour de qui son imagination se plaisait.

Le secrétaire ne cacha pas une véritable haine pour Mme de Bonnemains, allant jusqu'à l'accuser d'être venue au ministère de la Guerre auprès de Boulanger pour le compte d'un grand pays étranger.

Le jeune homme comprit quelle lutte d'influences domestiques se livrait autour du chef, et, sans y attacher une importance politique, il ne mit pas en doute l'influence décisive de cette grande amoureuse sur un soldat malheureux.

En vain interdit-elle qu'on parle des journaux, du Comité, du ministère! Ce sont de courts répits qu'habile ou passionnée elle ménage à son amant. Il ne peut pas fermer sa porte aux innombrables messagers du désastre. Tout le jour, les consolations et les récriminations, les demandes d'argent et les offres de conseils, voilà ce qu'il doit supporter vaillamment, avec des mots d'espoir. Et puis un coureur qui a passé le but, vainqueur ou vaincu, doit encore, pendant quelques instants, obéir à son élan et accomplir des mouvements désormais sans objet. Boulanger n'est pas libre de décliner des invitations aujourd'hui bien vaines, mais acceptées de longtemps. A la tombée du jour, il se fait voir dans les salons, au théâtre ; il essaye de convaincre la société anglaise qu'il n'y a dans cette surprise électorale qu'un incident réparable. Mais vienne la nuit, comme les pauvres malades, c'est à l'opium, dans les bras de sa maîtresse, qu'il demande le sommeil.

L'opium et l'ivresse des sens, versés l'un et l'autre par Mme de Bonnemains, voilà les ressources de celui qui, dès le mercredi, donne à ses secrétaires le nouveau cliché à expédier sous mille et mille enveloppes à tous ses correspondants : « J'attends avec sécurité le jour de la revanche, qui est plus proche que vous ne croyez. Ayez confiance en moi, comme j'ai confiance en vous. »

Et des milliers de Français répondent : « Fidèles jusqu'à la mort. »

CHAPITRE XVI

LA PREMIÈRE RÉUNION DE JERSEY

A la fin d'octobre et dans cette période qui précède la rentrée, quand les nouveaux élus, enivrés et candides, s'en vont à la questure choisir leurs places de séance, Suret-Lefort, député radical de la Meuse, Renaudin et Sturel, députés boulangistes de Paris, se rencontrèrent au Palais-Bourbon. Le baron de Nelles, député conservateur de la Haute-Marne, les guidait à travers les salons; il leur indiquait les usages et nommait, au hasard des rencontres, les collègues et les journalistes. Sturel suivait sans amour ni curiosité. Il se jugeait délégué pour balayer tous ces gens-là; il se fût défini un député pour coup d'Etat, pour « coup de chien » (car son vocabulaire déjà se gâtait de vulgarité); il vivait en esprit à Jersey.

Le Général Boulanger, toujours soumis à la légende hugolâtre, venait de s'installer dans cette île où sa diminution d'argent et de prestige se feraient moins sensibles, pensait-il, qu'à Londres. Il convoquait tous les élus du parti pour le 8 novembre. Sturel pensa que Suret-Lefort se rendrait à l'invitation.

— Tu badines, répondit l'autre. Intelligent comme je te connais, qu'espères-tu désormais de votre coalition hybride ? Tes braves électeurs parisiens manifestent toujours ? En quatre années tu les verras se calmer. Ce n'est pas que j'éprouve la moindre hostilité contre ce pauvre Général. Je persiste à croire que, nous autres radicaux, nous devions utiliser sa popularité et qu'en le lâchant Clemenceau nous a diminués. Mais enfin il a été rejeté aux aventuriers. Voilà pour quelle raison je n'ai jamais été boulangiste.

Sturel montra un étonnement où le dégoût se mêlait à l'admiration. Quant à Nelles, il avouait une profonde désillusion. Décidément, il estimait peu Boulanger.

— Enfin, disait Sturel, on peut évaluer à cent cinquante le nombre des députés nommés simplement par Constans.

— Qu'est-ce que ça prouve ? répondaient-ils. Que Constans est le plus fort.

Ils admiraient infiniment Laguerre.

— Mais quoi ! il voudrait installer les boulangistes sur les bancs du centre pour les grouper de droite et de gauche ; les places manquent. Matériellement, vous êtes déjà disloqués.

Renaudin leur signala Bouteiller, qui s'avançait. Tous se turent. Le fameux député de Nancy, avec une redingote poudreuse, un pantalon qui marquait les genoux, une figure grave et verdâtre, traversa la salle Casimir-Périer. Rien qu'à le voir et d'après son regard, qui ne s'arrêtait pas plus sur ses collègues que sur les huissiers, on apprenait à ne pas confondre un homme d'État et de simples hommes d'arrondissement. Son élection, enlevée à force de talent, de pression officielle et d'énergie, avait passionné plus qu'aucune les deux partis ; elle le laissait tout meurtri de coups qu'il n'avouait pas et que depuis un an préparaient les terribles accusations de Renaudin. Celui-ci pourtant s'associa au salut profond que firent, en se rangeant, Suret-Lefort et Nelles. Ils blâmèrent Sturel d'avoir dévisagé avec indifférence son ancien professeur.

— Nous sommes ici en service commandé, disait Renaudin ; pourquoi mêler à nos rapports de représentants du peuple des querelles qui ne peuvent que gêner nos travaux communs ?

Dans cette première journée, Sturel parut absurde à ses amis parce que ni son succès personnel, ni l'insuccès du parti ne modifiaient ses idées. Quant à eux, leurs voix même muaient. Suret et Nelles naviguèrent pour aborder Bouteiller. Sturel rejoignit ses amis, les Déroulède, les Dumonteil, les Pierre Richard, les Ernest Roche, les Gabriel (de Nancy). Renaudin s'occupa de racoler des sympathies.

L'attitude des journaux parlementaires annonçait de nombreuses invalidations. Élu à une faible majorité et pourchassé par d'innombrables rancunes, l'ancien reporter se jurait de se maintenir. Il n'admettait pas qu'une si furieuse bataille ne lui laissât aucun bénéfice, d'autant qu'il savait bien à quelles humbles besognes le rejetterait la perte de son mandat. Mais il fit vainement appel aux camaraderies de la presse ; par jalousie de sa réussite, on lui souhaitait le pire. Parmi les députés, il n'osait aborder que des comparses, quand la veille encore il insultait à bouche perdue les chefs avec des renseignements obtenus jadis dans leur familiarité.

Pendant quinze jours, il arriva dès une heure au Palais-Bourbon et il sortit le dernier ; il supporta que des individus missent plusieurs secondes à apercevoir sa main tendue ; il trouva naturel qu'à son approche des cercles se tussent et se dissipassent ; il n'entendit pas certains propos un peu vifs. Prenant tout avec sang-froid, tournant deux ou trois fois son cigare dans sa bouche avant de placer un mot, examinant toujours les choses de haut, comme un diplomate juge les querelles des nations, sans en blâmer ni ressentir les passions, il se fit enfin tolérer par quelques opportunistes. C'est avec un Bouteiller qu'il eût voulu renouer. Mais celui-ci, son ancien protecteur et qui l'avait introduit dans la presse, pouvait-il lui pardonner d'avoir, le premier, lancé des accusations de péculat qui s'accréditaient confusément ? Quand ses inquiétudes l'eussent engagé à acheter la paix par une poignée de main, sa dignité et surtout son instinct politique le lui déconseillaient. On se maintient dans son parti à condition de ne donner aucune prise de blâme ou de suspicion à des rivaux toujours jaloux et à des soldats toujours méfiants. Lui, le parlementarisme incarné, s'écarter quelques instants avec un boulangiste notoire ! Sa pureté en eût été ternie. D'une certaine manière, les attaques bruyantes d'un Renaudin font le titre républicain d'un Bouteiller. Le journaliste s'ouvrit à Suret-Lefort, à qui ces négociations donnaient de l'importance, et par son entremise il obtint une audience de Constans.

— Monsieur Renaudin, dit en substance le ministre, le parti républicain ne sera inexorable que pour des transfuges qui cherchèrent à lui porter les coups les plus dangereux en échange des faveurs dont ils avaient été comblés. On peut excuser jusqu'à un certain point des jeunes gens, des novices, qui ont eu le malheur, je dis le malheur — et votre présence ici n'autorise-t-elle pas à vos yeux mon appréciation? — d'entrer dans la vie publique par cette porte du révisionnisme.

Renaudin se froissa surtout qu'on le dit « un novice », quand les cafés politiques savaient que, durant dix années, il avait rendu à divers ministres des services dont ceux-ci reconnaissaient le prix, non point en compliments, mais sur leurs fonds de cabinet. C'est par de telles vanités qu'un jeune homme toujours demeure un agent. Il pesa le poids lourd des opinions vaincues, et, assujettissant son monocle, il commença d'ânonner. Sa phrase s'en allait en boitant, comme le galérien classique s'avance avec des yeux vacillants et une jambe qui tire son boulet :

— La majorité, indiscutable, très honorable,... quel avantage voit-elle à m'invalider? Je serais réélu. Si mon siège m'échappait, — c'est une hypothèse absurde — il passerait à un droitier, fort intelligent, capable de créer au ministère plus d'ennuis que moi, maintenant, je ne voudrais vous en causer.

Constans écarta la scène de cynisme où cet insulteur qui venait à merci se proposait de briller; il se tint en homme politique que mène le seul souci de l'intérêt général. Renaudin dut cesser des sourires qui manquaient de sens; il aborda ce qu'il croyait l'essentiel : il offrit de ne pas aller à Jersey. Quelle inintelligence de la situation! Constans désirait adoucir les hostilités personnelles, mais l'existence même du boulangisme faisait le principe et assurait la durée de son ministère. De là cette réponse, prononcée avec un accent paternel et de si haut que le journaliste douta un instant si son interlocuteur avait assassiné Puig y Puig et dépouillé Norodom :

— Allez à Jersey, mon cher collègue. On devrait choisir son parti avec soin, mais, une fois fixé, il ne faut pas changer. Accompagnez vos amis. Je compte sur votre sagesse pour les convaincre que seule leur tranquillité peut maintenant atténuer leur tort vis-à-vis du pays. Venez à votre retour me donner des nouvelles de votre voyage. J'apprécierai certainement l'opinion d'un homme de votre valeur.

— Et vous êtes sûr que la Chambre me validera? interrogeait le pauvre garçon, obligé lui aussi de se lever, mais qui ne se décidait pas à accepter ce congé courtois.

— Sûr? monsieur Renaudin, je ne dis pas cela. Nul ne dispose des volontés d'un Parlement. Et puis votre talent ajoute aux difficultés. Par votre mérite même, votre nom est un des plus signalés à la prudence légitime du parti républicain. Je ne cacherai pas, si l'on m'interroge, que vous vous êtes assagi. Mais, dans les journaux, vous avez des relations, des camaraderies, usez-en. Tenez, si je pouvais répandre ce que me répétait votre ami Suret-Lefort, et qui vous fait grand honneur : votre indignation quand vous avez vu les boulangistes livrés par leurs chefs aux réactionnaires, cela pèserait dans les décisions de la Chambre. Je ne vous demande pas de m'écrire à moi-même, mais vous êtes un homme d'esprit, donnez-moi le moyen de vous être utile.

Sur ces mots, et sans écouter de réponse, Constans congédia son « cher collègue ».

Dès la cour et quand il avait encore dans l'oreille les accents ministériels, Renaudin sentit qu'il était lié, qu'il n'échangerait cette lettre, s'il la donnait, contre aucune garantie, mais que, s'il la refusait, son invalidation devenait certaine.

Pour la première fois, ce roué prit conscience de son enfantillage. Il continua d'ignorer que c'était sa mauvaise éducation qui annulait sa finesse naturelle, mais il vit son cynisme tout démonté par la manière du vieux procédurier qui, à travers ses diverses entreprises de vidange publique et privée, gardait la dignité d'un vieux professeur de droit. Ces pleines antichambres, ces escaliers interminables, cette forte vie d'une grande administration, lui suggérèrent qu'au demeurant le ministre pourrait bien se désintéresser du tout et laisser la validation tourner au bon plaisir de la Chambre. Pris dans la souricière, il se résigna. Il écrivit à Suret-Lefort en termes médités ses inquiétudes, sa désillusion des « alliances suspectes » où Boulanger avait engagé tant de « fermes républicains ». Cet acte de contrition alla grossir les dossiers privés, les riches collections de M. Constans.

Dans la nuit du 7 au 8 novembre, le bateau des boulangistes quitta Granville, chargé d'élus et de candidats malheureux.

Le « bateau boulangiste! » Dans l'argot le plus récent, cela s'entend de deux façons. Un « bateau », c'est une équipe; les équipes, les générations se succèdent comme les bateaux de la Compagnie sur la Seine. Celui-ci flottera sur l'histoire pendant quelques années; même il pourrait la commander. C'est ce qu'espèrent encore la plupart de ces fidèles qui voguent vers Jersey, sans quoi ils ne se feraient pas secouer par cette mer écœurante et, d'une façon plus générale, par la presse, par la magistrature et par toute l'administration de Constans. Mais il y a un second sens. « C'est un bateau » se dit encore pour signifier un batelage, une chose d'escamoteur. L'énervant de cette grande situation qui n'aboutit pas pourrait amener beaucoup des plus fervents à qualifier ainsi le boulangisme; et, même dans le Comité national, cette acception paraît s'accréditer; seulement on restreint sa portée, en déclarant que le « bateleur », l'escamoteur, c'est le comte Dillon. Boulanger ne veut plus le connaître; puisqu'on écarte cette mauvaise influence, tout va se dérouler pour le mieux.

Cette certitude a fait le thème des boulangistes depuis Paris, d'abord dans le wagon-salon offert par la Compagnie de l'Ouest, puis à l'hôtel de Granville, où ils attendirent le milieu de la nuit pour s'embarquer, et enfin sur la Manche, quand le roulis ne les rappelait pas à de plus humbles soucis. Ils ignorent comment ils organiseront le succès, mais précisément c'est ce qu'ils décideront à Jersey, et ils ne doutent pas d'eux-mêmes. Ne viennent-ils pas de se témoigner par leur réussite électorale? Ah! ils méritent bien cette belle excursion de vacances! C'est affaire aux Naquet, aux Laguerre, aux Déroulède, de former à l'écart un petit conseil de guerre. Le reste, une joyeuse chambrée de soldats. Dans cette nuit qui les rassemble pour la première fois, ces êtres, issus de toutes les provinces, ne se disent pas, ce qui serait pourtant intéressant, la façon dont chaque région se représente le boulangisme, mais ils racontent les meilleures histoires de terroir, de bien bonnes histoires, grasses et vulgaires, comme en savent les représentants de commerce. Sturel, un peu dégoûté, ferme les yeux, s'écarte d'imagination, et pourtant ce n'est pas Thérèse de Nelles qu'il évoque, mais Mme de Bonnemains et Boulanger avec qui il voudrait vivre.

A six heures du matin, on atterrit. Beaucoup n'ont jamais vu le Général. S'ils quittent avec une telle précipitation le bateau, c'est moins à cause du mal de mer que pour connaître plus vite celui qu'ils firent tant de fois acclamer, au nom de qui ils reçurent et distribuèrent tant d'insultes. Quelle bousculade sur la passerelle! Presque le piétinement des forts sur les faibles, comme dans une cohue d'inconnus. En vérité, c'est bien Boulanger tout seul qui met quelque discipline et quelque amitié entre ces rudes lutteurs, puisque Déroulède ne se prive pas d'un mot cruel qui les amuse tous, criant à l'un de ses compagnons, le plus victimé par la basse presse parlementaire :

— Du calme, Vergoin! ou l'on va vous rejeter à la mer.

Quand ils apparaissent, ces Français, les plus aimés et les plus exécrés de France, personne ne les montre. Sur cette terre étrangère, ils n'occupent que l'hôtelier de la Pomme d'Or, qui compte « un, deux, trois... vingt-neuf touristes »! Quelle fortune, dans la morte-saison.

Ce qu'aura de plus hautement caractéristique ce voyage se révèle à l'observateur dans cette demi-nuit sur le quai où les fidèles trébuchent : le Général ne s'est point dérangé, mais seulement son secrétaire, qui guide vers des voitures.

Beaucoup en sont déconcertés, non pas froissés, — sans doute, ce devait être ainsi, — mais désorientés dans leurs gestes, parce qu'ils pensaient tout de suite l'acclamer, se faire reconnaître de lui, recevoir ses félicitations, conquérir ses préférences, lui développer leurs encouragements patriotiques. En s'abstenant, le Général montre, une fois de plus, un sens très juste de sa mise en valeur ; ce brouillard du matin, cette nuit d'insomnie et les incommodités d'une traversée conviennent mal pour recevoir des recrues, qu'il s'agit de plier tout de suite à la discipline du parti.

A midi seulement, quand tous, bien reposés, sont réunis dans la salle à manger de la Pomme d'Or, il descend de ce même pas assuré et confiant qu'on lui vit ministre, dans son cabinet de la Guerre, et puis, triomphateur, dans le salon des vingt-cinq couverts chez Durand. Et les nouveaux venus, spontanément, comprennent qu'il n'est pas leur ami, mais leur chef.

L'aimable Français ! Tous ses mouvements, son regard, révèlent de la résolution et, en même temps, le plaisir de séduire. Il éprouve à émouvoir une foule ou le plus simple des hommes le contentement, l'allégresse de celui qui emploie ses dons naturels. Plus encore que d'un chef sur ses lieutenants, son prestige paraît d'un type national auquel nul de nous, à quelque classe qu'il appartienne, ne peut demeurer indifférent. Dans l'ancienne société, cette manière de Boulanger s'appelait « courtoisie », et

c'était un mélange de bravoure, de décision, de
finesse et de gentillesse, un ensemble de galantes
qualités sociales qui n'excluent pas, certes, un joli
savoir-faire.

Pour éviter de choisir entre tant de rivaux, il a
mis Sturel à sa droite ; il l'interroge familièrement
sur leurs amis de Paris et s'inquiète de Gyp et
d'Anatole France, en qui il montre la plus affectueuse confiance. Parmi les convives de cette vaste
salle en fer à cheval, il y a des hommes dont les tendances l'inquiètent ; d'autres, avec leurs appétits
insatiables, le pressent jusqu'à l'irriter, mais il semble jouir de vérifier une fois de plus, après ses
premières solitudes d'exilé, cette familiarité, cette
humanité qu'il introduit dans tous les milieux par
les mêmes moyens, agréables et un peu vulgaires.

Enfin, après le déjeuner, dans l'immense salon du
rez-de-chaussée, où l'on sert le café, voici le moment
de la discussion, l'heure importante sans doute du
voyage... Dans le wagon, pendant la veillée de Granville, sur le bateau, ils ne songeaient qu'à prendre
leurs vacances, mais tout à l'heure, au moment des
toasts, par quoi ils se rappelaient éloquemment leur
raison d'être commune, ils ont commencé de se
regarder avec le plus noble sérieux. Ne portent-ils
pas quelque grande destinée ? Ce n'est pas déraisonnable qu'ils le supposent, puisqu'ils sont l'expression politique de l'énergie nationale.

Si le boulangisme s'incarne maintenant dans un
groupe parlementaire, il y a lieu d'examiner et de
fixer sa doctrine. Des députés ne peuvent pas s'en
tenir à agiter un homme-drapeau ; ils doivent le
porter, le faire parler à la tribune. Les circonstances

ayant changé, il s'agit de concilier et d'épurer les conceptions diverses qui se confondaient sous la formule des temps héroïques, « Dissolution, Révision, Constituante. » On est d'accord pour rêver toujours Boulanger chef élu de la démocratie. Mais au service de quelle âme se propose cette autorité? et quel esprit souffler à cette nouvelle république? Il faudrait doubler d'une thèse économique le nationalisme généreux de la Ligue des Patriotes; sinon le parti ne pourra prétendre qu'à une action intermittente sur une population travaillée de besoins, de misères et d'espérances. Laur, avec ses dénonciations contre les accapareurs, semble proposer un point d'appui sur la petite bourgeoisie, sur la petite propriété, sur le petit commerce. De vigoureux agitateurs blanquistes n'admettent pas qu'on en cherche ailleurs que dans le prolétariat. — Voilà les données du problème et sans doute ce concile boulangiste n'a pas d'objet plus pressant que de le résoudre.

C'est un grand malheur d'être éloquent. Par un tel don, une assemblée est amenée à déplacer le centre de ses préoccupations et à s'émouvoir de bonne foi, durant quelques heures, sur un objet indifférent à ses intérêts réels. Les éloquents orateurs épars, qui sur un pouf, qui sur un canapé de ce parloir anglo-français, prononcèrent, dans une fumée dont l'épaisseur paraissait croître en même temps que la brume autour de la discussion, des discours allusionnistes où chacun d'eux anéantissait la solution favorable à l'activité d'un rival.

Un bon nombre de ces messieurs paraissent mieux doués de naissance pour répandre des principes que pour les élaborer; mais surtout, si l'on s'attache à bien saisir le sens de leurs paroles, on distingue qu'ils se désintéressent d'éclairer la situation et qu'ils se préoccupent d'assurer leur autorité ou simplement de satisfaire leur vanité. Encore à cette constatation stérile n'arrive-t-on qu'après trois heures de débat.

Elle vaut vraiment comme symbole, l'épaisse fumée qui, à tous les degrés de la hiérarchie sociale, enveloppe les groupes politiques! Le plus humble comité municipal et le plus haut conseil de gouvernement ne fonctionnent jamais sans que les pipes, les cigares, les cigarettes ajoutent à la traditionnelle dissimulation des hommes d'Etat et créent ce nuage dans lequel la première loi fut promulguée sur le Sinaï. En séance publique, les parlementaires ne peuvent que priser, mais leur vraie besogne sort des couloirs et des commissions, qui sont des tabagies.

Enfin, de cette fumée boulangiste, après que la séance a été suspendue et reprise, après que tous ont parlé, voici que se dégage, à défaut d'un mot d'ordre, une vérité psychologique. Le Comité national se partage entre deux esprits : celui des élus et celui des blackboulés. Ceux-ci, partisans de l'agitation, et en dehors de la légalité, s'il le faut; ceux-là, partisans d'une certaine agitation, sans doute, mais aussi d'une certaine « honorabilité ». Les blackboulés, des gens au bout de leurs ressources politiques, ne peuvent rien perdre; impatients, ils veulent, dans le plus bref délai, vaincre ou périr avec le boulangisme. Voilà bien de la rudesse, et peu politique, au jugement des honorables députés qui jugent extrêmement utile de garder les quelques sièges du parti. Si l'on veut se faire valider, il ne convient pas d'irriter la Chambre par des manifestations de la rue. Naquet, tout comme un autre, en 1870, a pris d'assaut le Palais législatif; il est prêt à se faire tuer de nouveau pour installer le chef au pouvoir; mais une révolution, déjà difficile si l'on dispose de tout le peuple, devient impossible s'il se coupe par moitié. Le philosophe de l'antiparlementarisme voit la force du parti, non pas dans les violences impuissantes, mais dans un groupe démocratique et tolérant où se fondront les révisionnistes de droite et de gauche.

Dans un conseil militaire, les opinions exprimées ne doivent jamais dégénérer en une critique contradictoire; il faut présenter des propositions précises. Mais quatre années dans le monde politique assouplissent un soldat. Boulanger laisse aux membres du Comité la satisfaction de bien parler, et, les écoutant avec un intérêt dont l'expression, pas une seconde, ne se dément sur son visage, il se préoccupe seulement de distinguer leurs motifs. Les belles phrases d'un parlementaire, quand elles vous arracheraient des larmes, prouvent seulement qu'il sait bien chanter. Tout l'intérêt gît dans les raisons de dessous.

Boulanger observe les attitudes, et s'instruit du ressort qu'il devra pousser chez chacun pour l'amener aux décisions qu'il se réserve de prendre. Après cinq heures de cette éloquente séance, il se contente d'avoir su, par des silences, des sourires et de rares interrogations, persuader de sa préférence le groupe des honorables députés et en même temps le groupe des âpres blackboulés. Il ne semble préoccupé que d'avoir ses lieutenants en main. Cette indifférence à tout, hormis au loyalisme qu'il inspire, lui vient-elle de la discipline militaire ou des inquiétudes de l'exil? Sturel croit que toutes les régions de la France capables de s'exalter pour un homme sont imbibées par les effluves boulangistes; il voudrait que le Général trouvât dans un programme une nouvelle force de pénétration. Il se fie à la toute-puissance des idées servies avec continuité, mais peut-être un héros a-t-il le droit de dédaigner les cristallisations lentes. C'est Boulanger qui fournit la conclusion applaudie de ce long débat :

— Je vois, dit-il, votre volonté bien précise d'assurer le triomphe, d'ailleurs certain, de nos amis aux élections municipales de Paris.

Et voilà une idée qui rallie les élus, parce que le parti en sera fortifié, et les blackboulés, parce qu'ils comptent se dédommager avec un mandat de conseiller.

Une telle séance, de si vains discours étourdissent Sturel, le diminuent légèrement, mais le laissent jeune et heureux. Parmi ces hommes optimistes et aventuriers, c'est-à-dire d'un commerce charmant, il fume, cause, se dépense, et tous ces bons courtiers électoraux éprouvent un vrai bien-être de clore une discussion dont ils ne voient plus le but, et de se dérouiller un peu les jambes. Maintenant, ils s'empressent autour du chef aimé qui signe et distribue des photographies.

Malgré sa dispersion, Sturel presque involontairement enregistre des images. Il compare ce Général-ci au Général de la rue Dumont-d'Urville. Il voit l'œil voilé parfois et la tristesse si noble chez un homme de cinquante ans. Tandis que chaque mouvement de Boulanger, sa manière de marcher, ses jolies poses attentives gardent toujours quelque chose de sûr, son regard maintenant semble prendre moins fortement les objets. L'homme puissant, c'est celui dont le regard transforme un problème psychique en une réalité tangible, le soulève, le tourne hardiment en tous sens. Il s'agissait aujourd'hui de départager la plus grave querelle de principe : le boulangisme cherchera-t-il une agitation révolutionnaire, ou bien se confondra-t-il avec quelques idées maîtresses ? Boulanger s'esquive par une simple audace de joueur, disant : « Nous avons perdu la partie législative, eh bien, risquons maintenant la municipale. » Quant aux lieutenants, honorables élus, ou agitateurs qui veulent devenir d'honorables élus, ils se félicitent, les uns comme les autres, car le chef n'a pas approuvé leurs contradicteurs.

Ils ignorent donc qu'au-dessus d'eux Boulanger, dans cette minute, rejoint leur rivale à tous ?

Déjà, une première fois, quand la séance fut suspendue, le Général a passé une demi-heure avec Mme de Bonnemains, et maintenant qu'il remonte dans son appartement et que, jusqu'au dîner, il reçoit en audience privée, successivement, ses amis, la porte de son cabinet demeure ouverte sur une chambre d'où, invisible, elle écoute l'entretien. La plupart des femmes excellent à juger ; elles discernent sinon l'aptitude particulière, du moins la sincérité générale, avec un sens aigu, presque divinatoire. Sans doute, par ce stratagème équivoque, celle-ci sert son ami, se met à même de le conseiller, mais surtout elle se prête à l'exigence d'une passion, chaque jour grandissante, où ce soldat malheureux assouvit des besoins sentimentaux que laisse à peu près sans emploi un boulangisme, jadis tout de fougue et de générosité, aujourd'hui rétréci en intrigue parlementaire.

Le matin du départ, le Général accompagna jusqu'au bateau ses amis, puis il alla se placer sur la pointe extrême de la jetée. Immobile dans cet isolement, il leur laissait une puissante image de héros exilé. Quand, au sortir de la rade, ils passèrent à ses pieds, leurs acclamations couvrirent le bruit des vents et de la mer.

Le roulis apaisa peu à peu ces mémorables émotions. Les côtes de France se dessinèrent ; elles rappelaient à chacun la fin des vacances. On va retrouver chez soi cinq ou six questions demeurées en suspens, beaucoup de lettres d'arrondissement. Et dans le train, pendant l'insomnie, toutes conversations suspendues, les petites gens reviennent à la grande préoccupation : « Comment maintenir une situation électorale en province avec l'intelligente hostilité de l'administration ? » Les chefs, mieux liés à l'intérêt général du parti, se demandent : « Et si les élections municipales trompaient nos légitimes espérances ? » Renaudin se répète : « Il faut que je sois validé », et il analyse ce qui, dans ces délibérations, qu'on a juré de tenir secrètes, pourra intéresser Constans. Sturel s'inquiète d'ordonner ses journées et d'accorder les heures de la Chambre avec les heures de Mme de Nelles. Ils trouvent tous ce voyage trop long et d'heure en heure appliquent leurs visages aux vitres.

Au clair de lune, pour un politicien à demi ensommeillé, ce territoire français présente des images bien particulières. Un instant ils l'avaient vu tout modifié : une multitude de ruisseaux, de torrents se précipitaient des montagnes, émergeaient des vallées, et l'on devait penser qu'une immense nappe modifierait l'état des choses. Mais très vite les sources s'épuisèrent et la masse d'eau s'absorba dans le sol, ne laissant que de rares vasques sur une France en désordre où réapparaissaient tant bien que mal les anciennes configurations politiques.

CHAPITRE XVII

« PARAITRE OU DISPARAITRE, MON GÉNÉRAL ! »

On touche à la revanche ; dans quelques semaines, le renouvellement du conseil municipal va la fournir. Tant mieux, car vraiment on souffrait trop depuis la rentrée de novembre. Dans ces quatre mois, le Parlement ne s'est occupé qu'à venger ses peurs. Les 7.000 voix du Général à Clignancourt ont été annulées, et son concurrent Joffrin, avec 5.000 voix, proclamé élu, tandis que, dans le Morbihan, Dillon bénéficiait de sa majorité. Pourquoi ces conséquences contradictoires d'une même déchéance ? La Chambre valide notre Renaudin, mais invalide Belleval, Delahaye, Dupuytrem, Goussot, Laisant, Laur, Léouzon-Leduc, Paulin Méry, Naquet, Revest, Pierre Richard, Vacher. Arbitraire, d'ailleurs, rigoureusement conforme à la doctrine parlementaire, telle que lord Randolph Churchill la formulait en 1883, aux applaudissements du Parlement anglais : « Les circonscriptions peuvent nommer qui elles veulent, mais le Parlement reste maître d'accepter ou de rejeter leurs mandataires. » Cependant Paris réélit tous ses boulangistes. Et voilà autant de preuves que les élections municipales sauveront le parti. Il n'y faut que de l'argent et des candidats tout à fait convenables.

Pour les désigner, le Comité national, suivi des postulants, vogue une nouvelle fois vers Jersey. De novembre 1889 à cet avril 1890, cet équipage n'a pas conquis la nation. Ces produits du boulangisme le détruisent par l'expression qu'ils en fournissent au pays. Ayant promis de servir non plus des intérêts de parti, mais l'intérêt national, ils ne purent agir ni pour celui-ci ni pour ceux-là ; ils constituent un groupe parlementaire d'opposition intransigeante et impuissante. Ils tiennent bon, cependant ! Un seul d'entre eux fit défection, Martineau, que son comité essaya d'assommer. Et maintenant ils mènent à Jersey un troupeau de maigres candidats aux dents longues.

Plein des méfiances de l'exil et soucieux d'une discipline militaire, Boulanger a déclaré que nul ne pourra faire appel aux voix boulangistes s'il n'a reçu une investiture formelle. Sous sa présidence, pendant des heures, autour du tapis vert, dans la grande salle à manger de la Pomme d'Or, le Comité appelle et discute chaque quartier. On mesurera l'influence des principaux lieutenants au nombre de clients qu'ils feront investir.

— Les services rendus par la Ligue lui donnent droit à tant de candidats...

— Pour faire passer vos noms réactionnaires, il faut que l'*Intransigeant* puisse inscrire cet ancien communard.

Sturel s'indigne :

— Comment, après le concours dévoué des bonapartistes, vous écarteriez un arrière-petit bâtard de Napoléon I*er* !

Dans la cour de l'hôtel, les postulants piétinent, anxieux de leur sort. D'heure en heure, un des grands patrons, le teint animé, apparaît, entraîne un de ses hommes :

— Pas moyen pour Grenelle. Que diriez-vous de la Bastille?

Voici que Rochefort, en dépit d'une mer houleuse, débarque de Londres. Tous debout acclament son entrée dans la salle des délibérations. Son concours apporte à la liste le ton qui plaît à Paris. L'*Intransigeant* et la Ligue des Patriotes : toute une démocratie qui va des blanquistes aux plébiscitaires et qui retrouvera la majorité du 27 janvier. Nous entrerons à l'Hôtel de Ville et Paris entraînera la France. Espérons fraternellement! Il ne faut pour le succès que notre bonne entente. Et vraiment, en toute hypothèse, il y a lieu d'ajourner nos rivalités, car le succès satisfera les exigences de chacun ou bien l'échec nous laissera des facilités amples et immédiates de nous dévorer les uns les autres.

Mais quel éclat soudain du Général! Sa voix monte, sa main frappe les bras de son fauteuil. Lui, toujours si maître de soi, quel intérêt trouve-t-il à fournir le spectacle d'une pareille colère ?

C'est Francis Laür qu'il invective... Quoi! cet ami de la première heure qui ne le contraria jamais que par ses excès d'affection !

On discutait sur le septième arrondissement. Laur a proposé la candidature de Drumont... Édouard Drumont, vous savez bien, l'auteur de livres contre les juifs... Ce petit homme de Francis Laur, à la barbe en pointe, aux yeux bleus, qui va d'habitude si paisible avec ses poches bondées de journaux dans un pardessus flottant et déformé, qui tutoie les individus et dit aux foules « mes enfants », qui trouve tout facile et fraternel autour de lui, tout mystérieux et criminel chez ses adversaires, c'était vers 1860 un orphelin que George Sand et Dumas fils décidèrent d'élever pour doter notre société d'un type d'honnête homme moderne à leur guise. De cette collaboration, il sortit ingénieur breveté à Châlons. S'il se croit un petit-fils idéaliste de Rousseau, nous le tenons — en groupant autour de la notion d'*américanisme* des idées aussi vagues que l'*Émile* semble en évoquer à ses yeux — pour un cousin du Yankee le plus positif. Il passe, et peut-être il se prend, pour un chimérique; c'est que sa vue constamment réaliste de la vie crée un perpétuel écart entre ses jugements et ceux de notre bourgeoisie. Au milieu des fureurs parlementaires et parfois, c'est le plus cruel, des sourires boulangistes, il ne suit que son sens propre, sa conscience, comme il dit. Il accomplit tout le temps « son devoir ». Son devoir, aujourd'hui, c'est de rester fidèle à Boulanger, son chef, et à Drumont, son ami; il s'entête à les concilier et ne s'inquiète pas si tout le monde hausse les épaules de son acharnement.

Drumont a pu dire quelques vérités, mais pourquoi un homme politique se préoccuperait-il de cette personnalité sans mandat? Et puis notre vice-président Naquet peut-il supporter une marche parallèle avec l'antisémitisme? Enfin oubliez-vous que nous poursuivons la réconciliation de tous les Français? Laur, vous nous faites perdre un temps précieux.

Répondra-t-il que le boulangisme a trop accepté l'influence de Naquet, et qu'il doit être antisémite précisément comme parti de réconciliation nationale.

Ceci resterait toujours surprenant : un élève de Rousseau défenseur d'une doctrine qui affirme l'inégalité des hommes. Mais Laur a hérité de Jean-Jacques la sentimentalité plutôt que les théories ; si l'antisémitisme, qui plaît pourtant beaucoup aux électeurs, vous choque trop, il l'abandonnera. Son argument victorieux, c'est sa délicatesse de cœur :

— J'ai deux amis, le Général et Drumont ; voyez ma position : l'un d'eux me demande de choisir...

— Il vous demande ! Non : il vous ordonne !

Et Boulanger, au paroxysme de l'irritation, interdit qu'on défende en sa présence l'insulteur de son père.

Le jeune fils de Laur, qui fait le voyage gaiement pour connaître le grand ami dont sa famille s'enorgueillit, assiste à ce choc désolant. Ni Laur ni l'enfant, accablés, gros de larmes, au milieu des convives gênés, ne touchent à leur déjeuner. Le Général ne se dégage pas de son humeur sombre. Enfin, vers l'instant des toasts et quand tout le monde exige des impressions uniquement agréables, le petit homme se lève et affirme avec émotion qu'il a déjà beaucoup sacrifié pour le chef et qu'il continuera. « Très bien ! très bien ! » On applaudit, et sur cette phrase vague, on tient pour closes des difficultés qui restent grandes ouvertes.

Drumont écarté ! l'antisémitisme à l'index ! Certains membres du Comité s'en attristent, non point des honorables parlementaires, mais des individus avides de nouveau et qui sentent le besoin d'une formule populaire. Boulanger a parlé de son père, c'est de l'ordre privé, et du plus respectable, mais ses raisons politiques ? Craignait-il de nuire aux forces défensives de la France en inquiétant l'argent ? Ce scrupule exista. J'ajoute : un homme que ses réminiscences des *Châtiments* détournèrent, au 27 janvier, de répondre à l'appel du pays, a dû nourrir sa sensibilité la plus profonde avec une littérature trop étrangère à l'idée de races pour qu'il admette dans sa cinquantième année de soumettre une classe d'habitants à une législation spéciale.

A ce moment, le boulangisme, qui ne sut jamais sortir de la phase sentimentale, perd même le fil de l'instinct national. Les masses ardentes et souffrantes le suivirent, quand il semblait tout emporter, et par haine des parlementaires à qui elles ont à reprocher. Mais il ne leur offre aucune satisfaction d'ordre économique. Pour elles le point de vue est tout social, tandis que, pour les lieutenants de Boulanger, tout politique. Millerand va ramener au parlementarisme les révolutionnaires eux-mêmes, en leur promettant leur relèvement d'une accession lente et régulière au pouvoir. Une seconde clientèle du Général, c'était la petite bourgeoisie, âpre au maintien de la propriété privée, mais jalouse des grandes fortunes. Elle fournit un bon terrain à l'antisémitisme. Celui-ci, comme un animal plus jeune et d'une croissance prodigieuse, bientôt dominera et englobera d'importants morceaux de ce boulangisme qui vient de l'excommunier. Mais ces formes ne changent rien à la maladie organique du fond, et les phénomènes morbides continueront à diminuer notre pays. Sans doute le socialisme échappera à ses chefs parlementaires, qui ne sont que des radicaux encore infectés de libéralisme, et avouera une doctrine positiviste et dictatoriale; sans doute aussi l'antisémitisme remplira sa tâche, qui semble d'acclimater les traditionalistes aux conditions de la société moderne et de dissiper les préjugés de celle-ci envers notre passé ; au milieu de toutes ces oscillations continue à se poser, mais de plus en plus épuré, le problème boulangiste : « Où la France trouvera-t-elle les énergies nécessaires pour qu'elle demeure une nation et un facteur important dans le monde ? »

En avril 1890, le Comité politique qui discute à la Pomme d'Or ses candidats municipaux semble ignorer ce danger national, ou du moins il se désintéresse de comprendre son étendue et sa gravité, dont les masses pourtant eurent l'instinct quand elles créèrent Boulanger. Ces praticiens donnent l'impression que le parti s'est rapidement vidé de tout principe, pour ne devenir rien que des soldats autour d'un chef.

Le caractère personnaliste du boulangisme ne fut jamais plus exalté que dans ses contractions suprêmes. La vieille garde forma le carré et supporta héroïquement l'assaut des vaincus du 27 janvier, grossis cette fois par la défection des monarchistes. Après un corps à corps acharné, après que se furent multipliés jusqu'à l'épuisement les entraîneurs du parti, apparaissant le même soir dans une suite de réunions, au milieu des clameurs enthousiastes des cent quarante mille fidèles qu'on gardait tout de même, et après qu'on eut dépensé une somme mystérieuse de 170.000 francs, on aboutit au premier tour (27 avril '90) à l'élection du seul Grébauval.

Dans cette catastrophe, comme on court au drapeau, les partisans décimés se resserrent autour de Boulanger ; ils n'attendent rien que de lui, ou bien, à la française, ils crieront : « Trahison ! » Le dimanche soir, au reçu des résultats, Déroulède, Naquet, Laisant, Laguerre s'enferment dans le bureau de ce dernier, et, s'avouant perdus, ils disent à l'unanimité :

— Son arrestation sensationnelle peut seule galvaniser les électeurs pour le second tour. Son procès, où nous serions impliqués, ressusciterait le parti. Qu'il rentre, voilà notre dernière carte.

Le lendemain lundi matin, ils montent à la gare Montparnasse dans le train de Granville. Le Hérissé les accompagne. Enivrés par la défaite, ces braves ne désertent une bataille que pour courir à une autre : ils vont vaincre la résistance du Général et l'entraîner, suprême effort, dans la suprême journée du ballottage !

Nul d'eux n'a dormi. Ils s'empoisonnent le sang à songer qu'ils ont misé sur un timide. Dans le wagon, ils rejettent les journaux dont la clameur de victoire les assassine, pour prendre et reprendre les raisons d'espérer auxquelles ils se rattachent. Tous cinq résument enfin leurs vues dans cette formule de Déroulède : « Paraître ou disparaître, mon Général ! »

Prévenu par dépêche de leur arrivée, Boulanger pressent leur proposition. Il s'applique moins à la peser qu'à dominer la colère dont elle l'emplit. En août-septembre 89, il refusait déjà de rentrer : « C'est le conseil de traîtres qui veulent me livrer à Constans. » Aujourd'hui, on doit encore plus douter si cette folie ramènerait la popularité. Et puis quoi ! la popularité ! de dures expériences enseignent à l'élu du 27 janvier qu'elle n'est pas le pouvoir et ne le procure pas. Si l'enthousiasme immense qu'il suscitait en 1888 et 1889 ne lui garda pas sa place dans l'armée et dans sa patrie, un retour de la sympathie publique le servirait bien peu au fond de sa prison. Ces apôtres lui parleront de son devoir ? il y a tout sacrifié : sa carrière, ses honneurs, son repos. Ils invoqueront leur dévouement ? toute leur éloquence ne le trompera pas sur l'aisance avec laquelle, vaincu, ils le jettent par-dessus bord.

Boulanger se méprend. Ses lieutenants demeurent pareils à eux-mêmes. Qu'il reconnaisse son Déroulède de juin 1888, qui, sûr d'être élu au second tour dans la Charente, s'inclinait sous la volonté du chef et renonçait à la lutte ; qu'il reconnaisse son Laguerre de mars 1889, qui acceptait contre ses scrupules propres d'attaquer en face Constans. « Nous sommes des soldats, disaient-ils alors, nous obéissons. » Aujourd'hui, ils se réunissent en conseil de guerre et demandent au chef de se mettre à leur tête pour un assaut désespéré. Jadis ils interprétèrent les désignations dont le suffrage universel favorisait ce général heureux comme le signe d'une mission providentielle ; maintenant ils réclament de lui des résolutions d'un caractère mystique. La part de hasard que comporte leur plan ne choque pas ces hommes nés avec le goût du risque ; dès l'instant où ils sortirent des rangs parlementaires au cri de « Vive Boulanger ! » ils ont admis que, s'ils se donnaient tout entiers au chef, lui, à son tour, pourrait être amené par les nécessités de son rôle à se sacrifier.

Voilà les sentiments de ces politiques qui, tant de fois, dans le succès, se crurent liés pour la vie, quand sur le quai de Jersey, le lundi 28 avril, très pâles, ils se donnent l'accolade.

Dans le break où Boulanger [a] fait monter, rien ne trahit d'abord leurs âp[…] ; il parle avec satisfaction de sa villa […] [l'emménag]ement de la veille. Il l'a louée pour l'a[nnée].

— Pour l'année! s'écrie D[…].

— Alors, n'ai-je plus le droi[…] [y]eux?

Le bouillant patriote s'élance :

— Mon Général, nous venons vo[us tirer d'un] exil inutile et même compromettant.

On s'interpose ; pas en voiture !

La claire maison apparaît, charmante sou[s ce beau] temps. Le Général, qui tient à prolonger les [préli]minaires, montre le jardin ; et toutes ces plaisan[teries] irritent, comme les signes d'un cœur distrait, ce[s] conjurés impatients. Mme de Bonnemains, le visage amaigri, les lèvres blanches et des cercles bleuâtres autour des yeux, les accompagne un instant. Ell[e] compte bien que les voyageurs dîneront à Sainte-Brelade ; ils acceptent. On s'attarde. On entre enfin au cabinet du Général.

Naquet, Laguerre, Laisant, Le Hérissé, chacun avec sa manière, plaident la thèse du retour, à laquelle Boulanger, pendant deux heures, oppose des refus obstinés et brefs, jusqu'à se retirer enfin derrière cette phrase d'un accent dur, où tressaille sa colère :

— Dieu lui-même, vous m'entendez, messieurs, viendrait me chercher que je ne rentrerais pas.

Alors, transfiguré par l'émotion, et de sa voix rapide, Déroulède, debout, et qui parfois se courbe sur le dossier d'un siège pour jeter de plus près sa flamme au Général, reprend et charge d'optimisme tous les arguments déjà accumulés, jusqu'à ce que, voyant une obstination que la sienne désespère de briser, il lance à toute volée dans cette maison de l'exil son cruel « paraître ou disparaître », puis redoublant, et peut-être heureux de blesser :

— Général, on vous sait le courage militaire; mais vous manquez du courage civil.

Quel tumulte alors et qui là-haut doit frapper au cœur Marguerite de Bonnemains !

Tous se dressent, et le Général :

— En quelque situation que je sois, jamais je ne permettrai qu'on me parle dans ces termes. Veuillez sortir, monsieur Déroulède.

— Nous sommes tous solidaires, dit Laguerre.

Naquet désapprouve qu'on irrite de querelles privées un débat national. Il parle, il concilie, il obtient d'aller chercher Déroulède, qui fait les cent pas dans le jardin. On se serre la main. Mais comment les yeux pourraient-ils se détourner d'une déchirure trop certaine et que le moindre mouvement agrandira.

Les cinq, rentrés à leur hôtel, se concertent. Ils dîneront ce soir à la table du Général, puisque ce fut accepté avant cette désastreuse conversation, mais ils préparent une lettre. Laisant tient la plume :

« ... Impuissants à faire triompher notre pensée auprès de vous, mon Général, nous avons un dernier devoir à remplir : remettre entre vos mains nos démissions du Comité républicain national, dans l'impossibilité où nous sommes de poursuivre désormais l'œuvre de patriotisme et de relèvement national que nous avions entreprise à vos côtés.

« Veuillez agréer, mon Général, avec l'expression de notre respectueuse tristesse, l'assurance de nos amitiés personnelles bien sinc⌐es et bien persistantes. »

Ce P. P. C. demeurera ⬚u'à ce qu'ils décident d'un commun ⬚lication. La politique ne se fait pas ⬚sses, et cette dure journée suffirait ⬚ ⬚e les meilleures ententes se rompe⬚ ⬚-ils cinq enveloppes qu'ils échangent, ⬚ tion retomberait sur celui qui ne p⬚ ⬚ senter son pli intact.

Après ces soins d'enterrement, quand ils à côté de Mme de Bonnemains, élégante, ner⬚ malade, dans la salle à manger trop riche de ⬚ maison meublée, ils doivent sourire, cacher le⬚ hostilité et même toute préoccupation. La causerie se sauve du seul et vrai sujet jusqu'à Constantinople, d'où Laguerre revient avec des détails ⬚ curieux sur les chiens turcs ; mais dans leur po⬚ sur leur cœur, à chaque mouvement, ils senter⬚ cette lettre de congé qui se froisse. Avant de se lever pour porter un toast, Naquet, d'un geste machinal, s'assure qu'elle ne glissera pas. Il s'est souvenu que c'est l'anniversaire du Général, et approche son verre du verre de leur hôte :

— Au chef! malgré les tristesses de l'heure présente.

Lui, Boulanger, recourt à son système d'interposer des plaisanteries faciles entre sa pensée et ses interlocuteurs. Il prétend les amuser avec le nom de son propriétaire, un nom de circonstance, M. Leffondré. Déroulède, qui n'accepte pas l'effondrement du parti boulangiste, parvient, au cours de cette soirée difficile, à isoler Mme de Bonnemains :

— Êtes-vous seulement une amoureuse, madame, ou, pour celui que vous aimez, une ambitieuse ?

Les larmes aux yeux, la pauvre femme, qui crut entrer dans une brillante aventure de coquette et qui distingue les signes d'une tragédie mortelle, répond :

— Je vous jure, monsieur Déroulède, que jamais je n'intervins dans ses décisions.

Et quand le cruel patriote la presse :

— Me faire votre avocat auprès du Général ? Je vous en prie, n'insistez pas ! Je dois rester neutre.

Partout donc un mur où se brisent ceux qui se croient les délégués de la France ! Cependant, ils doivent accepter, refuser des tasses de thé, trouver des propos suffisamment alertes, voiler leurs regards.

Peut-être Boulanger, dans cette douloureuse soirée, ne s'élève-t-il pas assez haut pour prendre ses collaborateurs dans leur ensemble et pour être juste. Plus richement doué pour l'action que pour la pensée, il ne les avait sans doute jamais compris par l'analyse, et, maintenant, il ne les aimait plus. Dès lors, comment les eût-il isolés des impressions qu'il ressentait !

En réalité, Déroulède, c'est un homme de rayonnement, qui communique ses états d'esprit à tous les êtres qui l'approchent et le leur rend sympathique. Ce don fait de lui un despote qui ne tient aucun compte des caractères individuels et veut tout fondre dans l'action à laquelle il se dévoue. Si Boulanger ne peut lui fournir qu'une victime, qu'un cadavre, il exige sans apitoiement cette suprême contribution. — Naquet mena une admirable campagne de raisonnements, pendant deux années, au service d'un messianisme qui n'avait que faire de

raisonnement... ...it-il la plus grave
erreur de détail ... « antiparlementaire » qui fut com... ...ration du système représentatif. — ... ...ué sa destinée en choisissant la ca... ... ...et, avec
son grand talent, c'est l'adve... ... ...ider.
— Mais Boulanger, en face de ... ...s,
s'appuie moralement à sa maître... ...
possédés par les défiances de la solitu... ...
au sentiment de leur conservation; il se ju... ...
innocent du désastre et marchandé par des
teurs.

Quelle atmosphère d'angoisse dans cette maiso...
battue des vents de la mer! Dix heures, enfin! On
peut partir! C'est l'instant émouvant de remettre la
lettre. Naquet, dans l'antichambre, la sort de sa
poche, la tend au Général. Celui-ci les quitte brusquement, il court à la lumière pour l'ouvrir et la lire.
Nulle mise en scène concertée; de part et d'autre,
des gestes aussi nus que pour donner et recevoir un
coup de couteau.

Dehors, à travers le jardin, les cinq marchent lentement; ils pensent qu'on les rappellera, mais rien
ne bouge dans la maison éclairée qu'ils surveillent.
Ils doivent s'éloigner, silencieux et interrogeant leurs
consciences.

A neuf heures du matin, par un temps clair sur la
plage, quand les boulangistes reviennent à Sainte-Brelade prendre congé, c'est comme si l'on avait balayé,
lavé toutes traces d'une catastrophe. Aucune allusion
du Général à leur communiqué. Il a toujours son
agréable aisance, sa belle barbe piquée de rares
fils d'argent, son teint mat avec un peu de rougeur

« PARAITRE OU DISPARAITRE, MON GÉNÉRAL ! » 475

aux pommettes. Seulement son regard prend plus souvent qu'à l'ordinaire cette fixité et cet accent dur qui, parf... rompent son expression de rêverie fatalis... ..., nul geste où l'on puisse distin... ...sions, tandis qu'ils se dégagent d... ..., la veille, ils avaient accepté. En ... ...ue d'assumer la bataille, il remet à ... ...rdre qui assure quarante mille francs aux ... du second tour. Quel jeune soleil délicieux ... qu'il les reconduit sur le sable qui crie du ...! Soudain, il dit que tout à l'heure il leur fera p...ter sa réponse. Et puis, à la grille, un dernier mot :

— Bon voyage, messieurs.

Sous cette belle tenue, que souffre-t-il au cœur quand ils disparaissent, ceux qui l'entraînèrent dans la politique, et quand il remonte seul vers sa maîtresse malade !

Les cinq ne se sentent pas capables de rester une minute de plus dans cette île où il peuvent, en se promenant, rencontrer celui qui devient tout court le locataire de M. Leffondré ! Il n'y a pas de service, ce jour-là, pour la France. Eh bien ! un petit bateau qu'ils frètent immédiatement les conduira à Guernesey, d'où ils gagneront Paris par Londres.

Du rivage qu'ils quittaient, un messager essoufflé leur tendit une missive du Général :

« ... Vous êtes arrivés ici affolés par la défaite de dimanche, n'attendant même pas le scrutin de ballottage, abandonnant nos amis encore sur la brèche et n'ayant pas l'air de vous douter que vous faisiez ainsi le jeu de vos adversaires. Je vous connais trop pour penser un instant que vous me quittez parce que je suis momentanément vaincu ; vous n'empêcherez pas nos ennemis, et peut-être certains de nos amis de le croire. Je le regrette pour vous plus que pour moi. Je refuse vos démissions. Si vous croyez devoir les maintenir malgré ces observations, je les accepterai plus tard. Peut-être, d'ici là, aurez-vous réfléchi que le boulangisme n'est pas aussi mort que vous le dites. Il est malade, certainement ; mais si vous n'écoutez pas mon avis, c'est vous qui lui aurez porté le dernier coup.

« Agréez, je vous prie, mes chers amis, l'assurance de mes sentiments personnels, les plus dévoués. »

A Guernesey, la maison de Victor Hugo ne suffit pas à les avertir sur les avantages de l'entêtement politique. Ils ne comprirent pas qu'il s'agissait pour eux de durer jusqu'à ce que la France produisît en pleine terre les sentiments qu'ils avaient cultivés un peu prématurément. Ils méconnurent cette grande vérité, si consolante pour des précurseurs, que « la patience est ce qui, chez l'homme, ressemble le plus au procédé que la nature emploie dans ses créations ». Ces magnifiques impatients s'étaient constitués pour enlever le pouvoir et non pour semer des principes.

Au second tour de scrutin, un seul boulangiste sortit, Girou, qui fit la paire avec Grébauval.

Alors, au Comité, rue de l'Arbre-Sec, devant tout l'état-major du parti, les pèlerins de Jersey racontèrent leur mission :

— « Paraître ou disparaître », avons-nous dit au chef. Son refus nous accule à la nécessité de nous dissoudre.

« PARAITRE OU DISPARAITRE, MON GÉNÉRAL! »

Un horrible s... ...vit, où les simples officiers mesurèrent ... ...les maréchaux. Ils n'appréciaient ... ...ème une réalité que maintenant o... ...ix la proclamaient, qui toujours l... ...anti la victoire.

A... ...énéreuse de Déroulède, la cruauté c... ...rre, la logique irréfutable de Naquet, ...noncèrent, deux années durant, Bou... ...nt aujourd'hui à le dénoncer! Il a perdu, ...oulangisme? c'est possible, mais nulle élo... ...ne convaincra trente auditeurs d'accepter la

...ssassiner Boulanger, c'est en même temps assas-...iner ces députés obscurs, ces candidats ardents, cette boulange enfin qu'aucune lutte n'intimide et qui ne se connaît pas d'autre titre qu'un titre sur le chef du Parti national. Que vient-on leur parler d'un « boulangisme sans Boulanger »! Ils savent trop quelle campagne ils ont faite, vide de tous principes et simplement sur la popularité d'un homme. Georges Laguerre, admiré par tous les praticiens pour son audace et son activité et qui sembla grandir au milieu du désastre collectif, déclare qu'il va démissionner, en appeler à ses électeurs. Sans doute, il veut obtenir de Grenelle la liberté d'orienter dans un nouveau sens son ambition politique. Mais eux, les pe... s, ne se sentent pas le moyen de s'offrir ce bain régénérateur. Ils proclament leur fidélité au chef. Gauthier (de Clagny), dans une improvisation mémorable, adjure les séparatistes, tandis que, plus bas, d'autres voix dénoncent leur trahison. Deux jours, cette majorité des faibles, presque tout le Comité, se débat sous ces mains d'aînés qui veulent l'étrangler, et avec une telle vigueur que Déroulède soudain change de camp :

— Je revenais de Jersey pour déclarer le boulangisme fini, mais, en voyant vos sentiments, j'abandonne mon opinion. Nous ne pouvons pas tuer Boulanger, il faut le suivre.

Dans ce désarroi, tandis que Naquet, Laguerre, Laisant, fidèles à leur résolution de Jersey, coupent tous liens politiques avec Sainte-Brelade, tandis que Déroulède ramasse autour de lui le Comité national, brutalement l'exilé, selon sa tactique constante d'offensive, les devance et, le 14 mai, signifie sa volonté :

« ... Je crois qu'il serait au moins inutile de troubler le pays par des agitations stériles. Le triomphe, il faut savoir l'attendre du temps et de la propagande des idées : mais je désire qu'il n'y ait plus désormais d'intermédiaire entre les citoyens et moi ; car personne ne peut mieux qu'eux-mêmes manifester leurs sentiments. La tâche du Comité me semble donc terminée et je vous prie de faire connaître à vos collègues que ceux d'entre eux qui le désirent peuvent désormais consacrer un concours, qui jusqu'ici m'avait été précieux, aux opinions qui leur sont particulièrement chères. Pour moi, j'ai à me recueillir, à méditer sur les leçons que contiennent les faits accomplis et à étudier d'une façon sérieuse les questions qui intéressent le peuple laborieux, pour mieux mériter les sympathies qu'il me témoigne encore... »

CHAPITRE XVIII

BOULANGISME ET STUREL SE RESSERRENT

Sturel s'est irrité dans les dernières réunions du Comité. Ces débats de l'agonie lui paraissent insensés. Pourquoi ces défections? Comment un hussard français trouverait-il dans le désastre de Sedan une raison pour passer aux uhlans prussiens? C'est un garçon intelligent, mais d'une qualité mal appropriée à la pratique parlementaire, et quand il se déserterait pour suivre ses collègues sur le terrain de leurs intrigues, il n'acquerrait pas leur valeur spéciale.

Cependant il se livre si fort aux passions publiques qu'il ne peut pas jouir des plaisirs privés offerts à ses vingt-sept ans. Il diffère d'apprécier pleinement Mme de Nelles jusqu'au jour où Paris recevra en triomphe Boulanger. Non qu'il cesse de fréquenter rue de Prony, mais il y prend de la volupté sans la savourer.

Parfois il arrivait de la Chambre avant que la jeune femme fût rentrée. Avec impatience, derrière les rideaux, il guettait le bruit de la voiture. Et, dans un éclair, quand elle descendait, à demi masquée par le valet de pied ouvrant rapidement la portière, il pensait que, pour la vêtir, elle si frivole et pleine de vie, on avait fait un carnage des oiseaux de paradis, que les modestes vers à soie s'étaient exténués, et que les ouvriers demi-nus avaient extrait des minéraux. Un jour, se disait-il, elle mettra sa tête sur l'oreiller, cette fois pour mourir, mais indéfiniment je garderai le souvenir de ces portes qui s'ouvrent et de ses pas rapides vers mon amour. Ainsi s'émouvait-il, non sur Thérèse, mais confusément sur tous les êtres, car ces belles et tristes impressions entraînent l'individu hors du particulier, sur les vagues de la vie universelle.

L'intimité de sa maîtresse avec Rœmerspacher l'agaçait pourtant comme une conspiration pour le diminuer. Il jugeait ridicule l'importance que le jeune historien, près de passer son agrégation, commençait d'attacher à sa carrière, et, lui-même, il ne se rendait pas compte de la place tenue dans sa conversation par les niaiseries politiques. Tous deux avaient pris des opinions fixes et irritables. Certainement qu'à cette date-là, présentés l'un à l'autre pour la première fois, ils ne se seraient pas liés.

En quittant la rue de l'Arbre-Sec, où l'on venait de dissoudre le Comité, Sturel alla dîner rue de Prony. Les Nelles recevaient dans l'intimité Saint-Phlin qui, deux mois auparavant, avait épousé une de leurs cousines en Lorraine. Avec les nouveaux mariés, il trouva Suret-Lefort et Rœmerspacher. Tout plein de son après-midi, il raconta les dernières convulsions du parti ; ses amis n'y reconnurent même pas une anecdote intéressante.

— Qui est-ce qui s'occupe encore de Boulanger ? disaient-ils.

Si le rôle de l'homme qui l'introduisit dans la vie publique est terminé, Sturel se fortifie dans son intention de quitter le Parlement. Mais les autres jugent cette idée de retraite puérile. Rœmerspacher lui dit gentiment comme à un cadet :

— C'est toujours un bon cercle, le Palais-Bourbon. Où passeras-tu les après-midi?

— Je n'abandonnerai pas ce qu'il y a d'intéressant dans la politique, telle que je l'ai toujours entendue ; j'irai travailler avec Boulanger. Il veut « se recueillir, méditer les leçons que contiennent les faits accomplis, propager ses idées ». Nous tâcherons d'élaborer un programme auquel puissent se tenir liés les partisans que son bonheur a suscités et que sa mort politique abandonnerait à l'anarchie.

On ne voulut pas le comprendre.

— Démissionner de quoi que ce soit, disait Suret-Lefort, c'est toujours une faute.

Aussi bien, pourquoi Sturel cherche-t-il des approbations préalables? Qu'il démontre l'excellence de son projet en agissant. Mais il s'entêtait à solliciter l'appui de Saint-Phlin, sous prétexte que, le long de la Moselle, ils avaient rêvé ensemble de remédier à l'indigence de la pensée politique, et projeté de vulgariser des vues un peu saines sur la restauration profonde de la chose publique?

Pour l'instant, le jeune traditionaliste ne songeait qu'à faire admirer sa petite femme, de cheveux blonds et de ton péremptoire. Il se rangeait à l'avis de Suret-Lefort, parce que, désireux de maintenir à Varennes son rôle de patron, il trouvait dans le député radical, préoccupé de plaire aux conservateurs meusiens, le plus obligeant intermédiaire auprès des bureaux de Paris. Quand Sturel lui reprocha, un peu trop nerveusement, d'abandonner la conception régionaliste, il répondit avec tranquillité. Il vivait, comme Rœmerspacher, une vie monotone qui permettait à son esprit de se régler.

— Pourquoi veux-tu, disait-il, attacher, envers et contre tout, nos chances à un homme perdu? Nous trouverons un meilleur moyen de nous compter.

— Ce pauvre Boulanger, ajouta Nelles, dire que nous l'avons reçu dans cette salle à manger! Que c'est loin! mon brave Sturel, laissez-le boire en paix le cidre de Sainte-Brelade.

Il invita ses hôtes à goûter d'un vin qu'on venait de servir. On aurait pu entendre les coups de pied que Sturel donnait dans la table. Le jeune homme interprétait comme une preuve de l'ignominie humaine le discrédit où l'insuccès précipitait Boulanger et qui rejaillissait sur lui. Il croyait, en démissionnant, agir avec plus de noblesse que ses amis, et vraiment, Mmes de Nelles et de Saint-Phlin, en qualité de femmes, auraient bien pu avouer une faiblesse pour les vaincus.

Déjà agacée que Sturel tînt tête à son mari, car les femmes compliquent toujours d'un froissement d'amour-propre une divergence d'idées, la jeune Mme de Saint-Phlin jugea bientôt impertinent qu'il soutînt devant elle un homme marié assez immoral pour vivre avec une divorcée. Et tous surent mauvais gré au boulangiste de contrarier cette petite femme qu'ils regardaient avec amitié parce que, deux mois auparavant, elle était fille. Rœmerspacher, avec plus de justice, distingua que l'irritation de Sturel n'avait pas de cause basse.

— Mon pauvre Sturel, il est impossible de ne pas l'aimer, parce que tout cela est bien désintéressé, mais il faut toujours que tu sortes de l'ordre.

Voilà bien ce qu'a toujours senti Mme de Nelles. Sturel se tient constamment en dehors des régularités, tandis qu'elle-même, jeune fille excentrique, puis jeune femme délaissée, rêva toujours, fût-ce à son insu, une existence où tout aurait été idéal et pourtant réel, comme les mouvements des jeunes animaux, le lys parmi les fleurs et, dans le ciel, le mystère de la lune. Ce soir, elle envie Saint-Phlin et sa femme qui vantent leur paix à la campagne ; elle regarde la quiétude que Rœmerspacher s'assure dans sa propre supériorité, et, appuyant son visage contre sa main parfumée, elle se juge du fond d'un fauteuil la plus malheureuse des femmes, car Sturel, quand il a devant lui des années parfaites avec la plus délicate des maîtresses et dans un bon siège au Parlement, projette, elle le voit bien, de tout quitter pour habiter Jersey et pour s'enfoncer dans une aventure.

L'aime-t-elle encore ? lui fait-il enfin horreur ? Définir avec précision sa pensée, ce serait la trahir. Elle regrette ce qu'ils auraient pu avoir de bonheur.

A certains instant, Sturel partage cette mélancolie ; pas assez pour prendre les moyens de l'apaiser. C'est au net un débauché. Même s'il souffre à l'idée de perdre Mme de Nelles, il ne peut en elle absorber sa vie. Ne tolérant pas qu'elle lui refuse rien, il ne sait pourtant pas se réjouir deux secondes de l'extrême complaisance qu'elle lui témoigne. Et dans la minute où, agenouillé contre les genoux de cette belle maîtresse, il la remercie tendrement, son imagination se compose ailleurs des plaisirs et des inquiétudes. Des caprices de coquette l'eussent affolé ; les tendres exigences d'une jeune amoureuse le froissent comme des liens, et un rendez-vous fixe toujours contrarie des projets vagues dont il espère davantage. Sa volupté la plus fine, dans le secret de son être, semble de gâcher un bonheur ; il y trouve une façon d'âpreté qui irrite en lui des parties profondes de la sensibilité et le fait d'autant mieux vivre. C'est ainsi que son âme, fréquemment livrée au tumulte des passions d'amour-propre, désire maintenant la solitude et, parmi son double désastre amoureux et boulangiste, jouit de se sentir méprisante et détachée.

Ce capricieux, ce déréglé sait pourtant plaire, parce qu'on voit qu'il place la passion par-dessus tout et qu'il s'égare sans jamais s'abaisser. Il ressent et communique les agitations des vrais amoureux, mais il décourage l'amour.

Peut-être en lui la vie est-elle si intense et dans toutes les directions qu'il n'arrive pas à se faire une représentation très nette des objets sur lesquels il dirige ses sentiments. Capable d'atteindre quelque jour des états élevés, car il a l'essentiel, c'est-à-dire l'élan, mais affamé tour à tour de popularité, de beauté sensuelle, de mélancolie poétique, il ne vérifie pas les prétextes où il satisfait son soudain désir, et, bientôt dissipée sa puissance d'illusion, il se détourne de son caprice pour s'enivrer d'une force sur lui plus puissante encore que toute autre, pour s'enivrer de désillusion.

C'est ce philtre qu'il buvait dans le boulangisme mourant et sur les lèvres de Mme de Nelles dans le printemps de 1890. Il aimait les fins de journée un peu humides et si tristes de mai, ce mois hésitant, mal formé dans nos climats, où il souffrait auprès d'elle des préférences qu'évidemment elle réservait pour Rœmerspacher, souvent installé en tiers dans leurs causeries. Peut-être par quelques mots eût-il pu la ressaisir, mais c'était sa volonté douloureuse de se taire et de laisser leur amour se perdre sous le flot. Son imagination, habile à se composer des tourments, allait jusqu'à le faire souffrir également s'il se la représentait heureuse et reconnaissante dans les bras d'un autre, ou s'il la supposait délaissée et secouée des frissons d'une jeune femme ardente à la vie et solitaire.

Cependant elle le jugeait insensible, et son cœur se gonflait dans sa jolie poitrine à regretter ce qu'ils eussent eu de tranquille félicité s'il avait consenti au tendre abandon que, de tout son corps et de toute son âme, à vingt-quatre ans, elle lui avait apporté.

L'amitié de Rœmerspacher continuait à la soutenir. Il avait gardé tout l'hiver les habitudes prises à Saint-James durant la longue absence de Sturel. Il passait rue de Prony les dernières heures de chaque journée; le sentiment ardent et triste de la jeune femme les faisait pareilles, dans cette pièce remplie de fleurs mourantes, à des soirées d'automne. Et si Sturel voyageait, Mme de Nelles condamnait sa porte, parce que tous leur semblaient des gêneurs. La nuit tombait sur leur conversation à voix basse, consacrée uniquement dans les débuts à étudier le caractère de François Sturel. Une amitié sincère, voilà toujours ce qu'elle croyait désirer pour se consoler de la qu'elle se permit était d'accompagner Rœmerspacher dans l'antichambre, quand il se retirait, et, sans l'assistance du domestique, de l'aider à se couvrir en lui répétant : « Prenez garde au froid, mon ami. » Peu à peu, les injures de son amant distrait n'excitaient plus en elle qu'un douloureux sentiment de la solitude et, comme une plante s'oriente hors de l'obscurité, elle se tournait toute vers Rœmerspacher.

Et pourtant, mais qui s'en étonnerait! son goût de pureté passionné demeurait tel qu'elle cherchait des précautions contre son instinct. De tout son effort, elle revenait à Sturel ; le gardait pour lui de la tendresse encore et elle eût voulu se soustraire aux mouvements violents de l'amoureuse qu'elle se reconnaissait.

Les jours où elle s'efforçait de se refuser un amour, tout de la vie lui paraissait indifférent, inutile, comme dans les instants où la notion de la mort nous domine. Il y a autant d'intensité de mélancolie à suivre la raison que de beau lyrisme à suivre l'amour. C'est toujours quelque chose de forcé, l'impression de se détruire. La simple idée d'une passion où l'on est résolu de ne se point prêter, introduit de l'impureté dans toutes les minutes de la vie. « Qu'il est étrange, se disait-elle, que mon goût si vif de la beauté ne me détourne pas de cette sorte de professeur, petit, mal habillé, et qui n'est pas du monde! »

Tout cela eût été fort bref avec un homme moins délicat ou plus averti que Rœmerspacher. Il distinguait avec attendrissement chez la jeune femme ce que cachent tous les êtres et même les plus enviés, une souffrance. Convaincu, au delà de toute mesure, de sa gaucherie, il ne sut pas comprendre qu'il intéressait Thérèse de Nelles parce que, auprès de lui, elle ne doutait jamais de sa puissance. Et puis, après son premier feu de jeune bête émancipée, elle commençait à reconnaître que seule une vie régulière, avec un mari aimé, dans une monotonie douce et confiante, aurait fait son bonheur.

Le lendemain du dîner avec les Saint-Phlin, Sturel se plaignit à Mme de Nelles. Il prétendait que c'était impoli d'attaquer en sa présence Boulanger :

— Qu'on déchire Mme de Bonnemains, soit! en voilà une qui nous gêne assez.

Thérèse écoutait avec stupeur cet enfant gâté :

— Vous dites, au résumé, qu'on ne peut pas être amoureux et faire de la politique? Ne dois-je pas en conclure que votre choix est fait, car vous vous animez et vos yeux brillent quand vous parlez de politique?

Il se tira fort mal de cette difficulté, puis il annonça son départ pour Jersey.

Sturel lui avait tour à tour donné toutes les sensations et celle que nous pouvons avoir d'un coup de poignard. Le cœur percé, elle le regarda et vit qu'il cherchait l'heure sur la pendule.

— Mon pauvre ami, disons-nous adieu.

Il y avait quelque chose de si irréparable dans l'accent de cette jeune femme qu'il la regretta, mais sans renoncer à son train. Avec un chagrin dont il goûtait l'angoisse, il la prit dans ses bras sans qu'elle résistât :

— Au moins, lui dit-il, vous ne me préférez personne, car, ajouta-t-il en essayant de l'embrasser, vous seriez impure de vous prêter à moi après avoir accueilli un autre.

Elle détourna ses lèvres :

— Impure ! encore un vilain mot...

— Admirable de trouble, de confusion touchante et de lourde tristesse.

— Il n'y a d'admirable que le cristal, le diamant, les perles, les sources dans la forêt, tout ce qui est lumineux et léger.

Dans l'amour et dans la volupté, Sturel appréciait la tristesse charnelle qui suit. C'était pour lui une mer profonde où s'anéantissent toutes les émotions. Par la jalousie sensuelle même, il était véhiculé jusqu'à ce gouffre de néant dont il avait le goût absurde, comme ce frivole roi de Thulé qui, dans un même divertissement, risque sa fille et sa vaisselle plate.

— A qui donc pensez-vous en détournant vos lèvres ? lui disait-il.

— Pourquoi voulez-vous savoir un nom, quand vous ne pouvez rien changer à ce qui est?

— Rœmerspacher?

Mme de Nelles répondit :

— Je compte qu'il n'aurait rien à supporter de vous quand votre supposition, aujourd'hui fausse, deviendrait juste. Rappelez-vous qu'une femme est libre d'avouer qui elle veut, mais que sa faveur doit demeurer cachée par celui qui en a profité, même dans les témoignages de la jalousie.

Sturel exprima d'une façon touchante sa soumission et sa constante reconnaissance. Il avait dans les yeux ces larmes qui sont si faciles aux hommes nerveux et que sèche l'esprit de l'escalier. C'est au contraire quand il fut sorti que Mme de Nelles pleura. Elle regrettait les rêves amassés sur lui et qu'il gâchait.

Elle se mit au lit, mourante. Les sanglots qui semblaient vouloir briser ses seins délicats valaient la goutte de sang qu'à Saint-James ils avaient vu perler au col d'une colombe assassinée.

Mais l'être qui pleure ainsi, c'est une M™° de Nelles nerveuse, une romanesque en l'air, créée par l'influence de Sturel. D'elle-même, c'était une lorraine pleine de bon sens. Pour la ramener à son véritable fonds et aux vérités d'une vie féminine normale, Rœmerspacher est puissant. La solidité, l'équilibre de ce jeune homme de la Seille rappellent à Thérèse, par-dessus les années parisiennes où Sturel, son mari et le ton à la mode la dévoyèrent, les temps heureux que petite fille confiante elle passa auprès de sa grand'mère en Lorraine. Alors elle était une enfant dans une atmosphère d'affections qu'aucune défaillance, aucune maladresse n'auraient pu décourager. Mais de Sturel toujours elle avait pensé que, si elle devenait laide ou vieille, il ne l'aimerait plus.

Rœmerspacher adoucissait l'univers. Par Sturel tout était sec comme des lèvres de fiévreux et tragique, comme des plaintes sur un oreiller d'insomnie. Après les champs pierreux et les violents parfums du Midi, elle trouvait auprès de Rœmerspacher le vert tendre des pays du Nord et leurs lignes de peupliers rafraîchis du vent sur le bord des rivières. Enfin, tandis que Sturel se plaignait de toutes les circonstances, aurait voulu qu'elles se pliassent sur ses volontés, Rœmerspacher prétendait que le sort nous guide, et que Thérèse devait y céder. Ainsi parvenait-il souvent à la rasséréner.

La voiture qui attendait Sturel devant la porte de M™° de Nelles le conduisit à la gare Montparnasse pour le train de Granville. Pourquoi décrire le trouble que lui donnait la douleur de sa maîtresse ? Benjamin Constant, avec une force qui nous dispense de redoubler, analysa jadis le mal que les cœurs arides éprouvent des souffrances qu'ils causent. Sturel n'était pas précisément aride, mais il produisait ce semestre-là autre chose que des fleurs pour femmes.

Sa puissance de sympathie avait été certainement développée par l'élargissement du boulangisme : il s'était associé à ce mouvement national : maintenant, avec lui, il se rétractait. Son effusion privée allait d'accord avec l'effusion publique, et, dans ce resserrement de son parti, il devenait âpre, pauvre et fermé.

Mᵐᵉ de Nelles le fatiguait avec ses exigences de délicate, quand tout allait si mal. S'il faut courir aux pompes, protéger le bateau, peut-on s'attarder à des misères individuelles, fût-ce à soigner la plus aimable des passagères de première classe ?

Il tombait dans la même frénésie que ses collègues du Comité se brouillant les uns avec les autres, avec Boulanger, avec les électeurs et avec leur propre passé. Depuis longtemps il s'éloignait de Renaudin et de Suret-Lefort ; il se figura qu'il s'allégeait en se détachant même des Saint-Phlin et des Rœmerspacher. Auprès de Thérèse de Nelles, en toute circonstance il aurait trouvé un concours illimité. Pourtant il n'hésita point à la sacrifier. Voilà une conséquence de son esprit imaginatif. Dès sa petite enfance, il avait eu cette délicatesse qui l'empêchait d'entrer dans les détails positifs et le maintenait dans ses constructions. Il croyait peu à la réalité de Thérèse de Nelles. Les problèmes qu'il se proposait et toutes ses chimères vivaient pour lui d'une façon plus certaine que cette jeune femme. S'il existe une reversibilité, il est voué au malheur, à l'isolement. Et voici en effet qu'il commence à ne plus se plaire avec les individus. Il concentre toute sa force pour maintenir un rêve boulangiste demi dissipé. Comme cet entêtement ne va point sans sacrifice et lui donne une certaine émotion, il le suppose fécond.

Tout à ce vague, il navigue vers Jersey sans arrêter ce qu'il dira au chef : « Auprès de lui, pense-t-il, je laisserai couler librement et sans scrupule les grandes idées qui vivent en moi. »

Sur le bateau, comme il s'informait de la distance du port à Sainte-Brelade, certains passagers ricanèrent du Général. A l'insuccès de la leçon qu'il prétendit leur donner, il reconnut que les injures de la presse gouvernementale faisaient maintenant l'opinion. Cette défaveur ne pouvait modifier ses projets, nés d'un état d'esprit plus poétique que politique ; mais elle l'enivra de tristesse, car jamais, dans ses précédents voyages avec le Comité, il n'avait si fort compris qu'il posait toute sa mise sur un homme.

Vers cinq heures du matin, monté sur le pont et se laissant battre par le grand vent, il s'efforça de se dégager des pénibles impressions que lui donnait cette mer tumultueuse où le creux des vagues écumantes gardait encore de la nuit. Il parvint à la longue à dérouler en lui de magnifiques espoirs, que prolongea bientôt le spectacle de l'aube, dégageant les découpures noirâtres et pittoresques des îles Chausey et puis, après un temps de ciel et d'eau, révélant là-bas les collines de Saint-Hélier.

CHAPITRE XIX

« LAISSEZ BÊLER LE MOUTON »

De Saint-Hélier, la route suit en se courbant la baie de Saint-Aubin, où les amazones chevauchent sur le sable et que bordent des maisonnettes fleuries de géraniums. On quitte la mer pour la montagne, et voici des écriteaux qui défendent l'accès des chemins privés de Saint-Brelad's villa. Sturel, quand son cocher lui désigna dans les verdures un cottage au toit pointu, égayé de majoliques, de balcons et d'annexes fantaisistes, contemplait depuis quelques minutes un grand drapeau tricolore hissé sur un mât blanc, qui associait à cette maison baroque toutes les grandes idées de l'exil.

Cette protestation du soldat qui, chassé par une ingrate patrie, s'enorgueillit des trois couleurs, restitua au jeune pèlerin une sensibilité toute neuve pour les doctrines du parti national. « On ne soulève pas les masses, pour une action durable, sans des principes, se disait-il, et le cri de « Vive Boulanger ! » ne fait l'emploi d'un principe qu'à la condition d'aboutir rapidement à un coup de force. Il fallait oser le soir du 27 janvier. La tâche aujourd'hui, c'est de remédier à l'indigence de la pensée politique en France et de rendre intelligible à tous la nécessité, dans l'état des choses, d'un expédient autoritaire. »

Il sonna, et sur le fronton de la grille, il lisait cette devise : « Il n'est rose sans épine, » quand le Général parut. Toujours de carrure solide et de tenue élégante, coiffé d'un chapeau rond et un gros jonc à la main, il descendait à travers le jardin dont la pente aidait à comprendre ses jambes arquées de cavalier. C'est lui qui ouvrit à Sturel, et sans s'étonner, avec cette voix qui créait immédiatement la familiarité :

— Il fallait me prévenir. Je serais allé vous chercher au bateau. Renvoyez votre voiture : vous dînez avec nous.

Ils remontèrent de quelques pas dans le jardin.

— J'approuve, mon Général, vos paroles si fortes dans votre lettre de congé au Comité national : « Le triomphe, disiez-vous, il faut savoir l'attendre du temps et de la propagande des idées. » Disposez de moi pour cette grande tâche.

Tout de suite, Boulanger accusa ses anciens lieutenants. Sturel déplora « un malentendu passager », mais sous le regard subitement durci de son hôte :

— Mon Général, je ne me charge pas de les défendre. Je vous l'avoue, je garde dans mes yeux tant de scènes magnifiques où je les vis glorifier avec énergie votre cause ; cependant, je n'ai rien à cœur que votre popularité et le salut national.

Boulanger mit amicalement sa main sur l'épaule de Sturel :

— J'étais tranquille, je savais pouvoir compter sur vous comme vous pouvez compter sur moi. Ah! si l'on avait composé tout le parti d'hommes nouveaux!

Et avec sa belle mémoire dont il tirait vanité :

— Pourquoi votre ami Saint-Phlin ne m'écrit-il plus?... Quand vous êtes arrivé, j'allais faire les cent pas sur la plage ; nous y serons bien pour causer.

Sous la véranda, un instant, sans doute pour prévenir Mme de Bonnemains, il abandonna Sturel. Une forêt de roses grimpaient aux piliers, aux balustrades. Dans leur parfum, dans ce silence, en face de ce jardin soigné qui glissait jusqu'à la mer, le jeune homme se rappela l'Hôtel du Louvre, la rue Dumont-d'Urville, Londres et même la Pomme d'Or, qu'emplissaient des images plus vulgaires, mais où l'on sentait l'excitation d'un peuple. Cette retraite le gênait comme une alcôve d'amoureux et plutôt comme une chambre de mort où nous entête l'entassement des gerbes et des couronnes.

A cinquante mètres de la villa, ils se promenèrent sur un long sable désert que séchaient le soleil et la brise. Sturel rappela dans quelle condition, à Londres, il avait par discipline accepté une candidature. Il était entré au Parlement pour seconder et ratifier l'acte qu'on attendait du Général. Cet espoir évanoui, pourquoi demeurerait-il un jour de plus dans un poste où il dégradait son intelligence et son caractère?

Ces idées déconcertaient Boulanger qui, dans sa longue activité, avait tranché bien des affaires et pesé bien des hommes, mais qui ne connaissait guère cette complication d'un rêveur poursuivant à travers des drames publics son propre perfectionnement.

— Il faut rester où vos électeurs vous ont placé, et prendre en mains leurs intérêts. Jeune, intelligent, travailleur, vous vous ferez rapidement une grande place. D'ailleurs, nous sommes plus près du succès qu'on ne le croit.

Cette parole de réconfort marquait assez qu'il méconnaissait les motifs de son plus désintéressé partisan. Mais un chef doit-il entrer dans les intérêts particuliers ?

Boulanger s'occupait, lui aussi, à sculpter sa propre statue ; il la voulait parfaite : toutes les fautes et l'insuccès, il les rejetait sur ses lieutenants :

— Par leurs imprudences, leurs vaines provocations, et en ouvrant trop tôt l'action électorale, ils m'ont fait sortir de l'armée. Ma plus grande erreur politique fut de voter contre l'urgence de la révision ; elle m'a été imposée par les républicains du Comité pour plaire à M. de Cassagnac et pour aider la droite à renverser Floquet, que remplaça Constans. Il y a quelques jours, affolés, apeurés, ils me sommaient ici même que je me livrasse pieds et poings liés à mes pires adversaires. Que cherchaient-ils ? L'un d'eux me promit de me défendre ! L'avocat ! il comptait bien se faire un triomphe. Quand il ne leur restera que mon cadavre à exploiter, ils le prendront.

Pendant deux heures, ils arpentèrent la plage. La mer montait avec un bruit monotone. Le Général plaidait sans s'interrompre, sinon pour affirmer sa foi dans son étoile.

— J'ai vu en trois ans des choses extraordinaires ! Les événements m'ont porté et rejeté ; ils viendront me reprendre ici. Oui, je vous le jure, le flot remontera !

A midi, ils reprirent le chemin caillouteux vers la villa, et Boulanger, chassant les pierres avec le bout ferré de sa canne, disait :

— Ils seront brisés.

Il parlait ainsi de ses adversaires et peut-être de ses amis.

A table, Sturel fut épouvanté par l'évidente phtisie de Mme de Bonnemains et gêné par Mme Boulanger la mère, une vieille très usée, qu'ils avaient recueillie sous leur toit. Le Général entourait de soins ces deux femmes, et pour les rassurer montrait un esprit libre et même un sorte d'enjouement. La louange de Jersey, son bon air, ses promenades variées firent tous les frais. On décida de sortir en voiture. Auparavant, il fallait visiter la partie la plus reculée de la propriété, une vaste roseraie, qui s'élevait par un chemin très pittoresque, orné d'étranges charmilles, d'une volière et d'un temple grec. Mme de Bonnemains, bien qu'elle s'appuyât au bras du Général, dut à plusieurs reprises s'asseoir sur les bancs espacés. Sturel modérait son pas sur le leur, les plaignait et s'impatientait. Et tout là-haut, contre le bois de pins où gisent des colonnades à moitié brisées, tandis qu'on se reposait longuement sous prétexte d'admirer la vue, superbe, par-dessus la maison, sur de vastes espaces d'eau, il se disait avec l'insouciante dureté de ses vingt-sept ans vivifiés par l'air salin : « Croit-il donc que je suis venu pour respirer avec une malade des roses, en regardant le soleil sur la mer? »

Dans leur longue promenade en landau, le Général continua de servir Mme de Bonnemains. Les regards, toutes les manières, la sécurité de cette créature, détruite par son mal et enfouie sous les couvertures, marquaient assez qu'elle connaissait sa toute-puissance. Vers ce temps-là, une femme qui avait favorisé leurs amours dans son petit hôtel de Royat, « la belle meunière », étant venue séjourner à Sainte-Brelade, lui montra dans un journal que Mme Boulanger « faisait des économies pour réserver un morceau de pain au Général, son mari, quand il lui reviendrait brisé par la vie ». « Il faudrait que je fusse morte, répondit Mme de Bonnemains, et alors le Général n'aura besoin de rien ni de personne. »

La douceur du printemps à Jersey irritait Sturel. Il n'entendait pas échanger la chambre de Thérèse de Nelles contre cette mollesse, et son imagination appelait autour du chef un rude climat et des efforts virils, en place de ces langueurs qui désarment les âmes. Quelque chose toujours voile le fond des pensées que se communiquent deux hommes de formation si différente. Le Général ne soupçonnait pas qu'une atmosphère de fatalisme et de mort contraignait dans Sainte-Brelade ce jeune homme brûlant d'agir. Il reprit, avec une énergie vulgaire dans l'expression et mystique dans le fond, ce thème qu'il développait pauvrement, toujours avec les mêmes mots, mais avec l'ardente monotonie d'un psalmiste dans l'exil : « Le peuple, éclairé par les fautes de nos ennemis communs, me rendra justice. » Il ne disait pas sur quels signes il prévoyait ce revirement, ni par quelle organisation il y aiderait.

— Ne pensez-vous pas, mon Général, qu'il faut doubler d'une doctrine votre popularité, afin qu'un autre ne vienne point, par un coup de hasard, se substituer à vous dans l'imagination nationale?

« Un autre! » Nul mot ne pouvait aussi cruellement toucher le point sensible de Boulanger. La propagande faite autour du jeune duc d'Orléans, du « Prince Gamelle », l'inquiétait dans ces mois-là, et toujours il avait veillé à limiter l'influence de Déroulède.

— Je ne refuse pas d'agir, bien au contraire, répondait-il à Sturel, mais je me conduirais comme un fou en me livrant à mes ennemis de la Haute Cour. La sagesse d'un chef, c'est de ne pas accepter le combat que lui offrent ses adversaires sur un terrain où il sent l'infériorité de ses forces. Qu'on me propose un plan : on peut compter sur moi et je trouverai des ressources pour toute action où je verrai une quantité raisonnable de chances.

Mis en demeure de sortir des généralités, Sturel affirma la nécessité d'une feuille hebdomadaire qui relierait entre eux tous les boulangistes et leur fournirait la doctrine directe du chef. Boulanger l'approuva et l'invita à se mettre en relations avec Pierre Denis, qui lui avait proposé quelque chose d'analogue. Mme de Bonnemains offrit de recommander elle-même ce bulletin à des amis sûrs et actifs.

Tout au fond, les premières et excessives complaisances de la fortune disposaient ce chef à se laisser faire par la destinée. Sturel, avec la clairvoyance que donne le contact direct, discerna quelque puérilité à demander une propagande doctrinale à un tel homme. A la guerre, dans les voyages, dans les grands commandements et au ministère, Boulanger avait acquis des connaissances très étendues; son esprit attentif et naturellement juste savait les employer au bon moment, mais il n'était pas doué pour les traduire en idées. A plusieurs reprises, lors de sa première visite à l'Hôtel du Louvre, puis à son retour de la Moselle, Sturel avait laissé de côté les considérations que Saint-Phlin l'avait prié de transmettre au

Général ; cette fois encore, il eut honte de son pédantisme devant ce soldat d'éducation pratique ; il tut quelques vues sur l'économie du corps social, dans lesquelles il voyait des principes capables de maintenir liées pour une action durable les masses soulevées par la crise boulangiste. La mortelle langueur de Sainte-Brelade, de cette grève où Boulanger se tenait à la disposition du flot, l'envahit. Depuis Paris, il s'était dit : « Si le Général voulait ! » il pensa depuis Jersey : « Quand la France voudra ! » Il se rallia à l'idée que les fautes des parlementaires seraient pour le boulangisme la meilleure plaidoirie et le meilleur acte. Il accepta la formule où le Général se résumait : « Laissez bêler le mouton. »

Sturel revint à Paris, comblé des témoignages de l'exilé et de Mme de Bonnemains. Il ne rapportait aucune panacée pour le salut public, mais du moins une leçon très importante pour son développement propre. Il se méfia davantage de son enthousiasme indéterminé, et, sans perdre l'énergie qui l'animait et qui lui permettait d'idéaliser la tâche boulangiste, il comprit la nécessité de s'appuyer sur une série de réalités.

Tout d'abord, il s'avisa qu'il devait prendre soin lui-même de sa dignité et que, bon pour une crise héroïque, il se diminuerait à tourner au bureaucrate du Palais-Bourbon. Soucieux de sa gloire propre, et sans chercher autrement à rendre son état d'esprit intelligible pour ses amis et pour Boulanger, il envoya sa démission au président de la Chambre.

Il s'occupa de la *Voix du peuple*, journal hebdomadaire boulangiste, avec Pierre Denis, et dans une certaine mesure il subit l'influence de cet ouvrier autodidacte, magnifique phénomène d'orgueil, de désintéressement, d'illusionnisme, qui survit, pour nous la faire entendre, à cette démocratie de 1848, généreuse, individualiste, où Boulanger, peut-être bien, n'eût pas été déplacé. Seulement l'esprit de système et les beaux souvenirs de Pierre Denis ne pouvaient contenter un jeune lorrain, songeur, mais disposé à réaliser ses songes, et Sturel guettait les circonstances.

La dissolution du Comité avait été le craquement précurseur, quand une partie de la montagne va se détacher et faire avalanche. L'état-major monarchiste, qui avait accepté la marche parallèle, cherchait à précipiter la dislocation, de peur que ses fidèles ne s'habituassent à leur chef improvisé. « Bonsoir, messieurs, » avait écrit M. Arthur Meyer dans un article retentissant, dès l'échec législatif de 1889. D'innombrables fidèles demeuraient au Général, dans sa ruine politique ; pour les détacher et les rendre disponibles, les politiciens résolurent de casser les reins du chef sous les yeux de sa clientèle. Il fallait promener cette tête coupée à travers les départements.

Des articles de M. Mermeix publièrent d'août à octobre les indiscrétions de la droite. L'auteur fut-il un agent politique, ou bien utilisa-t-il des documents par une appétence malsaine de journaliste pour le scandale ? Engagé dans un œuvre où les chances de plaire étaient minces, il prétendit du moins, car on garde toujours de l'amour-propre, paraître redoutable. De chapitre en chapitre, comme la réprobation grandissait, on le vit redoubler pour assommer le chef dont il avait possédé la confiance. Sa publication devint le dépotoir de ce qu'une défaite laisse de rancune entre les associés vaincus. On eût dit une des voitures qui, pour le service de la voirie, passent chaque matin à nos domiciles. Diverses personnes toutefois hésitaient à livrer gratuitement leurs poubelles. Magnifique émulation! Un secrétaire du comte Dillon, pour appuyer une demande d'argent auprès de M. Maurice Jollivet, l'ancien caissier du Comité national, menace de publier des révélations; Hector, domestique du Général, parlera à Chincholle si on ne lui règle pas certains gages. Le groom Joseph affirme que la liste des pourboires qu'il recevait dans l'escalier pourrait gêner bien des personnes. Le cœur de Renaudin palpite; dès le troisième article de M. Mermeix, il s'embarque pour Jersey. Le moment lui paraît favorable pour aller rôder autour du Général qui doit bien, que diable! se rendre compte du prix de ses amis.

Boulanger l'accueillit de la même voix familière, du même geste aisé qu'il avait eus pour Sturel. En attendant le déjeuner, il le conduisit sur la plage.

Le député-journaliste déclara qu'il venait s'installer à Jersey pour une quinzaine, afin d'écrire sous la dictée du Général une histoire vraie du boulangisme. Il se faisait fort d'annuler l'« infâme campagne du Mermeix ».

Boulanger refusait d'attribuer aucune importance aux « Coulisses » :

— Plus tard, je ne dis pas. Votre idée est bonne. Mais, pour l'instant, je laisserai bêler le mouton.

Renaudin insistait : une grande histoire populaire

du Parti national qu'il rédigerait et que signerait le Général. Il commença d'interroger. Son hôte refusait les questions précises et s'échappait dans une apologie générale de sa conduite, rejetant toutes les fautes sur ses collaborateurs et surtout sur la Droite.

— Dites bien, répétait-il, que, quoi qu'il arrive, je ne veux plus avoir affaire avec ces gens-là. Proscrit par la République, je ne servirai jamais que la République.

Il avertit Renaudin qu'à table on écartait toute politique. Mme de Bonnemains éclatait en larmes, au seul nom de ces « Coulisses » où elle était si durement dévoilée.

Ils déjeunèrent avec Mmes Boulanger mère et de Bonnemains; ils admirèrent le jardin et la vue; le landau les promena tous les trois, et beaucoup de leurs phrases sur Jersey et sur Paris avaient déjà servi entre le Général et Sturel. Seulement Renaudin ne se borna pas à s'impatienter secrètement. Décidé à rapporter une aile ou une plume, il osa entreprendre Mme de Bonnemains sur l'utilité de réfuter point par point les calomniateurs. Boulanger, contenant avec peine sa colère, répliqua qu'il attendrait que ces gens-là eussent vidé leur sac pour balayer les calomnies.

Renaudin protesta de sa soumission. Depuis trois ans, il sacrifiait tout, en aveugle, au Général; s'était-il jamais permis une objection? aujourd'hui seul le guidaient l'intérêt du chef et l'avis de tous les fidèles. Comment douter de son abnégation dans une cause qui lui avait fermé tous les grands journaux et qui le forçait de rogner le pain de sa mère et de sa sœur? C'est vrai que l'échec d'un parti réagit sur la situation du plus modeste de ses membres. Et, bien que député, la presse boulangiste se mourant, il alimentait plus difficilement que jadis son budget. Il y insista dans l'idée que Mme de Bonnemains avait encore de l'argent. Émue de ce débat et de ces vilenies, la malade fut secouée par un long accès de toux. Le Général ordonna au cocher de rebrousser chemin. On se tut. Renaudin trouvait ces gens-là bien « coco »; leur incapacité lui nuisait; il serrait les dents et se préparait à tenir bon.

Que n'a-t-il pas risqué pour ce Boulanger? Il se rappelle ce qu'il apprit chez le baron de Nelles, dans la fameuse soirée qui précéda la fuite à Bruxelles : le Général, depuis Clermont, est allé à Prangins sous le nom de commandant Solar! C'était risquer pour rien, par frivolité, les intérêts des hommes de cœur qui s'associaient à sa fortune. Nous devons notre piteux état à ses forfanteries aussi bien qu'à ses lâchetés. Si je m'étais accordé avec les parlementaires, au lieu de les insulter pour le compte de ce beau galant, je jouirais d'une situation de tout repos.

En rentrant, le Général s'enferma avec sa maîtresse. Renaudin attendit plus d'une heure. Quand ils se retrouvèrent, l'un et l'autre, par un même effort, avaient repris un masque banal. Boulanger offrit au journaliste de lui dicter quelques déclarations. Il s'éleva contre les réactionnaires et s'affirma républicain; il marqua son intention d'étudier d'une façon sérieuse les questions qui intéressent le peuple laborieux. La nécessité de reprendre sa popularité par la base et de lui donner des assises se précisait dans son esprit. Sous l'influence de son isolement moral, peut-être s'était-il pri d'une sorte d'amour mystique pour ces masses anonymes à qui il devait ses immenses triomphes et qui jamais ne l'avaient trahi. Il cita Pierre Denis, devenu son confident. Ce nom suffit à mettre en gaieté intérieure Renaudin, qui commença de regretter qu'il n'y eût pas quelqu'un du boulevard pour s'amuser avec lui du Général.

C'est que Renaudin, qui se croit l'esprit vif et qui a déserté l'ordre naturel de sa pensée lorraine, dès le lycée de Nancy, pour prendre un brillant de voyou parisien, est incapable de toucher la richesse vraie de son chef. L'idée fondamentale de Boulanger fut, dès son premier jour, de mettre l'autorité de la patrie au-dessus de tous les partis. Cette idée, il l'entendit dans des sens très divers. Ministre de la Guerre, c'était la revanche; chef d'un parti politique, la révision de la Constitution; aujourd'hui, on le prendrait pour un chef démocratique poursuivant simplement le bien-être des déshérités, la justice contre les exploiteurs. Il n'y a pas contradiction, ni même évolution : toutes ces pensées existent à la fois dans sa conscience, mais chacune le domine selon les circonstances.

Si vraie que fût son émotion, il donnait, comme de coutume, un ton plutôt vulgaire à des sentiments plutôt nobles :

— Laissez des politiciens se croyant bien habiles tirer sur la ficelle jusqu'à la casser, et croyez au bon sens, à l'esprit de justice du peuple, qui se souviendra un jour que je souffre pour lui et par ses pires ennemis. Ces sentiments couvent sous la cendre.

Voilà pourquoi je ne désespérerai jamais. Je voulais arracher mon pays au régime d'abaissement et de honte qui le tue, pour lui donner un gouvernement honnête et respecté. Je n'ai pas réussi. Je serai plus heureux dans la suite, quand un événement imprévu me permettra de recommencer la lutte dans de meilleures conditions. Je ne me reproche rien, j'ai fait mon devoir, tout mon devoir.

Le journaliste-député écrivit sans sourciller, puis assujettissant son monocle et avec un sourire, il regarda Boulanger bien en face :

— C'était bien imprudent cette idée du commandant Solar d'aller visiter le prince Jérôme.

Boulanger ne broncha pas. Alors, par allusion à une phrase du prince Napoléon, Renaudin ajouta :

— Enfin, j'espère encore que vous la gagnerez, cette épée.

Boulanger fit tourner sa chaise entre ses jambes et dit :

— Avouez que c'était crâne.

— Espérons que Mermeix l'ignore, cette crânerie.

Boulanger pressentit le chantage et laissa venir. L'autre, après un silence, continua :

— Mon Général, dès maintenant, plus une minute à perdre. Il faut vigoureusement vous défendre. Grâce à Dieu ! nous sommes là. Un Mermeix ne nous intimide pas. Mais à vos amis autant qu'à votre intérêt propre, vous devez une explication publique.

— Citez-moi un seul d'entre vous, répliqua avec vivacité le Général, à qui le boulangisme n'a point profité ! C'est moi qui ai tout perdu dans la lutte : grades, honneurs, le fruit de trente années, et, comme couronnement, un tribunal inique me prive de ma patrie.

— Que devons-nous répliquer quand les « Coulisses » racontent que vous avez fait un pacte avec les monarchistes, dont vous receviez l'argent, dans le but de restaurer le roi, sans que nous autres, républicains, nous l'ayons su?

Boulanger haussa les épaules.

— Faut-il nous borner à répondre que vous comptiez manquer à vos engagements?

Le Général frappa du poing le bureau et, très pâle :

— Vous ne m'auriez pas parlé sur ce ton-là, rue Dumont-d'Urville.

Renaudin multiplia les excuses. Il perdait le moindre respect de soi-même à mesure qu'il se sentait percé, méprisé par le chef, pour qui, tout de même, depuis trois ans, il avait eu de l'enthousiasme, du dévouement et quoi! de la naïveté. Prêt à déserter cette amitié qu'il venait de rendre impossible, il mettait tout son cœur à emporter un petit souvenir : il inventa que le parti lui devait 6,000 francs parce que, depuis les élections, il ne touchait plus sa mensualité de 500 francs, compensation de sa place du *XIXᵉ Siècle*.

— Voulez-vous ma montre? dit Boulanger, en détachant sa chaîne.

Rentré à Paris, Renaudin fit bien rire les couloirs du Palais-Bourbon; il dépeignait à ses collègues « la tête du brav'Général » quand, à brûle-pourpoint, il lui avait décoché : « Le commandant Solar était bien imprudent. »

— C'est un bijou, votre histoire, dit Nelles. En trente mots vous dépassez tout Mermeix qui tire un peu à la ligne. Le grand art, c'est de faire court. Vous permettez aux boulangistes de lâcher leur Boulange, et au gouvernement de le fusiller comme un lapin.

Quelqu'un les entendant, leur dit :

— Je croyais que vous aviez été boulangistes.

— Oh! dit Nelles, nous ne cesserons jamais de réclamer qu'on lui rende ses décorations.

La joie de ces hommes d'esprit redoubla. Suret-Lefort, vivement attaqué par les boulangistes de la Meuse qu'il avait joués, poussa Renaudin à publier son histoire; il lui promit qu'elle le réconcilierait avec Bouteiller; il paraissait autorisé à faire savoir que c'était le désir de Constans.

Jamais on n'avait vu une liquidation plus abominable qu'à ce début d'octobre 1890. Polémiques, agressions, duels, procès-verbaux infamants empestaient les airs comme une vidange épouvantable des fosses politiques. La *Visite de Boulanger à Prangins* rapporta à Renaudin mille francs et ajouta encore un plein tonneau à cette peste. Le soir de sa publication, le reporter était attablé à une brasserie du carrefour de Châteaudun, quand Fanfournot, sur le trottoir, commença de l'interpeller. Il lui reprochait, à grands cris, d'avoir vécu de Boulanger et de le vendre. La foule ricanait et approuvait le jeune vengeur de la morale publique. Renaudin se réfugiait dans l'intérieur, mais un garçon de café s'écria :

— Est-ce qu'on ne devrait pas balayer cette ordure!

L'insulté assujettissait son monocle d'une main qui commençait à se troubler. Il chercha, pour se plaindre, le patron, qui répondit :

— Je ne puis pas faire sortir les clients ; vous voyez bien que vous avez ici tout le monde contre vous.

A cet instant, une espèce de géant, poilu, avec la figure furieuse des officiers en demi-solde qu'a peints Géricault, s'approcha et dit :

— Ah ! c'est vous, M. Renaudin ! Je suis curieux de vous voir !

Puis il lui cracha au visage et le gifla d'une telle force que le drôle, débilité à cause de la misère subie dans ses années de formation, roula sous les consommateurs, qui le redressèrent à coups de pied. Au milieu des huées, il courut dehors et s'élança sur l'omnibus qui passait. Il se croyait quitte, mais on touchait à la station, et pendant les mortelles minutes de l'arrêt il dut, sous la joie générale, accepter les injures et quelques horions de l'acharné Fanfournot :

— Judas ! voilà Judas ! le boulangiste Renaudin qui a vendu le chef dont il embrassait les bottes !

Suret-Lefort refusa de servir de témoin à Renaudin. Il se passa de médecin. Il ne trouva qu'avec la plus grande peine et quand les quarante-huit heures de délai réglementaire allaient expirer, deux vagues flibustiers de la presse. Encore le blaguaient-ils en le menant à la Grande-Jatte :

— Pour mille francs ! deux gifles, des frais chirurgicaux et peut-être les pompes funèbres ! Vrai, tu ates le métier.

Plus sérieux, ils disaient :

— Ce qui peut t'arriver de mieux, c'est un bon coup d'épée qui te colle pour trois mois dans ton lit, où l'on t'oubliera.

Trente boulangistes de Courbevoie huèrent son

landau sur le pont. L'un d'eux arrêta son adversaire qui suivait :

— Vous êtes brave et honnête, citoyen. On ne vous fait donc pas de recommandation. Je vous rappelle simplement : Tirez au ventre.

Renaudin se battit avec un si furieux désespoir qu'il se troua sur l'épée de son gigantesque adversaire.

— Eh bien ! docteur, — demandait-il, étendu sur la terre, au chirurgien qui se penchait, — que dites-vous ?

— Vous êtes dans un triste état ; je ne veux pas y ajouter, je vous dirai seulement : canaille !

Renaudin, se voyant damné dans la conscience de ses pairs, commença de pleurer. — C'est la première fois que le boulangisme trouve de la satisfaction dans sa nouvelle consigne de « laisser bêler le mouton ».

CHAPITRE XX

L'ÉPUISEMENT NERVEUX
CHEZ LE GÉNÉRAL BOULANGER

Six mois après ce voyage à Jersey, Sturel, se promenant un peu désœuvré à travers les rues, fut hélé d'un fiacre par Suret-Lefort et l'accompagna dans diverses courses de ministère en ministère.

Ils ne s'étaient pas vus depuis la dissolution du Comité. Sturel félicita son ami d'un discours habile sur la mévente des madeleines de Commercy. Mais le député se plaignait. Il trouvait les chemins du pouvoir barrés par de vieux chefs d'emploi. Les Constans, les Rouvier, les Roche, tenaient leur autorité de leur collaboration avec Gambetta, et voici qu'une seconde ligne se formait avec les Bouteiller et les gens qui avaient brillé contre Boulanger.

— Comment veux-tu que je leur passe dessus? concluait mélancoliquement le jeune député de la Meuse.

— Le Général nous délivrerait d'eux.

— Boulanger! Je l'avais jugé, mon cher Sturel. Celui qui nous débarrassera du Parlement, c'est un homme du Parlement.

Cependant il parlait de l'exilé sur un ton respectueux et même avec sympathie :

— Quand je pense aux gredins qui le traitent de concussionnaire ! Bouteiller, par exemple, quelle fripouille ! Ah ! celui-là ! si l'on étale jamais son rôle dans le Panama ! C'est la campagne que vous autres, boulangistes, vous devriez entreprendre. Voilà votre vrai rôle d'antiparlementaires, au lieu de vous éterniser en tentatives pour galvaniser une popularité morte.

— Je suis tout prêt à en parler au Général, mais je n'ai pas les documents.

— Des preuves, au sens juridique, existent-elles ? Faites du moins un historique exact, et puis osez le publier et le maintenir.

— L'audace, dit tranquillement Sturel, ne me manquera pas, si je sais que je possède la vérité.

— As-tu rencontré un petit juif nommé Arton ? C'est lui qui achetait les députés.

— Il ne fournira pas un dossier qui le mènerait au bagne.

— Renaudin sait beaucoup de choses.

Sturel fit un geste de dégoût, que Suret-Lefort trouva puéril.

— J'ai décliné, tu le sais, de l'assister sur le terrain, et je me serais abstenu de suivre son enterrement. Mais enfin, il vit. Eh bien ! pour cinq cents francs, avec ses souvenirs de Portalis, du baron de Reinach, de Bouteiller, avec tout ce qui filtre dans les bureaux de rédaction, il te gâchera une sorte de monstre que nous n'aurons plus qu'à vérifier.

Sur les répugnances de Sturel, Suret-Lefort, après avoir répété plusieurs fois : « Ça n'est pourtant pas mon affaire d'attaquer les chefs de la majorité, » finit par se charger d'une démarche près de Renaudin. Huit jours plus tard il revenait. Il se fit jurer qu'en aucun cas Sturel ne le découvrirait, puis il lui dicta une note qu'il garantissait authentique.

« Dans les rapports de la Compagnie de Panama avec le gouvernement, on doit distinguer quatre catégories de distributions :

« Des chèques furent remis par le baron de Reinach. Nul doute qu'il n'en possède les talons et que, par ailleurs, le banquier payeur n'ait gardé pour sa décharge le papier présenté.

« Il y a eu des sommes versées directement par les administrateurs et le plus souvent, semble-t-il, de la main à la main, sans chèques ni reçus.

« Le nommé Arton, délégué par la Compagnie et plus spécialement par le baron de Reinach, se vante d'avoir dispersé un million trois cent quarante mille francs entre cent quatre députés. Il cite les noms et les chiffres, qui variaient suivant la résistance et l'importance du personnage. Il est monté jusqu'à deux cent cinquante mille francs en faveur de M. Floquet, pour les besoins du Gouvernement ; il descendait parfois à mille francs.

« Enfin la Compagnie consentait à certains journaux dirigés par les parlementaires des prix de publicité en disproportion avec leur tirage. Même elle fournit le *Soir* à Burdeau et la *Vraie République* à Bouteiller. C'était subventionner ces deux politiciens. »

Suret-Lefort brûla son brouillon, puis, toujours pressé de rendez-vous, il ajouta, en mettant ses gants :

— Voilà le thème : à vous la musique ! Boulanger doit posséder encore quelque argent. Pourrait-on acheter des preuves d'Arton ? Vaudrait-il mieux vous entendre avec les Lesseps et avec les Cottu ? Pesez tout cela en famille; mon rôle est terminé.

L'imagination de Sturel s'échauffa. Il entrevit un chef-d'œuvre de politique. Pour occuper ses journées, la Chambre lui manquait ; le Palais, dont il essayait, lui paraissait fade et commercial après les grandes émotions du jeu boulangiste. Il s'occupait toujours de la propagande doctrinale avec Pierre Denis et la *Voix du peuple*, mais il craignait de choir, comme Rœmerspacher le lui avait reproché à Saint-James, dans des idées de professeur, dans un boulangisme *ex cathedra*, et par instants il tenait le traditionalisme de Saint-Phlin pour une école d'impuissance. Irrité chaque jour par les injures d'un monde parlementaire qu'il se savait le droit de mépriser, assuré qu'un boulangisme latent subsistait sous cette longue sécheresse, il entrevit que les concussions panamistes permettraient de ranimer et de venger le parti.

Sans entrer dans le détail, il fit connaître à Jersey qu'il voulait soumettre un plan d'action. « Ne prenez pas la peine de passer l'eau, lui répondit le Général ; pour être en communion plus étroite avec mes amis, et en vue d'une reprise d'activité, je me rapproche de Paris. Je serai à Bruxelles au début de mai. J'espère bien vous y voir. Je vous remercie de vos sentiments dévoués. Nous sommes plus près du triomphe de nos idées que beaucoup de personnes ne l'imaginent. »

On croit voir une lassitude au travers des phrases

usées que Boulanger écrivait tous les après-midi aux nombreux et obscurs courtisans de sa disgrâce. Cette correspondance privée faisait maintenant son unique travail. En vain sur la table et sur la cheminée de son cabinet s'entassaient des livres, demandés à Paris, quand, sur le conseil de Pierre Denis et de Sturel, il voulut étudier les besoins du peuple et donner une doctrine au boulangisme ; à tous instants, il se levait pour aller dans la chambre voisine, où Mme de Bonnemains se mourait d'une pleurésie dégénérée en phtisie et surtout de ses angoisses.

Les hommes peuvent supporter les violences de la lutte et même affronter, tête haute, la catastrophe finale. Il faut avoir son sport, et nul sport sans risques. Le bonheur, c'est d'employer avec le plus d'intensité possible ses facultés. Tenir un rôle, ne fût-il fait que d'efforts et de déboires, c'est à quoi certaines natures sacrifient toutes satisfactions. On admire pour sa raison profonde un propos de l'Empereur à Sainte-Hélène : « J'aime mieux être ici le prisonnier des rois que d'avoir pu passer en Amérique. J'y serais devenu peu à peu un particulier pas très distinct des autres. Je ne pourrais pas me faire à ne pas occuper l'opinion dans le monde. »

Peut-être la diminution des injures dans les journaux serra-t-elle le cœur de Boulanger, parce qu'elle témoignait qu'on l'oubliait ou qu'on le craignait moins : Mme de Bonnemains en trouva toujours assez pour pleurer. Les coups de gueule des chiens qui le traquaient épouvantaient cette mondaine frivole, vaniteuse, adulée, qui jusqu'alors ignorait l'ordure et la cruauté de la vie. Et puis, très croyante, elle se désespérait de ne pouvoir pas régulariser sa situation et de quitter la vie en état de péché mortel. D'autres tourments la minaient. Elle trompait le Général sur sa fortune, dès maintenant à peu près détruite. Pour en réaliser les débris, elle entretenait à Paris une correspondance que des domestiques dénoncèrent, qu'il surprit sans la comprendre, qu'elle continua malgré ses serments et qui amena entre eux les scènes les plus déchirantes, en même temps qu'elle épuisait de préoccupations la pauvre dissimulée. La fièvre, la jalousie, les intrigues de la police corrompaient tout autour de ces malheureux. Refusait-elle de manger? il jeûnait. Puisqu'elle ne sortait plus, il se privait de prendre l'air. A peine s'il reposait quelques heures de nuit, et tout le jour il tenait dans sa main les doigts ridés de sa maîtresse, où les bagues jouaient.

Ils n'aspiraient plus qu'à quitter cet enfer de Jersey et, loin du vent énervant de la mer, comptaient sur la guérison. Peu de jours avant leur départ pour Bruxelles, Boulanger obtint que Mme de Bonnemains l'accompagnât au château de Mont-Orgueil. C'était sa promenade préférée parce qu'il voyait de là les côtes de France. Les feuilles déjà poussaient sous le soleil d'avril. La pauvre femme, drapée dans un grand manteau de fourrure et courbée à chaque instant par sa toux, ne descendit pas du landau. Le Général monta sur la hauteur; l'horizon s'éclaircit à cet instant extrême de la journée; Carteret, Port-Bail affleuraient sur une mer magnifique. Il ne pouvait pas détacher de cette petite ligne de terre ses yeux, où les larmes montaient. On entendait dans l'éther glisser le moindre vol. L'impuissance et le regret se tenaient immobiles à ses côtés. Il s'écoutait souffrir. S'éloignant encore de quelques pas pour être à l'abri des regards, il se laissa tomber à genoux et sanglota. Cette marque légère, là-bas, c'était le lieu de ses bonheurs anéantis. Cette France, il l'avait aimée, d'instinct d'abord, en cœur bien né, et puis en soldat fier de servir; plus tard, en chef chargé de vivre la vie de l'État, de respirer et d'exprimer le souffle de tous; enfin il lui avait dit : « Ne bouge pas ! je me charge d'exécuter les désirs, les vengeances. Je veux être la volonté nationale ! » Ivresses disparues; ainsi s'éloignent ces bateaux sans laisser de trace sur cette mer, et les cris stridents de leurs sirènes s'évanouissent !

Comme il expiait ses faciles fortunes de jadis, en se déchirant à leur souvenir ! Là-bas, ses ennemis triomphaient, et ses amis irrités de sa défaite les rejoignaient pour l'accabler. A la brume, qui maintenant envahissait les espaces, le malheureux voulait crier : « Cache ma patrie, intolérable pour moi, le plus pieux de ses fils, qui me souviens de l'avoir connue d'accord, comme mon cœur, avec tous les mouvements de ma vie. » Où pouvait-il se rejeter ? Cette île de Jersey, qui, au premier instant, lui promettait un repos d'amour et d'espoir, avait encadré l'anéantissement de sa politique et la maladie de son amie. En vain se resserrait-il sur soi-même pour s'affirmer ses destinées, il ne se retrouvait plus. Détruit par l'excès d'épreuves ininterrompues, harassé d'un problème insoluble, il voulait se déserter pour vivre en Mme de Bonnemains, et, dans ce refuge encore, des lettres anonymes, des rapports d'amis, le goût qu'elle avait du mensonge, le venaient tourmenter. Mais autour de ce sentiment il groupait les suprêmes ressources de son énergie et de son bel optimisme. Dépouillé de ses dignités, de ses emplois, de tout le butin de sa vie, il redevenait le sous-lieutenant, l'homme de vingt-deux ans, passionné et naïf ; il embrassait d'un geste violent une petite photographie de Mᵐᵉ de Bonnemains fixée dans son bouton de manchette : « Toi me trahir ! quel misérable suis-je donc pour accueillir cette infâme supposition ! »

Quand il rejoignait la voiture et que la silhouette de cette mourante apparaissait à la portière, il avait hâte de serrer dans ses bras, de réchauffer cette femme glacée par le couchant, sans dégoût, sans connaissance même de la maladie, car c'était le seul regard où pour lui maintenant la sympathie parlât, le seul cœur où il pût crier et trouver un écho.

— Oh ! mon Georges, disait-elle de sa voix singulière, qui seule dans sa personne n'avait guère changé, je crois que bientôt nous allons être séparés.

— Me séparer de toi ! Jamais ! Si tu pars la première, tu sais bien qu'aussitôt je te rejoindrai. Mais que de belles années nous avons à vivre, quand tu seras guérie !

Des beautés disparues pour tous empêchaient cet amant de distinguer le mal dont les moins perspicaces lisaient l'échéance prochaine dans ces yeux caves, dans cette face livide et décharnée, dans ces lèvres plus minces qu'un fil, dans tous ces frissons douloureux. Marguerite de Bonnemains possédait Boulanger par des philtres inexplicables pour qui ignore l'ascendant des amantes tuberculeuses, classique en médecine. Dans leurs grandes déceptions, les ambitieux souvent glissent à l'ivrognerie. Après le désastre législatif de septembre 1889, Boulanger, avide d'oublier, prit de l'opium. Mais c'était un être très sain, un cœur honnête en même temps qu'un tempérament vigoureux : à cinquante-deux ans, il demanda un alibi contre la vie à l'amour. Le charme romantique de la *Dame aux camélias* comporte une rude explication : là tuberculine renferme, entre autres poisons, une des substances aphrodisiaques les plus puissantes qu'on connaisse.

Sturel fixait peu son esprit sur la maladie de Mme de Bonnemains. Il entra dans la maison de Bruxelles, non pas avec les précautions qu'il faut chez les moribondes, mais solidement et ramassant ses forces pour faire surgir celles du Général. Incapable de sortir des idées qu'éveille en lui le nom de Boulanger, il méconnaît dans ce petit hôtel tout envahi par l'odeur de la phtisie une incomparable valeur tragique. Il y trouve seulement ce qu'ont ressenti les Déroulède, les Laguerre, les Renaudin, et qu'ils traduisirent tous selon leur tempérament : l'irritation de ne pouvoir pas faire galoper la jument qui est morte.

Tandis que Déroulède dit : « Eh bien ! je m'attellerai à cette tâche ; » Laguerre : « C'est une partie perdue, cherchons ailleurs ; » Renaudin : « Pourrai-je du moins vendre sa peau ? » Sturel, les yeux obstinément fermés, se répète : « Ce sera beau si, lui et moi, nous piétinons enfin les parlementaires. »

Boulanger l'approuve en principe, l'encourage à se documenter et laisse entrevoir qu'il pourra disposer de quelque argent pour l'achat des preuves.

Même il plaisante et c'est bien toujours le même personnage, légèrement épaissi, avec quelques fils d'argent. Mais un autre visiteur, et moins tendu dans son désir que Sturel, sentirait sous d'anciens mots, sous d'anciennes attitudes, la mollesse du corps et de la volonté. Quelle sinistre maigreur prend désormais cette biographie tout à l'heure si ample! La politique de compartiments se rétrécit aujourd'hui à d'humbles intérêts : Boulanger se compose une figure d'énergie pour Sturel, de sérénité pour sa mère, de confiance au chevet de sa maîtresse.

Chez celle-ci, même hypocrisie par tendresse. Balzac, voulant marquer le sublime du pathétique, écrit : « On eût dit une mère mourante obligée de laisser ses enfants dans un abîme de misère, sans pouvoir leur léguer aucune protection humaine. » Cette douleur extrême et sur soi et sur lui, elle n'a même pas l'apaisement de la laisser déborder. Elle crache ses poumons et ravale ses pensées. Le héros d'un drame, quand tout son sang s'échappe, est porté par ce que l'action dégage d'ivresse. Le général Boulanger arrive au dénouement à demi anesthésié par le tourbillon qui le bat. Mais les malheureuses femmes! La mère de Boulanger sous tant d'émois perd la raison. Mme de Bonnemains, petite mondaine avec toutes les frivolités, avait souffert au milieu des succès de ne pas obtenir l'annulation de son mariage et le divorce du Général; à l'heure des revers, on la traîna publiquement dans l'ordure; en juillet 1891, elle meurt.

Sturel vint pour l'enterrement. Et sur le pas du petit hôtel, rue Montoyer, en attendant la sortie du corps, il pensait que le Général, désormais plus libre d'esprit, oserait sans doute davantage. Cependant, au premier étage, le malheureux, agenouillé dans les fleurs funéraires, s'épuisait à prendre en soi toute la morte.

Autour de cette maison du désespoir, tapageait la curiosité indiscrète et dure des Belges. Leurs ébats faillirent renverser le cercueil. Le Général, en habit noir, avec la plaque de la Légion d'honneur, livide, mais redressant le front, instinctivement tendit ses mains tremblantes. Au cimetière, on dut le soutenir, puis il demeura seul près de la tombe, où il renouvelait un serment.

La délégation de ses amis parisiens attendait, groupée à la porte du cimetière. Parmi eux, Déroulède, qu'il n'avait pas vu depuis le terrible « Paraître ou disparaître » de Jersey. Quand le chef passa, ils saluèrent profondément. Ils le suivirent de loin jusqu'à la rue Montoyer. Sturel pénétra jusqu'au Général :

— Vos amis franchissent votre seuil ; ils vont retourner à Paris ; ne les verrez-vous pas ? Ils servent toujours votre cause.

Méconnaissable, le visage encore jeune sous ses larmes, mais indécis de gestes et titubant presque, il refusa d'abord. Puis il fit signe de les appeler. Il ne put rien dire et chancela sur leurs poitrines.

Avec eux tous, Sturel regagna Paris. Il calculait qu'avant six semaines, décemment, il ne pourrait pas entretenir des ignominies panamistes le Général.

L'agonie dans la solitude commençait. Tant d'injures subies et les plus honteuses diffamations, les échecs électoraux, la trahison de ses partisans, sa méfiance éveillée envers les plus fidèles, l'accaparement de son programme par ses adversaires, le succès de la Revue de 1891, Cronstadt surtout, grande manifestation franco-russe qu'il avait toujours rêvé de présider et dont l'honneur lui échappait, voilà quelles secousses usèrent son énergie et l'amenèrent aux extrêmes frontières où l'on n'a plus qu'un pas pour entrer dans la mort. Et ce qui l'y jeta, ce fut ce désert moral dès le soir de l'enterrement.

Depuis trois ans, ne pouvoir être sincère avec personne! N'avoir le droit ni de faiblir ni de s'inquiéter. Être le soldat chancelant qui nie sa blessure, le chef qui, se sachant trahi, affirme sa confiance. Sourire des attaques et des circonstances qui l'émouvaient le plus fortement, se faire voir dédaigneux, calme et sûr! Attitude nécessaire, mais rien n'use davantage. Et, comme il faut que les femmes pleurent, les hommes les plus hommes ont besoin, à certains instants, de se détendre dans le découragement, d'avouer leurs craintes. Mme de Bonnemains n'avait jamais rien entendu à la politique; mondaine, un peu sèche, elle ne possédait pas une âme boulangiste, mais jamais sa foi au succès ne s'ébranla. Qui donc pouvait accueillir les calomnies de leurs adversaires ou dominer l'étoile de son ami? La société d'une femme si optimiste devenait d'autant plus précieuse au Général que son système nerveux s'exaspérait sous la série indéfinie des impressions pénibles. Aussi, quand la mort lui enleva cette tendre intimité, il trouva un moindre effort à mourir qu'à continuer de vivre. Il lâcha la vie, comme tel individu, pour échapper à l'angoisse du vide, abandonne avec volupté son point d'appui sur l'abîme.

Nul doute qu'un traitement sérieux, grand air, repos absolu, hydrothérapie, peut-être un séjour à la Maloya, dans de telles extrémités, ne puissent redonner du ton, ressusciter l'énergie morte. Mais c'est là qu'une fois de plus se vérifie une formule de Gœthe : « On meurt seulement quand on le veut bien. » Exacte dans le sens de ces philosophes qui conçoivent l'inconscient comme une volonté, cette phrase ici sera prise à la lettre. Le Général voulut mourir. Dans son cerveau s'était introduite l'idée fixe qui finit par nécessiter l'acte. Ce n'était plus : « Je veux rendre à la France Metz et Strasbourg, » ou bien : « Me venger de Constans ! » mais : « Je veux dormir mon dernier sommeil tranquille auprès de celle qui m'a été dévouée corps et âme et qui n'obtint en récompense de son sublime abandon que l'injure et la calomnie. »

Voilà que le héros devient élégiaque, signe qu'il se détruit complètement. La fatigue poussée jusqu'à l'usure donne des sentiments attendris. Presque tous les vieillards, en finissant, remercient et murmurent : « Dormir... tranquille... » Ces derniers mots nous sortent de la tragédie pour nous entrer au cimetière ; et, d'une importante vie publique, on passe dans ces intimités que l'on ne peut commenter qu'en baissant la voix.

Le petit groupe des fidèles où fréquentait assidûment Sturel se communiquait, en septembre 1891, des lettres du Général Boulanger qui sentent la mort. Il écrivait à une amie :

» Vous savez bien que mon existence actuelle est

un supplice atroce; que, si je le supporte encore aux yeux des indifférents, c'est que je veux accomplir jusqu'au bout ce que je considère comme un devoir. Le jour où, tôt ou tard, je n'en pourrai plus, le jour où mes forces seront épuisées, au moins vous me rendrez cette justice que, le cœur brisé, j'ai tenu bon jusqu'au moment où la lutte avec la vie m'a terrassé. Si vous saviez tout ce que les lettres politiques me coûtent à écrire, tout ce que les visites me coûtent à recevoir, vrai, vous auriez pitié de moi, et pourtant, je le répète, j'irai jusqu'au bout. »

De tels documents établissent avec netteté l'épuisement nerveux. Cet état ne va guère sans insomnies mêlées d'images délirantes. C'est le chemin de l'hallucination. Les boulangistes commentaient avec une inquiétude grandissante cet autre fragment de lettre, admirable couplet de lyrisme, de sincérité et de douleur :

« Nous nous aimions tant, nous nous étions tellement identifiés que nous ne formions qu'un, et c'était indissoluble. En partant, elle a emporté non pas seulement la moitié de moi-même, mais tout ce qu'il y avait de bon, de noble, de généreux en moi. Je vous le dis simplement, mais véridiquement : je ne suis qu'un corps sans âme, je vis machinalement. Et puis chaque nuit, je la revois, jamais malade, mais belle, resplendissante, avec son corps impeccable et son âme toute de bonté et de nobles sentiments, qui me tend les bras et me rappelle toutes ces phrases folles que je lui redisais sans cesse, et toujours en me réveillant j'ai dans l'oreille sa voix triste, résignée, me disant : « Je t'attends. »

Lumières certaines sur ce problème si passionnant

d'une âme et d'un corps énergiques que des coups savants arrivent à jeter bas !

Sturel voulut s'assurer par lui-même des forces qui restaient au malheureux où il s'obstinait à placer des espoirs chaque jour plus âpres. Il manquait dans la circonstance de puissance représentative. Mais il vit dans cette ville bruyante son Général sans un ami, sans une sympathie ; il contempla cette triste rue en pente, ce petit hôtel de la mort, ces lettres amoncelées qui se plaignaient, quêtaient de l'argent, près de celui qui n'avait plus cinq cents francs dans ses tiroirs.

Ce chef déserté, cet amant assiégé par la mort, ce double naufragé du bonheur et de la gloire s'engloutissait dans une mer de désespoir sans rivage. Infiniment noble de romanesque simple, au milieu de sa faiblesse qu'il avouait, il prit sur une tablette un volume ouvert et lut à François Sturel, partisan déconcerté, cet admirable ordre du jour de Bonaparte sur le suicide d'un grenadier amoureux :

« Saint-Cloud, 22 floréal an X (12 mai 1802).

« Le Premier Consul ordonne qu'il soit mis à l'ordre de la Garde :

« Qu'un soldat doit savoir vaincre la douleur et la mélancolie des passions ; qu'il y a autant de vrai courage à souffrir avec constance les peines de l'âme qu'à rester fixe sous la mitraille d'une batterie.

« S'abandonner au chagrin sans résister, se tuer pour s'y soustraire, c'est abandonner le champ de bataille avant d'avoir vaincu. »

Il ferma le livre et dit :

— Mais suis-je encore un soldat?

Mot sublime et qui découvrit à Sturel l'innocence d'un véritable héros.

Le jeune homme releva ses armes, ce qui lui donna la physionomie d'un grognard de Raffet, droit au port d'armes devant son Empereur.

Ces deux hommes, Boulanger et Sturel, dignes d'un grand emploi, prenaient les proportions de leur misérable époque.

« Suis-je encore un soldat? » Cette douloureuse interrogation, ce doute sur soi-même, voilà la destruction suprême. De tant de diminutions, aucune jusqu'alors n'était mortelle; aussi bien toutes ses autres qualités de républicain, d'antiparlementaire, de faiseur de constitution, lui venaient des circonstances; en les lui contestant, on n'atteignait pas sa source de vie. Du jour qu'il doute de sa qualité essentielle et ne se croit plus un soldat, il meurt, est déjà mort.

Qu'un homme a peu de résistance! Boulanger, extraordinaire force de sentiment, se chargeait d'énergie au contact de l'armée et de la démocratie; il vivait de nos grandes passions nationales pour la gloire, pour l'égalité et pour l'autorité, du boulangisme enfin. Il tombe sur les genoux quand se dispersent les foules desquelles il participait, et à terre quand une femme lui manque qui lui donnait la confiance et le désir de plaire.

Depuis la mort de Mme de Bonnemains, Mlle Griffith, cousine du Général, tenait sa maison. De chers amis, M. et Mme Dutens, séjournaient rue Montoyer. Sturel apprit qu'au moindre bruit, dans cette maison tragique, tous croyaient entendre la détonation d'une arme à feu. Le Général ne cachait pas ses intentions :

— Je veux essayer de surmonter ma douleur, mais, si je n'y parviens pas, eh bien! j'en finirai.

Et encore :

— Vous me ferez tous des discours. Comment changerais-je d'avis? Je n'ai plus de goût à rien.

On tâchait de ne pas le quitter. Mais cet homme des foules n'aimait plus que la solitude. Sitôt levé, il se mettait au travail, puis, de dix heures à midi, recevait. A deux heures et demie, après le déjeuner, il rédigeait son courrier. A quatre heures et demie, enfin, il faisait atteler et portait des fleurs au cimetière. Là surtout on redoutait son isolement ; sa mère, sa cousine ou M. Dutens montaient dans sa voiture. Sturel un jour l'accompagna.

Ce lieu mémorable, où l'imagination du général Boulanger qui embrassa tant de choses se rétrécit toute, c'est, dans une triste campagne de banlieue, un cimetière neuf. Les lignes symétriques des tombes s'y développent durement. Seule, l'allée principale est bordée par deux rangs de peupliers qui, pour un désespéré, ont quelque chose d'éperdu et prennent les cieux à témoin sous le doux soleil de septembre. A l'angle de cette voie centrale et du sentier n° 3, Mme de Bonnemains repose parmi les fleurs, auprès d'un épais buisson. Le tertre incliné supporte une colonne brisée et une dalle en pierre bleue de Namur, où se lisent trois lignes :

MARGUERITE

19 décembre 1855-16 juillet 1891

A bientôt.

Boulanger se tint devant cette tombe droit, la tête

nue, le regard fixe, les yeux secs et d'une impassibilité que Sturel, en s'éloignant par discrétion, n'interprétait pas sans angoisse. Des jardiniers dirent au jeune homme que, d'autres fois, une heure entière, le Général marchait, rêvait, sanglotait comme un enfant. Dans ces soliloques funèbres, tout son être jadis un peu vulgaire, optimiste et sociable, se transformait sous le bénéfice de la douleur.

De la campagne, en toute saison, s'élève le chant des morts. Un vent léger le porte et le disperse, comme une senteur, et c'est l'appel qui nous oriente. Au cliquetis des épées, le jeune Achille, jusqu'alors distrait, comprit, accepta son destin et les compagnons qui l'attendaient sur leurs barques. La fatalité se compose dans les tombes. Le cri et le vol des oiseaux, la multiplicité des brins d'herbe, la ramure des arbres, les teintes du ciel et le silence des espaces nous rendent intelligible la loi de l'incessante décomposition...

Mais qu'importe à Boulanger la raison de l'univers? Né pour agir, il ne s'apaisera dans aucune contemplation. Marguerite étendue dans sa fosse l'appelle et soulève la terre froide.

Il se répète les mots qu'elle chuchota quand, près de quitter la vie, elle voulait se résumer et lui léguer la certitude de son affection. Plus expressifs que des paroles, il voit les jeux de physionomie, les épouvantes, en face desquelles il demeurait impuissant et détruit. Puis elle s'anéantit malgré qu'il lui criât de demeurer.

De ces mortelles circonstances, si l'instinct de conservation, plus fort que ses serments, fait évader sa pensée, elle se déchire au passé, au présent, à l'avenir de sa carrière politique et se rabat, comme dans son refuge, sur ce cadavre. La tombe seule l'abriterait.

Dans ces rêveries de ténèbres, la curiosité des badauds le poursuivait. Pour éviter leurs attroupements, il dut modifier ses heures.

Le 23, il demanda l'autorisation de faire macadamiser les chemins autour de la sépulture. Les 24, 25, 26, 27, 28 septembre, il arrangea sa bibliothèque et chaque matin, dans le fourneau de la cuisine, brûla des lettres et des documents. Il ne s'abaissera pas à la petite guerre même après sa mort. Le César doit dominer et puis amnistier; il voulut au moins réaliser la seconde partie de ce programme. Le lundi 28, il paya ses fournisseurs, soin qu'il prenait d'habitude le premier de chaque mois. Après ce règlement, il ne lui restait qu'un peu de monnaie blanche. Le 29, il demanda à M. Mouton, « pour les classer », ses derniers papiers politiques, les plus importants, et il les détruisit. Le même jour, il écrivit tout au long de sa propre main, sans rature ni hésitation, ses deux testaments, le politique et le privé.

L'un débute ainsi : « Ceci est mon testament politique. Je désire qu'il soit publié après ma mort. Je me tuerai demain.... » et se termine par : « Ceci est écrit en entier de ma main, à Bruxelles, 79, rue Montoyer, le 29 septembre 1891, veille de ma mort. » Il y affirme sa confiance dans le triomphe de son parti et déclare disparaître non par découragement, mais en raison d'une douleur qui lui rend tout travail impossible. Il expose son regret de ne pas mourir sur le champ de bataille, en soldat.

Voici les premières lignes du testament privé :

« Je me tuerai demain, ne pouvant plus supporter l'existence sans celle qui a été la seule joie, le seul bonheur de toute ma vie. Pendant deux mois et demi j'ai lutté; aujourd'hui je suis à bout. Je n'ai pas grand espoir de la revoir, mais qui sait ! Et du moins je me replonge dans le néant où l'on ne souffre plus. » Ces lignes préambulaires résument les idées plus intenses qu'étendues qu'il roulait dans sa tête durant ses interminables promenades sous les peupliers du cimetière.

A la suite, il inscrit ses legs. A sa cousine germaine, Mlle Griffith, il laisse ses objets mobiliers, les seuls biens qui lui restent, à condition qu'elle continue à habiter avec la vieille Mme Boulanger et qu'elle garnisse constamment de fleurs la tombe de Mme de Bonnemains. Il désigne un certain nombre de personnes qui pourront, à titre de souvenirs, choisir un meuble, un tableau, une arme, un objet d'art, un bijou, dans l'hôtel de la rue Montoyer. Il termine en disant : « Je désire être inhumé (ceci est ma volonté formelle) dans le caveau que j'ai fait construire au cimetière d'Ixelles pour ma chère Marguerite, caveau dont j'ai le titre de propriété. Mon corps devra être placé dans la case du milieu, juste au-dessus d'elle. Et jamais, sous aucun prétexte, qui que ce soit ne devra être inhumé dans la case supérieure... Je demande que l'on place dans mon cercueil, lequel devra autant que possible être semblable à celui de mon aimée Marguerite, son portrait et la mèche de ses cheveux que j'aurai sur moi au moment de ma mort. Sur la pierre tombale, au-dessous de l'inscription de ma chère Marguerite, avec les mêmes caractères et la même disposition d'écriture, on devra inscrire ces quelques mots : « Georges, 29 avril 1837—30 septembre 1891. Ai-je bien pu vivre deux mois et demi sans toi ? »

Et le sinistre papier s'achève par la même affirmation de pleine conscience : « Fait et écrit en entier de ma main, à Bruxelles... le 29 septembre 1891, veille de ma mort. »

Le Général porta ces deux documents chez maître Lecocq, notaire, rue d'Arlon. Il se rendit au cimetière et déposa son bouquet de roses et de reines-marguerites blanches. Il était si fort né avec le désir de plaire qu'il félicita le gardien d'avoir planté un petit sapin dans le sable jaune. Il dit en souriant :

— Dans une année il donnera de l'ombre.

Comme il arrive aux gens braves, s'étant accordé la solution où il penchait, il s'apaisait. Il voyait le bout de sa souffrance. On ne possède aucun détail sur sa dernière nuit. Au matin, le 30 septembre, il commanda la voiture pour aller au cimetière, contre son habitude, avant le déjeuner. Il plaça bien en vue sur son bureau les reçus liassés de ses dépenses à Bruxelles, puis une lettre : « Chère mère, je pars pour un voyage de quelques jours. Ne sois pas inquiète. Je serai bien » ; enfin une liste de douze personnes à qui il priait M. Mouton de télégraphier uniformément : « C'est fini. Venez tout de suite. » L'écriture est tracée d'une main qui ne faiblira pas.

Un condamné à mort claque des dents, se fond en sueur, invoque éperdument la vie, mais lui, derrière les vitres de son coupé, regarde sans intérêt les rues Montoyer, d'Arlon, du Parnasse, Caroly, de Dublin, de la Paix, la chaussée d'Ixelles, l'avenue des Éperons d'or et la chaussée de Boendael.

Voilà donc la voie bien imprévue que la destinée ménageait à Georges-Ernest Boulanger, général français, ancien ministre de la Guerre, ancien député de la Dordogne, du Nord, de la Charente-Inférieure, de la Somme et de la Seine, pour que, la gloire et le pouvoir se fermant devant lui, il parvînt quand même aux imaginations de la postérité.

Vers onze heures, il arrive sur la tombe et dépose d'abord un bouquet de roses.

Du cimetière d'Ixelles, dans cette plaine aux terrains vagues, on ne voit rien que le long ciel gris de Belgique. Barnave sur l'échafaud regarda les nuages et dit : « Voici donc ma récompense ! » De quelle conception oratoire se brouillait-il l'esprit ? Passe aux vivants de se payer de mots. Ceux qui vont mourir devraient bien comprendre qu'il n'y a dans l'ordre des faits ni justice ni injustice, mais seulement les incompréhensibles vicissitudes de la vie. Frédéric le Grand écrit : « Ce qui contribua le plus à ma conquête de la Silésie, c'était... c'était..., et enfin un certain bonheur qui accompagne souvent la jeunesse et se refuse à l'âge avancé. Si cette grande entreprise avait manqué, le roi aurait passé pour un prince inconsidéré, qui avait entrepris au delà de ses forces : le succès le fit regarder comme habile autant qu'heureux. Réellement, ce n'est que la fortune qui décide de la réputation ; celui qu'elle favorise est applaudi ; celui qu'elle dédaigne est blâmé. »

Un ouvrier employé aux travaux du cimetière se distrayait à observer les allées et venues du Général devant la tombe. Ainsi empêché, celui-ci dut craindre que, d'un instant à l'autre, son secrétaire, M. Dutens ou Mlle Griffith, étant entrés dans son cabinet, n'accourussent le fatiguer de leurs supplications.

Précisément à onze heures, Sturel apportait rue Montoyer le plan de sa campagne sur le Panama. Sans posséder des preuves juridiques, il avait du moins assemblé une suite de faits certains qui, portés à la connaissance publique, suffisaient pour jeter bas les principaux parlementaires, pour déconsidérer le système et, croyait-il, pour rouvrir les portes au boulangisme.

— Le Général est sorti par exception ce matin, dit Mouton à Sturel.

— Pensez-vous que je le trouverai après son déjeuner ?

— Certainement, il vous recevra.

— Placez alors ce mémoire sur son bureau. J'aimerais qu'il en prît connaissance avant ma visite.

Mouton, petit homme doux, de tournure élégante, entra dans le cabinet, et Sturel l'entendit soupirer avec effroi : « Oh ! mon Dieu ! » Il dit encore : « Excusez-moi ! » et courut dans la maison en appelant d'une voix étouffée. Il resta une seconde dans la chambre de M. Dutens, et les deux hommes, la figure défaite, repassèrent devant Sturel, avec des gestes excessifs de tout le corps ; lancés dans l'escalier, ils se raidissent pour n'être pas précipités par leur élan. Ils sortirent de l'hôtel, et le visiteur, épouvanté de cette scène, dont il entrevoyait le sens, étant descendu, les vit monter chacun dans un fiacre.

En vérité, sont-ce des sages ou des amis de s'opposer à une solution qui représente pour son auteur la plus grande somme de bonheur possible ? Ni des sages ni des amis, mais de bons patriotes. C'est un Français précieux, celui qui va tomber au cimetière d'Ixelles, assassiné par des journalistes et des politiciens, maîtres d'une France momentanée et grands ennemis de la France éternelle.

Onze heures et demie ! l'ouvrier a quitté son travail pour aller déjeuner. Le Général, masqué par le buisson, la colonne et le petit sapin, s'assied à terre, le dos appuyé contre la pierre tombale, et se décharge son revolver sur la tempe droite.

La balle sortit du côté gauche du crâne, produisant à son entrée un trou presque imperceptible, mais laissant à l'issue une plaie aussi large qu'une pièce de deux francs. Le corps roula, tandis que le sang coulait dans la belle barbe blonde et sur le sable funéraire. La mort fut instantanée. Deux minutes après, M. Dutens d'abord, puis M. Mouton, apparurent. En vain avaient-ils pressé leurs fiacres, en vain couraient-ils depuis l'entrée du cimetière. Des visiteurs affolés criaient :

— C'est fini ! Le Général Boulanger vient de se tuer !

CHAPITRE XXI

ASSOCIÉS POUR AIMER, ILS NE SAVENT PLUS QUE HAIR

> CRÉON. — Pensez-vous être seule plus clairvoyante que tous les Thébains?
> ANTIGONE. — Ils voient comme moi, mais ils se taisent devant vous.
> CRÉON. — Ne rougissez-vous donc pas de vous conduire autrement qu'eux?
> ANTIGONE. — Il n'y a point à rougir d'honorer ceux qui sont formés du même sang que nous.
> SOPHOCLE.

« C'est fini ! » Ce cri qui, par-dessus les tombes, à onze heures et demie, courait dans le cimetière d'Ixelles, le ministre de France, entre deux et trois heures, par téléphone le confirme pour la seconde fois à l'Élysée.

Vers le soir, la nouvelle remue les plus petites villes. Dans les préfectures, on dit : « C'est incroyable, mais c'est vrai. Maintenant, nous pouvons respirer. » La France boulangiste avec confiance proteste : « Pourquoi se croirait-il vaincu ? Nous l'aimons toujours, et chaque faute de ses adversaires prépare son triomphe. » Ces hommes de foi et de lutte n'admettent pas qu'une femme, l'ombre d'une femme, entraîne Antoine loin des champs où l'on combat pour sa gloire. Des télégrammes répétés les convainquent enfin. Nul boulangiste ne peut demeurer à son foyer ce soir-là. Comme pour serrer les rangs, chaque groupe se réunit et témoigne cet enthousiasme que produit le sentiment d'une grande perte. Ces milliers de braves échangent un serment : « Le meilleur des patriotes tombe assassiné ! Nous accomplirons son œuvre. »

Cependant, la canaille des journalistes se ruait sur le cadavre. Ils lui firent manger tout ce que de boue peuvent délayer les larmes d'une femme et le sang d'un homme sur la terre d'exil. Le lendemain, M. Constans fut tenté de désapprouver leurs excès. Dans son cabinet de la place Beauvau, à l'heure matinale où les flûtes s'accordent et quand l'orchestre des maîtres-chanteurs vient prendre le *la* ministériel, il dit à Edmond Magnier, directeur de l'*Evénement*, qui avait imprimé : « Il ne restera de Boulanger que le squelette d'un grotesque et ridicule avorton » :

— Je ne vous félicite pas, mon cher ; vous seriez capable d'amener une réaction de l'opinion publique.

Mais Bouteiller, qui les écoutait, allongea son bras avec son index tendu :

— Il ne faut pas, monsieur le ministre, qu'un autre soit tenté de recommencer.

— En effet, répliqua Constans, car s'il avait connu sa force !...

Il dit, puis se tut. Il savourait la volupté de peser la part du hasard dans son magnifique succès. Il laissa la bande des journalistes développer que le lâche s'était tué parce qu'on pouvait prouver ses escroqueries envers Mme de Bonnemains. C'était une campagne qu'ils amorçaient depuis une semaine. Toujours affamé de considération, Constans voulait en user avec le mort de telle sorte que ses adversaires rendissent hommage à sa correction. Mais Bouteiller suspecta ce modérantisme et commença de louer le journal de M. Ferry, l'*Estafette*, dont cette tragédie surexcitait la verve. Puis, sur son invitation, un attaché lut à haute voix un passage de la *Lanterne* : « Cette mort pose un problème pénible dont l'inévitable éclaircissement enlèvera peut-être encore à la mémoire de Boulanger le peu de romanesque et d'intéressant qu'elle pouvait avoir. Quand l'argent ne vint plus, la bataille boulangiste fut perdue. Nous avons bien peur, hélas ! que, pour la seconde fois, la même cause produise les mêmes résultats et que la mort de M. Boulanger ne soit même pas une catastrophe d'amour, mais tout simplement une liquidation de faillite pour cause d'insuffisance d'actif. »

Le ministre et son entourage s'égayèrent de tels arguments dans la bouche de cet Eugène Mayer, qui fut ardemment boulangiste jusqu'au jour où la Compagnie de Panama, pressée par Floquet, comme un citron sur une huître, lui redonna le ton parlementaire. Et sans plus insister, ils se répétaient :

— Il est vraiment très fort, ce sale juif !

Mais Bouteiller n'aime pas les plaisanteries à tendances cyniques, qu'il juge démoralisantes, et c'est comme un document véridique qu'il veut entendre la *Lanterne*.

— Si l'on a des preuves ou des présomptions

graves quant à l'ignominie de ce Boulanger, de quoi, pour ma part, je ne doute point, il faut les publier.

Constans se pencha vers les journalistes avec un empressement affecté, comme s'il les attendait d'eux, les preuves. Cette mimique réjouit ces farceurs. Bouteiller sentit, pour ce régime dont les mainteneurs ont perdu la foi, l'utilité politique d'un danger permanent. Il regretta d'une manière confuse Boulanger.

— Vous avez trop d'esprit, messieurs, dit-il, d'un ton sec, en se retirant.

Sturel voulut mettre dans ses yeux une dernière image du Général. Il cherchait moins à s'assurer le souvenir d'une haute amitié qu'un principe exaltant où il prendrait sans cesse la force de haïr.

Au deuxième étage, dans la chambre de Mme de Bonnemains, toute petite, très simple, avec deux fenêtres sur la rue, il trouva une psyché, un meuble à panneaux de glace, des gravures en couleur du dix-huitième siècle, un immense divan, témoignages à jamais inanimés d'une vie amoureuse ; et, sur le lit décoré de peluche bleue, en face des fenêtres, le gisant.

Au milieu des fleurs, des bougies dont la flamme attriste la lumière du jour, et près d'une branche de buis bénit, sur un drap blanc, le voilà : lourd, revêtu d'un habit noir, avec la plaque de grand-officier de la Légion d'honneur. Ses mains effrayantes de misère physiologique se croisent sur sa poitrine et au petit doigt de sa main gauche brille un gros anneau d'or. La tête penche un peu à gauche ; les cheveux et la barbe encore épais ont blanchi. Le visage livide, marbré de taches roses, annonce la décomposition, mais ce sont les pleurs du vivant qui cernèrent si durement ces pauvres yeux fermés. A la tempe droite, moussent des débris d'ouate sur lesquels le sang est coagulé.

Solitaire et criant vengeance, Sturel se tourna vers Saint-Phlin. A l'ami de son adolescence, il fit les signes de sa détresse. En quittant le cadavre, il lui écrivit, d'un ignoble café belge :

« Mon cher Henri,

« Tu connais sa mort. En même temps que ma lettre, tu liras les longues colonnes d'injures sous lesquelles d'ignominieux adversaires veulent l'enterrer. Jusques à quand coulera le flot des outrages ? On prétend nous faire croire qu'un Constans a sauvé l'honneur de la France. Dans les manuels scolaires, on définira le boulangisme une boulange, une bande d'aigrefins. Thucydide rapportant une croyance analogue s'arrête de la combattre et dit : « La légende s'était créée. » Mais laisserons-nous les Hébrard, les Camille Dreyfus, les Portalis, les Canivet, les Edmond Magnier, les Mayer, les Constans, les Thévenet, les Clemenceau et les Reinach créer les légendes françaises ! Que nous servirait-il, mon cher Saint-Phlin, d'avoir reconnu nos âmes sur la Moselle, de leur avoir restitué leur sincérité héréditaire, si nous jugions un Français sur les injures des étrangers et non pas sur l'émotion que nous communique sa biographie ?

« Tu ne peux pas dénier à ce mort ton témoignage. Tu ne refuseras pas ton office funèbre au soldat vers qui nous entendîmes, du cimetière de Metz, l'appel de notre nation. Quand l'étoile s'efface, je reconnais aux masses le droit de se détourner. Mais nous ne sommes pas des instinctifs et notre sentiment se double de raison. Pour le psychologue, aux yeux de qui l'événement, produit par le concours de circonstances multiples, laisse intacte la volonté, Boulanger est un bon serviteur. Même l'homme politique, qui juge sur les résultats et qui n'applaudit que le succès, ne lui sera pas sévère. Notre chef a totalement échoué, son heure n'était pas venue ; mais il donne son nom à un mouvement pareil aux fièvres qui sauvèrent trente fois la France. Ceux-là seuls hausseront les épaules qui, déracinés de notre sol et des couches apportées par les alluvions des siècles, ne comprennent plus les activités propres de notre histoire. A chaque fois que des hommes nés Français prendront le temps de se faire par eux-mêmes une idée de Boulanger, ils honoreront ses intentions au temple de leur conscience ; et dans l'enchaînement inflexible des causes d'où sortira le relèvement national, notre histoire attribuera sans doute une part heureuse et préparatoire aux dignes boulangistes, à ces précurseurs qui, au milieu d'une atmosphère troublée, abritèrent en eux une conception française de la France.

« Je te prie, au nom de nos souvenirs communs, que tu me rejoignes immédiatement à Bruxelles. C'est toute notre amitié de jeunesse qui s'anéantira, si tu refuses d'attester par cette démarche le sérieux des idées qui nous unissaient quand nous partîmes de ta maison paternelle pour visiter la terre de notre race. Je crains un refus de Rœmerspacher et je ne voudrais pas une acceptation de Suret-Lefort. Je n'ai donc que toi vers qui tourner mes yeux pleins de larmes et d'indignation. En t'embrassant, et pour te préciser mon état d'esprit, je te signale le texte que nous méditerons ensemble derrière ce cadavre insulté, c'est l'*Antigone* de Sophocle, et nous affirmerons avec l'héroïne qu'on ne peut jamais rougir d'honorer un frère.

« Ton ami, d'une amitié qu'ont faite nos pères,

« François STUREL. »

Le samedi 3 octobre, jour fixé pour la cérémonie, Saint-Phlin, dès sept heures, descendait de voiture dans la cour de la gare du Nord, à Paris. Il fut abordé par le jeune Fanfournot qui guettait les traîtres. Depuis le jeudi, les quais et les trains regorgeaient de boulangistes. L'idée suprême, le testament du parti, c'était d'empêcher que Laguerre et Naquet ne suivissent l'enterrement du chef dont ils avaient, après les élections municipales, déserté la politique. Fanfournot jurait que, si Renaudin osait paraître, il tuerait de sa propre main ce Judas. Saint-Phlin, qu'émouvait la persistance du boulangisme, plus que la mort de Boulanger, remit cent francs à ce patriote en guenilles pour qu'il pût assister aux obsèques.

— J'emmènerai deux compagnons, — dit l'étrange personnage, qui rejoignit, en courant comme un rat, un groupe de ses pareils.

La lettre de Sturel avait décidé Saint-Phlin par l'intensité des sentiments qu'elle exprimait plutôt que par leur objet. Il se rendait à l'appel d'un ami en détresse, mais il n'entendait plus l'appel de la nation vers son soldat. Les diffamations acharnées des journaux depuis longtemps agissaient sur son boulangisme de la première heure. Dans le train, il se tint à l'écart. Les vaincus, comme à l'ordinaire, se déchiraient avec une violence que proclamaient leurs regards et leurs propos. Ces haines dégoûtaient ce théoricien. Dans une catastrophe, seul le silence ne choque point, et c'est de quoi sont incapables cinq cents hommes, à la fois gens de lutte et de discours, cabotins aussi et naïvement jouisseurs, qui tourneraient volontiers ce triste voyage en partie de plaisir, bien qu'ils aient les mains pleines de leurs couronnes et l'esprit chargé de soucis. A chaque station, depuis sa portière, il cherchait des yeux Fanfournot. Des timides, convoqués par le seul amour et qui ne connaissaient personne que de nom, se distinguaient, s'abordaient, échangeaient les marques d'une fraternelle sympathie. Fanfournot peu à peu se faisait avec ses deux compagnons l'âme de cette plèbe boulangiste, et après la douane ils se groupèrent dans un wagon d'où Fanfournot interpellait les boulangistes officiels :

— Sans les endormeurs comme vous, criait-il, nous n'en serions pas là.

Pour éviter le scandale, les membres du Comité cédèrent la place à ces « anarchistes ».

A la gare de Bruxelles, le déballage immense des couronnes créa un désordre. Enfin Saint-Phlin, vers les deux heures, put se mêler à tout un peuple grouillant qui escaladait les aspérités de la rue du Treurenberg et de la rue de la Montagne-de-la-Cour. A pied, en voiture, en omnibus, en vélocipède, comme vers une kermesse, une centaine de mille hommes accouraient au cercueil de celui qui, toute sa vie, posséda le don de faire surgir les foules.

Arrivé péniblement jusqu'à la rue Montoyer, Saint-Phlin soudain, comme dans une eau plus calme, se sentit dans le vrai deuil. On s'effaçait devant sa couronne, les regards se comprenaient, des mains inconnues se tendaient : il reconnut sur ces visages la France qu'il aimait, la patrie selon sa conscience. Voilà, massés près de la porte mortuaire, les braves gens de notre pays, son cœur, ses délégués. Dans le train tout à l'heure, ils pouvaient faire les commis voyageurs ! Maintenant ils s'accordent avec les sentiments que leurs comités les chargèrent d'exprimer. Chers amis dont le Général fut un beau reflet ! Le sentiment de la fraternité envahit enfin ce pèlerin réfractaire et le remplit d'affectueuse émotion pour ces collaborateurs inconnus de son rêve national.

Sur le seuil, il trouva Sturel, que Fanfournot désignait en disant :

— Voilà l'un des honnêtes. Il a donné sa démission de député parce qu'il voulait agir.

Puis, plus bas, à Sturel lui-même :

— Citoyen, la Léontine vous approuve.

Il débarrassa Saint-Phlin de sa couronne et la posa sur les monceaux accumulés de fleurs, tandis que les deux amis s'embrassaient.

— Tout est donc fini, dit Saint-Phlin.

— Ou bien tout commence, répliqua Sturel, bouleversé des témoignages qu'il recueillait.

— On serait tenté de sentir comme toi, démocratiquement. J'admire le cœur de Fanfournot. Mais ne laissons pas nos nerfs nous duper : les destinées d'un pays sortent d'un concert du chef et des principaux, non d'une cohue sans discipline, fût-elle la plus émouvante.

Le cabinet du Général était clos. Dans le bureau du secrétaire, M. de Vogelsang, son neveu et le seul membre présent de la famille, se tenait avec MM. Rochefort et Déroulède, les élus, les notables du parti. Au milieu d'eux, Sturel lui-même sentit se glacer son âme, parce qu'on voyait trop bien que la décision romanesque du Général avait tout délié. Les deux amis essayèrent en vain de regagner la rue. La force publique d'Ixelles avait été débordée. Le corbillard stationnait devant la porte, sans qu'on pût y porter le cadavre, car la foule, du plus loin, venait s'écraser contre la maison. Il fallut même barricader les portes à l'intérieur, tandis qu'on requérait la gendarmerie à cheval.

Là-bas, là-bas, tant que l'œil pouvait se porter, les balcons regorgeaient d'invités. Ses traditions et ses intérêts ne préparaient pas le public belge à sentir ce deuil. Ne voyant ni le cercueil qu'on n'osait pas sortir, ni l'appareil religieux qu'on avait refusé au suicidé, il se démenait de la façon scandaleuse qu'a peinte tant de fois Téniers.

On s'interpelle, on acclame, on hue les arrestations. La police impuissante fait sommation de lui prêter main-forte aux soldats disséminés en curieux dans la foule. Un adjoint reçoit un coup fâcheux dans le ventre. Des pancartes circulent annonçant une fête vélocipédique. Des camelots crient des biographies illustrées, on détaille à voix haute le drame, on cite les boulangistes présents, on commente des absences, et des doigts tendus montrent, au deuxième étage de l'hôtel, une fenêtre derrière laquelle la vieille mère du Général se réjouit de ces ovations, préparées, croit-elle, pour le retour de son fils. Ainsi l'âme étrangère et toutes les conditions de l'exil pèsent encore sur un corps inanimé.

Vers trois heures et demie enfin, les Français s'étant groupés au nombre de quelques milliers, sous leur poussée réunie, on ose sortir le cercueil, enveloppé du drapeau tricolore qu'offrirent en 1887 les femmes de Metz au triomphant ministre de la Guerre. Deux cents mains d'amis soutiennent en l'air, hissent encore sur le pavois le cadavre, tandis qu'une terrible clameur de : « Vive Boulanger! » s'élève, contestée par les : « Vive Carnot! » policiers. Et l'immense majorité des « vivats boulangistes » donne aux Français une joie aride, tandis que deux valets apportent, l'un la plaque de la Légion d'honneur, et l'autre une trentaine d'ordres étrangers.

Dans le coupé du Général, aux harnais de deuil, aux lanternes allumées et couvertes de crêpe, on entasse de fleurs tout ce qu'il peut contenir. Elles cachent le sang dont s'imbibèrent les coussins au retour d'Ixelles.

Sitôt que la cavalerie a fendu ces épaisseurs de peuple, le corbillard, derrière elle et par cette brèche, s'enlève au trot. Les députés en écharpes, les délégués des comités courent, le soutiennent, fiévreux, et des larmes dans les yeux. Les porteurs chargés des couronnes, qui, trop nombreuses, ne purent tenir sur le cercueil et dans le coupé, en font une haie qui protège le deuil contre la poussée d'un immense public. Et voilà dans quel appareil étrange, sur un parcours où des femmes éclatent en sanglots, tandis que les hommes acclament le loyalisme de l'exil, la popularité une dernière fois entraîne celui qui fut trente-trois ans un fonctionnaire, trois ans un agitateur, puis une année un mélancolique.

Après cinq kilomètres de faubourgs et de la plus sale campagne, ce cortège précipité, où tous les rangs se talonnaient, distingua les tombes d'Ixelles. Un long troupeau fou gravit alors les talus de la route et, à travers les champs boueux, entreprit de dépasser le corbillard, pour s'assurer les premières places près de la fosse. Course immense de curieux et de fanatiques ! Il fallut mettre au galop les chevaux funéraires, et ce steeple entre la foule et le mort dansant, qui couvrait de ses fleurs le chemin défoncé, aboutit aux grilles dans une épouvantable bataille, car, le cadavre sitôt entré avec sa cavalerie, les agents selon leur consigne poussèrent les portes de fer sur cent vingt mille hommes, dit-on, qui s'entêtaient quand même, ne pouvaient reculer. Beaucoup furent demi-étouffés. Leurs appels glaçaient. D'un agent notamment qui se cassa le bras, le rugissement domina tout. Par-dessus les murs on jetait les couronnes. Dans l'enceinte, tous étaient blêmes de ce terme de leurs espérances et de cette bagarre impie.

Tandis qu'on ramasse les blessés, la cérémonie se hâte. Déroulède, et voilà bien ses gestes, jette au cercueil une poignée de la terre française. « Le drapeau ! le drapeau ! » crie-t-on. Dans cette hâte, on avait oublié de le descendre. C'est que les milliers d'hommes un instant maintenus au dehors escaladent le cimetière. En un clin d'œil, des fleurs, des couronnes qui ornaient toutes ces tombes, rien ne reste qu'un piétinement. La Fortune, qui saisit, il y a quelques années, ce cinquantenaire inconnu pour en faire presque un César, presque l'Antoine d'une Cléopâtre, presque un martyr, et certes un exemplaire complet des vicissitudes où elle se joue, s'amuse encore à marquer par le bouleversement de ce jardin des morts l'entrée de ce malheureux, nu de ses titres, de ses décorations, de son honneur, de ses affections, de tout argent.

Les chefs boulangistes, qui ne s'entendent plus sur rien, se sont accordés sur ceci, que nul d'eux ne parlera. Peu d'endroits cependant conviennent mieux que cette tombe, dans cette tempête, pour y développer avec magnificence les grands lieux communs sur l'incertitude de la destinée, sur la vanité des amitiés et, plus profondément, sur le néant des intentions les plus nobles et les plus vertueuses dans l'ordre de l'action où seul vaut le succès. Mais ces idées peuvent bien être irréfutables, elles ne sont pas fécondes et l'homme politique doit les éviter. La mort du Général, qui ne sert pas directement la patrie, convient pour exalter certains patriotes. Le philosophe, intimidé par de justes hypocrisies sociales, évitera peut-être de proclamer dans un lieu public cette bienfaisance d'un suicide d'amour, mais, dans sa méditation, il reconnaîtra qu'un tel exemple peut mordre avec des avantages sur des sensibilités assoupies.

Sturel, dont l'âme est en désordre, Saint-Phlin, Fanfournot et ses louches amis, tandis qu'à travers champs et parmi cette foire de plusieurs kilomètres ils battent en retraite, vont s'assurer par un beau signe qu'un tel acte insensé vaut du moins pour transformer une âme.

Sur leur passage, quelqu'un vient d'appeler Sturel. Ils s'arrêtent, reconnaissent Rœmerspacher penché à mi-corps d'une voiture. Et quand ils s'approchent pour lui serrer la main et qu'il s'efface, voici que tous distinguent, avec un chapeau adorable et les yeux pleins de pleurs, la baronne de Nelles. Au milieu des sentiments forcenés et dans cette déroute, elle les toucha comme la seule fleur qui de tout l'univers ne fût pas piétinée. Dans ce fiacre banal et sur le fossé d'une route boueuse, elle mettait une odeur délicieuse, dont les deux jeunes gens furent émus en s'inclinant pour lui baiser les doigts.

— Le pauvre homme, dit-elle, comme il l'aimait !... Mais, monsieur Sturel, quels étranges compagnons ! ajouta-t-elle, en glissant son regard de petite fille effrayée sur Fanfournot et ses deux fidèles.

— Saint-Phlin les a trouvés dans la gare du Nord, désolés et trop pauvres pour suivre le cercueil de leur chef.

Elle les admira.

— Vous ne goûtiez guère, jadis, le Général, — dit Sturel, jaloux qu'un autre eût su la faire varier.

— M. de Nelles, si vous voulez bien entrer à l'hôtel Mengelle, vous racontera que ses affaires l'appelaient à Bruxelles, mais c'est moi qui désirais faire une démarche de piété pour ces pauvres amoureux.

Cette jeune femme, comme toutes les personnes bien élevées, atténuait ses sentiments en les exprimant. Elle n'était pas née pour comprendre les sourds mouvements d'une nation ; les préjugés de sa société la dispensaient d'élaborer par elle-même des jugements, mais le drame d'Ixelles répondait à son besoin de sentimentalité tendre. Dès la première minute, au sujet de cet enterrement, elle avait contredit Rœmerspacher.

— L'effet dramatique, lui disait-il, ne manquera pas ; tout semble accumulé pour le créer et tout sera mis sous les yeux des spectateurs, mais comment un parti profiterait-il de cette tragédie individuelle ? En m'associant à une manifestation, d'étiquette encore politique, sur la tombe d'un fou d'amour, je ne saurais ni ce que je veux faire, ni ce que je fais. Je ne puis m'intéresser où je ne distingue pas un but réel.

Elle lui répondit qu'elle désirait suivre avec lui le cadavre de Boulanger et mettre une couronne sur la tombe d'Ixelles, par précaution contre le malheur. Ce jeune homme amoureux cessa de discuter une démarche à laquelle son amie donnait un sens si parfaitement aimable. Quant à Nelles, il haussa les épaules, mais ne jugea pas prudent de contrarier une femme énervée par l'exemple d'un grand sacrifice. Tous trois, ils gagnèrent Bruxelles par la ligne de Cologne, et se confinant à l'hôtel, le mari pria Rœmerspacher de dissuader Mme de Nelles de toute excentricité.

Debout auprès du cimetière, le petit groupe se taisait et se livrait à des sensations nuancées dans la mélancolie, tandis que s'écoulaient la vaste nappe humaine et les derniers flots boulangistes. Pour Fanfournot, Mme de Nelles était la grande dame, parée de tous les prestiges du luxe, de la volupté, de la délicatesse morale, et qui, avec sa poésie, nous fait trop de bonheur en acceptant que nous mourions pour elle. Tous, de tempéraments si divers, ils cédaient à la domination de cette émouvante colombe. Spectacle d'une volupté infinie : dans cette atmosphère funéraire, dans cette débâcle d'une multitude et d'une idée, tandis que tombe le soir, ces jeunes gens, au milieu d'une boue où sont couchés tous leurs rêves, recueillent une nouvelle légende et l'énergie produite par un éclair mortel dans ce petit corps chaud d'amoureuse.

La voiture de Rochefort passa, emportée par un tourbillon qui joignait au nom européen de ce célèbre soldat de la démocratie le nom du Général. Et puis ce furent les bandes de Déroulède, qui marchait en jetant à sa droite, à sa gauche, de grands gestes et de beaux discours.

— Ils répètent encore : « Vive Boulanger ! » remarqua Thérèse de Nelles, mais, dans un an, qui se souviendra !...

— Dans un an ! répliqua Sturel, pâle de tant d'émotions, dans un an il sera vengé.

La jeune femme arrêta d'un regard les objections de Saint-Phlin et de Rœmerspacher à ce mouvement d'ivresse, où la haine venait comme ressort se substituer à l'amour.

— Et vous aussi, monsieur, vous le vengerez, — dit-elle, par un instinct sûr de la situation politique ou par un sens parfait de la politesse, en tendant sa main à Fanfournot, qui cria :

— Mort aux traîtres et aux voleurs !.

TABLE DES MATIÈRES

		Pages.
Dédicace.		v
Chapitre premier. — La fièvre est en France et dans chaque Français		17
— II. — Les éléments qui fermentaient autour de la gare de Lyon.		55
— III. — Où les principaux thèmes boulangistes apparaissent.		94
— IV. — Sturel chez le syndic des mécontents.		113
— V. — Dans les salons à œillets rouges, Sturel rencontre madame de Nelles.		143
— VI. — Les amours de Sturel et de madame de Nelles.		158
— VII. — Bouteiller veut donner au Parlement un cerveau		177
— VIII. — Le point culminant : le 27 janvier 1889.		197
— IX. — Les derniers feux, les plus beaux, d'un soleil qui va bientôt pâlir		215
— X. — Une surprise de premier avril		248
— XI. — La vallée de la Moselle. Sturel et Saint-Phlin recherchent leurs racines nationales		260
— XII. — A Saint-James, Sturel retombe sous le joug des circonstances.		397
— XIII. — Boulanger s'essuie le visage devant Sturel		409

TABLE DES MATIÈRES

                                                                  Pages.

Chapitre XIV. — La journée décisive. 429
— XV. — Boulanger devant son désastre 436
— XVI. — La première réunion de Jersey 443
— XVII. — « Paraître ou disparaître, mon Général !» 461
— XVIII. — Le boulangisme et Sturel se resserrent. 479
— XIX. — « Laissez bêler le mouton ». 492
— XX. — L'épuisement nerveux chez le général Boulanger 510
— XXI. — Associés pour aimer, ils ne savent plus que haïr 534

Paris. — L. Maretheux, imprimeur 1, rue Cassette.

www.ingramcontent.com/pod-product-compliance
Lightning Source LLC
Chambersburg PA
CBHW070835230426

43667CB00011B/1801